中小企業診断士2次試験

再現答案 7

【2022～2023年版】

ふぞろいな合格答案プロジェクトチーム 編

同友館

は じ め に

　『ふぞろいな合格答案』の総集編である『ふぞろいな再現答案7』は、中小企業診断士
2次試験の合格を目指す受験生のために作成しています。本書は他の書籍とは異なり、受
験生の生の情報をもとにして作成された参考書であることが大きな特徴です。

　『ふぞろいな再現答案7』は、『ふぞろいな合格答案エピソード15』と『ふぞろいな合格
答案エピソード16』の中でも人気の高い再現答案編（合格者答案と80分間ドキュメント）
をまとめたものです。ぜひ受験勉強にお役立てください。

『ふぞろいな合格答案』の理念

1．受験生第一主義

　本書は、「受験生が求める、受験生に役立つ参考書づくりを通して、受験生に貢献して
いくこと」を目的としています。プロジェクトメンバーに2次試験受験生も交え、できる
限り受験生の目線に合わせて、有益で質の高いコンテンツを目指しています。

2．「実際の合格答案」へのこだわり

　「実際に合格した答案には何が書かれていたのか」、「合格を勝ち取った人は、どのよう
な方法で合格答案を作成したのか」など、受験生の疑問と悩みは尽きません。我々は実際
に十人十色の合格答案を数多く分析することで、実態のつかみにくい2次試験の輪郭をリ
アルに追求していきます。

3．不完全さの認識

　採点方法や模範解答が公開されない中小企業診断士2次試験。しかし毎年1,600名前後
の合格者は存在します。「合格者はどうやって2次試験を突破したのか？」、そんな疑問に
プロジェクトメンバーが可能な限り収集したリソースの中で、大胆に仮説・検証を試みま
す。採点方法や模範解答を完璧に想定することは不可能である、という事実を謙虚に受け
止め、認識したうえで、本書の編集制作に取り組みます。

4．「受験生の受験生による受験生のための」参考書

　『ふぞろいな合格答案』は、2次試験受験生からの再現答案やアンケートなどによって
成り立っています。ご協力いただいた皆様に心から感謝し、お預かりしたデータを最良の
形にして、我々の同胞である次の受験生の糧となる内容の作成を使命としています。

令和4年度中小企業診断士試験より、2次試験の全科目を受験した方には、科目ごとの得点が通知されるように
なりました。『ふぞろいな合格答案』は、得点結果に基づき、得点区分（ＡＡＡ、ＡＡ、Ａ、Ｂ、Ｃ、Ｄ。ただし、
令和3年度試験のエピソード15では合格、Ａ、Ｂ、Ｃ、Ｄ）によって重みづけを行い、受験生の多くが解答した
キーワードを加点要素として分析・採点しています。いただいた再現答案と実際の答案との差異や本試験との採
点基準の相違などにより、ふぞろい流採点と開示得点には差異が生じる場合があります。ご了承ください。

合格一直線！『ふぞろいな再現答案７』徹底活用法

　『ふぞろいな合格答案』の総集編『ふぞろいな再現答案７』を手に取ってくださったみなさま、ありがとうございます。『ふぞろいな再現答案７』は、『ふぞろいな合格答案エピソード15』と『ふぞろいな合格答案エピソード16』の２冊の再現答案編（合格者答案と80分間ドキュメント）をまとめたものになります。今年発売予定の『ふぞろいな合格答案エピソード17』と併せてお使いいただけると、直近の過去問３年分の合格答案を活用した受験対策が可能になり、合格により近づけるものと思います。

　『ふぞろいな合格答案エピソード17』の発売前に、まずはこの『ふぞろいな再現答案７』を徹底活用していただき、合格答案作成のコツをつかみましょう。その前に効果的な活用のために、ふぞろいな理念が意味するものを押さえていきましょう。

『ふぞろい』の理念が意味するもの

　『ふぞろいな合格答案』の理念にもとづく本書の特徴です。

１．不完全さの認識

　正解が発表されない試験のため、答案分析「ふぞろい流採点基準」のキーワード採点や加点方式も「もし、こういう基準で採点がされていたとしたら」という、１つの仮説にすぎません。編集者は300を超える受験生の再現答案を分析して、一定の方向を導き出していますが、本書は「不完全」であるという認識のうえでお読みください。

２．受験生第一主義

　本書は、受験指導のプロではない、合格者や未合格者が中心となって編集しています。等身大の目線で編集できる強みを持つ一方で、受験指導を生業にしている方々とは異なるアウトプットになっています。

３．「実際の合格答案」へのこだわり

　「実際の合格答案」は、試験会場で回収されています。本書は、合格者が後日作成した再現答案の再現性が100％である前提で分析を行っていますが、実際の再現性は70〜90％程度と思われます。

４．「受験生の受験生による受験生のための」参考書

　データやアンケートの収集源は、『ふぞろい』をすでに認知している人たちが大半です。よって母集団に一定のバイアス（偏り）がありますので、予めご了承のうえでお読みください。

●合格答案のレベルを把握し、自分の解答との違いを探すには？

⇒合格者の答案を知る！

　第1章および第2章の「80分間のドキュメント」では、受験当日にどのように取り組んだのかを体感することができます。「80分ではどうしても時間が足りない…」などの悩みをもつ受験生の皆さんに特に参考にしていただきたいと思います。

　また、同じく「再現答案」では、合格者の再現答案を使って、答案の全体像や設問ごとの解答プロセスなどを確認することができます。「結論が先か」「①②などの使い方は」など、合格者が解答欄に解答をどのようにレイアウトしたのかを知り、参考にすることで、「書く力の安定」にお役立てください。

　読者の皆様なりの『ふぞろい』の活用法を見出していただき、ぜひとも合格を勝ち取っていただきたいと願っております。

ふぞろいな合格答案ブログ、更新中！

ストレート生・2年目生・多年度生それぞれの合格ナビゲーターによる、
受験生応援ブログを日々更新しています。冊子に載せきれなかった情報やセミナーなどの
イベント情報を発信していますので、ぜひ本書と合わせてご活用ください。

https://fuzoroina.com

| ふぞろい | 検索 |

令和4年度試験 再現答案

（2023年版）

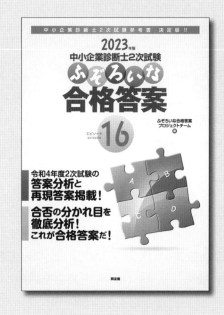

第1章のトリセツ

　第1章では、令和4年度2次試験合格者のうち6名を取り上げ、各人が2次試験当日までどのような勉強をしてきたのか、当日は何を考えどのように行動したのかを詳細に紹介しています。ご自身と属性の近い合格者を探し、合格のヒントとしてご活用いただければ幸いです。

第1節　合格者6名の勉強方法と解答プロセス

　ふぞろいな合格者6名の紹介に続き、各メンバーの勉強への取り組み方、合格のために重視していたこと、勉強スケジュールなどを詳細なコメント付きで紹介します。

第2節　合格者の80分間のドキュメントと再現答案

　6名の合格者が2次試験本番にどのように望み、どのように合格答案に至ったのかをドキュメント形式でお伝えします。予想外の難問・奇問や思わぬハプニングに翻弄されつつも、なんとか合格をつかみ取ろうとする6名の姿を、当日の間違った思い込みやリアルな感情の動きも含め記録しています。また、実際に当日作成した答案を後日再現し、ふぞろい流採点と実際の得点を添えて掲載します。

第3節　【特別企画】過去問大集合！　ふぞメンたちのイチオシ事例紹介

　2次試験突破のために避けては通れないのが過去問演習です。ここでは、ふぞメンが受験生だったときの経験を思い起こし、それぞれのイチオシ事例を紹介します。膨大な量の過去問のなかから演習する問題を選ぶ際の羅針盤として、ご活用いただける内容になっています。

第4節　【特別企画】受験生のお悩み解決！　ふぞメン大座談会

　「試験で起きた想定外」「解答メモの作り方&文房具の使い方」「ふぞメンのおすすめフレームワーク」「受験勉強をDX化する」「ふぞメンが実際に活用したふぞろいな参考書」「隙間時間の活用法」をテーマに大座談会を開催しています。ふぞメンが受験生時代に培った合格ノウハウ盛りだくさんの内容になっています。

第1節　合格者6名の勉強方法と解答プロセス

1. ふぞろいな合格者6名のご紹介

再現答案を活用するために、自分と似たタイプの合格者を一覧表から見つけてね！

	ぜあ	やーみん	こやちん	おみそ	まっち	みみ
年齢	42歳	37歳	46歳	33歳	31歳	33歳
性別	男	男	男	男	女	男
業種	公務員	製造業	卸売業	金融業	IT	卸売業
職種	事務	技術	経営企画	事務	営業部門	経理
2次受験回数	1回	1回	1回	1回	2回	3回
2次勉強時間	200時間	250時間	400時間	600時間	400時間	350時間
学習形態	予備校通学	独学	予備校短期	独学	独学	独学
模試回数	3回	0回	2回	0回	0回	0回
模試成績	上位50%以内	—	上位30%以内	—	—	—
得意事例	事例Ⅱ	事例Ⅲ・Ⅳ	事例Ⅳ	事例Ⅲ・Ⅳ	事例Ⅱ	事例Ⅲ
苦手事例	事例Ⅲ	事例Ⅰ・Ⅱ	事例Ⅱ	事例Ⅱ	事例Ⅲ	事例Ⅱ
文系／理系	文系	理系	文系	文系	文系	文系
過去問の取り組み方	質を重視	質を重視	量を重視	量を重視	質を重視	質を重視
取り組み事例数	60事例	60事例	160事例	300事例	60事例	8事例
実際のふぞろい／予想得点点 Ⅰ	68/61	83/76	69/63	79/75	59/57	69/55
Ⅱ	63/57	52/60	54/50	62/52	63/68	61/61
Ⅲ	59/68	56/55	62/71	72/90	64/79	63/69
Ⅳ	53/57	68/64	79/83	75/73	62/53	70/73
2次試験攻略法	与件文に寄り添い、解答に適切な情報を盛り込む	解答をパターン化し、『ふぞろい』流の文章で解答	設問文から仮説を立てて、与件文にキーワードを拾いに行く	圧倒的な量の問題演習による各問題への対応のパターン化	過去問演習事例のストーリーを読み取る	『ふぞろい』を使用して、コツコツと演習
事例を解くのに有利な経験や資格	文章執筆経験 日商簿記2級	—	米国公認会計士	日商簿記2級	日商簿記2級	—

地方受験生はホテル宿泊、朝ご飯は要注意、食べるものは事前に計画しておきましょう。

２．勉強方法と合格年度の過ごし方

勉強方法と解答プロセス ✳️ ━━━━━━━━━━━━━━━━ **ぜあ 編**

（再現答案掲載ページ：事例Ⅰ p.26　事例Ⅱ p.54　事例Ⅲ p.82　事例Ⅳ p.112）

【 私の属性 】

【年　　齢】 42歳	【性　　別】 男
【業　　種】 公務員	【職　　種】 事務
【得意事例】 事例Ⅱ	【苦手事例】 事例Ⅲ
【受験回数】 1次：1回　　2次：1回	
【合格年度の学習時間】 1次：600時間　　2次：200時間	
【総学習時間】　　　　1次：600時間　　2次：200時間	
【学習形態】 予備校（教室・通信）	
【直近の模試の成績】 上位50％以内　　【合格年度の模試受験回数】 3回	

【 私のSWOT 】

S （強み）：文章執筆が好き、短い通勤時間　　W （弱み）：睡眠欲と晩酌の誘惑に弱い

O （機会）：家族が診断士、在宅時間の増加　　T （脅威）：出張、飲み会が多い

【 効果のあった勉強方法 】

①過去問×3周

　1次試験終了後に2次試験の勉強に取り組み始めた私が頼ったのは、やはり、過去問。合計3周しました。最初の2回は本番と同じように80分で解いて、『ふぞろい』とほかの問題集を併用する形で答え合わせ。最後の1周は、設問と与件文を読んで、解答の要素を抜き出す練習をしました。

②無料の勉強会に参加

　2次試験の直前になると、受験支援団体が無料で勉強会を開催してくれます。自身の過去問の解答をその場で発表すると同時に、受験仲間の皆さまの解答も知ることができ、うまく答案が書けている人の文章術を盗んでいました。

③朝活！

　私の場合、職場まで徒歩10分程度で到着できること、コロナ禍でリモートワークが増えていたことなどから、夜遅くまで頑張って勉強するよりも、朝早く起きて勉強することに力を入れていました。毎日の就寝時間はだいたい22時半、朝は5時半（早いときには5時）に起きて朝活していました。

【 私の合格の決め手 】

　「文章の型を決める」ことが合格への近道になったのではないかと思います。これにより、文章の構成に時間をかけずに解答を書けるようになりました。たとえば、一文をできるだけ短くし、複数の文で答えをまとめ（「Aを行うことによってBを目指す」ではなく、「Aを行う。そして、Bを目指す」）、文章を冗長にせず、短い言葉で伝えることで、言いたいことを明確化できました。

~試験の朝の過ごし方~ ━━━━━━
　1次試験範囲の知識再確認。

合格年度の過ごし方～初年度受験生～

多くの初年度受験生がそうだと思いますが、1 次試験に全力で臨んだ後、間髪を入れず、2 次試験の勉強が始まります。私が通っていた予備校では、1 次試験の勉強が本格化する前の年末くらいに 2 次試験の過去問をやってみる講座があり、それに触れていたおかげで、2 次試験の難しさは事前に体感できていました。(あくまで、「超難関」ということを知るだけですが…)。

10月～ 5月	課題：2次試験とはどういうものかを知る		
	学習内容	基本的には 1 次試験の対策のみ。予備校の講座で「2 次の過去問を体験する」というものがあったので、年末年始休み等を利用して、R 2 年度過去問にチャレンジ。また、2 次試験を追体験しようと、ゴールデンウィーク前には事前対策なしに予備校の模試を受験（結果、惨敗）。	取り組み事例数： 8事例 2次平均学習時間 平日：0 時間 土曜：1 時間
5月～ 8月	課題：とにかく 1 次試験に合格する！		
	学習内容	1 次試験の直前対策を本格的に行う。2 次試験対策はスルー。	取り組み事例数： 0事例 2次平均学習時間 平日：0 時間 土曜：0 時間
	1 次試験！		
8月～ 9月初旬	課題：2次試験の出題形式に慣れ、時間内に解答を書ききる基礎力を身に付ける		
	学習内容	息つく暇もなく、2 次試験に突入。文章を書くのは好きだったので、事例Ⅰ～Ⅲについては、制限時間内に制限字数内で書くことはなんとかできたが、解答が頓珍漢なものばかり。9 月初旬の模試は散々。	取り組み事例数： 20事例 2次平均学習時間 平日：2 時間 休日：7 時間
9月中旬～ 10月初旬	課題：2次試験に対応する実力養成		
	学習内容	事例Ⅳにまったく歯が立たないことから、予備校のオプション講座に課金し、事例Ⅳに集中的に取り組む。基礎的な問題であれば、NPV や CVP 分析もなんとか食らいつけるまでに成長。過去問、予備校の問題にも同時並行で取り組むとともに、模試も受験。	取り組み事例数： 12事例 2次平均学習時間 平日：3 時間 休日：8 時間
10月初旬～ 本番	課題：合格に向けたラストスパート		
	学習内容	過去問、模試、予備校作成の問題それぞれに慣れてきたことから、与件文を読んで解答の要素を抜き出す練習が中心。併せて、事例Ⅳは確認を含めて、問題演習を繰り返した。	取り組み事例数： 20事例 2次平均学習時間 平日：3 時間 休日：8 時間
	2 次試験！		

学習以外の生活

仕事と勉強で 1 日の大半が過ぎていく生活でしたが、私の趣味でもある料理はほぼ毎日欠かさずしていました。料理を作る作業は、1 次試験科目の「運営管理」や事例Ⅲにも通じるものがあり、また、気分転換の意味もあり、楽しみながら作っていました。

仕事と勉強の両立

意識して、「できるだけ残業しない」「昼休みも無駄にしない」ということをやっていました。たとえば、朝80分で解いた事例を昼休みに答え合わせする、ということも結構やりました。「残業しない」については、試験後の今でも習慣になっています（笑）。

～会場で緊張をほぐす方法～

自分よりできなそうな人を見つける。

勉強方法と解答プロセス　＊ ━━━━━━━━━━━ ・**やーみん 編**

（再現答案掲載ページ：事例Ⅰ p.30　事例Ⅱ p.58　事例Ⅲ p.86　事例Ⅳ p.116）

私の属性

【年　　　齢】 37歳		【性　　　別】 男	
【業　　　種】 製造業		【職　　　種】 技術	
【得意事例】 事例Ⅲ、事例Ⅳ		【苦手事例】 事例Ⅰ、事例Ⅱ	
【受験回数】 1次：1回　　2次：1回			
【合格年度の学習時間】 1次：450時間　　2次：250時間			
【総学習時間】 1次：450時間　　2次：250時間			
【学習形態】 独学			
【直近の模試の成績】 未受験		【合格年度の模試受験回数】 0回	

私のSWOT

S （強み）：事例Ⅳに苦手意識なし　　W （弱み）：与件文、設問読み飛ばしがち

O （機会）：家族の協力　　T （脅威）：PCゲームの誘惑

効果のあった勉強方法

①**新制度以降の全事例を総ざらい**

　予備校のスポット講座で、平成13年度から直近年度までの全事例を総ざらいし、何が問われるのか、何を答えれば点が入るのかを学習しました。これにより、毎年の設問傾向がパターン化されていることを把握し、俯瞰的な視点で事例に取り組むことができるようになりました。

②**『ふぞろい』流の解答答案をマスター**

　『ふぞろい』の合格答案に共通するのは、得点要素の密度が高く、また論理的、日本語的にスマートであるということだと考え、これと同レベルの答案を作成できる状態、を目標に掲げました。採点のたびに自分の答案と『ふぞろい』の合格答案を比較して、点数にならない要素や冗長な表現を削り、抜けていた論点を足し合わせて自分なりのベスト答案を作成していました。

③**「やらないこと」を明確化**

　2次試験までの時間が非常に限られるなか、多年度受験生と戦うために、やらないことを明確にしていました。たとえば、予備校の事例は解かない、事例Ⅳも過去問以外は手を出さない、勉強会には参加しない（疲れて復習が疎かになるので）など。それにより、十分な数の事例をこなし、かつ復習にも時間をかけることができました。

私の合格の決め手

　何を書くか、事前にある程度シミュレートしていたことです。たとえば、事例Ⅰの最終問題なら「成果主義」「ジョブローテーション」、事例ⅢのITなら「生産統制」「SFA」など、解答をパターン化してそこに当てはめると決めていました。本番の緊張感のなかで無事に時間内に解答欄を埋められたのは、上記の対応のおかげだと考えています。

〜会場で緊張をほぐす方法〜

昼寝する（何も考えない時間を増やす）。

合格年度の過ごし方～初年度受験生～

学習開始が遅く、初年度は4科目を目標とする2か年計画を立てました。6月下旬の模試の結果を受けて7科目合格に切り替え、なんとか仕上げて滑り込み。ここからようやく2次試験の情報収集を開始しますが、あまりの問題形式の違いと敷居の高さに愕然としました。Twitterやブログで情報を収集し、少しずつ勉強方法や解法を確立していきました。

3月〜6月	**課題：1科目でも多く合格したい**		
	学習内容	通信教育の映像を早送りしてひたすらインプット。この時点では、2次試験がどういう試験なのかということすら把握していませんでした。	取り組み事例数：0事例
			2次平均学習時間 平日：0時間 休日：0時間
7月〜8月	**課題：1次試験突破**		
	学習内容	模試の点数が高かったことから、7科目突破に切り替えました。問題集に直接答えを書き込み、高速で周回させて知識の定着率を高めていきました。	取り組み事例数：0事例
			2次平均学習時間 平日：0時間 休日：0時間
	1次試験！		
8月	**課題：2次試験とは何かを知る**		
	学習内容	2次試験の情報収集を行い、必要な参考資料を集めました。ひとまず事例を解くも、まったくマス目が埋まらず途方に暮れ、前述の予備校講座に手を出しました。霧が晴れていくような感覚を覚え、ようやく学習の準備が整った気がしました。	取り組み事例数：5事例
			2次平均学習時間 平日：2時間 休日：3時間
9月	**課題：事例数をこなし、文章力と時間管理能力を磨く**		
	学習内容	1日1事例のペースで、過去問を解く、見直す、のサイクルをひたすら繰り返していました。なお、事例Ⅰ〜Ⅳはほぼ均等に時間を割いていました。雲をつかむようなⅠ〜Ⅲと比較し、明確な解答のある事例Ⅳはオアシスだと感じていました。	取り組み事例数：25事例
			2次平均学習時間 平日：3時間 休日：4時間
10月	**課題：課題を洗い出し、本番に向けて仕上げる**		
	学習内容	10月初旬から中旬にかけて、1日かけて4事例を解くセルフ模試を2度行いました。心身に負荷をかけて課題の洗い出しを行い、本番へ仕上げていきました。	取り組み事例数：30事例
			2次平均学習時間 平日：4時間 休日：4時間
	2次試験！		

学習以外の生活

家族から学習への理解を得るため、家事は率先して行うようにしていました。また子供の相手をする時間も意識して確保していました。子供のお馬をしながら2次知識をボソボソ呟いていたこともあったっけ。でも結局、その年は海にも旅行にも連れて行ってあげられなかったなあ、ごめんよ。

仕事と勉強の両立

1次試験同様、2次試験でも隙間時間の活用を心掛けました。スマホの暗記カードアプリを用いて自分用の学習帳を作り、必要な知識をすぐ引き出せるように練習しました。

～会場で緊張をほぐす方法～

ストレッチ。身体をほぐして心もほぐす。

勉強方法と解答プロセス ✳ ━━━━━━━━━━ こやちん 編

（再現答案掲載ページ：事例Ⅰ p.34　事例Ⅱ p.62　事例Ⅲ p.90　事例Ⅳ p.120）

私の属性

【年　　齢】	46歳	【性　　別】	男
【業　　種】	卸売業	【職　　種】	経営企画
【得意事例】	事例Ⅳ	【苦手事例】	事例Ⅱ
【受験回数】	1次：1回　　2次：1回		
【合格年度の学習時間】	1次：600時間　　2次：400時間		
【総学習時間】	1次：600時間　　2次：400時間		
【学習形態】	予備校以外の通信（1次）／予備校（2次）		
【直近の模試の成績】	C	【合格年度の模試受験回数】	2回

私のSWOT

S（強み）：経験値と根性　　　　W（弱み）：うっかりミスと妄想癖

O（機会）：コロナ禍と勉強環境　T（脅威）：決算対応とテニスの誘惑

効果のあった勉強方法

①フレームワークを使った知識の整理

　事例Ⅰ～Ⅲは慣れとセンスと文章力、と思っていましたが、ある予備校セミナーで知識の重要性を説かれ、考え方を変えました。知識の有無で与件文読解時の理解度が変わってきます。フレームワークで整理した知識を習得してからは、与件文からスムーズにキーワードを拾い、ある程度安定した解答を書けるようになりました。

②与件文ナシ仮説解答トレーニング

　与件文を読まずに解答を書くためには、自身の仮説（＝知識）の解像度を高めることが必要となります。2次試験の2週間前から『2次試験合格者の頭の中にあった全ノウハウ』（同友館。以下、『全ノウハウ』）の「想定問題集」「想定問答」を使ってこの訓練を始めて、実力アップを実感しました。苦しい訓練ですが、上記①と合わせる形で、短期間で記述力と読解力を強化するのによい勉強法だと思います。

③毎日過去問チャレンジ

　2次試験は時間との戦いです。私は試験直前の1か月半、H19～R3年の15年分の過去問をほぼ毎日2事例（朝は事例Ⅰ、Ⅱ、Ⅲのいずれか、帰宅後に事例Ⅳ、土曜日には全事例）に取り組み、80分の時間内に全問解答する感覚を養っていきました。こちらも苦しいトレーニングですが、自分を追い込むことで、どのような状況にあっても時間内に完答する力を養うことができました。

私の合格の決め手

　知識と時間感覚の定着です。本番では予期せぬ問われ方に苦慮し、タイムマネジメントに苦労しましたが、時間感覚があったこと、次善策ながら知識でカバーして解答できたことで、空欄解答を作ることなく、部分点を積み上げることができました。

～会場で緊張をほぐす方法～
あまり考えないようにする。

合格年度の過ごし方～初年度受験生～

4月末に予備校の模試を入れ、強制的に2次試験モードに持って行きました。事例Ⅳが重要と見定め、5月末までに『30日完成！事例Ⅳ合格点突破計算問題集』（同友館。以下『30日完成』）、『意思決定会計講義ノート』（税務経理協会。以下、『イケカコ』）それぞれ1周しました。（このときに取り組んだ線形計画法は、試験本番時には忘却の彼方でしたが…。）事例Ⅰ～Ⅲは、4月の予備校模試結果が壊滅的であったことから危機感を抱き、1次試験終了後に予備校の短期集中講座を受講。8～9月は予備校流を徹底、9月中旬以降はふぞろい流を織り交ぜ、ひたすら過去問に取り組みました。

前年10月～4月中旬	課題：1次試験の範囲をカバーする（中小企業経営・政策（以下「中小」）以外）		
	学習内容	10月～12月は慣らし運転と位置づけ。3年前にちょっと勉強した内容を振り返る程度。1月から試験モードに切り替え、3月までに中小を除く試験範囲を1周。4月中旬までに中小以外の過去問を4年分解いた。	取り組み事例数：0事例
			2次平均学習時間 平日：2時間 休日：4時間
4月中旬～5月末	課題：2次試験の雰囲気をつかむ。事例Ⅳを開始。		
	学習内容	2次試験の勉強開始。『30日完成』1周と過去問2年分を解いたうえで予備校模試を受験。模試で手応えがあった事例Ⅳを得点源にすべく、『イケカコ』を1周。1次試験は通勤時間に過去問を解いて知識を維持。	取り組み事例数：12事例
			2次平均学習時間 平日：2時間 休日：4時間
6月～1次直前	課題：1次試験に向けた追い込み。		
	学習内容	1次対策に回帰。以前できた問題が解けずショックを受ける。6月は理解系科目を重点的に、7月は暗記科目に集中。経営法務と中小は試験3週間前に市販の問題集を購入し平日はこの2科目に集中。週末は全教科の過去問、予備校模試を解いて試験感覚を養成。	取り組み事例数：0事例
			2次平均学習時間 平日：4時間 休日：10時間
1次試験！			
8月上旬～9月中旬	課題：2次試験取り組みへの基礎力養成		
	学習内容	1次試験終了翌日の予備校セミナーに参加、翌日入校した。時折過去問に手を出しながら、事例Ⅰ～Ⅲのフレームワーク／知識習得に注力。	取り組み事例数：20事例
			2次平均学習時間 平日：3時間 休日：8時間
9月中旬～2次直前	課題：2次試験本番に向けた追い込み		
	学習内容	過去問に集中。ほぼ毎日、過去問に挑戦。直前2週間は、与件なし仮説解答トレーニングも実施。	取り組み事例数：約130事例
			2次平均学習時間 平日：4時間 休日：10時間
2次試験！			

学習以外の生活

1次試験、2次試験とも、1か月前までは時折同僚と飲みに行ったり、週末はテニスしたりして気分転換。直前1か月は全ての誘いを断って、完全に試験勉強（と仕事）に集中していました。

仕事と勉強の両立

4月の出願直後に上司や周囲に受験意向を伝え、早朝と昼休みを勉強時間に充てることを宣言したことで覚悟が定まりました。昼食や飲み会を断ることへのためらいがなくなり、精神的負担から解放されたという意味で大きかったです。（業務が減ることはありませんでしたが……。）

また、2次試験は決算対応の繁忙期と重なるため、直前に思うような勉強時間が確保できないことを想定したうえで早めに合格レベルにもっていくべく、早めの勉強スケジュールを組んでいました。

～会場で緊張をほぐす方法～

緊張で身体のどこが変わっているかを観察した（首、肩が固くなっていた）。

勉強方法と解答プロセス ＊ ■━━━━━━━━━━━━━━ ■ **おみそ 編**

（再現答案掲載ページ：事例Ⅰ p.38　事例Ⅱ p.66　事例Ⅲ p.94　事例Ⅳ p.124）

私の属性

【年　　　齢】 33歳	【性　　　別】 男
【業　　　種】 金融業	【職　　　種】 事務
【得意事例】 事例Ⅲ、事例Ⅳ	【苦手事例】 事例Ⅱ
【受験回数】 1次：1回　　2次：1回	
【合格年度の学習時間】 1次：2,000時間　　2次：600時間	
【総学習時間】 1次：2,000時間　　2次：600時間	
【学習形態】 独学	
【直近の模試の成績】 未受験　　【合格年度の模試受験回数】 0回	

私のSWOT

S （強み）：論理的思考×知識欲×根性　　　　W （弱み）：他人と比べては落ち込みがち
O （機会）：業務多忙でなく時間確保できた　　T （脅威）：特になし

効果のあった勉強方法

①与件文なし解答作成トレーニング

　5月のゴールデンウィークから1次試験日の8月まで、『全ノウハウ』の「想定問題集」で与件文なし解答作成トレーニングを毎日2問ずつ、事例Ⅰ→Ⅱ→Ⅲ→Ⅳのローテーションで回していました。結果、①2次試験で問われる知識が体系的に頭に入った、②100字で多面的な要素を含む文章を書くのに慣れた、③残りマス目を見て今書こうとしている文字がマス内に収まるかどうかの感覚がつかめた、と思います。

②事例Ⅳを毎日夜に解く

　事例Ⅳは食事や風呂など終えた遅い時間に解いていました。本番の事例Ⅳは疲れた時間帯に解くことになりますが、そのための体力がつきました。また、毎日解くことではじめは大量にあった計算ミスが、勉強期間の後半では解くのに慣れ、激減しました。

③過去問をひたすら解き、解ける年度はすべて解く

　事例Ⅰ～Ⅲは平成20年度以降の過去問を最低3周は解き、事例Ⅳは平成13年度以降の全過去問を最低2周ずつ解きまくりました。令和3年度の問題は10周以上は解いたと思います。もちろん採点は『ふぞろい』です。これにより①多様な出題傾向の問題に触れ現場対応力がつき、②ふぞろい流採点で70点を取る感覚が養えた、と思います。

私の合格の決め手

　1つは早めに行動したことです。2次試験の準備を3月から始めた結果、1次試験後に何をやるべきかが明確にわかり、すぐに勉強スタイルを確立できました。

　もう1つは「量からしか質は生まれない」を合言葉に、とにかく過去問演習において量をこなしたことです。最終的には300事例に取り組み、初年度受験生で私より多く解いた人はいないといえるくらいには解きました。

~会場で緊張をほぐす方法~
会場の周りを歩く。

合格年度の過ごし方〜初年度受験生〜

2次試験の問題は1次試験にも役立つはずとの認識から、2次試験の勉強を早めに始めました。また、2次試験勉強し始めの3〜4月は受験支援団体に所属し、前年の合格者や受験生に教えてもらいながら2次試験の作法を学び、ある程度つかめてきた5月から、完全独学に移行しました。その後は、1次試験と2次試験を並行して勉強し、1次試験終了後は2次試験対策に完全にギアチェンジしました。

前年9月〜2月	課題：1次試験に必要となる知識の把握		
	学習内容	1次試験『過去問完全マスター』（同友館、以下『過去問マスター』）を3周は解いていました。また、ITパスポート、マネジメント検定中級、ビジネス実務法務2級、販売士2級と1次試験科目と関連する資格も取り、応用力を高めました。	取り組み事例数：0事例 2次平均学習時間 平日：0時間 休日：0時間
3月〜8月上旬	課題：1次試験に向けての仕上げ、2次試験勉強本格化前の準備		
	学習内容	1次試験は『過去問マスター』での勉強を続けつつ、知識強化や1次試験終了後の2次試験勉強への移行を円滑化するため、①2次試験の事例問題を数問解き、②5月以降は与件文なし解答作成トレーニングを毎日行いました。	取り組み事例数：10事例 2次平均学習時間 平日：1時間 休日：1時間
1次試験！			
8月中旬〜8月末	課題：事例問題に脳と体を慣らすこと		
	学習内容	事例Ⅰ〜Ⅲは令和3年〜平成28年までの過去問を1日2〜3事例繰り返し解きました。事例Ⅳは『事例Ⅳ（財務・会計）の全知識＆全ノウハウ』（同友館。以下、『全知全ノウ』）を3周回しました。	取り組み事例数：50事例 2次平均学習時間 平日：7時間 休日：5時間
9月中	課題：初見問題への対応力を上げること		
	学習内容	事例Ⅰ〜Ⅲは令和3年〜平成20年までの過去問を1日2〜3事例繰り返し解きました。事例Ⅳは『30日完成』を3周回しました。	取り組み事例数：75事例 2次平均学習時間 平日：7時間 休日：5時間
10月中	課題：過去問で問われる全パターンを自身に定着させること		
	学習内容	事例Ⅰ〜Ⅲは令和3年から平成20年まで1日3〜5事例繰り返し解きました。事例Ⅳは令和3年から平成13年までの全年度を2周解きました。	取り組み事例数：165事例 2次平均学習時間 平日：7時間 休日：5時間
2次試験！			

学習以外の生活

週末こそ少しは家族の時間を取っていましたが、短期決戦を決め込み、家族との時間をかなり犠牲にして勉強しました。妻と娘には本当に申し訳なく、理解して勉強時間をいただけたことに感謝しかありません。また、勉強のストレス発散のため、週に1度、ボクシングジムに通っていました。

仕事と勉強の両立

もともとそこまで業務多忙ではなかったですが、そのなかでも時間確保のため、①後輩を育成して業務負荷の平準化、②Excel VBAを習得して定例業務を自動化することで、業務時間を削減しました。また、③テレワークを積極的に活用し、移動時間を最小化して勉強時間を確保しました。

〜会場で緊張をほぐす方法〜

今までの自分の努力を信じろと念じる（笑）。

勉強方法と解答プロセス ＊■━━━━━━━━━━━━━━■ まっち 編

（再現答案掲載ページ：事例Ⅰ p.42　事例Ⅱ p.70　事例Ⅲ p.98　事例Ⅳ p.128）

【 私の属性 】

【年　　齢】	31歳	【性　　別】	女
【業　　種】	IT	【職　　種】	営業部門
【得意事例】	事例Ⅱ	【苦手事例】	事例Ⅲ
【受験回数】	1次：3回	2次：2回（令和3年度 C46, B56, B53, A61→B）	
【合格年度の学習時間】	1次：0時間	2次：280時間（1次試験免除）	
【総学習時間】	1次：500時間	2次：400時間	
【学習形態】	独学		
【直近の模試の成績】	未受験	【合格年度の模試受験回数】　0回	

【 私のSWOT 】

S（強み）：コツコツと続けられること　　W（弱み）：苦手なものを後回しにする

O（機会）：オンライン勉強会　　　　　　T（脅威）：遊びや趣味の誘い

【 効果のあった勉強方法 】

①自分の答案を人に見てもらう（事例Ⅰ～Ⅲ）

前年度の不合格を踏まえ、合格点に満たなかった事例Ⅰ～Ⅲの底上げに注力することを決めました。2週間に1回のオンライン勉強会に参加し、①過去問を解く、②勉強会で議論・指摘をもらう、③『ふぞろい』やもらった指摘を盛り込みつつ自分なりのベスト解答を作る、というサイクルを繰り返しました。ほかの人から指摘を受けることで自分の文章の読みにくいところや不足している視点を把握し、解答の質の向上につなげることができました。また、ほかの参加者の解答にも目を通しコメントをすることで客観的な視点を養いました。

②毎日最低1つの問題演習（事例Ⅳ）

計算の感覚とスピードの維持のため、計算問題はどんなに忙しくても毎日最低1問解くことをノルマとしました。『30日完成』を3周して基本を身に付けた後、『全知全ノウ』を2周し実践での対応力を鍛えました。

③本番を想定した過去問演習

過去5年分の過去問を繰り返し解いていましたが、時々は、まだ解いていない少し古い過去問に取り組み、初見の問題に対して動揺せず同じ時間配分、解答プロセスで取り組めるかを確認していました。

【 私の合格の決め手 】

前年の不合格がある種のパラメーターになっており、勉強の質や量など何事も「去年の自分」を超えるよう取り組んでいたように思います。前年の得点開示で自分の実力を認識し、各事例あともう少し点をもらうために、自分に何が不足していて何をすべきか、しっかりと自分自身と向き合えたことが合格につながったのではないかと感じています。

合格年度の過ごし方～多年度受験生～

気が散りやすく長時間同じことをするのは苦手で、直前に一気に詰め込むタイプではないため、毎日無理のない範囲で勉強することを習慣として、細く長くコツコツと続けていく戦法に決めました。また、本を読むのは好きだったため、読み物を試験関連書籍に切り替え、1次知識の復習や各事例分野への理解を深める時間を増やしました。おかげで、仕事やプライベートとうまく両立し、ストレスを溜め込まずに完走できたと思います。

1月～3月	課題：情報収集、勉強計画の検討		
	学習内容	得点開示から敗因分析と弱みの洗い出し。2次試験の取り組み方を再構築するべく、2次試験に関するノウハウ本やブログなどを読んで情報収集していました。	取り組み事例数：0事例
			2次平均学習時間 平日：1時間 休日：0時間
4月～7月	課題：時間配分と自分なりの解法の模索		
	学習内容	試験委員の先生の本や、生産管理に関する入門本を読んでモチベーションを維持しました。オンライン勉強会に参加し、少しずつ事例を解き始め、時間配分や解き方を少しずつ変えて試し、自分に合ったスタイルを探しました。	取り組み事例数：12事例
			2次平均学習時間 平日：1時間 休日：1時間
1次試験！（受験せず）			
8月～10月中旬	課題：ひたすら過去問演習		
	学習内容	解答プロセスを確定させ、ひたすら過去問演習・勉強会へ参加・ベスト解答の作成を繰り返しました。	取り組み事例数：22事例
			2次平均学習時間 平日：3時間 休日：3時間
直前2週間	課題：当日のシミュレーション		
	学習内容	4事例を1日で解くことに慣れるため、1年分4事例まとめて解くリハーサルをしました。	取り組み事例数：20事例
			2次平均学習時間 平日：3時間 休日：7時間
2次試験！			

学習以外の生活

プライベートの時間も大事にしつつ、試験勉強は日々の習慣として細々と続けていました。8月に新型コロナウイルスにかかったり、旅行に行ったりし、夏休みに少し中弛み。でもそのおかげで思い切りリフレッシュし、本番に向けてやる気を取り戻せたと思います。

仕事と勉強の両立

仕事の繁忙期には平日の勉強時間がうまく取れないこともありましたが、直前期は勉強のほうに集中できました。平日は業務終了後、夜に2時間（1事例くらい）勉強し、翌日の通勤時間と始業前の30分間はカフェで前日に解いた事例を見直していました。

～会場で緊張をほぐす方法～
外に出てストレッチ。

勉強方法と解答プロセス ＊ みみ 編

（再現答案掲載ページ：事例Ⅰ p.46 事例Ⅱ p.74 事例Ⅲ p.102 事例Ⅳ p.132）

私の属性

【年　　齢】 33歳		【性　　別】 男	
【業　　種】 卸売業		【職　　種】 経理	
【得意事例】 事例Ⅲ		【苦手事例】 事例Ⅱ	
【受験回数】 1次：2回 2次：3回			
【合格年度の学習時間】 1次： 0時間 2次：15時間（1次試験免除）			
【総学習時間】 1次：450時間 2次：350時間			
【学習形態】 予備校以外の通信（1次）／独学（2次）			
【直近の模試の成績】 未受験 【合格年度の模試受験回数】 0回			

私のSWOT

S（強み）：集中力　　　　　　　　　W（弱み）：ネガティブ思考

O（機会）：SNS、YouTubeの情報　　T（脅威）：職場の繁忙期

効果のあった勉強方法

①タブレット学習

　自分が学んだ情報をすべてタブレットにまとめるようにしていました。キーワード検索が可能となることで反復学習に役立ち、2次試験の学習の際にも1次試験の知識を素早く確認することが可能でした。書籍を持ち歩いたり、広げたりする必要がないので、移動中や職場での休憩中にも学習時間を確保することができました。

② SNS、YouTube の活用

　「何がわからないかがわからない」という状態のときは、SNS、YouTubeを活用していました。初学者向けの理論解説、説明を聞き、書籍などで確認を取るという方法で知識の習得に努めていました。興味が薄い分野や文章を読んでもわからないことを動画などで補足していくと理解が進みやすいと感じています。

③『ふぞろい』などを使用した過去問演習

　過去問演習の後、『ふぞろい』などを活用した解答の分析を反復して行っていました。本番と同様の時間制限で解答を組み立てた後、じっくりと時間を使って解答分析を行うことで、自分が解答に使用するフレーズの偏りを把握しました。キーワードから連想する選択肢を増やせるように、前回の過去問演習で使用したフレーズを使用せず解答する練習も行っていました。

私の合格の決め手

　合格の決め手は論理的思考力の強化だと思います。職場の事情で半年以上、試験勉強に取り組むことができなかった私が合格できたのは、仕事で分析に携わる機会を得て、因果関係を把握する力が強化され、論理的な解答を行うことができたからではないかと感じています。

～会場で緊張をほぐす方法～

肩甲骨をほぐす、目薬を差す。

合格年度の過ごし方～多年度受験生～
2回目の2次試験を終え、1月に不合格通知を受け取りました。打ちひしがれる一方で、仕事は繁忙期へ突入。令和4年度1次試験は受験せず、そのまま2次試験日直前になり、過去問や前年に作成したファイナルペーパーを見返し、超短期間で記憶を掘り返す作業になりました。

1月～4月	課題：学習の習慣化		
	学習内容	2次試験不合格の傷を癒すため、試験の範囲からは離れ、簿記や税法の勉強を行っていました。	取り組み事例数：0事例
			2次平均学習時間 平日：0時間 休日：0時間
5月～8月上旬	課題：興味のある分野の強化		
	学習内容	税法やファイナンスの書籍を読み、事例Ⅳの理解を深めました。『ふぞろい』は購入しましたが手はつけませんでした。	取り組み事例数：0事例
			2次平均学習時間 平日：0時間 休日：0時間
1次試験！（受験せず）			
8月中旬～9月	課題：勉強時間確保		
	学習内容	勉強時間の確保が困難を極め、まったく2次試験については考えていませんでした。正直なところ、受験するかどうかもわかりませんでした。	取り組み事例数：0事例
			2次平均学習時間 平日：0時間 休日：0時間
10月上旬～10月中旬	課題：前年過去問への取り組みで感覚を取り戻す		
	学習内容	令和3年度の事例Ⅰ～Ⅳに取り組み、解答する感覚を取り戻そうとしました。時間感覚も弱くなっていたので、80分間全力で取り組み、『ふぞろい』やファイナルペーパーを使用して使えるキーワードなどを確認しました。	取り組み事例数：4事例
			2次平均学習時間 平日：0時間 休日：1時間
10月下旬～直前	課題：ファイナルペーパーを仕上げる		
	学習内容	ファイナルペーパーを本年度向けに仕上げ直すことによって、キーワードから解答を連想する力を強化しました。過去の事例を流し読みし、どのような課題・問題にどのような対策を行うべきかを復習しました。	取り組み事例数：4事例
			2次平均学習時間 平日：1時間 休日：2時間
2次試験！			

学習以外の生活

ジムで適度な運動をすることでメンタルの安定を図っていました。トレーニング中でもYouTubeで一問一答を聞き流し、1次試験の知識を忘れないようにしていました。また、家族や友人との時間は大切にし、リフレッシュの機会として、集中力の源にしていました。

仕事と勉強の両立

受験について会社には話しておらず、4月から大きな仕事を任された結果、仕事と勉強の両立は不可能になりました。通勤、隙間時間はすべて仕事に関する知識を強化するために充て、ようやく試験勉強に取り組めたのは直前2週間前からです。

～試験の休憩時間の過ごし方～
ストレッチ。

合格者の80分間のドキュメントと再現答案

▶事例Ⅰ（組織・人事）

令和4年度　中小企業の診断及び助言に関する実務の事例Ⅰ
（組織・人事）

　A社は、サツマイモ、レタス、トマト、苺、トウモロコシなどを栽培・販売する農業法人（株式会社）である。資本金は1,000万円（現経営者とその弟が折半出資）、従業員数は40名（パート従業員10名を含む）である。A社の所在地は、水稲農家や転作農家が多い地域である。

　A社は、戦前より代々、家族経営で水稲農家を営んできた。69歳になる現経営者は、幼い頃から農作業に触れてきた体験を通じて農業の面白さを自覚し、父親からは農業のイロハを叩き込まれた。当初、現経営者は水稲農業を引き継いだが、普通の農家と違うことがしたいと決心し、先代経営者から資金面のサポートを受け、1970年代初頭に施設園芸用ハウスを建設して苺の栽培と販売を始める。同社の苺は、糖度が高いことに加え、大粒で形状や色合いが良く人気を博した。県外からの需要に対応するため、1970年代後半にはハウス1棟、1980年代初頭にはハウス2棟を増設した。その頃から贈答用果物として地元の百貨店を中心に販売され始めた。1980年代後半にかけて、順調に売上高を拡大することができた。

　他方、バブル経済崩壊後、贈答用の高級苺の売上高は陰りを見せ始める。現経営者は、次の一手として1990年代後半に作り方にこだわった野菜の栽培を始めた。当時限られた人員であったが、現経営者を含め農業経験が豊富な従業員が互いにうまく連携し、サツマイモを皮切りに、レタス、トマト、トウモロコシなど栽培する品種を徐々に広げていった。この頃から業務量の増加に伴い、パート従業員を雇用するようになった。

　A社は、バブル経済崩壊後の収益の減少を乗り越え、順調に事業を展開していたが、1990年代後半以降、価格競争の影響を受けるようになった。その頃、首都圏の大手流通業に勤めていた現経営者の弟が入社した。現経営者が生産を担い、弟は常務取締役として販売やその他の経営管理を担い、二人三脚で経営を行うようになる。現経営者と常務は、新しい収益の柱を模索する。そこで、打ち出したのが、「人にやさしく、環境にやさしい農業」というコンセプトであった。常務は、販売先の開拓に苦労したが、有機野菜の販売業者を見つけることができた。A社は、この販売業者のアドバイスを受けながら、最終消費者が求める野菜作りを行い、2000年代前半に有機JASとJGAP（農業生産工程管理）の認証を受けた。

事例Ⅰ

　また、A社では、地元の菓子メーカーと連携し、同社の栽培するサツマイモを使った洋菓子を共同開発した。もともと、A社のサツマイモは、上品な甘さとホクホクとした食感があり人気商品であった。地元菓子メーカーと開発した洋菓子は、販売開始早々、地元の百貨店から贈答用としての引き合いが入る人気商品となった。この洋菓子は、地域の新たな特産品としての認知度を高めた。

　他方、業容の拡大に伴い、経営が複雑化してきた。現経営者は職人気質で、仕事は見て盗めというタイプであった。また、A社ではパート従業員だけではなく、家族や親族以外の正社員採用も行い従業員数も増加していた。しかし、従業員間で明確な役割分担がなされていなかった。そこに、需給調整の問題も生じてきた。作物は天候の影響を受ける。また収穫時期の違いなどによる季節的な繁閑がある。そのため、A社では、繁忙期は従業員総出でも人手が足りず、パート従業員をスポットで雇用して対応する一方、閑散期は逆に人手が余るような状況であった。それに加え、主要な取引先からは、安定した品質と出荷が求められていた。

　さらに、従業員の定着が悪く、新規就農者を確保することが難しかった。農業の仕事は、なかなか定時出社・定時退社で完結できる仕事ではない。台風などの際には、休日であっても突発的な対応が求められる。また、新参者が地域の農業関係者の中に溶け込み関係をつくることも難しかった。A社では、農業経験者だけではなく、農業未経験者にも中途採用の門戸を開いていたが、帰属意識の高い従業員を確保することが難しかった。県の農業大学校の卒業生など新卒採用も始めたが、長く働き続けてくれる人材の確保は容易ではなかった。

　2000年代半ばには、有機野菜の販売業者が廃業することになり、A社はその事業を土地や施設、既存顧客を含めて譲渡されることになった。A社は、そのタイミングで株式会社化（法人化）をした。A社は、有機野菜の販売業者から事業を引き継いだ際、運よく大手中食業者と直接取引する機会を得た。この取引は、A社に安定的な収益をもたらすことになった。大手中食業者からの要求水準は厳しかったものの、A社は同社との取引を通じて対応能力を蓄積することができた。大手中食業者からの信頼も増し、売上高の依存割合が年々増加していった。このコロナ禍にあっても、大手中食業者以外の販売先の売上高は減少したが、デリバリー需要を背景に同社からの売上高は堅調であった。他方、ここ数年、A社では、大手中食業者への対応に忙殺されるあまり、新たな品種の生産が思うようにできていない状況であった。

　ここ数年、A社では、直営店や食品加工の分野に展開を行っている。これらの業務は、常務が中心となって5名の生産に従事する若手従業員と5名のパート従業員が兼任の形で従事している。A社は、2010年代半ばに自社工場を設置するとともに、地元の農協と契約し倉庫を借りることになった。自社工場では、外部取引先からパン生地を調達し、自社栽

培の新鮮で旬の野菜（トマトやレタスなど）やフルーツを使ったサンドイッチや総菜商品などを製造し、既存の大手中食業者を含めた複数の業者に卸している。作り手や栽培方法が見える化された商品は、食の安全志向の高まりもあり人気を博している。

　現在、直営店は、昨年入社した常務の娘（A社後継者）が担当している。後継者は、大学卒業後、一貫して飲食サービス業で店舗マネジメントや商品開発の業務に従事してきた。農業については門外漢であったものの、現経営者や常務からの説得もあり、40歳の時に入社した。直営店では、サンドイッチや総菜商品、地元菓子メーカーと共同開発した洋菓子に加え、後継者が若手従業員からの提案を上手に取り入れ、搾りたてのトマトジュース、苺ジャムなどの商品を開発し、販売にこぎ着けている。現在、直営店はA社敷地の一部に設置されている。大きな駐車場を併設しており、地元の顧客に加え、噂を聞きつけて買い付けにくる都市部の顧客も取り込んでいる。また最近、若手従業員の提案で、オープンカフェ形式による飲食サービス（直営店に併設）を提供するようになった。消費者との接点ができることで、少しずつではあるがA社は自社商品に関する消費者の声を取得できるようになった。この分野は、着実に売上高を伸ばしてきたが、一方で、人手不足が顕著になってきており、生産を兼務する従業員だけでは対応できなくなりつつあった。A社は、今後も地域に根ざした農業を基盤に据えつつ、新たな分野に挑戦したいと考えている。

　コロナ禍をなんとか乗り切ったA社であるが、これまで経営の中枢を担ってきた現経営者と常務ともに60歳代後半を迎え、本格的に後継者への世代交代を検討し始める時期に差し掛かっている。現経営者は、今後のA社の事業展開について中小企業診断士に助言を求めた。

第1問（配点20点）

　A社が株式会社化（法人化）する以前において、同社の強みと弱みを100字以内で分析せよ。

第2問（配点20点）

　A社が新規就農者を獲得し定着させるために必要な施策について、中小企業診断士として100字以内で助言せよ。

第3問（配点20点）

　A社は大手中食業者とどのような取引関係を築いていくべきか、中小企業診断士として100字以内で助言せよ。

第4問（配点40点）

　A社の今後の戦略展開にあたって、以下の設問に答えよ。

（設問1）

　A社は今後の事業展開にあたり、どのような組織構造を構築すべきか、中小企業診断士として50字以内で助言せよ。

（設問2）

　現経営者は、今後5年程度の期間で、後継者を中心とした組織体制にすることを検討している。その際、どのように権限委譲や人員配置を行っていくべきか、中小企業診断士として100字以内で助言せよ。

~合格に一番大切なこと~
　最後の1分まで、1点をもぎ取りに行く根性。

■ 80分間のドキュメント　事例Ⅰ

ぜあ 編（勉強方法と解答プロセス：p.8）

1．当日朝の行動と取り組み方針

　遠隔地から参加の私は前日、ホテル泊。朝食のないホテルだったので、近所のコンビニで購入したおにぎりを部屋で食べながら、ファイナルペーパーで復習。

　会場へは、電車で行くこともできたが、最寄駅から徒歩15分かかるので、あらかじめ調べておいたバスで移動。バスを降りて徒歩3分で会場到着。

　会場はとても大箱で、自分の席を探し当てるのに少し戸惑ったけど、なんとか見つけて着席。周りに大勢の受験生がいるので、否が応でも緊張感が高まるが、深呼吸して集中。アナウンスがあるまでは、ファイナルペーパーで最後の復習を行った。

2．80分間のドキュメント
【手順0】開始前（～0分）

　試験官のうち一番偉いと思われる人が、大きな会場の正面にある朝礼台のようなものに上り、試験上の注意事項などを説明。静かに聞き、試験に備える。大きな会場ゆえ、少し体が冷えるが、目の前のことに集中しようと気合を入れる。

【手順1】準備（～1分）

　まずは、受験番号から。誤りがないように確認しながら記入。
【手順2】設問解釈（～7分）

第1問　事例Ⅰの過去問では問われたのを見たことがない「強み・弱み」の問題。事例Ⅰの第1問は「分析問題」が来ると思っていたので、軽く衝撃を受けると同時に、一筋縄ではいかない試験だと思い直す。「株式会社化する以前」という時制は重要。

第2問　事例Ⅰは「最終問題が助言問題となる以外は分析問題が多い」という過去問のセオリーに反して、第2問で助言問題となったことにも軽い驚き。「新規就農者を獲得し定着させる」とあるので、「採用」と「離職防止」の2つの観点が必要と認識。

第3問　続いても助言問題。与件文中に大手中食業者が重要な役割を果たすプレイヤーとして出てくることを想定。ただし、設問文だけではヒントが少なすぎる。

第4問（設問1）　「組織構造」ということで、機能別組織、事業部制組織、マトリックス組織が頭に浮かぶ。それぞれの特徴を踏まえたうえで解答を構成する方針を立てる。

第4問（設問2）　権限委譲と人員配置がセットになった問題はこれまで見たことがないので、与件文からうまく編集する作業が必要かも。

全体　過去問で「定石」と思われたパターンを大きく外す設問構成で、最初はかなり焦ったけど、とにかくA社に寄り添い解答を作成していこうと考え、与件文読解に移る。

~試験の休憩時間の過ごし方~
　外の空気を吸いに出る。

事例Ⅰ

【手順3】与件文読解（～30分）

1～3段落目　事例企業は農業。実家の家業が農家だったので、イメージはしやすい企業ということに少しだけ安堵。強みが列挙されており、第1問に使えそうだと考えながら読み進める。

4段落目　具体的な組織体制の話が始まる。また、有機JASとJGAPは具体的なイメージは湧かないが、公的認証は間違いなく重要な強みとなる旨チェック。

5段落目　「連携」も組織論においては重要なテーマ。要チェック。

6～7段落目　「弱み」や問題点が凝縮されたような段落。家業を思い出しつつ、具体的な情景も想像。第2問の解答根拠になる箇所だと考え、解答要素も考えながら読む。

8段落目　時制が変わったことを意識。第3問の「大手中食業者」が登場したので、現在の関係性、今後の方向性を考えながら読み進める。

9段落目　新たな事業展開が始まるが、大手中食業者にも再度言及されている。要注意。

10段落目　後継者として常務の娘登場。第4問とのつながりを意識。彼女は食品加工や直営店部門に理解は深いが、農業生産については門外漢であることをチェック。

全体　事例企業のイメージはおおむね把握できたので、あとは設問文と突き合わせながら解答を書き上げていく。

【手順4】解答作成（～70分）

第1問　ほかの設問を先に検討し、最後に解くため一旦スキップ。

第2問　6～7段落で解答の根拠探し。「採用」の観点を見つけるのが難しく、「離職防止」の観点が主となってしまうが、与件文中で発生している問題を解決することを優先。

第3問　大手中食業者への依存度の高さは下げたいところだが、自社の対応能力向上やコロナ禍での売上確保に貢献してくれたことから、単純に「依存度を下げる」というだけの解答が求められているのではないと認識し、書き進める。

第4問（設問1）　後継者育成も問題となっていることから、「事業部制組織」を解答に盛り込むことにするが、中小企業であるがゆえの経営資源の少なさが引っかかる。

第4問（設問2）　「後継者への権限委譲」の観点から、後継者に農業生産、食品加工＆直営店それぞれのトップを経験させること、「人員配置」の観点から、各従業員が兼任しなくて済むようにすることと異動により組織を活性化すること、をそれぞれ記載。

第1問（再）　他の設問の解答をまとめるイメージで第1問も一気に書き上げる。

【手順5】見直し（～80分）

　残り10分、誤字脱字をチェックするとともに、各設問でロジックが破綻していないかをチェック。ロジックにおいて、大きな問題はなさそう。

3．終了時の手ごたえ・感想

　ペース配分は想定どおり。一部、不安な設問もあるが、与件文に沿った解答が一定程度はできたのではないか。過去問の法則からは外れる形とはなったが、大コケすることなく次の事例Ⅱに進めそう。

~試験の休憩時間の過ごし方~

　会場外に出て、外の空気を吸いながらファイナルペーパーを見る。

合格者再現答案＊（ぜあ 編）　　　　　事例Ⅰ

第1問（配点20点）　　98字

強	み	は	①	高	品	質	な	作	物	や	他	社	と	の	連	携	に	よ	る
高	付	加	価	値	商	品	②	最	終	消	費	者	に	訴	求	で	き	る	有
機	Ｊ	Ａ	Ｓ	と	Ｊ	Ｇ	Ａ	Ｐ	③	農	業	経	験	豊	か	な	従	業	員 。
弱	み	は	①	従	業	員	間	の	不	明	確	な	役	割	分	担	②	需	給
調	整	の	難	し	さ	③	従	業	員	の	定	着	率	の	悪	さ 。			

【メモ・浮かんだキーワード】　連携、高付加価値化、ノウハウ、採用難

【当日の感触等】　与件文にさまざまな要素が盛り込まれているので、編集が大変だったが、後の問題との関連性も考え、まずまずの解答ができたのではなかろうか。

【ふぞろい流採点結果】　14/20点

第2問（配点20点）　　100字

施	策	は	①	突	発	的	対	応	が	必	要	な	際	は	残	業	代	を	上
乗	せ	す	る	②	地	元	の	農	業	関	係	者	と	の	交	流	会	を	開
き	、	地	域	へ	の	溶	け	込	み	を	促	す	③	業	務	を	標	準	化
し	、	Ｏ	Ｊ	Ｔ	で	能	力	開	発	を	行	う	。	以	て	モ	ラ	ー	ル
と	帰	属	意	識	を	向	上	さ	せ	、	採	用	者	定	着	を	図	る	。

【メモ・浮かんだキーワード】　待遇改善、地域への溶け込み、OJT、モラール

【当日の感触等】　設問文が「新規就農者を『獲得し定着させる』ために必要な施策」とあったので、「採用」と「定着」の両面から記述をしたかったが、与件文を読むと、採用よりも定着のほうが重要だと思われたので、「採用」についてはあまり言及できなかった。もっと言及すればよかった。

【ふぞろい流採点結果】　16/20点

第3問（配点20点）　　100字

継	続	的	で	安	定	し	た	取	引	関	係	を	構	築	す	べ	き	。	即
ち	①	デ	リ	バ	リ	ー	需	要	も	踏	ま	え	、	厳	し	い	要	求	に
応	え	続	け	、	対	応	能	力	を	更	に	増	し	②	食	の	安	全	の
高	ま	り	を	受	け	作	り	手	や	栽	培	方	法	が	見	え	る	化	さ
れ	た	商	品	を	訴	求	し	、	一	定	の	取	引	を	確	保	す	る	。

【メモ・浮かんだキーワード】　大手との取引によるメリット・デメリット

【当日の感触等】　設問で何が問われているか、つかみにくい問題で、対応に苦慮した。ただ、大手との取引は中小企業にとって喉から手が出るほど大事にしたいはずなので、依存度を「減らす」方向の解答にはもっていかなかったが、最後まで迷ったせいで、意図が伝わりにくい文章になったかも。

【ふぞろい流採点結果】　5/20点

事例Ⅰ

第４問（配点40点）

（設問１）　　　　　49字

農	業	生	産	部	門	と	直	営	店	・	食	品	加	工	部	門⁵	の	責	任
を	分	化²	さ	せ	、	独	立	し	て		意	思	決	定	を	行	え	る	事	業
部	型²	の	組	織	を	構	築	。											

【メモ・浮かんだキーワード】　機能別組織、事業部制組織

【当日の感触等】　与件文から、機能別組織と事業部制組織を比較した際に、事業部制組織の
　ほうが適切だと思ったが、完全に事業部制を採用するだけの体力があるかどうか疑問に思
　い、「事業部型」などという新たな用語を作り出してしまった……。かなり不安の残る解答。

【ふぞろい流採点結果】　9/15点

（設問２）　　　　　94字

①	各	部	門	に	商	品	企	画	や	生	産	等	の	権	限	を	委	譲⁵	し	、
従	業	員	に	部	門	の	仕	事	に	集	中	さ	せ	る	②	後	継	者	に
両	部	門²¹	の	長	を	経	験⁵	さ	せ	る	③	部	門	間	の	異	動	制	度³
も	取	入	れ	、	組	織	活	性	化¹	を	図	る	。	以	て	、	迅	速	な
意	思	決	定	と	後	継	者	育	成	を	図	る	。						

【メモ・浮かんだキーワード】　権限委譲、事業承継、配置転換

【当日の感触等】　事業承継と人事制度がストレートに問われた問題だったので、比較的ス
　ムーズに書くことはできたが、（設問１）とのつながりなどはあまり考慮できておらず、
　手ごたえは決して良くない。

【ふぞろい流採点結果】　17/25点

【ふぞろい評価】　61/100点　　　【実際の得点】　68/100点
　第３問では、本人も「対応に苦慮した」と振り返ったとおり、出題の趣旨にある「新しい
　分野の探索」への言及が薄く、効果にも言及できなかったため、ふぞろい採点では厳しい結
　果となりました。しかし、第１問では得点につながるキーワードを適切に選択したほか、第
　２問でも多面的な解答ができており、第３問の落ち込みをカバーしています。

Column　　**試験に集中できない！**

　２次試験本番の座席が最後尾の四隅の席でした。よし試験に集中できる、ツイていると
思っていたところ、試験監督の方が座るイスが背後のすぐ近くにあり、気になる距離感。
また、試験監督の方がバインダーにたくさん資料や監督台本を挟んでいる方で、座るたび
に何度もそれが落ちるため、集中力が途切れました。終いには、次はいつ座って落とすん
だろうと、試験そっちのけで気にし始める始末。決してその試験監督の方のせいではなく、
自分の集中力の無さで、当然結果は不合格。翌年こそは試験中に何があっても切れない集
中力を身に付けるぞと、日々の勉強から雑音が入る環境を選んで勉強した結果、格段に集
中力が上がりました。

（かっしー）

～試験の休憩時間の過ごし方～
ストレッチをしたりお菓子を食べたりした。

やーみん 編（勉強方法と解答プロセス：p.10）

1．当日朝の行動と取り組み方針

　朝6時。池袋のビジネスホテルで目を覚ます。移動の疲れがまだ抜けていない。飛び起きる元気はないが、ゆっくり息を吐いて起き上がった。勉強を始めたころを思えば、2次試験に挑戦できるだけで上々。気楽に挑もう。そう自分に言い聞かせた。

　試験開始1時間以上前にホテルを出るが、慣れない東京で大いに迷う。参ったなあ。前日に試験会場へのルートだけでも確認するべきだったか。

　結局、会場に着いたのは20分前。慌ただしくトイレを済ませて席に着く。受験票をカバンから取り出し、セロハンテープで机に留めた。ふう、間に合った。

2．80分間のドキュメント

【手順0】開始前（〜0分）

　やばい、動悸が止まらない。落ち着け。やれるだけのことはしてきたはずだ！

【手順1】準備（〜1分）

　まず名前と受験番号を書く。その後、定規を問題用紙の端に当て、少し強めに押さえてまとめて切り取った。シミュレーションどおりに動けたことにひとまず安心。

【手順2】設問解釈（〜5分）

第1問　強みと弱み、時制に注意。与件文中で法人化というイベントに注意しよう。

第2問　従業員の定着ね（←採用の観点を漏らしている）。モチベーション理論や「さちのひも」のフレームを連想しつつ、次へ。

第3問　依存関係の問題かな。だとすれば、関係の深化と依存度の低減の両方が大切。

第4問（設問1）　事業構造。字数が少ないから、端的な解答が必要だな。

第4問（設問2）　（設問1）とセットで考える必要がありそう。「さちのひも」のフレームを連想。「ジョブローテーション」「成果主義」「CDP（キャリアディベロップメントプログラム）」などのキーワードが使えるかな。

【手順3】与件文読解（〜35分）

1段落目　A社の業種を確認。周辺に水稲農家や転作農家が多いという情報をチェック。

2段落目　「農業のイロハを叩き込まれた」は社長の資質として強みとなりそう。

3段落目　「作り方にこだわった野菜」は定番の強みだ。農業法人と聞いて少し戸惑ったけれど、ここまではちゃんと事例Ⅰっぽさがあるな。

4段落目　カギカッコ付きの文章は重要！　これはどこかで使いたい。有機野菜の販売業者は強みかな。有機JAS？　JGAP？　それってすごいの？　よくわからないなあ。

6〜7段落目　この辺は弱みか。役割分担が不明確、季節的な繁閑と突発対応。これじゃあ、従業員の士気は上がらないよね。第2問に使えそう。

8段落目　法人化が出てきた。つまり、第1問の強み・弱みはここまでだな。大手中食業者も出てきた。これは第3問だ。結構苦しいなかで対応しているみたいだ。

〜試験の休憩時間の過ごし方〜
　休憩時間には外に出て、太陽の光を浴びて大きく深呼吸。

事例
Ⅰ

9段落目　ここで兼任というワード。前半の「役割分担がなされてない」って記述と被るから、これは出題者の強調表現だ。

10段落目　後継者が出てきた。店舗マネジメントの経験を発揮して育成したい。社長の思いもチェックしておこう。

【手順4】解答作成（〜78分）

第1問　8段落目が法人化だから、それより前の記述から強み・弱みを探す。どちらも多く見つかるが、後の問題で使うものを中心に解答しよう。そのため問題用紙に書き込むのは最後。それと、なるべく多く詰め込むために表現を端的にすることに気をつける。あと10段落目で「ようやくニーズの収集ができるようになってきた」とあるけれど、これを裏返して法人化前の弱みに使えるかな。あえて最後のほうに持ってきたのが出題者のひっかけとすれば、これも得点が期待できそう。

第2問　定着しない理由は（1）教育制度が不整備で意欲が低い、（2）繁閑の差が激しく肉体的にきつい、の2点かな。（1）はお決まりのOJTで士気向上を図ろう。（2）のほうは難しいけれど、閑散期に近隣農家を手伝い、逆に繁忙期は手伝ってもらうことで、繁閑の差を調整できる気がする。与件文には農業関係者に溶け込むのが難しいという条件もあるけれど、これは無視してOKでしょ。これだけだと文字数が足らないので、使ってほしそうにカッコ書きで書かれていた経営理念を解答要素に盛り込もう。

第3問　取引を減らすって選択肢はあり得なくて、むしろ関係性を深める視点が大切。かつ、依存度が高まらないよう、取引先の分散も目指す方向性で解答しよう。文字数が余らないよう、点数になりそうな要素で修飾して、100字で着地できるように調整する。

第4問（設問1）　まず、「なんとか組織」って断言することを求められているよね。マトリックスはあり得ないので、事業部制か機能別か。大いに悩む。事業部制を採用するには会社が小さすぎる気がするけれど、後継者を育てるなら事業部制だよねえ。うーん、わからないけど、事業部制に賭けよう！

第4問（設問2）　上の問題で事業部制を採用したことで、後継者に直営店を任せて育成するところまではスムーズに書ける。後半、いくつか準備していた解答の引出しからジョブローテーションを引っ張ってくる。この問題に適用しても大丈夫かを確認し、問題ないと判断。最後は社長の思いで締めよう。

【手順5】見直し（〜80分）

文章を改変する余裕は無し。文字のかすれを修正し、漢字ミスを確認。

3．終了時の手ごたえ・感想

いやあ焦った。実は、開始5分でいきなり想定外に直面していた。問題用紙が思いのほか薄く、マーカーが裏写りしてしまうのだ。普通の印刷用紙で練習している限りこのようなことはなかった。いきなりペースを乱されるが、想定外が起こること自体が想定内だ、と誰かから聞いた言葉を思い出し、心を落ち着かせた。この先も予定どおりとはいかないだろうけれど、振り落とされないよう、食らいついていこう。

〜試験の休憩時間の過ごし方〜
会場の周りを歩く。

合格者再現答案＊（やーみん 編）　　　　　　事例 I

第1問（配点20点）　100字

強	み	は	①	糖	度	高	く	人	気¹	の	苺	②	作	り	方	に	拘	っ	た¹
有	機	野	菜	③	有	機	野	菜	販	売	業	者¹	と	の	関	係	性	④	贈
答	用	に	人	気	の	洋	菓	子²	。	弱	み	は	①	従	業	員	定	着	率³
が	低	い	②	ニ	ー	ズ	収	集	力	が	低	い	③	社	員	教	育	が	不
十	分²	④	繁	閑³	の	差	が	激	し	い	⑤	役	割	分	担	が	不	明	確³

【メモ・浮かんだキーワード】　有機JAS、JGAP、農業経験豊富な社長
【当日の感触等】　何を書いて何を切り捨てるべきか迷った。練習含めても⑤まで使ったのは初めてだったけれど、対応としては間違ってないと思う。
【ふぞろい流採点結果】　15/20点

第2問（配点20点）　100字

①	OJ	T⁵	で	社	員	教	育	を	強	化	し	、	ま	た	従	業	員	か	ら
の	提	案	を	経	営	に	取	り	入	れ	士	気	向	上¹	を	図	る	事	②
人	に	や	さ	し	く	環	境	に	や	さ	し	い	農	業	、	の	経	営	理
念⁵	を	社	内	に	浸	透	さ	せ	連	帯	感	を	高	め	る	事	③	近	隣
農	家	と	互	助	連	携⁵	を	結	び	繁	閑	の	差	を	吸	収	す	る	事	。

【メモ・浮かんだキーワード】　ハーズバーグの2要因理論、トップメッセージによる企業風土の醸成
【当日の感触等】　採用の観点が完全に抜けてしまった。大失敗。経営理念を抜き出す文字数で何か書けたはずなのに。
【ふぞろい流採点結果】　16/20点

第3問（配点20点）　100字

高	い	要	求	に	引	き	続	き	対	応³	し	、	デ	リ	バ	リ	ー	需	要
を	取	り	込	ん	で	収	益	を	拡	大¹	す	る	。	一	方	で	直	営	店²
で	収	集	し	た	ニ	ー	ズ	を	基	に	新	品	種	や	新	商	品	の	開
発³	を	行	い	、	食	の	安	全	志	向	の	高	ま	り	に	よ	る	需	要
を	取	り	込	ん	で	販	路	を	拡	大²	し	依	存	度	低	減³⁺²	を	図	る	。

【メモ・浮かんだキーワード】　関係の深化と依存度低減の両立
【当日の感触等】　ある程度想定していた問題だったので、うまく書けたと思う。
【ふぞろい流採点結果】　15/20点

事例
Ⅰ

第4問（配点40点）

（設問1）　　　　　50字

事²	業	部	制	組	織	を	採	用	し	、	生	産	分	野	・	直	営	店	・
食	肉	加	工	分	野	に	分	割	す	る	事	で	、	**役**	**割**	**を**	**明**	**確**	**化⁵**
し	**業**	**務**	**の**	**効**	**率**	**化⁵**	を	図	る	。									

【メモ・浮かんだキーワード】　マトリックス組織、事業部制組織、機能別組織、役割の明確
　化

【当日の感触等】　文字数が短く、間違えると部分点が期待できないため、緊張した。

【ふぞろい流採点結果】　12/15点

（設問2）　　　　　100字

直	営	店²	の	統	括	を	次	期	社	長	に	任	せ	、	前	職	の	店	舗
管	理	の	経	験	を	活	か	す	と	共	に	後	継	者	と	し	て	**育**	**成⁵**
す	る	。	**各**	**部**	**門**	**へ**	**の**	**権**	**限**	**委**	**譲⁵**	を	進	め	**士**	**気**	**向**	**上¹**	と
管	理	者	育	成	を	図	る	と	共	に	、	計	画	的	**配**	**置**	**転**	**換³**	で
企	業	の	**一**	**体**	**感¹**	を	高	め	**新**	**分**	**野**	**へ**	**の**	**進**	**出¹**	を	図	る	。

【メモ・浮かんだキーワード】　権限委譲、ジョブローテーション

【当日の感触等】　事例Ⅰの最終問題で何を書くかは、何パターンか事前に想定していた。実
　際にそのなかから選んで書いたのだが、大外しはしていないと思う。

【ふぞろい流採点結果】　18/25点

【ふぞろい評価】　76/100点　　　【実際の得点】　83/100点

　全設問を通じて、多面的な解答をしており、特に第1問から第4問（設問1）までは、7
割以上の得点を獲得するなど、解答が安定していました。第4問（設問2）は、「全社的な
視点」での後継者の育成に言及すれば、ふぞろい流採点でもさらに高得点を目指すことがで
きました。

Column　　情報収集の大切さ

　特に独学の受験生にとって、中小企業診断士試験は情報収集が大切だと思います。おす
すめの参考書、模試の開催情報、マーカーペンの使い方、マス目を埋めるときのお作法、最
初に問題用紙を破るとよい、などネットには大小さまざまな情報があふれています。（少な
くとも私は、当日にやたらと周囲から問題用紙を破る音が聞こえることを知らなかったら、
動揺していたと思います。）私は独学だったため、こういった情報はすべてSNSや受験生
支援ブログ、YouTubeなどから集めました。情報は玉石混交のため、自分に取り入れる
べきもの・取り入れないでおくべきものの見極めはもちろん大切だと思いますが、きっと
昔の受験生と比べると、かなり独学でも予備校活用とのディスアドバンテージを埋められ
ているのではないかと思います。そして情報収集している方にとって、この『ふぞろい』
やふぞろいブログから少しでも有益な情報をお伝えできていたら幸いです。　　（あきか）

~試験の休憩時間の過ごし方~
　気分をリフレッシュするため必ず席を立ち、トイレに行ったり外の空気を吸いに行ったりしてました。

こやちん 編 （勉強方法と解答プロセス：p.12）

1．当日朝の行動と取り組み方針

　前日はいつもより早めに床に就いたが、なかなか寝つけなかった。睡眠時間は4〜5時間程度と短いが、昔から試験前はこんな感じで結果をだしてきた。今日も行けるはず（と言い聞かせる）。会場には1時間半前に到着。歴史あるキャンパスだ。建物も趣あるし、中庭の雰囲気が素晴らしい。遥か昔の大学入試を思い出す。天気もよいし、楽しい一日になりそうだ。

2．80分間のドキュメント

【手順0】開始前（〜0分）

　天井が高く歴史を感じる教室、この雰囲気は好きだな。……あれ大きなハチが！　まさかあれと一緒に試験か？　（しばらくして関係者が来て、対策グッズで追い払ってくれる。）窓が空いているので、また侵入事件があるかもしれないが、とにかく試験に集中だ。

【手順1】準備（〜2分）

　まずは問題用紙を解体しメモを作る。お守り代わりに予備校直伝の構成図を書き込む。次に与件文に目を通しながら各段落に丸数字を振ってゆく。これは手と頭を始動させるルーティーン。今回は農業法人からの多角化か、嫌いじゃない。

【手順2】与件文解釈／（〜10分）

　設問文のポイントごとにカラーペンを使い、与件文のキーワードを対応させてゆくのが、試行錯誤してたどり着いた自分のやり方。いつもと同じく第1問からピンク→水色→オレンジ→緑→青→赤の順で行く。

> 第1問　SWとは珍しいな。「法人化以前」が制約条件、外せないポイントだな。

> 第2問　定着率低いなら、関係性＝帰属意識を高めるべきだな。

> 第3問　互恵・共存関係／依存からの脱却あたりか。

> 第4問（設問1）　機能別組織／事業部制組織？　どっちだろう？

> 第4問（設問2）　事業承継、権限委譲はお決まりのパターンで書けそうだ。

【手順3】設問読解／キーワード拾い出し（〜35分）

> 1段落目　従業員はパート入れて40名か。少ないな。これじゃ事業部制は無理だろう。

> 2〜5段落目　69歳はかなり高齢だな。社長の農作業経験と、先代社長からの資金面の援助経験は、気になるキーワードだ。有機JAS、JGAPは強みだな。菓子メーカーとの連携と特産品も強みだ。いろいろあるなか、どれを強みとして選ぶか、点数に差がつきそうだ。

> 6〜7段落目　弱みパート。第2問で使う要素が詰まっている。組織の成長に管理体制がついていってないわけだな。

> 8段落目　ここからは法人化後。大手中食業者との関係は重要だが、課題もあり。中長期

〜試験の休憩時間の過ごし方〜

　酸素スプレーを吸う、ブラックサンダーを食べる→ファイナルペーパー確認→酸素スプレー吸う。

的に依存度は下げるべきだろう。

9段落目　最近の事業展開に飛んだ。直営店、食品加工か。うーん、やはり事業部制がフィットしそうな雰囲気。農業、自社工場での加工、直営店、全部やって40人か。これはパートを増やさないと無理だろう。食の安全志向はA社に追い風だな。

10〜11段落目　事業承継がメインテーマだが、ほかの要素もいろいろあって整理がしんどい。後継者は優秀だが、農業経験なしか。これは段階的な権限委譲が必要だな。人手不足と兼任制の限界から人的資源管理の見直しが必要。若手が実力をつけており、消費者との接点がある、といったところも解答要素なのだろうが、どう使うべきか悩ましい。

【手順4】解答作成（〜75分）

第1問　対応しやすそうなので、第1問から順に行こう。強みはいろいろあるが、後半につながるほうが良さそうだ。差別化の源泉である技術力と、食の安全への対応につながる認証、他社との協業や共同開発力も優先度は高いだろう。あとは、いろいろやってきたことを抽象化して、「環境変化への対応力」とでも書いておこう。

第2問　帰属意識とモラールの向上につなげられればOKだろう。一般知識を織り交ぜれば、うまくまとまりそうだ。

第3問　収益基盤としての関係を大切にして自社の力を蓄えつつ、新規開拓で中長期的に依存度を下げる鉄板ロジックで行けばよいだろう。共同開発など一歩進んだ互恵関係を築きつつ共同開発すると書けば、与件文にも寄り添った感じになるかな。

第4問（設問1）　うーん、書き難い……。多角化に応じた人的資源管理、役割分担の明確化が一番の課題だと思うが、事業部制は無理がありそうだし、機能別もしっくりこない。どうしようか……。あれ、いつの間にあと15分しかない。時間もないし、なんだか気になる「法人化」を使ってみよう。

第4問（設問2）　あと10分しかない。事業承継、権限委譲となると若手の使い方とか与件文の要素を織り込むべきだろうけど、残り時間でまとめきれる自信がない……。不本意だが、一般知識で書いてしまおう。大外しはしないはずだ。

【手順5】見直し（〜80分）

あれ、誤字脱字ずいぶん多いな……。見直し時間があってよかった。第4問は外している気がするが、もう時間がないので、採点者が加点要素としてくれることを祈ろう。

3．終了時の手ごたえ・感想

余裕をもって早めに書き始めたつもりだったが、時間が足りなかった。第4問で思いっきりつまずいたな。（設問1）は事業部制組織か機能別組織か、どちらか無理やりでも決めて書くべきだったか……。（設問2）も微妙な解答になったな。文章としてはまとめることはできたが、与件文要素がないことをどう評価されるか……。この2つで配点40点は痛いな。とはいえ、半分くらいは点数もらえるはずだし、第3問までは総じてうまく対応できたので、60点は超えたと思う。事例Ⅱ以降で点数積み上げ頑張ろう。

〜試験の休憩時間の過ごし方〜
チョコレートなどの糖分を摂取。

合格者再現答案＊（こやちん 編） ── 事例Ⅰ

第1問（配点20点）　　95字

強	み	は	①	環	境	変	化	へ	の	柔	軟	な	対	応	力	、	②	有	機
野	菜	の	生	産	技	術	と	関	連	認	証²	、	③	地	元	菓	子	メ	ー
カ	ー	と	の	協	力	関	係¹	及	び	洋	菓	子	の	特	産	品²	と	し	て
の	知	名	度¹	。	弱	み	は	①	明	確	な	役	割	分	担	の	不	在³	、
②	従	業	員	の	定	着	率³	の	低	さ	で	あ	る	。					

【メモ・浮かんだキーワード】 果敢な経営、作り方にこだわった農業、コンセプト、有機 JAS と JGAP、地元菓子メーカーとの連携、共同開発、特産品、職人気質、役割分担不在、繁閑対応不足、定着率低い

【当日の感触等】 まあまあじゃないかな。繁閑対応も弱みのはずだが、編集する時間がない ……。

【ふぞろい流採点結果】 12/20点

第2問（配点20点）　　92字

施	策	は	、	①	柔	軟	な	勤	務	体	系	の	導	入	、	②	農	業	関
係	者	と	の	関	係	を	作	る	為	の	イ	ベ	ン	ト⁵	企	画	、	③	農
業	未	経	験	者	へ	の	Ｏ	Ｊ	Ｔ⁵	等	、	教	育	訓	練	機	会³	の	提
供	。	以	上	を	通	し	、	帰	属	意	識	と	モ	ラ	ー	ル	を	向	上¹
さ	せ	、	定	着	率	向	上²	を	図	る	。								

【メモ・浮かんだキーワード】 勤務体系、新参者、地域への溶け込み、帰属意識、人的資源管理

【当日の感触等】 ちょっと字数余ったので、一般論で逃げてしまった。足りない要素があったかも。

【ふぞろい流採点結果】 16/20点

第3問（配点20点）　　94字

Ａ	社	の	特	色	あ	る	食	材¹	と	食	品	加	工	技	術¹	を	活	か	し、
高	付	加	価	値	で	差	別	化¹	さ	れ	た	惣	菜	を	提	案¹	、	共	同
開	発²	を	行	う	。	一	方	、	協	業	で	蓄	積	し	た	ノ	ウ	ハ	ウ
を	還	流	し	て	自	社	ブ	ラ	ン	ド	品	の	開	発	を	行	い³	、	長
期	的	に	は	一	社	依	存	を	低	減³⁺²	す	る	。						

【メモ・浮かんだキーワード】 共存、互恵関係、共同開発、ノウハウ還流、自社ブランド開発、依存度漸減

【当日の感触等】 これは鉄板のパターン。外してないはず。

【ふぞろい流採点結果】 14/20点

第 4 問（配点40点）

（設問 1）　　　46字

業	界	特	性	に	応	じ	た	**最**	**適**	**な**	**人**	**的**	**資**	**源**	**管**	**理**	の	実	施、
環	境	変	化	へ	の	**迅**	**速**	**な**	**対**	**応**	の	為	、		**別**	**法**	**人**	**化**	す	る
べ	き	で	あ	る	。														

【メモ・浮かんだキーワード】　事業部制組織、機能別組織、PJチーム、人的資源管理、勤
務体系

【当日の感触等】　逡巡して組織構造を書けなかった。事故かも……。

【ふぞろい流採点結果】　10/15点

（設問 2）　　　99字

権	限	委	譲	は	**段**	**階**	**的**	に	行	う	と	共	に	、		人	材	等	で	の
バ	ッ	ク	ア	ッ	プ	**体**	**制**	**を**	**構**	**築**	す	る	。		人	材	配	置	は	能
力	に	応	じ	た	公	平	・	公	正	な	も	の	と	し	**適**	**材**	**適**	**所**	を	
優	先	、	非	親	族	の	登	用	も	含	め	て	行	う	こ	と	で	、		組
織	の	**モ**	**ラ**	**ー**	**ル**	**維**	**持**	**向**	**上**	を	図	る	べ	き	で	あ	る	。		

【メモ・浮かんだキーワード】　段階的な権限委譲、サポート人材、若手の登用

【当日の感触等】　時間がなく一般論で終わってしまった。外してはないと思うが、配点が高
かったので、もう少し与件文に沿った答えを書きたかったな。

【ふぞろい流採点結果】　11/25点

【ふぞろい評価】　63/100点　　　【実際の得点】　69/100点

　第 4 問（設問 2 ）では、後継者への権限委譲に関する与件文の記述が不足し、得点が伸び
悩みました。一方で、第 2 問、第 3 問では多面的な解答で得点を積み上げ、全体として合格
点を上回りました。

Column

受験会場が遠地でホテルへ前泊、しっかり睡眠を取るために

　私の住まいは地方のため、受験を行うためには都市部へ長距離移動する必要がありま
す。確実に試験会場に到着するため、会場近くのホテルを予約し前日から宿泊していまし
た。普段の癖で低価格を重視したビジネスホテルを選んでしまいましたが、大浴場がなく
湯舟にゆっくり浸かれない、慣れない硬いベッド、うるさい機械音など、ただでさえ緊張
するのに全然寝つけませんでした。案の定、翌日は目の下にひどいクマが。一応当日夜の
リカバリーとしてマッサージでの緊張緩和を思いつき、予約しようとしましたが、すでに
予約もいっぱいでした。もっとしっかり考えるべきだったと後悔しました。

　ホテルへ前泊をする受験生の方は、自分が納得できる環境を優先することをおすすめし
ます。試験までたくさんの我慢や苦労をしてきたんです。試験前日くらいケチケチせず、
癒しを重視した少しグレードの高い宿泊先を選んでみるのもいいかもしれません。

（さとしん）

～試験の休憩時間の過ごし方～
家族に LINE する。

おみそ 編（勉強方法と解答プロセス：p.14）

1．当日朝の行動と取り組み方針

　前日にボクシングジムで体を極限まで疲れさせた結果、21時には就寝し、当日は最高の朝を迎えられた。体温を測って体調チェック。「体調万全。これで試験を受けられる。もう合格はいただきだな！」気持ちが下がらないよう、最大限ポジティブな言葉を自分にかけながら、開場時刻8:40の1時間前に試験会場の最寄り駅に到着。

　コンビニで糖分補給用のラムネとセロハンテープ、昼ご飯の蕎麦とパンを買い、近くのカフェに入る。iPad に書きためたファイナルペーパーを読みながら、開場まで待機。

2．80分間のドキュメント

【手順0】開始前（〜0分）

　自席に到着したら、まずは毎日の練習のとおりにシャーペン、消しゴム、蛍光ペン、定規、時計、電卓を設置。受験票はセロハンテープで机に貼りつけ、ぴろぴろ動いて集中をかき乱さないようにした。そして、『ふぞろい15』を開いてノートに模範解答の書き写しを行い、解答を書く準備運動を開始。1つ2つ書いていると緊張もかなりほぐれてきた。大丈夫。あとは1年2か月、1日も休まず勉強してきた自分を信じるだけ。

【手順1】準備（〜2分）

　まずは解答用紙に受験番号を書く。定規で問題用紙を切り、設問とメモ用紙を準備。与件文第1段落を読んで対象企業が農業法人であることを見て少しばかり動揺。与件文に段落番号を振った後、いつもどおり設問文に目を移す。

【手順2】設問解釈（〜7分）

第1問　まずは時制のチェック。「株式会社化する以前」という制約は絶対に外せない。設問要求はSWOT分析のSとWか。事例IでSWOT分析って珍しい。

第2問　人事施策か。「茶化」（※後述の「座談会」ご参照）と「士気向上」はマスト。

第3問　前年に引き続いて今回も組織間関係だ。前年は関係強化だったけど今回はどうだろう。とりあえず大手中食業者が与件文に出たら絶対チェック。

第4問（設問1）　設問が分かれている！　これも事例Iでは相当珍しいんじゃないかな。しかも50字って短い。従業員40名で組織構造の問題だったら、使いやすいのはプロジェクトチームだろうか。まぁ与件文から判断するしかないな。

第4問（設問2）　後継者育成は3年連続の出題だな。それなら第4問（設問1）は事業部制組織だろうか。今後5年程度っていうのはよくわからないけど、後継者をトップにしつつ適材適所の人員配置って書いておけば、とりあえず部分点はもらえそう。

【手順3】与件文解釈（〜20分）

1段落目　A社の所在地は、水稲農家や転作農家が多い地域か。機会として使うのかな。

2〜5段落目　強みのオンパレードだ。農業のイロハ、施設園芸用ハウス、糖度が高い苺

〜当日、試験終了後の過ごし方〜
　妻の手料理を美味しくいただきました。

は人気が高い、こだわった野菜、農業経験が豊富な従業員、二人三脚の経営、「人にやさしく、環境にやさしい農業」のコンセプト、有機野菜の販売業者、有機JASやJGAPの認証、サツマイモと洋菓子の知名度、これらすべて第1問の解答候補か。多すぎて困る……。苺は売上が下がったから弱みにしよう。

6〜7段落目　一転弱みだ。「仕事は見て盗め」は標準化しろという題意で第2問だろう。「役割分担されていない」は第2問で使えるし、組織構造の話だから第4問でも関係しそう。「安定した品質と出荷が求められた」は裏を返せば、品質と出荷が不安定ということなので弱みの候補。従業員の定着が出てきたから要チェック。地域の農業関係者は交流が必要。農業大学校の卒業生も意外とどこかで使えそうかも。

8段落目　株式会社化が出てきたから第1問は2〜7段落のまとめだな。大手中食業者発見。コロナ禍で依存度が上がっているから第3問は関係強化より依存脱却したい。

9〜11段落目　直営店が出たから消費者の要望収集が使える。食の安全志向の高まりは機会。次期後継者発見。若手従業員からの提案があるというのは第2問で人事評価に含めたい。新たな分野への挑戦は社長の想いだな。

【手順4】解答作成（〜75分）

第1問　強みが多すぎる。とにかく書けるだけ書いて部分点狙い。

第2問　「茶化」に沿ったら書けるな。「幸の日も毛深い猫」（※後述の「座談会」ご参照）のネットワークと交流も書いておけば問題の趣旨から外してはいないだろう。

第3問　大手中食業者との取引関係と書かれているのに新規開拓は少し勇気がいる。でも依存解消は鉄板だから、やはり新規開拓してリスク分散の方向にしよう。

第4問（設問1）　従業員の兼務の状態が厳しいだろうから、事業部制組織にして役割分担明確化だな。従業員数が少ないのが気になるけど、前年の事例Ⅰも従業員20名くらいで事業部制組織だったからセーフだろう。

第4問（設問2）　新分野への挑戦は社長の想いだから効果として盛り込みたい。後継者への権限委譲をどうするか。後継者を社長にするか事業部長にするか迷う。農業大学校卒業生や提案のできる従業員が事業部長の候補だから、後継者は社長にして経験積ませるか。でもかなり迷うから一旦解答を書いてほかの設問を見直して、残った時間で考えよう。

【手順5】見直し（〜80分）

各設問の誤字脱字を確認。そして、第4問（設問2）で後継者を社長にするか事業部長にするか、再度考えよう。5年後で後継者を中心とするなら中間管理者を育てる必要があり、現状で後継者はすでに事業部長みたいなポジションであり事業部長にしても変化がないと解釈し、後継者を社長にすることで腹を決めよう。

3．終了時の手ごたえ・感想

第1問〜第3問までは大きく外してはいないだろう。第4問の配点が大きくかなり気になるところ。60点は取れていると思うけど、第4問次第なところもあるな。

〜当日、試験終了後の過ごし方〜
　事例Ⅳの難しさに自暴自棄になってふて寝した。

合格者再現答案＊（おみそ 編） ──────────── 事例 I

第1問（配点20点）　97字

強みは①経営者の挑戦意欲②経験豊富な従業員同士の連携①③作り方に拘った¹野菜④JASやJGAPの認証²⑤洋菓子²の知名度¹。弱みは①仕事が未標準化³②高級苺の売上低下③従業員の低い定着率³④品質や出荷が不安定な事。

【メモ・浮かんだキーワード】　SWOT分析のSとW、時制（株式会社化以前）

【当日の感触等】　強みが多すぎてどれを書いたらいいか悩むけど、書けるだけ書くという方針にしているから、ふぞろい流で採点したら8割くらいは取れているだろう。

【ふぞろい流採点結果】　14/20点

第2問（配点20点）　100字

施策は①業務標準化³し研修²で教育³し②社内交流会²を開催し③農業経験者を中心に地域の農家との交流⁵を支援し④社員提案に対し適正に評価し⑤ハウスを活用して突発対応を減らし、新規就農者の士気向上¹して帰属意識を向上²。

【メモ・浮かんだキーワード】　茶化、幸の日も毛深い猫、士気向上

【当日の感触等】　与件文の弱みに沿った解決策が書けたし、毎年出てくる人事系の問題のフレームワークに沿ったから問題の趣旨から大きく外してはいないと思う。

【ふぞろい流採点結果】　18/20点

第3問（配点20点）　99字

大手中食業者の要求に応え³対応能力を高めつつ①営業力強化し新規の食品加工業者を販路開拓²し②直営店²で要望収集し新商品開発³し差別化¹し売上向上。以上で交渉力高め対等な²関係性を築き、依存脱し³⁺²経営リスクを分散²⁺¹。

【メモ・浮かんだキーワード】　組織間関係、交渉力、リスク分散

【当日の感触等】　関係強化か依存解消かで迷った。方向性が合っていたら高得点だし、外していたら点数は低そう。この問題は怖いな。

【ふぞろい流採点結果】　19/20点

第4問（配点40点）

（設問1）　　　49字

事	業	部	制	組	織²	を	構	築	し	野	菜	生	産	の	旧	事	業	部	と
直	営	店	・	食	品	加	工	の	新	事	業	部	を	分	け	る	事	で	従
業	員	の	役	割	明	確	化⁵	。											

【メモ・浮かんだキーワード】　組織構造、プロジェクトチーム、事業部制組織、役割分担明確化

【当日の感触等】　50字という制約のなか、設問要求は満たせていると思う。

【ふぞろい流採点結果】　7/15点

（設問2）　　　98字

①	次	期	後	継	者	に	**全**	**社**	**的**⁵	な	**権**	**限**	を	**委**	**譲**⁵	し	経	営	経
験	を	積	ま	せ	後	継	者	と	し	て	育	成	し	②	農	業	大	卒	者
や	新	商	品	提	案	可	能	な	従	業	員	を	各	事	業	部	の	責	任
者	に	す	る	等	**適**	**材**	**適**	**所**	の	**配**	**置**⁵	を	行	い	**組**	**織**	**活**	**性**	**化**¹
す	る	事	で	、	**新**	**分**	**野**	へ	の	**挑**	**戦**¹	力	を	高	め	る	。		

【メモ・浮かんだキーワード】　権限委譲、後継者育成、適材適所の配置

【当日の感触等】　次期後継者をトップにするか、事業部長にするか最後まで迷った。また、今後5年程度という制約に対し、現経営者のサポートなどもっと入れるべきだったのではないか。正直、解答に自信がない。

【ふぞろい流採点結果】　17/25点

【ふぞろい評価】　75/100点　　　【実際の得点】　79/100点

　事例全体を通して設問要求に沿った解答ができており、満遍なく点数を重ね高得点となりました。特に第2問、第3問で得点率が高く、他の受験生を引き離す結果となりました。第4問（設問1）で組織構造の目的、効果を深掘りできていれば、さらなる上積みも望めたでしょう。

Column

勉強中に抱く不安＝中小企業の経営者が抱いている不安

　よく「2次試験は運ゲー」とも言われます。合格できたからこそ言えますが、正直もう一度受験して確実に合格できるか？　と聞かれれば自信はありません。正解のわからない2次試験の世界にこれから挑む皆さんは、今日の学びは合格につながっているのだろうか？　無駄な努力になってしまっていないだろうか？　という不安を常に抱いていることと思います。

　しかし実は、合格後にクライアントとなる中小企業の経営者たちもまた、正解のわからないビジネスの世界で悩みながら頑張っているのです。それを思えば、自分の努力の方向性すらも迷わせる今の勉強期間は、中小企業の経営者たちの気持ちに寄り添うために必要な通過儀礼なのかもしれません。

（しゅうと）

～当日、試験終了後の過ごし方～

　会場近くのカフェで、持参したノートPCにて再現答案作成。終わったらビール！　最高の1杯。

まっち 編（勉強方法と解答プロセス：p.16）

1．当日朝の行動と取り組み方針

　余裕をもって会場に着けるように起床。朝は苦手なので、お菓子類（チョコ、グミ、ドライフルーツ、ラムネ、のど飴）は前日に調達を済ませておいた。駅前のコンビニでお昼ご飯用のおにぎりを調達し、用意しておいたファイナルペーパーを読みながら予定どおりの電車で会場へ向かう。会場の前では、YouTube で見たことがある先生方が応援に駆けつけており、本物がいる！　とちょっとミーハーな気持ちになった。緊張感をほぐすため、席に着いても直前までイヤホンで音楽を聴いてリラックス。

2．80分間のドキュメント

【手順0】開始前（〜0分）

　はあ、これから1日この部屋に缶詰か。ちょっと憂鬱。

【手順1】準備（〜1分）

　受験番号を記入して、問題用紙を解体。きれいに切れたので幸先がよい。段落番号を記入し、まずは余白にフレームワークを意識するための「さちのひも」と、時間配分を守るために問題用紙へ書き始めるタイムリミット「10：15」をメモする。

【手順2】与件文冒頭確認＆最終段落確認＆設問解釈（〜15分）

`1段落目`　与件文の冒頭だけ読む。家族経営の農業法人！　おいしそうな食べ物が出てきそうな予感。馴染みがない業界なので少し不安だが、楽しみ。

`最終段落`　最終的に目指すところは事業承継と事業展開。円滑な事業承継と経営資源の活用について問われる感じかな。

`第1問`　シンプルに SWOT 分析か。「株式会社化（法人化）する以前」という時制に要注意。「かこ（過去）」とメモ。下線を引く。

`第2問`　「新規就農者を獲得」に下線を引き、「定着」と「施策」を丸で囲む。

`第3問`　中食業者ってなんだっけ？　与件文に書いてあるかな。どのような取引関係って、結構抽象的なことを聞かれている気がする。「取引関係を築いて」を丸く囲む。

`第4問（設問1）`　「組織構造」を丸く囲む。50字と字数制限短めなのが気になる。

`第4問（設問2）`　「どのように」に波線を引く。「権限委譲」と「人員配置」を丸く囲む。

【手順3】与件文読解・設問と紐づけ（〜25分）

　3色ボールペンを使い、強みと機会は赤で下線を引き、弱みと脅威は青で下線を引く。気になるキーワードは黒を使い丸く囲む。

`2、3段落目`　ハウスの設備を持っていることや、「作り方にこだわった野菜の栽培」、「農業経験豊富な従業員」は強みになるだろう。

`4、5段落目`　第三者から見てわかりやすい認証や、顧客からの人気は明らかな強み！「有機 JAS と JGAP」、「人気商品」、「特産品としての認知度」に赤で下線。よいところ多いね。「人にやさしく、環境にやさしい農業」ってコンセプトがわざわざ書かれているの

〜当日、試験終了後の過ごし方〜

　最寄り駅まで即移動し、近くのお店に飲みに行った。

が気になる。どこかで使うのかな？　一応目立つように下線。

6、7段落目　「仕事は見て盗めというタイプ」に弱みとして青線。どうした、全然人にやさしくないぞ！？　コンセプトどこいっちゃった？　人についての問題点が多く散見されているから、いろいろ指摘できそう。定着率が低いのもうなずける。家族経営で緩くやってきたけど、人が増えてうまくいかなくなってきたのかな。

8段落目　あ、大手中食業者出てきたけどあんまり説明なかった。具体的にどんな業種だったっけ……。たぶん、この会社にA社の食材を卸すってことだろう。大手との取引はよいと思うけど、人も足りないし、やりたいことに人員を割けない感じかな。

9、10段落目　直営店も工場もあるんだ。たくさん設備がある。「後継者が若手従業員からの提案を上手に取り入れ」、「商品を開発し、販売」、「自社商品に関する消費者の声を取得」この辺りはよい機会だろう。次期女性社長は敏腕だなあ、素敵。

10、11段落目　「地域に根ざした農業」「新たな分野に挑戦」「後継者への世代交代」がこれから目指す大きな方向かな。それにしても人手不足が喫緊の課題に見える。

全体　設問ごとにマーカーで色分けしていく。各設問に対応する色マーカーで、再度与件文をマークし、設問との紐づけをしていく。

【手順4】解答骨子作成（〜35分）

全体　全体としては、第1問で現状分析（SWOT）、第2問で弱み（W）に対する対応策、第3問は機会（O）に対しての対応策、第4問は事業承継で弱み（W）をどう改善していくか、というストーリーかな？　弱み（W）ばっかり使っている気もする。

第1問　第1問の横に「SWOT」とメモ。「株式会社化（法人化）する前」と過去のことだから、7段落以前のことを書かなければいけないはず。

第2問　従業員の定着には、与件文にも書いてあるが「帰属意識の高い従業員」にする必要がある。賃金や評価の観点も指摘できるけど、与件文に書かれていることを重視。「仕事は見て盗め」も若者にはきついよね。教育スキームを作ることを提案しよう。

第3問　「どのような取引関係」が何回読んでもしっくりこない。「対応に忙殺」されているらしいし、もうちょっと効率的にできるとよいのかな。

第4問（設問1）　たぶん、機能別でも事業部制でも理由を説明できれば点はもらえそう。今どんな組織とか書かれていないし、まずは中小企業に多い機能別組織でしょ！

第4問（設問2）　人手不足はどうしたらいいんだろう。すでにパート社員も使っていたし、どうしよう、思いつかない。とりあえず「適正配置」と書いておくか。

【手順5】解答作成・見直し（〜80分）

　消しゴムを使うことこそ時間を消費するというのが持論。なるべく書き直しのないように、一気に書き上げていく。

3. 終了時の手ごたえ・感想

　一発目から微妙な手ごたえ。あまり自信はない。良くて6割、もしかしたら5割くらい？　でも難しいと感じる問題は、ほかの受験生も難しいと感じていると思おう。

~当日、試験終了後の過ごし方~
　受験会場近くのカフェに籠って再現答案を作成。

合格者再現答案＊（まっち 編）　　　　　　　　　　　　事例Ⅰ

第1問（配点20点）　　95字

強	み	は	①	農	業	経	験	豊	富	な	従	業	員¹	、	②	最	終	消	費
者	が	求	め	る	野	菜	作	り	、	③	有	機	JA	S	と	JG	AP	認	証²
④	商	品	開	発	力¹	。	弱	み	は	、	①	業	容	が	拡	大	す	る	中
役	割	分	担	が	不	明	確³	、	②	従	業	員	定	着	率³	が	低	く	人
手	不	足	、	③	品	質	と	出	荷	が	不	安	定	。					

【メモ・浮かんだキーワード】　（強み）農業経験豊富な従業員、認証。（弱み）人材不足、定着率低い、出荷不安定

【当日の感触等】　リスク回避のためとにかくキーワードを詰め込む。どれか当たるでしょう。順当に6割くらいいけるかな。

【ふぞろい流採点結果】　10/20点

第2問（配点20点）　　98字

①	作	業	標	準	化³	し	O	J	T	教	育⁵	で	ノ	ウ	ハ	ウ	の	共	有、
②	役	割	分	担	を	行	い	責	任	の	所	在	の	明	確	化	、	③	定
期	的	な	配	置	転	換	で	連	携	促	進	、	組	織	活	性	化	、	④
社	内	行	事²	実	施	で	一	体	感	醸	成	、	帰	属	意	識	を	高	め
る	こ	と	で	、	従	業	員	の	定	着	率	向	上²	を	図	る	。		

【メモ・浮かんだキーワード】　作業標準化、OJT、役割分担、配置転換、組織活性化、定着率向上

【当日の感触等】　帰属意識を高める→定着率向上の流れは外していないと思うが、作業標準化は事例Ⅲっぽくなってしまったかも。

【ふぞろい流採点結果】　12/20点

第3問（配点20点）　　94字

①	業	務	の	マ	ニ	ュ	ア	ル	化	・	標	準	化	し	効	率	化	で	品
質	と	安	定	し	た	出	荷	を	保	ち	、	②	定	例	会	実	施	で	情
報	連	携	強	化³	し	、	ニ	ー	ズ	収	集²	し	、	製	品	開	発²	に	活
か	す	こ	と	で	顧	客	対	応	力	の	向	上	を	図	り	、	大	手	中
食	業	者	経	由	の	売	上	拡	大²	を	狙	う	。						

【メモ・浮かんだキーワード】　連携強化、標準化、効率化、安定した品質

【当日の感触等】　全然しっくりこないけど、ありがちなことを書いておいた。困ったときの「売上拡大を狙う」。基本だいたいの施策は結局それを目指しているよね。大外れの可能性もあるな……。

【ふぞろい流採点結果】　9/20点

第４問（配点40点）

（設問１）　　　　　　　47字

機	能	別	組	織[4]	で	役	割	分	担[5]	と	責	任	を	明	確	化[2]	し	、	新
商	品	・	事	業	開	発	部	門	を	設	け	新	分	野	へ	の	挑	戦[1]	体
制	を	整	備	す	る	。													

【メモ・浮かんだキーワード】　新規事業へチャレンジする体制強化、専門性強化

【当日の感触等】　中小企業はとりあえずシンプルに機能別組織！　機能別組織の特徴とメリットを書けば良さそう。

【ふぞろい流採点結果】　12/15点

（設問２）　　　　　　　95字

①	Ａ	社	後	継	者	に	**直**	**営**	**店**	**以**	**外**[1]	の	部	門	の	マ	ネ	ジ	メ
ン	ト	も	**任**	**せ**[5]	、	各	部	門	か	ら	責	任	者	を	登	用	し	て	**権**
限	**委**	**譲**[5]	す	る	こ	と	で	、	幹	部	を	担	う	人	材	の	育	成	、
②	非	正	規	社	員	を	活	用	し	**適**	**正**	**配**	**置**[3]	を	行	う	こ	と	で
需	要	変	動	へ	の	対	応	力	強	化	を	図	る	。					

【メモ・浮かんだキーワード】　事業承継、適正配置、責任者登用、非正規社員の活用

【当日の感触等】　あまり自信がない。前半はすぐ思いついたけど、後半がちょっと苦し紛れ。需要変動に対応できていないことが気になっていたけど、この問題で答えることじゃなかったかも？

【ふぞろい流採点結果】　14/25点

【ふぞろい評価】 57/100点　　**【実際の得点】** 59/100点

　惜しくも合格点には届かなかったものの、全体的にバランスよく得点しています。特に、第４問（設問１）では再現答案チームで唯一「機能別組織」に言及できていたほか、得点となる要素を端的に盛り込むことで、大きく得点を稼ぎました。

Column

１次知識というもの

　１次知識って、いつ勉強するのが正解なんでしょう。私が２次試験の勉強を始めた際には「１次知識インプット」→「事例アウトプット」の順番で紹介されるのが定番でした。ですが、個人的にはこの順番には違和感を持っています。２次試験でどういう問われ方をするのか理解しないまま『２次試験合格者の頭の中にあった全知識』（同友館）を眺めていても、なかなか頭には入ってきません。また、１次試験の際にはあれだけ過去問を通じたインプットの重要性が強調される一方で、２次試験になった途端インプット→アウトプットの順番になるのも不思議です。

　私の場合、２次試験の勉強を始めてひと月かひと月半ほど経った頃に１次知識を学習し直したのですが、これが良かったと思っています。事例演習を通じて得た断片的な知識が、体系的に整理されていく感覚を覚えました。　　　　　　　　　　　（やーみん）

~当日、試験終了後の過ごし方~

　２次試験のあとは飲みに行っただけ。１次試験のあとは、紙面に載せられない所に行きました。

みみ 編（勉強方法と解答プロセス：p.18）

1．当日朝の行動と取り組み方針

　前回の試験では電卓を忘れるという痛恨のミスをしているので、持ち物チェックだけは入念に行った。試験開始直前まで勉強できるよう、タブレットに資料をすべて詰め込み、会場までの電車に揺られる1時間もタブレットとにらめっこ。ファイナルペーパーの文言を脳内で繰り返し、記憶の引き出しを開け閉めしていた。準備不足は自覚していたので、緊張感はほとんどなかった。

2．80分間のドキュメント

【手順0】開始前（〜0分）

　前回と同じ受験会場だったので、慣れた足取りで会場付近のコンビニに立ち寄り、お茶とラムネを購入する。試験開始1時間前に会場の最寄り駅に到着したので、すでに会場への人の流れはできており、前の人に続くようにして会場へ。机の上に電卓、定規、筆記用具を準備し、お茶は足元へ。少しでも頭の回転が速くならないかと思ってラムネをたくさん食べた。

【手順1】準備（〜1分）

　試験官の案内に従い、受験番号を書く。次に段落ごとに番号を振る。使用するかはわからないが、問題用紙1ページ目を定規で破る。ルーティーンをこなすことでより一層落ち着いてきた。今回の事例企業はどのような課題を抱えているのか。

【手順2】設問確認（〜4分）

|第1問| 強みと弱み！　SとW！　時制は「法人化前」に着目か。

|第2問| 「獲得」し「定着」させないといけない。どこから獲得するか、定着しない原因は何かを意識しよう。

|第3問| 中食業者？　中食とは？　「どのような取引関係を築いていくべきか」は前年の事例で似た問題があったような……。

|第4問（設問1）| 「どのような組織構造を構築すべきか」ね。代表的なものは機能別組織や事業部制組織かな。どちらがよりA社に適しているかを判断していかないと。

|第4問（設問2）| これはまずい。解答が思いつく気がしない。経営資源が限られている中小企業だから人員配置は流動性を持たせたほうがよいか。

|全　体| 時制を意識することを忘れず、A社のあるべき姿を探していこう。

【手順3】与件文読解と設問への対応づけ（〜35分）

|1段落目| 資本金額が事例問題に関係したことあるのかな。今回は農家か。

|2段落目| 「体験を通じて農業の面白さを自覚」は使えるかな。「糖度が高い」などの強みも出てきた。「贈答用」も何かに使えそう。

~当日、試験終了後の過ごし方~
　せっかく受験地（居住地から見れば都会）に来たので、美味しいもので一献。

| |3段落目| パート従業員を雇用している。正社員登用制度を解答に使用できるかな。

| |4段落目| 常務が販売担当か。機能別組織のほうが適しているな。コンセプトに沿って助言することを心掛けよう。そして、最終消費者のニーズはどこにあるのかを探ろう。

| |5段落目| 「地元の菓子メーカー」登場。設問に使えるかな。「特産品」も使えそう。

| |6段落目| 「仕事は見て盗め」を改善するためにはマニュアル化からOJTの流れかな。後進育成が課題だ。「役割分担がなされていない」を解決するには、機能別組織構築でよいかも。閑散期の人手が余る状況を打開することも課題か。

| |7段落目| 定着率の悪さは出社時間が一定ではないこと、農業関係者との関係性構築が困難なことが原因かな。「帰属意識の高い従業員を確保する」ことが課題か。農業大学校に対してのアプローチは新卒採用のみね。

| |8段落目| ここで法人化。大手中食業者も出てきた。中食ってデリバリーとかのことを言うのね。A社のターニングポイントだ。売上の依存解消も課題、新たな品種生産も課題か。

| |9段落目| 「直営店」「食品加工」を「兼任」で展開か。それぞれの事業を管理できる事業部制組織のほうが良さそう。

| |10～11段落目| 若手従業員が商品開発をしているので、評価制度を整えたいな。直営店でニーズを獲得し、新商品開発へつなげる流れかな。6段落目とは対照的に直営店は人手不足、これは解答に使えそうだ。

【手順4】解答作成（～75分）

| |第1問| 時制を意識し、課題と対応策につながる強みと弱みをピックアップしよう。

| |第2問| 農業関係者との関係性強化と新規就農者獲得を狙うインターンシップを提案しよう。また、モラール向上を狙う施策を提案する。効果は帰属意識の強化としよう。

| |第3問| 中食業者との取引が少なくなったら売上的に大変な状況になるだろうし、関係性は強化する方向性で解答しよう。課題の売上依存解消も解答に盛り込んでいこう。

| |第4問（設問1）| 「新たな分野挑戦」「後進育成」「兼務」の課題を解決させるために事業部制組織を提案し（設問2）へとつなげよう。

| |第4問（設問2）| スムーズに解答が思いつかなかったので、抽象的な表現を書いた後に具体例を加えるか。ここまでの設問では解決できていない課題に関連づけ、解答しよう。

【手順5】見直し（～80分）

　誤字脱字がないか確認し、採点者が判別に迷うレベルで読みにくい字があれば、消しゴムで修正する。ミスに気がついても、この時点での大幅な解答修正は絶対にしないと決めていた。

3．終了時の手ごたえ・感想

　時間内にすべての解答欄を埋めることができたので、よしとする。後悔しても仕方がないので、頭のなかを次の事例に切り替える。

~当日、試験終了後の過ごし方~ ─────────
ラーメン&バー。

合格者再現答案＊（みみ 編）　　　事例 I

第1問（配点20点）　99字

強	み	は	①	外	部	か	ら	の	認	証²	を	受	け	た	品	質	が	高	く、
作	り	方	に	こ	だ	わ	っ	た¹	商	品	。	②	農	業	経	験	が	豊	富
な	従	業	員¹	を	持	つ	事	。	弱	み	は	①	あ	い	ま	い	な	役	割
分	担³	に	よ	り	閑	散	に	対	応	で	き	な	い³	体	制	。	②	帰	属
意	識	の	高	い	従	業	員³	を	確	保	す	る	力¹	が	弱	い	事	。	

【メモ・浮かんだキーワード】　SWOT、高付加価値

【当日の感触等】　設問文の上下にメモ書きで強みと弱みをメモしていた。最終設問まで考えたうえで、重要と判断したものを記述した。

【ふぞろい流採点結果】　14/20点

第2問（配点20点）　99字

必	要	な	施	策	は	①	農	業	大	学	校	か	ら	の	イ	ン	タ	ー	ン
シ	ッ	プ²	を	募	集	し	、	早	期	か	ら	農	業	関	係	者	と	の	関
係	性⁵	を	強	め	る	。	②	パ	ー	ト	従	業	員	の	正	社	員	登	用
制	度	確	立	③	権	限	委	譲	を	進	め	、	従	業	員	の	モ	ラ	ー
ル	向	上¹	を	図	る	と	共	に	帰	属	意	識²	を	強	化	す	る	。	

【メモ・浮かんだキーワード】　権限委譲、モラール向上、企業風土、正社員登用制度

【当日の感触等】　具体例としてインターンシップを引き出せたのは良い感触だった。正社員登用制度は繁閑対応と矛盾している気もするが、ほかに良い案が浮かばなかった。

【ふぞろい流採点結果】　10/20点

第3問（配点20点）　98字

連	携	を	深	め	て	い	く³	べ	き	で	あ	る	。	理	由	は	①	共	同
開	発²	等	を	行	う	こ	と	で	大	手	中	食	業	者	の	持	つ	ニ	ー
ズ	獲	得²	②	販	売	ノ	ウ	ハ	ウ	吸	収	等	で	効	率	化	を	図	り、
人	手	不	足	へ	対	応	す	る	べ	き	だ	か	ら	。	同	時	に	新	規
販	売	先	開	拓²	も	進	め	売	上	依	存	を	回	避³⁺²	す	る	。		

【メモ・浮かんだキーワード】　共同開発、ノウハウ吸収、ニーズ獲得

【当日の感触等】　結論を先に記述することで、字数の調整を行いやすいようにした。過去の事例演習で使用したキーワードを用いて、なんとか解答欄を埋めた。

【ふぞろい流採点結果】　14/20点

〜当日、試験終了後の過ごし方〜
ネットやTwitterで情報収集。

事例 I

第4問（配点40点）

（設問1）　　　　　48字

事	業	部	制²	を	採	り	、	直	営	店	や	食	品	加	工	を	独	立⁵	さ
せ	る	べ	き	。	理	由	は	後	進	育	成¹	や	新	商	品	開	発	の	強
化¹	に	繋	げ	る	た	め	。												

【メモ・浮かんだキーワード】　機能別組織、事業部制組織

【当日の感触等】　文字数が少ないので、結論と課題、（設問2）を意識した解答に努めよう
　　とした。結論を先に書き、理由を付け加える形で解答した。

【ふぞろい流採点結果】　9/15点

（設問2）　　　　　99字

段	階	を	踏	ん	だ²	権	限	委	譲	と	流	動	性	の	高	い	人	員	配
置⁵	を	行	っ	て	行	く	べ	き	。	具	体	的	に	は	公	平	な	評	価
制	度	に	基	づ	い	た	成	果	主	義	導	入	で	新	商	品	開	発¹	へ
の	参	画	を	促	し	、	マ	ニ	ュ	ア	ル	に	基	づ	い	た	O	J	T
を	行	う	こ	と	で	繁	閑	へ	の	対	応	力	を	強	化	す	る	。	

【メモ・浮かんだキーワード】　権限委譲、流動性、公正な評価制度

【当日の感触等】　最終問題が一番頭を抱えた。権限委譲の方法は「段階的」しかキーワード
　　が思いつかず、人員配置はもっと繁閑への対応策を具体的に記述した解答がよいのかと考
　　えていたが、広く課題に触れることを意識した結果、キーワードを盛り込んだだけの解答
　　になってしまったと感じた。

【ふぞろい流採点結果】　8/25点

【ふぞろい評価】　55/100点　　　【実際の得点】　69/100点

　第1問、第3問では多面的な解答で得点を伸ばす一方、第4問（設問2）では評価制度や
マニュアルなど、設問要求と異なる解答に文字数を割いてしまい、点数が伸び悩みました。
なお、第2問のパート従業員や第3問のノウハウ吸収に関する記述は、言及している答案数
が少なく、ふぞろい評価では得点としていませんが、実際には加点されている可能性はあり
ます。

Column

仲間がどんどん減っていく。それでも続けた先のメリット

　予備校通学していたときの話。もともとそのクラスは人数が少なかったのですが、仕事
の都合や家庭の都合もあり、1次試験の直前からだんだんとクラスの欠席者が増えて、1
次試験の合格発表後は気づけば毎週の授業に皆勤するのが自分ともう1人に。2人で自然
と互いに休まず頑張ろうという意識が芽生えていたところ、その方も転勤していなくなり、
皆勤は自分だけに。モチベーションは下がりながらも通い続け、ずっと最前列に座ってい
たおかげもあってか、講師の方には顔を覚えられました。すると、こちらから質問しなく
とも毎回答案を見てもらえ、個別指導を受けられました。　　　　　　　　　　（かっしー）

~当日、試験終了後の過ごし方~
勉強仲間と懇親会。

▶事例Ⅱ（マーケティング・流通）◀

令和4年度 中小企業の診断及び助言に関する実務の事例Ⅱ（マーケティング・流通）

　B社は資本金3,000万円、従業者数は45名（うちパート従業員21名）で、食肉と食肉加工品の製造・販売を行う事業者である。現在の事業所は本社、工場、直営小売店1店舗である。2021年度の販売額は約9億円で、取扱商品は牛肉・豚肉・鶏肉・食肉加工品である。

　B社はX県の大都市近郊に立地する。高速道路のインターチェンジからも近く、車の利便性は良いエリアだ。B社の周辺には、大規模な田畑を所有する古くからの住民もいるが、工業団地があるため、現役世代が家族で居住する集合住宅も多い。

　1955年、B社はこの地で牛肉、豚肉、鶏肉、肉の端材を使った揚げたてコロッケなどの総菜を販売する食肉小売店を開業した。当時の食肉消費拡大の波に乗って順調に売り上げを伸ばしたB社は、1960年代に入ると、食肉小売事業に加え、地域の百貨店や近隣のスーパーなどの大型小売業へ食肉を納入する事業を手がけるようになった。

　百貨店やスーパーを取引先としてきたこともあって、B社の商品はクオリティの高さに定評がある。仕入れ元からのB社に対する信頼も厚く、良い食肉を仕入れられる体制が整っている。B社は、百貨店向けには贈答用を含めた最高級品質の食肉や食肉加工品の販売を行い、直営の食肉小売店では対面接客による買物客のニーズに合わせた販売を行い、スーパー向けには食卓で日常使いしやすいカット肉やスライス肉などの販売を行っており、さまざまな食肉の消費機会に対応できる事業者である。

　大型小売業の成長とともにB社も成長していたが、1980年代後半以降、スーパーは大手食肉卸売業者と取引を行うようになったため、B社からスーパーへの納入量は徐々に減少していった。現在、B社の周囲5km圏内には広大な駐車場を構える全国チェーンのスーパーが3店舗あり、食肉も取り扱っているが、いずれもB社との取引関係はない。

　こうした経営環境の変化を前に、B社社長は、直営の食肉小売店での販売と百貨店やスーパーを主要取引先とする商売を続けていくことに危機を感じた。そこで1990年代に入ってすぐ、次に挙げる3点で事業内容の見直しを行った。

　第1に、新たな取引先の開拓である。従来の百貨店やスーパーとの取引に加え、県内や隣接県のホテル・旅館、飲食店などに活路を見出した。B社のあるX県は、都市部と自然豊かな場所がともに存在し、高速道路で行き来できる。また、野菜・果物・畜産などの農業、漁業、機械や食品などの工業、大型ショッピングセンターなどの商業、観光サービス業がバランスよく発展している。山の幸、海の幸の特産品にも恵まれ、大規模な集客施設もあれば、四季それぞれに見どころのある観光エリアもあり、新たな取引先探しには事欠

かなかった。

　第2に、自社工場を新設し、食肉加工品製造も行えるようにした。高い技術力を有する職人をB社に招き入れ、良質でおいしい食肉加工品を製造できる体制を整えた。これによって、B社は最高級のハムやソーセージ、ローストビーフなどの食肉加工品を自社ブランドで開発できるようになった。単品販売もできるうえ、詰め合わせれば贈答品にもなり、これら食肉加工品は直営小売店や高速道路の土産物店、道の駅などで販売している。また、取引先のニーズに応じて、相手先ブランドでの食肉加工品製造を請け負うことも可能になった。

　これと関連して第3に、取引先へのコンサルテーションも手がけるようになった。自社工場設立以前、B社は食肉販売を主な事業としていたため、取り扱う商品は標準的なカットやスライスを施した食肉であり、高度な加工を必要としなかった。しかし、ホテル・旅館や飲食店との取引の場合、販売先の調理の都合に合わせた形状のカットや、指定された個数でのパッキング、途中工程までの調理済み商品が求められるなど、顧客ニーズにきめ細かく合わせることが必要となってきた。B社は自社工場という加工の場をもつことによって、個々の顧客の要望に応じた納品が可能になった。最近では、飲食店に対してメニュー提案を行ったり、その半加工を請け負ったりすることも増えている。

　事業見直しを進めた現在、B社取引先の多くは1990年代以降に開拓した事業者となった。2019年度時点でのB社の売上構成比は、卸売事業が9割、直営小売事業が1割である。折からのインバウンド需要の拡大を受け、ホテル・旅館との取引は絶好調であった。加えて2020年夏には東京オリンピック・パラリンピックを控え、B社はさらなる飛躍を期待し、冷凍在庫も積み増していた。

　ところが、国内での新型コロナウイルス感染症の発生を受け、ホテル・旅館や飲食店などを主要取引先とするB社の経営は大打撃を受けた。B社の2020年度の売り上げは、2019年度のおよそ半分となった。2021年度の売り上げも2020年度から多少回復がみられる程度だ。東京オリンピック・パラリンピックのために積み増した冷凍在庫をさばくため、B社は大手ネットショッピングモールに出店し、焼肉用やステーキ用として冷凍肉の販売も試してみた。しかし、コロナ禍で同じことを考えた食肉販売業者は多く、B社紹介ページはネット上で埋もれ、消費者の目にはほとんど留まらないようだった。B社にとってせめてもの救いは、直営の食肉小売店であった。コロナ禍の巣ごもり需要拡大の影響で、開業以来、とくに何の手も打って来なかった食肉小売店での販売だけが急上昇した。料理の楽しさに目覚めた客や、作りたての揚げ物を買い求める客が、食肉専門店の魅力に気づいて足を運ぶようになった結果だった。

　B社社長はこの2年以上、コロナ禍で長期にわたって取引が激減しているホテル・旅館や、続々と閉店する飲食店を目の当たりにしてきた。もちろんB社の販売先の多くはまだ

~**資格以外に得られたこと**~
　学ぶことが習慣化した。

残っているが、コロナ収束後、これらの事業者がすぐにコロナ前の水準で取引してくれるようになるとはとても思えずにいる。

　B社社長は高齢のため、同社専務を務める息子がまもなく事業を承継する予定だ。アフターコロナと事業承継を見据え、B社社長は自社事業の再構築を行うべく、中小企業診断士に相談した。B社はこのところ卸売事業を主軸としてきた。しかし、中小企業診断士との対話を重ねていくうち、B社社長は自社の売り上げが他社の動向に左右されていることに気づき、今後はB社自身が最終消費者と直接結びつく事業領域を強化すべきであると納得するに至った。B社社長は、自社の強みを生かした新たな事業展開ができるよう、中小企業診断士にさらなる助言を求めた。

第1問 （配点30点）

　B社の現状について、3C（Customer：顧客、Competitor：競合、Company：自社）分析の観点から150字以内で述べよ。

第2問 （配点20点）

　B社は、X県から「地元事業者と協業し、第一次産業を再活性化させ、県の社会経済活動の促進に力を貸してほしい」という依頼を受け、B社の製造加工技術力を生かして新たな商品開発を行うことにした。商品コンセプトと販路を明確にして、100字以内で助言せよ。

第3問 （配点20点）

　アフターコロナを見据えて、B社は直営の食肉小売店の販売力強化を図りたいと考えている。どのような施策をとればよいか、顧客ターゲットと品揃えの観点から100字以内で助言せよ。

～資格以外に得られたこと～
　新規事業への異動で知識を役立てるチャンスを得られた。

第4問（配点30点）

　B社社長は、新規事業として、最終消費者へのオンライン販売チャネル開拓に乗り出すつもりである。ただし、コロナ禍で試した大手ネットショッピングモールでの自社単独の食肉販売がうまくいかなかった経験から、オンライン販売事業者との協業によって行うことを考えている。

　中小企業診断士に相談したところ、B社社長は日本政策金融公庫『消費者動向調査』（令和4年1月）を示された。これによると、家庭での食に関する家事で最も簡便化したい工程は「献立の考案」（29.4％）、「調理」（19.8％）、「後片付け」（18.2％）、「食材の購入」（10.7％）、「容器等のごみの処分」（8.5％）、「盛り付け・配膳」（3.3％）、「特にない」（10.3％）とのことであった。

　B社はどのようなオンライン販売事業者と協業すべきか、また、この際、協業が長期的に成功するためにB社はどのような提案を行うべきか、150字以内で助言せよ。

事例
Ⅱ

Column　**勉強時間の記録のススメ**

　これは好みによると思いますが、私は勉強時間をスマホで日々記録していました。当然時間をかければ合格できるかというとそうではないのですが、記録してよかったと思うことを3点紹介します。

　1つ目は、過去問演習の得点と費やした時間の比率により、自分の得意科目と不得意科目を把握することができます。2つ目は、得意科目と不得意科目を認識したうえで、勉強の計画を立てることで効率的な勉強ができます。3つ目は、総勉強時間を確認することで自信につながります。2次試験は自分がどの位置にいるのか把握しづらい試験なので、定量的なデータの記録をおすすめします。　　　　　　　　　　　　　　　（しの）

~資格以外に得られたこと~
　朝活の習慣。通勤前に勉強すると、1日がすごく有効活用できている気がする。

80分間のドキュメント　事例Ⅱ

ぜあ 編（勉強方法と解答プロセス：p.8）

1．休み時間の行動と取り組み方針

　事例Ⅰでまずまずのスタートが切れたので、気持ちは高い状態をキープできている。トイレは混んでいると思われる事例Ⅰ終了直後を避け、少し時間が経ってから。

　開始前まで「ブランド」や「プロモーション戦略」など、マーケティング理論についてファイナルペーパーで簡単に復習（緊張であまり頭に入ってこない）。買ってきたコーヒーでリラックスするが、飲みすぎてトイレが近くなるのも困るので、ほどほどに。

2．80分間のドキュメント

【手順0】開始前（～0分）

　試験監督の注意事項に耳を傾けつつ、集中。2次試験対策を始めたころは、なかなか得点が取れなかった事例Ⅱだけど、10月に入ってコツも掴めてきたから、自信をもって取り組もうと自分に言い聞かせる。

【手順1】準備（～1分）

　事例Ⅰに引き続き、受験番号を誤りなきように記載。

【手順2】設問解釈（～8分）

第1問　SWOT分析ではなく、3C分析からの出題。ただ、過去問や予備校の模試でも解いたことがあるので、「顧客、競合、自社」を漏れなく書くことを意識。問題用紙にも、「顧客、競合、自社」とメモ。

第2問　県からの依頼が出題のポイント。公務員という職業柄、イメージは湧きやすい設問だが、コンセプトと販路を書き漏らさないことを意識。販路はチャネルの問題か、ターゲットの問題かもこの時点ではわからないが、解答用紙にメモ。

第3問　顧客ターゲットと品揃え（＝製品戦略？）が問われている事例Ⅱの王道パターンと理解。ターゲットに関しては、過去問の学習で学んだとおり、「消費者の心理的側面」（サイコグラフィック基準）にスポットを当てるのを忘れずに。

第4問　長文の設問にやや驚きつつも、与件文に丁寧に沿いながらも「家事のお悩みを解決する」観点で解答を構成する方針を立てる。あとは、与件文をよく読んで対応。

【手順3】与件文読解（～30分）

1～2段落目　会社の概要。一部3C分析にも入れられそうな顧客への言及あり。

3～4段落目　百貨店との取引などで信頼を構築したこと、買い物客のニーズに合わせた販売は強みになりそう（でも、第1問が3C分析なので、出る幕なしかも）。

5段落目　全国チェーンのスーパーは競合になりそう。

6段落目　「次に挙げる3点で事業内容の見直しを行った」は大事な部分への導入かも。

7～9段落目　地域の産業や特産品にも触れられているほか、自社工場新設による最高級

品の製造、途中工程までの調理済み商品の販売や取引先へのメニュー提案など、第2問や第4問の解答根拠となりえる部分だと捉え、丁寧に読み進める。

[10段落目]　「ホテル・旅館との取引絶好調」「インバウンド」「東京オリンピック・パラリンピック」……。悪い予感しかない……。

[11段落目]　悪い予感的中。大手ネットショッピングモールでの挫折経験は第4問の協業相手となるオンライン販売事業者にも使えるかも。また、コロナ禍での小売店での好調さは、第3問に直結しそうだ。

[12〜13段落目]　事例Ⅱを解くうえで重要な、社長が成し遂げたいことが最後に登場。「最終消費者と直接結びつく事業領域強化」「自社の強みを生かした新たな事業展開」をおそらく第4問で表現することになるのだろう。

[全　体]　事例企業が食肉事業者ということもあり、こちらも家業が農業で料理好きの私にはとっつきやすいテーマであったと感じた。

【手順4】解答作成（〜70分）

[第1問]　全体の内容を把握してから取り組むため、後回し。

[第2問]　X県の資源を考えると、県の依頼で取り組むのは、X県の魅力を伝える詰め合わせセットか。そうすることで、B社の自社工場という強みも生かせる。販路については、観光地やすでにルートがある高速道路の土産物店、道の駅を考えればよいか。

[第3問]　ターゲットを書く際には、好みや生活様式などの「サイコグラフィック基準」を必ず盛り込む、と試験前から決めていたので、「料理の楽しさに目覚めた」や「作りたての揚げ物を求める」といった内容を記述。品揃えについても、先に書いた好みや価値観を持つ客なら「どのような商品を求めるか」を基準に、与件文と矛盾が出ないように文章化した。料理の楽しさに目覚めた客に対しては、精肉店ならではの品揃えということで、羊肉や内臓系の部位（ハチノスとかギアラとか）を勝手に思い浮かべる。

[第4問]　問題で提示されたアンケート結果を踏まえ、「『家事の面倒くささ』につながる要素を解決する」という観点から解答骨子を検討。そこに、「途中工程まで調理済み商品」などのB社の強みをあてていく、というアプローチで解答を構成した。また、協業相手としては、厳選された商品を扱うオンライン販売事業者とし、かつてのオンライン販売の挫折経験を踏まえたものとした。もちろん、効果の記載は忘れずに。

[第1問（再）]　第2問以降の解答も踏まえ、顧客・競合・自社のそれぞれを明確にしながら書く。最後の「自社」に差し掛かったときに文字数が足りないことに気づいたが、3C分析においては「強み」のほうが大事だと考え、「弱み」はスルーという判断。

【手順5】見直し（〜10分）

タイムマネジメントはイメージどおり。誤字脱字と文章構成におかしなところはないかを中心にチェック。

3．終了時の手ごたえ・感想

事例Ⅱは割と得意科目。時間どおりに文字数をある程度埋める形で解答できたことから、事例Ⅰに引き続き、まずまずの出来と認識。でも第1問の3C分析は「弱み」も入れられるともっと行けたかな。

〜当日、試験終了後の過ごし方〜
とにかく寝ました。

合格者再現答案＊（ぜあ 編）　　　　　　　　　事例Ⅱ

第1問（配点30点）　150字

顧	客	は	①	最	高	級	品	を	扱	う	百	貨	店	と	日	常	品	を	扱
う	ス	ー	パ	ー	、	②	新	た	な	販	売	先	と	な	っ	た	県	内	・
隣	接	県	の	ホ	テ	ル³	等	、	③	直	営	小	売	店	と	EC	の	一	般
顧	客³	。	競	合	は	、	近	隣	の	広	大	な	駐	車	場	を	持	つ	全
国	チ	ェ	ー	ン	の	ス	ー	パ	ー²	と	EC	を	目	論	む	食	肉	事	業
者⁴	。	自	社	は	①	評	判	の	良	い	食	材	と	仕	入	れ	体	制¹	②
高	い	対	面	販	売	力	③	高	級	加	工	品	の	自	社	工	場³	と	柔
軟	な	顧	客	ニ	ー	ズ	対	応³	。										

【メモ・浮かんだキーワード】　3C（顧客・競合・自社）分析、強み・弱み

【当日の感触等】　3Cのうち、「自社」において、弱みを入れることはできなかったが、3
C分析は強みの理解が目的なので、弱みを盛り込めなかったとしても大きな失点にはなら
ないのでは。

【ふぞろい流採点結果】　17/30点

第2問（配点20点）　100字

X	県	の	食	の	魅	力	を	丸	ご	と	伝	え	る	と	い	う	コ	ン	セ
プ	ト¹	。	地	元	の	山	の	幸	、	海	の	幸²	の	特	産	品	と	最	高
級	食	肉	加	工	品⁵	と	の	詰	合	せ¹	商	品	を	開	発²	、	販	路	は
四	季	の	魅	力	あ	る	観	光	地¹	や	高	速	道	路¹	の	土	産	物	店²
等	で	、	観	光	客	へ	の	訴	求	で	地	域	活	性	化¹	を	図	る	。

【メモ・浮かんだキーワード】　ターゲット、地域産品振興

【当日の感触等】　「地域」をどう売り出していくか、という観点からの仕事に日常から取り
組んでいたこともあり、「私ならこうする」というのをある程度ストレートに書くことが
できた。また、第1問とのつながりも意識した。

【ふぞろい流採点結果】　16/20点

第3問（配点20点）　100字

コ	ナ	禍	の	巣	ご	も	り	需	要¹	で	料	理	の	楽	し	さ	に	目
覚	め	た³	り	、	作	り	た	て	の	揚	げ	物	を	求	め	た	り	す	る
客³	に	対	し	、	専	門	店	ゆ	え	の	貴	重	な	部	位	や	客	の	目
の	前	で	揚	げ	る	総	菜³	を	揃	え	る	。	専	門	店	の	独	自	性
を	訴	求¹	し	、	直	営	小	売	店	で	の	販	売	拡	大³	に	繋	げ	る	。

【メモ・浮かんだキーワード】　差別化、高付加価値化、ニッチ需要、サイコグラフィック基準

【当日の感触等】　ある程度、与件文に書かれている表現をそのまま使いながら、題意に沿う
記述ができたのではないか。

【ふぞろい流採点結果】　13/20点

～当日、試験終了後の過ごし方～

寝る。

第4問（配点30点）　147字

協業相手は高付加価値な食品・食材[3]を扱うオンライン販売事業者。提案は、食に関する家事が面倒と感じている人[2]に対し、①途中工程まで調理済み[4]の冷凍総菜を②高級食材を活用して③皿に盛り付けなくても食べられる形で提供する。以て、家事の手間を減らしつつ、他社との差別化も図り、ECでの売上拡大[2]を目指していく。

事例Ⅱ

【メモ・浮かんだキーワード】　高付加価値化、お困りごと解決、差別化

【当日の感触等】　いかにターゲットの「お困りごと」を解決するかという視点で解答作成に取り組んだが、時間や文字数の制限から、いささか中途半端になってしまった。でも、設問文に提示されたアンケート結果を踏まえた解答にしたので、大やけどはしていないはず！

【ふぞろい流採点結果】　11/30点

【ふぞろい評価】　57/100点　　　【実際の得点】　63/100点

　第1問〜第3問は各要素をバランスよく記載できており高得点でした。第4問は、ターゲットと商品・コミュニケーション戦略の記載が充実していれば、もう少し加点された可能性があります。

Column

趣味もまた気づきの場

　私の趣味の1つが「料理」で、家庭内でも「夕食の支度」は基本的に私が担当しています。実は、「料理」は1次試験の「運営管理」や2次試験の事例Ⅲにつながる要素がかなりたくさんあるように感じます。たとえば、インスタントラーメン（袋めん）を作る工程を考えてみると……、①お湯を沸かす、②お湯を沸かしている間にチャーシューやネギなどの具材を切る、③めんを湯に投入する、④丼を用意する、⑤火を止めてスープの素を入れる、⑥盛り付ける、と6つも工程がありますよね（場合によってはもっと）。夕食を作るとなると、もっとメニューが増えるので、工程も増えるし、温かい料理は温かい状態で出したいので、出来上がりをある程度「同期」したいところです。また、仕事から帰ってきてから夕食づくりを始めるので、手間はなるべく省きたいところ……。そうすると、ECRSの考え方が役に立ちます。先ほどのインスタントラーメンでも、「湯を沸かしながら具材を切る」は、「C＝一緒にする」に該当しますよね。

　生産現場をあまり知らない方にとっても、実は生活の場で生産効率化の考え方を生かせそうな場面はたくさんありそうです。

（ぜあ）

〜当日、試験終了後の過ごし方〜
深酒をしました。

やーみん 編（勉強方法と解答プロセス：p.10）

1．休み時間の行動と取り組み方針

　事例Ⅰ、ひとまず時間内に解答欄をすべて埋め切れたことに一安心。全然油断できないけれど、この調子で行きたい。トイレを済ませた後は、お茶を一口含み、羊かんをかじって糖分補給。ノートを一瞬だけざっと見返した後、机に突っ伏し、5〜10分ほどの仮眠を試みた。長丁場だ。体力は温存するに越したことはない。

2．80分間のドキュメント

【手順0】開始前（〜0分）

　背筋を伸ばして、目を閉じ、ゆっくりと深呼吸。プラスはピンク、マイナスは青、そのほかは黄色でマークする。オーケイ？　さあ行こう！

【手順1】準備（〜2分）

　事例Ⅰではすべてのページを破った結果、下書きの紙を紛失したりして大変だった。事例Ⅱ以後は、表紙は残して中身だけ切り取ろう。

【手順2】設問解釈（〜5分）

第1問　3C分析がきちゃったか。確か、H30年度でも3Cが問われていたけれど、復習が曖昧なままだったんだよなあ。まずい。

第2問　県の要請？　へー、変な問題。「ダナドコ」と余白にメモ。設問要求がコンセプトと販路だから「ナ」と「ド」に○を付けておく。

第3問　同じく「ダナドコ」とメモ。今度は「ダ」と「ナ」に○を付けておく。

第4問　文章が長いなあ。とにかく、何かしらネット業者が出てくるってことね。そして消費者のニーズが「献立の提案」「調理」と。要するに楽々クッキングみたいな感じかな。ダナドコの「ド」に☆を付けておく。解答欄が150字と最大。第1問と合わせて合否の分水嶺になりそう。

【手順3】与件文読解（〜35分）

1段落目　新型コロナウイルスに関する注釈はなし。きっと後半に出てくるね。また食品関係か。今年度はそういう縛り？

2段落目　周辺の情報。高速道路のくだりはなくても文章が通じるから、どこかで使う可能性が高い。古くからの住民や集合住宅の住民は、どちらかが顧客層になりそう。

4段落目　強みを列挙する段落。クオリティの高さ、信頼が厚い、ニーズに合わせた加工など、ピンクマーカーを走らせていく。

5段落目　近隣スーパーが大手卸に流れる。これはマイナスなので青でマーク。3Cの競合で使いそうだな。

7段落目　協業先候補がぞろぞろ出てきた。どれかは使いそうだなあ。そして、第2段落

に続いてここでも高速道路が出てきた。これは絶対に使うでしょう。頭に叩き込んどこう。

8〜9段落目　状況の変化に対し機敏に行動したんだなあ。社長が意図して作り出したB社の強みだから、これを活用した提案を心掛けよう。

10段落目　はいはい、東京オリンピックね。ああ、じゃあ、この次は……。

11段落目　やっぱり新型コロナウイルスだ。この辺は現実社会でもニュースになった出来事なので、スムーズに頭に入ってくる。ネットモールで埋もれてしまうのもあるあるだ。

12〜13段落目　社長の思いが出てきた。ここはチェック。事例Ⅰに続いて事業承継が出てきたけど、今は事例Ⅱだし設問にもなかったから、こちらは無視しても大丈夫かな。

【手順4】解答作成（〜78分）

第1問　顧客って、現在の顧客？　それとも潜在顧客？　どうしよう、わからない。とりあえず両方書いておこう。それで、競合は大手卸とネット上の食肉業者として……ああ、やっぱり自社のところで文字数が入らないわ。仕方ない。なんとか短文に詰め込もう。

第2問　協業先も販路も候補が多くて絞り込めない。いや待て、確か観光が盛んだって記述があったはず。それで県からの依頼ってことは、観光を盛り上げてほしいってことかな。じゃあ、まず効果が観光ブランド強化だ。じゃあ、最後にこれにつながるよう、コンセプトや販路を選んでいけばよいね。7段落目の高速道路もここで使ってしまおう。

第3問　ターゲットはデモ、ジオ、サイコ全部盛り込みたい。なので、2段落と10段落後半を使えばよいかな。品揃えは与件のいろんなところから抜き出せるだけ抜き出せそう。効果を書く欄がなくなっちゃったけれど、仕方がない、収益向上というだけでも書いておこう。何も書かないよりまし。

第4問　そういえば、最後までネット業者なんか出てこなかったよね？　どうすればいいの？　しょうがない、開き直ってポエムを書いてしまおう。社長の思いに過不足なく応えられるネット業者。そんな都合のいい相手いるわけないだろ、とは自分でも思うけれど、時間もないし、こんな対応しかできない。とにかく何か書かないと。

　後半は長期的成功か。長期といえばサブスクリプションサービスだと思うけれど、カタカナは長い。うまく短い日本語に言い換えられないかな。月極め、毎月……、そうだ、月額サービスだ。これで文字数が収まった。

【手順5】見直し（〜80分）

　3Cの顧客のところ、全部消してやり直したいなあ。日本語的におかしい。でももう直す時間がないか。あきらめて、漢字の間違いがないか、文字のかすれが残ってないかだけでも確認しよう。

3．終了時の手ごたえ・感想

　3Cの復習を疎かにしていたことに対し、後悔しかない。ここが出たらまずいな、というのは薄々感じていただけに、これで落ちたら悔やんでも悔やみきれない。仕方がない、気持ちを切り替えて、お昼ご飯にしよう。

〜私の周りのツワモノぶりエピソード〜
隣の人が電卓を3つ出していた。

合格者再現答案＊（やーみん 編）　　事例Ⅱ

第1問 （配点30点）　　150字

顧	客	は	、	ホ	テ	ル	や	飲	食	店³	の	売	上	が	減	少²	す	る	一
方	で	料	理	の	楽	し	さ	に	目	覚	め	た	客	や	作	り	立	て	の
揚	げ	物	を	求	め	る	客³	が	増	加²	。	ま	た	X	県	に	は	観	光
客	が	多	い	。	競	合	は	、	ネ	ッ	ト	上	に	は	競	合	他	社⁴	が
多	く	、	近	隣	に	は	大	手	食	肉	卸	売	業	者⁴	と	取	引	す	る
チ	ェ	ー	ン	の	ス	ー	パ	ー²	が	複	数	存	在	。	自	社	は	、	品
質	が	高	く¹	、	需	要	に	合	っ	た	商	品³	を	提	供	で	き	、	取
引	先	や	県	の	信	頼	が	高	い	。									

【メモ・浮かんだキーワード】 観光客の取り込み、食肉工場

【当日の感触等】 いろいろな要素を詰め込もうとした結果、中途半端な対応になった。大失敗。

【ふぞろい流採点結果】 24/30点

第2問 （配点20点）　　99字

県	内	農	業	・	漁	業	業	者	と	連	携⁵	し	、	海	の	幸	や	山	の
幸²	を	生	か	す	コ	ン	セ	プ	ト¹	で	新	商	品	を	開	発²	し	、	車
の	利	便	性	の	高	い	立	地	条	件	を	生	か	し	て	観	光	エ	リ
ア¹	や	大	規	模	集	客	施	設¹	、	道	の	駅²	で	販	売	す	る	こ	と
で	、	X	県	の	観	光	ブ	ラ	ン	ド	強	化	に	貢	献	す	る	。	

【メモ・浮かんだキーワード】 流通、販路拡大、観光ブランド

【当日の感触等】 これは書けたと思う。「コンセプト」「販路」いずれの設問要求も対応できた。

【ふぞろい流採点結果】 14/20点

第3問 （配点20点）　　97字

集	合	住	宅	に	住	む	、	料	理	の	楽	し	さ³	に	目	覚	め	た	現
役	世	代	を	対	象	と	し	①	日	常	使	い	し	や	す	い	カ	ッ	ト
肉	や	ス	ラ	イ	ス	肉³	②	途	中	工	程	ま	で	の	調	理	済	み	商
品¹	③	個	々	の	顧	客	に	合	わ	せ	た	数	量	や	形	状	の	パ	ッ
キ	ン	グ	を	提	供	し	、	収	益	の	拡	大³	を	図	る	。			

【メモ・浮かんだキーワード】 カット肉、半加工商品

【当日の感触等】 出来立ての揚げ物を買い求める客を入れられなかった。文字数が収まらない。

【ふぞろい流採点結果】 10/20点

第４問（配点30点）　150字

ブ	ロ	グ	や	SN	S	で	の	情	報	発	信	が	得	意	な	オ	ン	ラ	イ
ン	業	者	と	協	業	し	、	ネ	ッ	ト	の	双	方	向	性	や	B	社	の
食	肉	加	工	技	術	力²	を	生	か	し	て	、	ニ	ー	ズ	に	合	わ	せ
た	調	理	済	み	商	品⁴	や	食	肉	を	販	売	し	て	顧	客	関	係	性
を	強	化	す	る	。	長	期	的	成	功	の	た	め	、	取	引	先	の	飲
食	店	と	連	携	し	、	日	々	の	献	立	を	提	案³	す	る	月	額	サ
ー	ビ	ス	の	立	ち	上	げ	を	提	案	し	、	口	コ	ミ²	を	誘	発	し
て	固	定	客¹	を	獲	得	す	る	。										

【メモ・浮かんだキーワード】　サブスク、ネットの双方向性、ニーズの収集
【当日の感触等】　ポエムを書いた自覚あり。でも、一切情報が与えられないで書いたら、まあこうなっちゃうよね。たぶんだけれど、みんな似たようなものじゃないかな？　というか、そうであってくれ。
【ふぞろい流採点結果】　12/30点

【ふぞろい評価】　60/100点　　【実際の得点】　52/100点
　第１問の３Ｃは弱みの記載がなかったものの、その他の要素が充実しており高得点になりました。第３問、第４問ともターゲットでもう少し加点があれば得点が伸びた可能性がありましたが、全体的にバランスよくキーワードが盛り込まれており、合格点となりました。

Column　　**中小企業診断士資格の価値は？**

　中小企業診断士って、使える資格なの？　何ができるの？　受験生の皆さんも一度は考えたり、調べたりしたことがあるのではないでしょうか。正直私自身も、中小企業診断士という資格については割と最近（受験を目指す直前に）知りました。身近に診断士資格を持っている人はいなかったため、何ができる資格なのか具体的なイメージが持てなかったというのが最初の印象です。実際になってみないとわからない世界があるんだろう、と思い切って目指すことを決心しました。

　数年間の受験を経てようやく合格を手にし、嬉しさのあまり社内イベントで合格を公表しました。すると、普段あまり関わりのなかった方からも祝福の言葉や、実は自分も勉強中だというお声をかけていただきました。自分が思った以上に周りの反響が大きく、この資格の価値や注目度について認識を改める機会となった出来事でした。また、受験勉強を通して受験生支援団体の方たちやふぞろいの先輩メンバーの方など、合格者の皆さんがとても生き生きと活動をされている姿がとても印象に残りました。

　私はまだ合格したばかりで、この資格について偉そうに語れる立場ではないですが、向上心・向学心が高い素敵な方とのつながりができることは、この資格の魅力だと感じています。
　　　　　　　　　　　　　　　　　　　　　　　　　　　　　　　　　　　　　（まっち）

〜私の周りのツワモノぶりエピソード〜
企業経営理論をノー勉で60点獲得した人。

こやちん 編（勉強方法と解答プロセス：p.12）

1．休み時間の行動と取り組み方針

　混雑を避けるべく、3階の秘密トイレでさっと済ませた後に中庭に出る。外の空気が心地よい。試験で根詰めた後だから余計感じる幸せな時間だ。探検気分でキャンパスをあちこち散歩、時折深呼吸やらストレッチしながらリフレッシュ。ついでに昼休みの食事スペースも目星をつけておく。試験開始15分前に教室に戻り、試験モードに切り替える。

2．80分間のドキュメント

【手順0】開始前（～0分）

　事例Ⅱはポエムで足切りを食らいかねないのが怖い。与件文と制約条件から離れないこと、それだけに集中しよう。

【手順1】準備（～3分）

　いつもどおり定規使って冊子を解体、各段落に丸数字を振ってゆく。うーん、事例Ⅰと同じく、結構複雑に発展してきているな、情報整理が大変そうだ。

【手順2】設問解釈（～10分）

第1問　3C分析か、嫌なところ突くなあ。過去問で1回だけやったことあるが、今回の問題は一筋縄ではいかなそうだ。制約条件がない分、余計に書きにくそうだ。

第2問　これはダナドコ。観光客向け特産品とするか、地産地消を取るか、どちらにすべきか。

第3問　アフターコロナの小売戦略か。巣ごもり消費の時期を経て、消費者行動がどう変わるか、というところだな。第2問から、ずいぶんと違うテーマに飛ぶな。

第4問　今度はオンラインか。設問文長いな。協業相手はオイシックス系が思い浮かぶが、設問文の情報をどう処理するか、気をつけないとな。

【手順3】与件文読解／キーワード収集（～35分）

1～2段落目　食肉加工で小売直営店もやっている。立地は良くて、観光客、地元住民、両方ターゲットになると。どちらも使う必要ありそうだ。

3～5段落目　開業当時からしばらくの間の強みと弱み、顧客だな。これは3C要素だけど、今の話ではないから、扱いにちょっと困る。

6段落目　転換点、これは要注意。やはり3Cの対象は、これ以降の段落を優先すべきだろう。

7段落目　3Cの顧客要素だ。地元の資源ということは、第2問の解答要素だな。

8段落目　ここは3Cの自社。高い技術力で、自社ブランド開発が可能なのは大きいし、OEMもできるということか。あ、また3Cの顧客が出てきた。

9段落目　コンサル、提案できるのね。これは解答に生かさないと。顧客も、自社の強み

事例
Ⅱ

もずいぶん多いな。３Ｃの編集が大変そうだ。

10段落目　やはり今の顧客は90年代以降、つまり３～５段落の顧客はもはや古い情報だということだな。気をつけよう。

11段落目　さらなる環境の変化。オンライン販売で失敗は弱みとして書くべきか、どうだろう。ここで、直営店登場。「料理の楽しさに目覚めた客」「作りたての揚げ物を買い求める客」これが新型コロナウイルスによる環境変化で、ターゲット顧客だな。これは第３問の顧客ターゲットそのものだろう。

12～13段落目　つまりは卸売じゃなく、「小売の強化」が目指す方向だな。卸売りにあった強みをどう小売＝直営店に持ってくるか、というのがポイントとなりそう。あとはネット販売か。やりたいことはわかったけれど、どう解答にまとめていくか、難しそうだな。

【手順４】解答作成（～78分）

第1問　いざ書くとキツイ。卸売り、小売り、コンサルそれぞれあるから、全部網羅しようとすると、とても150字では収まらない。３Ｃ分析の記述対策はしてないので、お作法がわからない。抽象化してまとめるべきか、具体的キーワードを網羅すべきか？　あれ、もう45分経過だ。とにかく前に進むため、外せないキーワードを並べていこうか。……うう、弱みを書くスペースがなくなった。しかし強みを削るわけにもいかないし……、やはり抽象化して書くべきだったかな。仕方ない、また後で時間があれば見直しするとしよう。

第2問　あと30分か。まだ３問あるので、あまり考えている時間ないな。どんどん書いていこう。山の幸は使うとして、販路は観光向けか地産地消だが、２つ書くスペースはないな。アフターコロナの観光を盛り上げ、地域活性化の路線で行こう。

第3問　時間がないので、顧客ターゲットは迷わず与件文どおりで行こう。あとは品揃えとインストアマーチャンダイジングを散らして書けば、それなりの答えにはなるだろう。

第4問　あと７分しかない。もう思い浮かぶイメージをそのまま書いてゆくしかないな。で、最後はお決まりの「顧客生涯価値最大化」でシメる。（うーん、薄っぺらい！）

【手順５】見直し（～80分）

　誤字を修正するくらいしかできない。第１問は編集ミスと時間切れが怖くて手をつけられない。

３．終了時の手ごたえ・感想

　30点の３Ｃ分析で、完全にペースを乱された。手こずった割に内容薄すぎで単なるキーワードのつぎはぎで、分析になってないな……。第１問は半分取れれば御の字かな。

　とはいえ、ギリギリでも解答欄をすべて埋められたのは良かった。バタバタではあったけど、第２問から第４問はそこまで外してないだろう。ぎりぎり60点取れてるとよいな。

~私の周りのツワモノぶりエピソード~ ─────────────────
誰も視野に入らなかった。

合格者再現答案＊（こやちん 編）━━━━━━━━ 事例Ⅱ

第1問（配点30点）　150字

顧	客	は	、	従	来	の	百	貨	店	や	ス	ー	パ	ー	に	加	え	、	県
内	や	隣	接	県	の	ホ	テ	ル	・	旅	館	、	飲	食	店	、	高	速	道
路	の	土	産	物	店³	、	道	の	駅	及	び	直	営	店	の	最	終	消	費
者³	で	あ	る	。	競	合	は	、	大	手	食	肉	卸	売	業	者⁴	、	他	の
食	肉	販	売	業	者⁴	で	あ	る	。	自	社	は	、	商	品	品	質	が	高
く	、	仕	入	れ	先	と	の	関	係	も	良	好¹	、	食	肉	加	工	製	造
の	高	い	技	術	力²	を	持	ち	、	自	社	ブ	ラ	ン	ド²	開	発	力	、
コ	ン	サ	ル	提	案	力¹	が	あ	る	。									

【メモ・浮かんだキーワード】　顧客、競合、自社の強み、弱み

【当日の感触等】　単なるキーワードの羅列で、分析になってないし弱みも書けてない。最初から書き直したいが、時間が足りない……。

【ふぞろい流採点結果】　19/30点

第2問（配点20点）　99字

商	品	コ	ン	セ	プ	ト¹	は	、	地	元	食	材	を	使	っ	た	山	の	幸²
の	総	菜	と	し	、	観	光	客	を	主	に	販	売	す	る	。	販	路	は、
高	速	道	路¹	の	土	産	物	店²	、	道	の	駅²	と	し	、	地	域	限	定
商	品	と	し	て	差	別	化	し	、	顧	客	が	リ	ピ	ー	ト	購	買	し
に	来	る	商	品	力	で	、	地	域	活	性	化¹	に	貢	献	す	る	。	

【メモ・浮かんだキーワード】　ダナドコ、地産地消、地域活性化、リピート購買

【当日の感触等】　B社が商品開発を頑張ることが、地域活性化につながることを言いたかったのだけど伝わるだろうか？　何かごまかしているように捉えられて減点されたら嫌だな……。

【ふぞろい流採点結果】　9/20点

第3問（配点20点）　97字

料	理	の	楽	し	さ	に	目	覚	め	た	客³	に	、	メ	ニ	ュ	ー	や	レ
シ	ピ	を	P	O	P	や	チ	ラ	シ	で	提	供¹	し	、	食	材	と	な	る
地	元	野	菜	や	調	味	料	を	一	緒	に	販	売	す	る	。	作	り	た
て	の	揚	げ	物	を	買	い	求	め	る	客³	に	、	サ	ラ	ダ	や	飲	料
を	提	供	し	そ	の	場	で	食	を	楽	し	ん	で	貰	う	。			

【メモ・浮かんだキーワード】　ISM、品揃え、地元食材、メニュー・レシピの提案

【当日の感触等】　これはこれでありだと思うけど、どうだろう。ポエムと思われないことを祈ろう。

【ふぞろい流採点結果】　7/20点

~試験当日のアクシデント~ ━━━━━
缶だと蓋付きでもコーヒー飲めない……。

第4問（配点30点）　148字

食	材	配	送³⁺²	に	特	化	し	た	オ	ン	ラ	イ	ン	販	売	業	者	と	協
業	す	る	。	提	案	は	、	①	食	材	を	使	っ	た	メ	ニ	ュ	ー	、
レ	シ	ピ	の	提	供³	②	食	材	の	相	互	リ	ン	ク	の	貼	り	つ	け
に	よ	る	関	連	購	買	の	促	進	③	顧	客	へ	の	ア	ン	ケ	ー	ト²
や	要	望	受	付	に	よ	る	顧	客	ニ	ー	ズ	の	把	握²	④	顧	客	か
ら	の	メ	ニ	ュ	ー	提	案	の	受	付²	と	紹	介	。	以	上	に	よ	り	、
顧	客	と	の	関	係	性	を	強	め	る¹	こ	と	で	、	顧	客	生	涯	価
値	の	向	上	を	図	る	。												

【メモ・浮かんだキーワード】　メニュー・レシピ提供、ニーズの把握、LTV最大化、ミールキット

【当日の感触等】　B社が協業先に提案する内容を書くところなのに、B社への提案になってしまったな。まあ、ある程度の点数はつくだろう。

【ふぞろい流採点結果】　15/30点

【ふぞろい評価】　50/100点　　【実際の得点】　54/100点

　第1問は自社の弱みが抜けていたものの、顧客、競合、自社バランスよく記載されており高得点でした。第2問以降は、B社の強みを生かした商品を具体的に記載できれば、より高得点になったものと思われます。

Column

目の前の経営者の役に立ちたい……。
目標をしっかり持って挑んだ診断士試験

　私は、父が資格取得が好きな人だった影響もあり、大学時代からTOEIC、簿記2級、宅建……となんとなく取ってれば便利かな？　役に立つかな？　くらいの感覚で細々と資格を取得してきました。そのようななか、社会人になり、金融機関で働くようになり……。エリアの担当を任され、経営者の方と直接話をするようになるなかで、「一担当者として、若いから頼りないは通用しない」と気づかされる場面も多く、会社で取得を推奨されている、中小企業診断士取得に挑戦しようと心に決めました。

　正直、取得までに800～1,000時間が必要と言われている診断士試験に挑戦することに、躊躇することもたくさんありましたし、怖くなることもありましたが、思い切って勉強を始めてみると、経営者の方との会話に役立つ内容が多く、実際に知識を生かした瞬間はとても忘れられないものになりました。目の前の経営者の方の役に立ちたいという思いが自分を突き動かしていたと思います。

　約2年間の勉強を経て、合格が叶った今思うこととしては、自分のためだったらここまで真剣に勉強できなかった……ということです。初めて資格取得に挑戦した宅建は、大学生の私には、あまり内容に関心が持てず、ほとんど勉強しないまま、あっけなく不合格になった経験もあります（笑）。中小企業診断士においては、「絶対に受かりたい！！」という気持ちが強かったからこそ、辛くても頑張り切れたのではないかと思います。　（ほの）

〜試験当日のアクシデント〜

　試験開始前、ハチが侵入。関係者が虫取り網などもって撃退。

おみそ 編 （勉強方法と解答プロセス：p.14）

1．休み時間の行動と取り組み方針

　休み時間はトイレが激混みとの話なので、まずはお手洗いに一直線。席に戻ったら、糖分補給のラムネを1粒2粒ぽりぽり。事例Ⅰの結果が気になるけど、切り替えが大事。Apple Watch の呼吸セッションで目を閉じて5分間の深呼吸実施。気分爽快！

　また『ふぞろい15』を開いて事例Ⅱの模範解答の書き写しを実施。事例Ⅱは苦手意識が強いので、しっかり取り組めるよう、脳みそをチューニング。

2．80分間のドキュメント

【手順0】開始前（〜0分）

　3C、4P、ダナドコ、事例Ⅱでよく使うフレームワークの最終確認。PEST 分析はこれまで問われたことがないけど、突然問われたら困るので思い出しておく。

【手順1】準備（〜1分）

　解答用紙に受験番号を書いて、定規で設問とメモ用紙を準備。与件文に段落番号を振る。第1段落を読んで食品関係の会社であることを確認。

【手順2】設問解釈（〜7分）

第1問　時制は現在。3C分析出てきた。過去問と同じだからこれは大丈夫そう。

第2問　ダナドコ。地域活性化は書く必要があるだろう。商品コンセプトと販路は問われたことないけど、ダナドコに沿ったら書けそう。

第3問　これもダナドコ。直営店だから要望収集と要望に合わせた品揃えがキーワードだろう。顧客ターゲットはジオ・デモ・サイコ。効果は設問に書いてある販売力強化。

第4問　設問文が長い！　オンライン販売業者は与件文を要チェック。設問文中で数値が出るとは……。事例Ⅱもかなり問題傾向が変わっている気がする。ただ、問われていること自体は理解できるし、落ち着いて取り組めば大丈夫だろう。

【手順3】与件文読解（〜20分）

1段落目　本社、工場、直営小売店は物的な強みとしてチェック。

2段落目　機会の記載だな。現役世代が家族で居住というのは第3問のジオの有力候補。

3〜4段落目　開業時の記載か。商品のクオリティやよい肉を仕入れられる体制は第1問の自社の強み候補。かなり手広く食肉業をやっている模様。

5段落目　大手食肉卸売業者は第1問の競合だな。食肉を扱っている3店舗の全国チェーンのスーパーは取引がないから第2問の販路の候補。

6段落目　ここでB社にとって大きな転換期が来た。3点の見直しとあるので、丁寧に拾っていこう。

7段落目　1点目は新規取引先の開拓。畜産業は第2問の協業先として使えるな。

〜試験当日のアクシデント〜

　事例Ⅱの時間中、気分が悪くなって途中退出した。

8段落目　２点目は製造体制の整備。高い技術力は例年強みとして使えるから第１問で使おう。道の駅は第２問の販路候補。全国チェーンスーパーと販路はどちらにするか。

9段落目　３点目はコンサルテーション。顧客の要望に応じた半加工品の納品が可能というのは、大きい強みだな。どこかで使いたいけどどこだろう……。

10段落目　やっと現在に来たか。卸売９割、小売１割と書かれているときは小売を伸ばせという裏メッセージ。何度過去問で出てきただろう。要チェック。

11段落目　案の定というか、卸売に依存した結果、コロナ禍で大打撃を受けている。ネットショップの記載が出たからこの辺りが第４問だな。というか、ここまでオンライン販売事業者の候補出てきてない？　料理の楽しさに目覚めた客と作りたての揚げ物を買い求める客はサイコだけど、２つ出てきたってことは第２問と第３問で分けるのだろうか。

12段落目　ホテルや旅館、飲食店は今後の伸ばすべき標的顧客ではないってことかな。

13段落目　また事業承継だ。だけど、この問題では関係なさそう。最終消費者と直接結びつく事業領域を強化すべきというのは社長の想いだから、直営店強化はマスト。結局オンライン販売事業者は出てこなかった。見落としたのだろうか……。

【手順４】解答作成（～78分）

第１問　顧客も競合はあまり出てこなかったからあっさりめに書いて、自社を多めに書こう。もともとは多くの強みがある会社だが、コロナ禍で弱みが出ているイメージか。

第２問　協業先は畜産業者。コンセプトは、料理の楽しさか、作りたての揚げ物か、どちらだろう。販路は絞り切れないから、大手スーパーと道の駅どっちも書いてしまえ。

第３問　第２問で作りたての揚げ物を使ったから、料理が楽しくなるというのを標的顧客の要望事項に使おう。品揃え？　結局よくわからないから定番の要望収集と要望に合わせるというのを書くか。しかし、第２問との切り分けが難しい……。

第４問　第２、３問に時間を使いすぎてあと10分くらいしかない！　オンライン販売事業者については与件文に見つからないから想像で書けということよね？　顧客のニーズの簡便化したいニーズの調理って、第３問の料理が楽しくなるっていうのと矛盾してるんじゃ……。とにかく、ここは急いで書くしかない。

【手順５】見直し（～80分）

　各設問見直す時間がない。全部埋まったし良しとするか。ってあれ？　第４問はよく読むと提案するのは自分じゃなくてB社って書いてある。読み違えた！　とりあえずはB社が提案するように最後だけ変えるけど、前半部分の整合性は確認できない……。

３．終了時の手ごたえ・感想

　第１問こそスムーズに書けたけど、第２～４問はどれも確証が持てないなかで書いた。また、見直しの時間がほとんどなかったので、文章の整合性や誤字脱字チェックは最小限しかできていない。結構まずそう。残りは得意の２科目だからこっちで挽回するしかないか……。

~試験当日のアクシデント~
　証明写真を貼り忘れて写真撮影し、のり、ハサミを買ったこと。

合格者再現答案＊（おみそ　編）　事例Ⅱ

第1問（配点30点）　146字

顧客は旅館等飲食店、百貨店、全国チェーンスーパー[3]。競合は大手食肉卸業者[4]。自社は、強みは①高い技術力[2]の職人[1]を有し良質な食肉加工品を製造できる体制②自社ブランド[2]の保有③顧客ニーズへの高い対応力[3]で、弱みは①コロナ禍で取引先との取引激減し売上減少[3]②ECサイトで差別化できず[2]過大な商品在庫を抱えている事。

【メモ・浮かんだキーワード】　３Ｃ、自社の強みと弱み

【当日の感触等】　顧客と競合があっさりすぎる気もするけど、与件文では強みと弱みがかなり多かったから字数の配分はこうせざるを得なかった。大外しはしていないだろう。

【ふぞろい流採点結果】　17/30点

第2問（配点20点）　100字

地元畜産農家と協業[5]し、作りたての揚げ物を家庭で、をコンセプト[1]に、全国チェーンスーパーや道の駅[2]を販路とし、高品質な肉を、調理の都合に合わせ途中工程まで調理済みの半加工品にして販売[5]し、売上向上・地域活性化[1]。

【メモ・浮かんだキーワード】　ダナドコ、商品開発、地域活性化

【当日の感触等】　商品コンセプトがよくわからず、販路も絞れずで、難しかった。使うべきB社の強みは合っていると思うけど、自信は全然ない。

【ふぞろい流採点結果】　15/20点

第3問（配点20点）　100字

施策は、料理の楽しさ[3]に目覚めた現役世代を対象に、直営店で顧客要望を収集し、要望に合わせた[2]特産品の山の幸を品揃え、料理が楽しくなるようにして双方向の関係性を強化。以上で顧客愛顧を高め[2]、販売力や売上向上[3]。

【メモ・浮かんだキーワード】　ダナドコ、ジオ・デモ・サイコ、顧客要望収集、関係強化、直営店

【当日の感触等】　第2問の商品コンセプトとの切り分けが難しかった。また、特に品揃えについてはほとんど踏み込めず当たり障りのない解答になってしまった。時間もかなり使い、苦戦。

【ふぞろい流採点結果】　8/20点

～試験当日のアクシデント～

電卓を2個、机上に出していたら、試験開始後に1個をしまうように試験官に注意されビビった。

第4問（配点30点）　147字

高	級	・	高	品	質	な	独	自	商	品	を	専	門	に	扱	う	オ	ン	ラ
イ	ン	販	売	事	業	者	と	協	業	す	る	。	①	高	品	質	な	自	社
ブ	ラ	ン	ド	の	販	売	②	顧	客	と	双	方	向	交	流	実	施²	③	約
50	％	の	簡	便	化	要	望²	が	あ	る	献	立	や	調	理³	に	つ	き	、
週	次	で	商	品	ペ	ー	ジ	上	に	献	立	や	レ	シ	ピ	を	考	案	・
掲	載³	す	る	事	を	提	案	す	る	。	以	上	で	、	差	別	化	・	顧
客	と	の	関	係	性	を	強	化¹	し	て	、	高	付	加	価	値	化	・	売
上	向	上²	を	図	る	。													

【メモ・浮かんだキーワード】　ダナドコ、関係強化、差別化、高付加価値

【当日の感触等】　第3問の料理の楽しみに目覚めた顧客と設問文にある調理を簡便化したい顧客とで矛盾している印象を出さないようにすることに苦労した。オンライン販売事業者も与件文から最後まで見つけられなかったので想像で書くしかなかった。かなりの難問に感じた。

【ふぞろい流採点結果】　12/30点

【ふぞろい評価】　52/100点　　　【実際の得点】　62/100点

　第2問は商品・コンセプトの記載が充実しており高得点でした。そのほか、第4問についてはオンライン販売事業者、商品・コミュニケーション戦略に関する記載の点数が伸びればより高得点になったものと思われます。

（事例Ⅱ）

Column

励まし合える勉強仲間をつくろう！

　私は通信講座を使って受験勉強をしていたのですが、周りに中小企業診断士を目指して勉強している友人もなく、自分一人の世界で頑張っているという感じでした。なので、初年度に2次試験で不合格となったとき、次の試験に向けて頑張り続けられるだろうかという不安が大きかったです。そのようなときに、同じ通信講座を使って勉強している人たちのコミュニティと出会い、合格した人も不合格だった人も、さらにはこれから受験をしようとする人たちともつながることができ、精神的にとても支えられたと思っています。合格への自信が持てなかったり、諦めたい気持ちになったときも、いろいろな情報交換や励ましのメッセージを見て改めて頑張ろうという気持ちを持つことができました。

　独学だとなかなかほかの受験生との交流が難しいですが、同じ目標に向かって頑張っている、診断士試験の苦労を分かち合える仲間がいると、より一層試験勉強にも熱が入るのではと思います。そのメンバーとは合格後も交流が続いていて、これからいろいろな道に飛び出していくと思うのですが、お互いよい影響を与え合いながら切磋琢磨していけたらと思っています！

（ちさと）

～試験当日のアクシデント～
　試験会場の机が狭すぎて驚きました。

まっち 編（勉強方法と解答プロセス：p.16）

1．休み時間の行動と取り組み方針

　事例Ⅰの手ごたえが微妙で早速不安になってきた。とりあえず、気持ちを切り替えるために、まずは試験と全然関係のないオールナイトニッポンの聞き逃し配信を聴きながらゆっくりお手洗いに行く。女性用お手洗い、空いていて最高。誰とも出会わない。ラジオの下らない話で、1人でちょっと笑ってしまった。個人的にはこの時間はお腹がすく時間帯なので、自席に戻り持ってきたお菓子でエネルギーを補給する。

2．80分間のドキュメント

【手順0】開始前（〜0分）

　事例Ⅱは好きだし、6割くらいは取っておきたいな。今回は何系の企業だろう。

【手順1】準備（〜1分）

　受験番号を記入し、問題用紙を解体していく。ルーティーンで段落番号を振っていく。

【手順2】与件文冒頭確認＆最終段落確認＆設問解釈（〜15分）

1段落目　食肉加工の会社！　事例Ⅰに続きおいしそう。想像しやすくて助かる。

最終段落　事例Ⅱも事業承継関連。前年初めて新型コロナウイルスが2次試験に登場したのに、今回はもうアフターコロナを見据えているのか。時の流れを感じる。

第1問　3Cで150字。何年か前に3Cは出たから、もう出ないかと思っていた。過去問をやっておいて本当に良かった。でも字数が多いからしんどいな。

第2問　第一次産業って農業とか漁業とか？　商品と販路だからダナドコの問題かな。

第3問　顧客ターゲットと品揃えってことは、これもダナドコ？

第4問　わ、第4問は設問文自体の情報量が多い。「協業が長期的に成功するために」って何書けばいいんだろう。

【手順3】与件文読解・設問と紐づけ（〜25分）

　3色ボールペンを使い、強みと機会は赤で下線を引き、弱みと脅威は青で下線を引く。気になるキーワードは黒を使い丸く囲む。

2段落目　X県を群馬県と勝手に想定。東京から車で行ったりするよね。

4段落目　「クオリティの高さに定評」「仕入れ元からのB社に対する信頼」「良い食肉を仕入れられる体制」を強みとして赤で下線。「直営の食肉小売店」も活用できそう。

5段落目　大手の業者や全国チェーンのスーパーが周辺に進出してきて、競争になっている感じかな。百貨店やスーパーとも取引があるし、直営店で最終消費者にも直接売っているし、どこを競合と捉えるかはよく考えたほうがよさそう。

7段落目　あっ、第2問で聞かれている第一次産業ってここじゃない？　「野菜・果物・畜産などの農業、漁業」をマーク。良かった、しっかり書いてくれてありがたい。「自然豊かな場所」とか、「大規模な集客施設」「観光エリア」とX県の良いところが与件文に散

　時計を2個机に置いてあることを試験官に注意されている人がいた（ダメなの？）。何があっても平常心を保とう。

りばめられているのが気になる。観光客もターゲットで出てくるのかな？

8、9段落目　職人の存在や製造体制、自社ブランドがあるのも強み。相手先ブランドでの加工品製造の請負ってOEMみたいなこと？　メニュー提案もやっていて幅広い。

10、11段落目　オリンピックが出てきた。なんだかとても昔のことのように思える。試験問題って少しタイムラグがあるから、１年前くらいの話かな。なるべく具体的なイメージを持つため、１年前に遡った気持ちになろう。直営店は「料理の楽しさに目覚めた客」で好調。かくいう私自身も、大きなエコバッグを持って業務スーパーに通っていた、明らかにコロナ禍で料理の楽しさに目覚めた客だったことを思い出す。

12、13段落目　最終消費者向け事業領域を強化ってことは、直営店事業を強化っていうことかな。なんとなくイメージしやすく、事例企業にとても親近感が湧いた。

全体　設問ごとにマーカーで色分けしていく。各設問に対応する色マーカーで、再度与件文をマークし、設問との紐づけをしていく。

【手順４】解答骨子作成（～35分）

全体　全体としては、第１問で現状分析（SWOT）、第２問で強み（S）を生かして他社と連携する施策、第３問で強み（S）を生かした最終消費者向けの施策、第４問では過去の失敗談から他社と連携して弱み（W）を補完する戦略を答える流れかな。

第１問　第１問の横に「SWOT」とメモ。卸と直販もやっているから、顧客と競合も２軸。150字は多いと思ったけど、書ける情報が多くて意外と足りないかも。

第２問　連携先はどこが現実的だろう。農家とコラボして野菜と肉のセットもありだな。海の幸や漁業についての記載もあったけど、海産物はちょっと違うかな。これまでのノウハウを生かせるほうがよさそう。畜産業で地域ブランド作るやつじゃない？　ブランドを作るのが得意だったはず！

第３問　直営店で最終消費者のニーズに合わせたものを売るのが定石。与件文にしっかり巣ごもり需要拡大って書かれているし、家庭で料理する人向けの商品を書けばよさそう。でも「顧客ターゲットと品揃えの観点から」という書き方が気になる。品揃えと言えば、複数種類の商品を揃えることだろうけど、そんなに何個も書けないよね？

第４問　メニュー提案が得意だから、調理キットを販売する方向だと思うけど、協業先は何？　オンライン販売業者の具体例が思いつかない。解答根拠にこの調査結果を使えばよいのかな。とりあえず上から「献立の考案」「調理」に触れればよいだろう。

【手順５】解答作成・見直し（～80分）

メモをもとに一気に書き上げる。最後に余った数分で読み返し、誤字脱字を確認して終了を待つ。

３．終了時の手ごたえ・感想

安心できるほど点を上乗せできた感触はないが、少なくとも前年よりはできているはず。どの解答も字数制限ピッタリかギリギリまで詰め込んだので、妙な達成感があった。熱意は100点。合格したいという執念めいたものは伝わる答案になったと思う。

～試験当日のアクシデント～

同級生と遭遇した。

合格者再現答案＊（まっち 編）　　　　事例Ⅱ

第1問（配点30点）　　150字

顧客は、①百貨店・スーパー、コロナ禍で打撃を受けている[2]ホテルや旅館[3] ②X県大都市近郊の家族[3]。競合は大手食肉卸業[4]、B社近くの全国チェーンスーパー[2]、大手ネットショッピングモール上の食肉販売業者[4]。自社は①高い職人[1]の加工技術[2] ②仕入れ元からの信頼が厚く良い食肉を仕入れられる体制[1] ③自社ブランド[2] ④商品開発力が強み。

【メモ・浮かんだキーワード】　顧客：卸売→新型コロナウイルスで打撃、デモ・ジオ・サイコ、4P、SWOT

【当日の感触等】　自社について強みは書けたけど弱みまでは書けなかった。スーパーは顧客でもあるし、直営店事業においては競合にもなるし、捉え方が難しい。150字は多いようで意外と足りない。

【ふぞろい流採点結果】　23/30点

第2問（配点20点）　　97字

X県の畜産業者と連携[5]し、地元生まれ地元加工をコンセプト[1]に地域ブランド[2]商品を開発[2]して観光客向けに販売する。観光エリア[1]や旅館[1]の土産物店[2]で販売し、売り上げ拡大[1]、X県の認知度向上、畜産業の活性化[1]を図る。

【メモ・浮かんだキーワード】　ニーズ→商品開発、売上拡大、地域活性化

【当日の感触等】　この問題は自信あり！　ダナドコの要素は全部盛り込めた。ただ、ターゲットの観光客の情報をもう少し盛れればよかった。X県の商品コンセプトはどう答えてよいかわからなかったけど、いい線いっているのでは？　「地域ブランド」という単語を思い出した自分に拍手。

【ふぞろい流採点結果】　16/20点

~試験当日のアクシデント~
スマホが壊れ電源が切れない。試験官に預かってもらいました。試験完了後には正常に起動。何だったんだ……。

第3問（配点20点）　99字

コ	ロ	ナ	禍¹	で	料	理	を	楽	し	む³	Ｘ	県	の	フ	ァ	ミ	リ	ー	層
を	対	象	に	、	家	庭	向	け	の	調	理	キ	ッ	ト¹	を	販	売	す	る。
試	食	提	供¹	し	、	商	品	提	案	、	品	質	の	高	さ²	を	訴	求	、
感	想	を	聞	き	ニ	ー	ズ	収	集	を	す	る。	ニ	ー	ズ	に	合	っ	
た	商	品	開	発²	し	愛	顧	向	上²	・	売	上	拡	大³	を	図	る。		

【メモ・浮かんだキーワード】　デモ・ジオ・サイコ。強みを訴求、ニーズ収集

【当日の感触等】　持てる知識とフレームワークを総動員。デモ（ファミリー層）ジオ（Ｘ県）サイコ（料理を楽しむ）の要素をすべて盛り込んでターゲット設定。ターゲットと施策に統一感がないかもしれないが、大外しでなければOK。

【ふぞろい流採点結果】　13/20点

第4問（配点30点）　146字

Ｂ	社	は	、	レ	シ	ピ	サ	イ	ト³	と	協	業	し	、	家	庭	の	調	理
を	簡	便	化²	す	る	調	理	セ	ッ	ト⁴	や	献	立	に	合	わ	せ	た	調
味	料	や	食	材	の	組	み	合	わ	せ	で	販	売	す	る。	サ	イ	ト	
上	で	生	産	者	の	情	報	や	、	調	理	方	法	や	日	々	の	献	立
を	提	案³	し	好	意	的	な	口	コ	ミ²	を	誘	発	す	る。	季	節	や	
ニ	ー	ズ	に	合	わ	せ	て	定	期	的	に	品	揃	え	を	見	直	す	こ
と	で	、	固	定	客	化¹	を	促	進	・	長	期	的	な	視	野	で	売	上
拡	大²	を	図	る。															

【メモ・浮かんだキーワード】　口コミ促進、固定客化、季節やニーズに合わせて品揃えを見直し

【当日の感触等】　第3問で売っている商品と同じすぎる気もしてきた。オンライン販売業者が具体的にイメージできず、苦肉の策でレシピサイトと記入。調査結果も引用できたし、部分点はきっともらえると信じる。

【ふぞろい流採点結果】　16/30点

【ふぞろい評価】　68/100点　　【実際の得点】　63/100点

　第4問のターゲット、商品・コミュニケーション戦略の要素を入れることでさらに加点される可能性はありましたが、全体的にバランスよくキーワードが盛り込まれており、合格点以上の点数でした。

～試験当日のアクシデント～
最寄駅から会場まで逆方向に歩いてることに5分くらい気づかなかった。

みみ 編（勉強方法と解答プロセス：p.18）

1．休み時間の行動と取り組み方針

　事例Ⅰのことはさっぱり忘れて、お手洗いへ直行。行きたくなくてもルーティーン化していた。頭の回転の助けになるよう、藁にもすがる思いでラムネを何個か口にして栄養補給。次は、個人的難関の事例Ⅱ。過去2回はC判定、B判定と60点以下だった。

2．80分間のドキュメント

【手順0】開始前（～0分）

　ファイナルペーパーとにらめっこ。ダナドコ、デモ、ジオ、サイコ、アンゾフ、コトラーと呪文のようにキーワードを脳内で繰り返していた。

【手順1】準備（～2分）

　受験番号は丁寧に記入し、事例Ⅰと同様に段落ごとに番号を振り、問題用紙を定規で破る。さて、どのような企業かな。

【手順2】設問確認（～8分）

第1問　3C分析か。時制を間違えることが一番怖いな。「現状について」を十分に意識しよう。

第2問　「第一次産業」の「地元事業者」と協業するのか。県の社会経済活動促進に寄与するための商品コンセプトは地域ブランドとするのが無難かな。販路は与件文から抜き出そう。

第3問　ダナドコのフレームワークで考えよう。顧客ターゲットは「誰に」、品揃えは「何を」、与件文から「どのように」を抽出して加えよう。効果は「販売力強化」で決まりかな。決めつけはよくないけれど。

第4問　ネット販売が過去に失敗している。おそらく、差別化できなかったのだろう。差別化を助けてもらえる協業先を考えよう。そして、調査結果に基づく提案をする必要があるな。上位2つのニーズに対応することで約5割をカバーできるから「献立の考案」「調理」の簡便化につながる解答を考えよう。そして、長期的な成功に導く提案か……。

【手順3】与件文読解（～35分）

1段落目　パート従業員が半数近いけれど、事例Ⅰじゃないし、無視でよいのかな。いや、留意はしておこう。

2段落目　「車の利便性は良い」は過去問でも登場しているキーワードだな。同じく過去問を振り返ると、ターゲット候補に「家族層」は入れておくべきだろう。

3～4段落目　B社の歴史が語られている。時制を意識しながら読んでいこう。「クオリティの高さ」「さまざまな食肉の消費機会に対応できる」などの強みも続々と出てきたからうまく解答に使用できるかな。

5段落目　価格競争に巻き込まれる恐れが高いし、大手と取引のあるチェーンのスーパーに営業をかけるのは得策じゃないよな。

6〜7段落目　B社のターニングポイントかな。３Ｃ分析の解答に使えそうだ。２段落目に続いて「高速道路で行き来できる」というアクセスの良さアピール！　これは解答に使おう。農業、漁業は第一次産業だから第２問と関連づけできるな。そして、「特産品に恵まれ」を生かして、第２問における解答の方向性は地域ブランドで決まり。

8段落目　自社工場、自社ブランドを持っている。贈答品用の加工やOEMも可能なのか。

9段落目　コンサル業を営んでいるということは提案力があると解釈してもよいよね。ニーズへの対応力と半加工ができる点はすごい強みだ。強みを生かさない手はないな。

10〜11段落目　2019、2020年度時点での情報だから、第１問には関係なし。設問文を読んだときの予想どおり、ネット販売は差別化に失敗したようだ。

12〜13段落目　専務への事業承継も課題かな。社長の意向は最終消費者と直接結びつく事業領域への強化か。解答の指針としよう。

【手順４】解答作成（〜75分）

第１問　「現状」という時制を再意識して解答しよう。後の設問につなげやすいように、自社の情報を厚めに入れておこう。顧客と競合の情報は卸売業者としての視点と小売店の視点の両方を盛り込むべきか。

第２問　「製造加工技術力を生かして」だから加工品の土産物を開発することを助言しよう。第一次産業と連携し、地域ブランドを立ち上げ、アクセスの良さを生かし、車で往来しやすい場所を販路としよう。

第３問　「誰に」はほかに候補が思いつかなかったので、家族層とするか。ジオグラフィックで修飾して家族層に具体性を持たせよう。「何を」は競合と被らないことしか思いつかないな。「どのように」は強みを生かした提案をして、「効果」は売上向上とするか。

第４問　「献立の考案」と「調理」の２つに焦点を絞って解答を行おう。B社の弱みを補ってくれる販売業者が理想的だったけれど、思いつかない。差別化を図ることを意識した解答としよう。

【手順５】見直し（〜80分）

解答を一度読み直し、誤字脱字の修正を行う。大幅な修正は行わない。

３．終了時の手ごたえ・感想

第１問から第４問を通して、一貫性のある解答になっているか全然自信がなく、手ごたえもないが、解答欄はすべて埋めたのでB判定は欲しい。

〜試験当日の失敗・反省〜
　助言問題がたくさんあったのに、効果をまったく意識できなかった。

合格者再現答案＊（みみ 編）　　　　　　　　　　　事例Ⅱ

第1問（配点30点）　147字

顧	客	は	ホ	テ	ル	、	旅	館	、	飲	食	店³	と	直	営	小	売	店	等
で	の	最	終	消	費	者³	。	競	合	は	大	手	食	肉	卸	売	業	者⁴	、
ネ	ッ	ト	上	の	食	肉	販	売	業	者⁴	。	自	社	は	仕	入¹	元	か	ら
の	信	頼	厚	く	、	高	い	技	術	力	を	有	す	る	職	人¹	を	持	ち、
顧	客	ニ	ー	ズ	へ	の	対	応	力³	が	高	く	、	自	社	ブ	ラ	ン	ド²
と	自	社	工	場²	を	有	し	、	提	案	力¹	が	あ	り	、	車	の	利	便
性	の	良	い	立	地	で	あ	る	が	、	感	染	症	に	よ	り	売	上	の
低	下	が	著	し	い³	。													

【メモ・浮かんだキーワード】　SWOT分析、3C分析
【当日の感触等】　的外れな解答にはなっていないと思うが、自信はなかった。
【ふぞろい流採点結果】　22/30点

第2問（配点20点）　99字

地	元	の	農	業	、	漁	業	者	等	と	連	携⁵	し	、	新	商	品	の	開
発²	に	取	り	組	む	。	商	品	コ	ン	セ	プ	ト	は	X	県	の	特	産
土	産	物¹	と	し	、	地	域	ブ	ラ	ン	ド²	を	開	発	、	集	客	施	設¹
や	高	速	道	路¹	の	土	産	物	店²	で	販	売	す	る	こ	と	で	ブ	ラ
ン	ド	知	名	度	を	高	め	、	X	県	活	性	化¹	へ	繋	げ	る	。	

【メモ・浮かんだキーワード】　地域ブランド、地域活性化
【当日の感触等】　アクセス良好という強みを表現したほうがよいのか判断に迷った。
【ふぞろい流採点結果】　15/20点

第3問（配点20点）　98字

顧	客	タ	ー	ゲ	ッ	ト	を	大	都	市	圏	や	集	合	住	宅	に	住	む
家	族	層	と	し	、	作	り	た	て	の	揚	げ	物³	の	訴	求	や	ニ	ー
ズ	へ	の	対	応	力	を	活	か	し	た	顧	客	へ	の	調	理	方	法	の
提	案¹	で	、	料	理	の	楽	し	さ	を	訴	求	し	、	ス	ー	パ	ー	と
差	別	化¹	し	た	品	揃	え	で	、	売	上	向	上³	を	図	る	。		

【メモ・浮かんだキーワード】　ダナドコ
【当日の感触等】　与件文からは家族層以外のターゲットを発見することができなかった。このターゲットが的外れならば、たぶん60点以上は獲得できないと感じた。
【ふぞろい流採点結果】　7/20点

～試験当日の失敗・反省～
時計を忘れた。

第4問（配点30点）　150字

動画での訴求力が高い販売事業者と協業すべき。具体的には提案力²を活かした献立の立案³や自社工場²で半製品⁴を製造することで家事の簡便化²を提供、それらを動画で訴求し、他社との差別化を図る。直営店等を通じた最終消費者のニーズを商品へ反映²することを継続し、ポイント制や会員制度導入で長期的な愛顧向上¹で売上高を高める²。

【メモ・浮かんだキーワード】　強みを生かす、差別化、FSP

【当日の感触等】　強みを生かして差別化を図る方向性で解答することを意識した。動画で訴求することで差別化を図るというのは、こじつけ感が否めないが、この解答以外は思いつかなかった。

【ふぞろい流採点結果】　17/30点

【ふぞろい評価】　61/100点　　　【実際の得点】　61/100点

　第3問でターゲット、品揃えの要素を入れることでさらに加点される可能性はありましたが、そのほかの設問ではバランスよくキーワードが盛り込まれており、全体としては合格点以上の点数でした。

Column

高得点目標＆コンティンジェンシー設定のススメ

　私、実は1次試験で560点超（全科目80点超）、2次試験は300点超（事例Ⅰ70点、事例Ⅱ60点、事例Ⅲ80点、事例Ⅳ90点）の高得点を目指してました。それだけ高得点を取れば、何かと自慢できるし箔がつく……、というのもありますが、実はもっと現実的な狙いで、自分に致命的な弱みがあるなかで確実にストレート合格を果たすためでした。

　私は、昔からうっかりミス／計算ミスが多く、時間に追われるとそれが顕著になる傾向にありました。診断士試験はまさに時間との戦いであり、当日の試験ではさまざまな失敗をすることが容易に想像できましたし、勉強範囲外の問題も出るだろうと踏んでました。そこで、自分がミスし得る点数を見積もり、それでも確実に合格できる得点を目標と設定、それが1次560点、2次300点というものでした。私の実際の得点は1次498点、2次264点でしたが、いずれも「ベストパフォーマンスを発揮できず悔いは残るが、想定の範囲内のミスで収まって良かった」という感覚です。

　もし、「420点超えればよい」、「240点超えればよい」という感覚で試験に臨むのならば、当日の問題との相性、体調、うっかりミスやラッキー正解など、運・不運の要素で合否が左右されるかもしれません。「一年で絶対に合格する！」との強い意志をお持ちならば、高得点＆コンティンジェンシーの発想で試験に挑んでみてはいかがでしょう？

（こやちん）

～試験当日の失敗・反省～
事例Ⅳが超難化し、5分くらい思考停止したこと。

▶事例Ⅲ（生産・技術）────────────────────◀

令和4年度　中小企業の診断及び助言に関する実務の事例Ⅲ
（生産・技術）

【企業概要】

C社は1964年創業、資本金2,500万円、従業員60名の金属製品製造業である。製品は、売上の7割を占めるアルミニウムおよびステンレス製プレス加工製品（以下「プレス加工製品」という）と、残り3割のステンレス製板金加工製品（以下「板金加工製品」という）である。プレス加工製品は金型を使用して成形する鍋、トレー、ポットなどの繰返受注製品で、板金加工製品は鋼材を切断や曲げ、溶接加工して製作する調理台、収納ラック、ワゴンなどの個別受注製品である。どちらもホテル、旅館、外食産業などの調理場で使用される製品で、業務用食器・什器の卸売企業2社を販売先としている。

C社は、卸売企業が企画する業務用什器の板金加工製品を受託生産する企業として創業した。その後金属プレスや金型製作設備を導入してプレス加工製品の生産を始めている。難易度の高い金型製作技術の向上に努めて、ノウハウを蓄積してきたため、コスト低減や生産性向上に結びつく提案などが可能である。

近年は観光需要で受注量は毎年増加していたが、2020年からの新型コロナウイルス感染拡大による外国人の新規入国規制や、外食産業の営業自粛による影響を受けて減少している。

【生産の現状】

生産部門は、生産管理課、資材課、設計課、金型製作課、プレス加工課、製品仕上課、板金加工課、品質管理課で構成されている。

プレス加工製品の生産プロセスには、金型を製作する金型製作工程と、その金型を利用して同じ製品の繰返受注生産を行う製品量産工程がある（次ページの図参照）。

C社の金型製作工程は、発注元から提示される形状やサイズの概要を表したデザイン図を基に仕様を確認した後に「金型設計」を行い、金型を構成する部品を製作する「金型部品加工」、加工した部品を組み立てる「金型組立」、その後の調整や研磨などを行う「金型仕上」を経て、「試作確認」を行い、さらに試作品の品質を発注元との間で確認して完成する。設計開始から完成までの金型製作期間は、難易度によって異なるが、短いもので約2週間、長いもので約1か月を要する。

「金型設計」は、設計課が2次元CADを活用し担当している。発注元との仕様確認が遅くなることや、発注元からの設計変更、仕様変更の要請があり、設計期間が長くなることもある。また設計課では、個別受注の板金加工製品の製品設計も担当するため、設計業務の混乱が生じ金型製作期間全体に影響することもしばしば生じている。

~診断士の勉強が仕事に活かせた瞬間~ ────────────
知識にもとづいた部門運営が行えるようになった。

　「金型組立」、「金型仕上」は、プレス加工技術にも習熟するベテラン技能者が担当しているが、高齢化している。担当者は、金型の修理や改善作業も兼務し、製品の品質や製造コストに影響を及ぼす重要なスキルが必要なことから、若手の養成を検討している。

図　C社のプレス加工製品の生産プロセス

　金型が完成した後の製品量産工程は、発注元から納品月の前月中旬に製品別の生産依頼数と納品指定日が通知され、それに基づいて前月月末までに「月度生産計画」を作成して「資材発注」する。プレス加工課では「プレス加工」を行い、製品仕上課で取っ手などの部品を組み付ける「製品部品組付」と製品の最終調整をする「製品仕上」を行い、通常月1回発注元へ納品する。

　C社の「プレス加工」は、生産能力に制約があり、C社全体の生産進捗に影響している。プレス加工機ごとに担当する作業員が材料の出し入れと設備操作を行い、加工製品を変えるときには、その作業員が金型交換作業と材料準備作業など長時間の段取作業を一人で行っている。

　プレス加工製品の生産計画は「プレス加工」の計画だけが立案され、「製品部品組付」、「製品仕上」はプレス加工終了順に作業する。生産計画は、各製品の1日間の加工数量でそれぞれの基準日程を決めて立案する。以前は発注元もこれを理解して、C社の加工ロットサイズを基本に発注し、C社で生産した全量を受領して、発注元で在庫対応していた。

しかし、最近は発注元の在庫量削減方針によって発注ロットサイズが減少している。ただC社では、基準日程によって設定しているロットサイズで加工を続け、確定受注量以外はC社内で在庫している。

　C社の受注から納品に至る社内業務では、各業務でパソコンを活用しているが、情報の交換と共有はいまだに紙ベースで行われている。

【新規製品事業】

　数年前C社では受注拡大を狙って、雑貨・日用品の商談会に出展したことがある。その際商談成立には至らなかったが、中堅ホームセンターX社から品質を高く評価された。今回そのX社から新規取引の商談が持ち込まれた。

　X社では、コロナ禍の2020年以降も売上が順調に推移しているが、その要因の一つとしてアウトドア商品売上の貢献がある。しかし新型コロナウイルスのパンデミックにより、中国や東南アジア諸国企業に生産委託しているPB商品の納品に支障が生じて、生産、物流など現在のサプライチェーンの維持が難しくなっている。また今後も海外生産委託商品の仕入れ価格の高騰が懸念されることから、生産委託先をC社へ変更することについてC社と相互に検討を行った。

　C社社長は、当該事業の市場成長性と自社の強みを考慮して戦略とビジネスプロセスを見直し、積極的にこの事業に取り組むこととした。

　X社の要請は、X社のアウトドア用PB商品のうち、中価格帯の食器セット、鍋、その他調理器具などアルミニウム製プレス加工製品の生産である。ただC社社長は、今後高価格な製品に拡大することも期待している。

　X社からの受注品は、商品在庫と店舗仕分けの機能を持つ在庫型物流センターへの納品となり、商品の発注・納品は、次のようになる。まず四半期ごとにX社が商品企画と月販売予測を立案し、C社に情報提供される。確定納品情報については、X社各店舗の発注データを毎週月曜日にX社本社で集計する。在庫量からその集計数を差し引いて発注点に達した製品についてX社の発注データがC社に送付される。納期は発注日から7日後の設定である。1回の発注ロットサイズは、現状のプレス加工製品と比べるとかなり小ロットになる。

第1問（配点20点）

　2020年以降今日までの外部経営環境の変化の中で、Ｃ社の販売面、生産面の課題を80字以内で述べよ。

第2問（配点20点）

　Ｃ社の主力製品であるプレス加工製品の新規受注では、新規引合いから量産製品初回納品まで長期化することがある。しかし、プレス加工製品では短納期生産が一般化している。Ｃ社が新規受注の短納期化を図るための課題とその対応策を120字以内で述べよ。

第3問（配点20点）

　Ｃ社の販売先である業務用食器・什器卸売企業からの発注ロットサイズが減少している。また、検討しているホームセンターＸ社の新規取引でも、１回の発注ロットサイズはさらに小ロットになる。このような顧客企業の発注方法の変化に対応すべきＣ社の生産面の対応策を120字以内で述べよ。

第4問（配点20点）

　Ｃ社社長は、ホームセンターＸ社との新規取引を契機として、生産業務の情報の交換と共有についてデジタル化を進め、生産業務のスピードアップを図りたいと考えている。Ｃ社で優先すべきデジタル化の内容と、そのための社内活動はどのように進めるべきか、120字以内で述べよ。

第5問（配点20点）

　Ｃ社社長が積極的に取り組みたいと考えているホームセンターＸ社との新規取引に応えることは、Ｃ社の今後の戦略にどのような可能性を持つのか、中小企業診断士として100字以内で助言せよ。

～診断士の勉強が仕事に活かせた瞬間～
　中小企業経営・政策の知識が使える場面が多かった。

80分間のドキュメント　事例Ⅲ

ぜあ 編（勉強方法と解答プロセス：p.8）

1．昼休みの行動と取り組み方針

　午前中の2科目は「大外しはしていない」と信じて、コンビニで買ってきたランチ（カロリーメイト）を屋外で食べる。試験会場が1階だったため、外に出やすかったのがよかった。それにしても、天気がよく過ごしやすい1日。こんな日にバーベキューでもできたら最高だ。外に出てサンドイッチやおにぎりを頬張る受験生も多い。彼らも一生懸命勉強してきたんだろうな。

2．80分間のドキュメント

【手順0】開始前（～0分）

　苦手な事例Ⅲだけど、「冷静に、焦らず」と自分に言い聞かせて気持ちを落ち着かせる。

【手順1】準備（～1分）

　受験番号を確認しながら書き写す。

【手順2】設問解釈（～8分）

第1問　例年の「強み、弱み」ではなく、「課題」を問う設問。やはり、例年のパターンからの脱却を試験委員は狙っているのか！？

第2問　短納期化の問題。与件文から、生産工程のどこに問題あるかしっかり探さねば。

第3問　小ロット化もよく見る問題。第2問との書き分けが少し不安。

第4問　生産情報の交換と共有、デジタル化も頻出。定番の問題が続いている印象。だけど、「社内活動はどのように進めるべきか」は変化球の設問だな。

第5問　C社の今後の取り組みということは、強みを探しに行くとともに、第1問との連携も考えよう。

【手順3】与件文読解（～40分）

1～3段落目　令和4年度の題材は金属製品製造業ということで、かつて訪れたことのある東大阪の町工場の光景をイメージ。技術が強みだけど、営業面での売上依存やコロナ禍での苦境など、結構情報量が多い。

4～6段落目　生産部門の「～課」が多すぎない？　どの課で何の問題が起きているか、しっかりと対応づけしないと、大やけどしそう。

7段落目　「2次元CAD」が出てきて、設計に時間かかるということは、「3次元CAD」の出番かな。担当者が、プレス加工製品と板金加工製品の双方の設計を行っていることで、設計課で混乱をもたらせていることも見過ごせない。

8段落目　ベテラン職人の技術伝承、若手養成も頻出テーマだ。生産プロセスの図表があるけど、テンパって読み解く余裕なし。

～試験当日の失敗・反省～

　電卓を机の上に2台置いて、注意されたこと。

|9段落目| 「月度生産計画」ということは、短納期化のために生産計画高頻度化か？ 「週次対応」ということも頭に入れておく。

|10段落目| これまでのなかで一番の問題ポイント。ここは絶対使いそう。プレス加工機ごとに担当作業員が割り付けられ、長時間の段取作業を一人で行っている、ということは、人員配置を見直せば問題解決につながるのかな。

|11段落目| ロットサイズの問題に対応しそうな段落。ここも要チェック。

|12段落目| デジタル化に対応しそうな段落。解答要素が詰まっている。でも、ここまでの書き方、わざとかどうかわからないけど、あえて混乱させるような書き方になってない？解答書くときはとにかく与件文に寄り添うことを自分に言い聞かせよう。

|13〜16段落目| 今後の取り組みにつながる部分。第1問と第5問に対応しそう。C社の新たな取引先と今後の方向性がこの辺りにぎっしり情報が詰まっている。

|17段落目| ここも小ロット化。与件文の中に解答要素が散らばっており、苦戦必至。

【手順4】解答作成（〜75分）

|第1問| ほかの設問を考えた後に第1問に戻ってこよう。

|第2問| 設計課での問題はここに紐づけられそう。「3次元CAD」も過去問で取引先との「イメージ共有」に役立つと学んだことだし、ここで使うことにしよう。第3問との書き分けに最後まで迷うけど、プレス加工課での段取作業の長さも、直接的に短納期化につながるし、この問題で書いてしまうことにしよう。

|第3問| 過去問では、小ロット化対応には生産計画の高頻度化が定石だったから、ここでも同じ対応を。受注予測の精度も小ロット化には必須だったから、盛り込もう。対応策だけ書いていたのでは字数が余るので、効果も盛り込んで点数アップを狙う。

|第4問| DRINKの要素が詰まったような問題。それを書くのはいいのだけど、字数が少し余るな。減点はないだろうから、若手養成のこともここで書いちゃえ！

|第5問| 事例Ⅱに近い問題のような気がするけど、営業面、生産面各々の観点から書くことを意識。そして、C社は技術力の高さは十分あるのだから、社長が目論む「高価格な製品に拡大する」も忘れずに。

|第1問（再）| 第2問〜第5問で相当時間を取られてしまった。80字以内でまとめるのも大変だけど、ほかの設問で書いた事柄のダイジェストを書くつもりで挑もう。販売面は売上依存からの脱却、生産面は短納期・小ロット化対応でまとめれば及第点か。

【手順5】解答見直し（〜80分）

　与件文を読み解くのに想定よりも時間がかかってしまい、見直しの時間が多く取れなかったものの、誤字・脱字をしっかりチェック。

3．終了時の手ごたえ・感想

　事例Ⅰ、事例Ⅱよりも手ごたえは悪い。問題となっているプロセスは与件文から抽出できるものの、どの設問で書くべきかが自信がない。でも、各設問20点ずつで、第1問と第5問はある程度書けたような気がするので、そこに期待することにしよう。

~試験中に起きた面白エピソード~

　試験監督が試験中に最後列の自分の真後ろで書類を何度も落とす。集中できない（笑）。

合格者再現答案＊（ぜあ 編）　　　　　　　　　　　事例Ⅲ

第1問（配点20点）　76字

販	売	面	で	は	、	コ	ロ	ナ	禍²	に	よ	る	売	上	減	少²	か	ら	回
復	す	る	た	め⁴	の	新	規	取	引	先	開	拓⁴	。	生	産	面	で	は	、
発	注	の	小	ロ	ッ	ト	化⁴	に	対	応	で	き	る	生	産	体	制	の	確
保	と	新	規	受	注	の	短	納	期	化³	、	で	あ	る	。				

【メモ・浮かんだキーワード】　依存脱却、小ロット化、短納期化

【当日の感触等】　第1問は後回しにしていたが、ほかの設問に時間を要し、余裕がなかった。

【ふぞろい流採点結果】　19/20点

第2問（配点20点）　120字

課	題	は	①	発	注	元	と	の	仕	様	確	認	・	変	更	に	か	か	る
時	間	の	削	減³	、	②	金	型	設	計	と	板	金	加	工	設	計	の	対
応	の	明	確	化³	③	効	率	的	な	人	員	配	置	に	よ	る	段	取	り
作	業	削	減	。	対	応	策	は	①	3	次	元	C	A	D³	導	入	で	の
仕	様	調	整	の	容	易	化	②	両	作	業	で	の	担	当	者	兼	任	の
回	避²	③	人	員	の	適	正	配	置	、	で	リ	ー	ド	タ	イ	ム	縮	減。

【メモ・浮かんだキーワード】　3次元CAD、イメージ共有、外段取り

【当日の感触等】　理論ではなく、できるだけ与件文に沿おうとした。時間はかかったが、まずまず書けたのではないか。

【ふぞろい流採点結果】　11/20点

第3問（配点20点）　112字

対	応	策	は	①	生	産	計	画	の	作	成	を	高	頻	度	化⁴	し	、	併
せ	て	、	日	程	計	画	の	作	成	も	見	直	す²	②	X	社	か	ら	の
月	販	売	予	測	の	分	析	能	力	を	向	上	さ	せ	、	受	注	予	測
の	精	度	を	向	上	さ	せ	る	。	以	て	、	小	ロ	ッ	ト	化	に	対
応	で	き	る	生	産	体	制	を	確	立	し	、	自	社	在	庫	を	増	や
さ	な	く	て	す	む	よ	う	に	す	る¹	。								

【メモ・浮かんだキーワード】　生産計画、受注予測、小ロット化、在庫削減

【当日の感触等】　第2問との書き分けが難しく、プレス加工工程での長時間の段取作業について言及できなかったのが心残り。

【ふぞろい流採点結果】　7/20点

~試験中に起きた面白エピソード~
面白いことなんて1つもありませんでした……。

第4問 （配点20点）　120字

デ	ジ	タ	ル	化	は	、		生	産	管	理	シ	ス	テ	ム	の	導	入	に	よ
り	、	**製**	**品**	**仕**	**様**[2]	や	**納**	**期**[3]	、	**進**	**捗**	等	の	**情**	**報**	**を**	**共**	**有**[3]	す
る	こ	と	。	社	内	活	動	は	、	①	共	有	す	べ	き	**情**	**報**	**を**	統
一	の	**様**	**式**[2]	で	Ｄ	Ｂ	**化**[3]	す	る	事	、	②	プ	レ	ス	加	工	に	お
い	て	製	品	部	品	組	付	、	製	品	仕	上	工	程	も	含	め	た	生
産	計	画	の	作	成	、	③	技	能	承	継	に	よ	る	負	荷	平	準	化	。

【メモ・浮かんだキーワード】　データベース化、一元化、一貫した生産計画、技術承継

【当日の感触等】　ほかの設問に技能承継を書けなかったので、ここで書いたが、蛇足だったか。

【ふぞろい流採点結果】　15/20点

第5問 （配点20点）　95字

可	能	性	は	、	①	**新**	**規**	**の**	**取**	**引**	**先**	**開**	**拓**[3]	に	よ	り	、	経	営
リ	ス	ク	の	**分**	**散**[3]	を	図	れ	る	②	コ	ロ	ナ	禍	で	も	成	長	す
る	**市**	**場**[2]	で	自	社	の	プ	レ	ス	加	工	**技**	**術**[2]	を	訴	求	で	き	る
③	**高**	**付**	**加**	**価**	**値**	**製**	**品**[3]	の	取	引	も	期	待	で	き	、	収	益	性
を	向	上[3]	さ	せ	ら	れ	る	、	こ	と	で	あ	る	。

【メモ・浮かんだキーワード】　高付加価値化、リスク分散

【当日の感触等】　与件文をベースに、ある程度必要な要素を盛り込むことができたのではないか。

【ふぞろい流採点結果】　16/20点

【ふぞろい評価】　68/100点　　【実際の得点】　59/100点

　第1問と第5問が高得点だったことによりふぞろい流の採点では合格点となりました。ただし、第2問で「若手への事業承継」の要素が書けていないなど、一部多面性に欠ける解答となりました。

Column

妻への感謝

　私は独学での受験だったため、受験生仲間が1人もいませんでした。ただ、その代わりに妻が隣で支えてくれました。9月初頭に結婚式を控えていたため、通常6〜8月は式の準備に追われることになりますが、「後悔のないように勉強して」と式の準備を引き取ってくれました。また、夜遅くまで図書館で勉強して帰宅しても、必ず夕食を作って待っていてくれました。

　妻の理解があったからこそ勉強に集中することができ、合格をつかみ取ることができました。勉強できる環境が当たり前ではない。そう思うからこそ、限られた時間で効率的に勉強しようというモチベーションが生まれます。感謝の気持ちを大切にすることは、必ず合格につながります。

（いのっち）

～試験中に起きた面白エピソード～

運営管理の試験中、外から演歌と警察のパトカー音。やめて！　PERT解いてるんだから！！

やーみん 編 （勉強方法と解答プロセス：p.10）

1．昼休みの行動と取り組み方針

事例Ⅱで想定外が続いたこともあり、どっと疲れた。事例Ⅲのノートを見返しながら、コンビニおにぎりと羊かんを口に入れる。食事に遅れてやってくる睡魔には逆らわず、耳栓をして仮眠をとる。まだ先は長い。少しでも体力を戻しておこう。それにしても、農業、食肉と来たから、次はきっと林業じゃないかな……スヤ（眠）。

2．80分間のドキュメント

【手順0】開始前（～0分）

普段の学習ではⅠとⅡが苦手と自覚していた。午後は巻き返す時間帯だ。事例Ⅲはシンプルに、できていないことを「やりましょうよ」と諭すだけ。要素の切り分けで迷ったら、両方に書くこと。

【手順1】準備（～1分）

さっと事例全体を流し見る。新型コロナウイルスに関する注記はここでもなし。そして見慣れぬ業務フロー図。また新しいパターンが来た、と少し緊張する。

【手順2】設問解釈（～5分）

第1問 今回は強み弱みからじゃないのか。まあ、過去にもそういう年はあったし、慌てず対応しよう。「2020年以降」という時制指示で、コロナ後を意識する。

第2問 文章が長い。設問要求を外さないように注意しないと。「新規引合いから初回納品まで」と「新規受注の短納期化」にマーカーを引き、余白に「課題は」「対応策は」と解答フレームをメモ。与件文に設計の合理化の話が出てくるはず。その辺は注意深く読もう。

第3問 こちらも文章が長い。設問要求が「生産面の対応策」だから、レイヤーは生産性改善かな。段取改善とかOJT不足とか、わかりやすい改善ポイントが出てくるといいなあ。そして余白に「実需に合わせたロットサイズ」とメモ。この単語は絶対使うはずだ。

第4問 ITといえばDRINK。「交換と共有」はそのまま「リアルタイム一元管理」ってことだよね。それより「生産業務のスピードアップ」「社内活動」とあるけれど、ひょっとして生産性の話も混ざってくるのか？ そうなると第3問と切り分けで苦労しそう。困ったら両方書く、を意識しよう。

第5問 最後は経営戦略の問題だ。これは与件文を読まないとわからないな。

【手順3】与件文読解（～35分）

1段落目 個別受注生産の板金加工と、繰返受注生産のプレス加工か。余白に円グラフでメモしておこう。取引先は卸2社だけか。結構依存度が高いな。

2段落目 技術はありますよ、ということね。事例Ⅲで定番の強みだ。

～休憩中に食べたおすすめのおやつ・ドリンク剤～

セブンイレブンのアーモンドボール。

[3段落目]　そして新型コロナウイルスの話。これは予想どおり。

[4〜6段落目]　文章だけだと混乱するけれど、図と合わせて読むと理解が進む。助かる。

[7〜8段落目]　設計工程の弱みがどんどん出てくる。この辺は第2問で使いそうだ。

[9段落目]　発注情報が前月中旬で生産計画が前月月末。過去問でよく見た弱みだ。この時間差は指摘することになりそうだ。

[10段落目]　プレス工程が非効率でネック工程が生じているし、プレスが専任化している。設問解釈で予想した内容がそのまま出てきた。第3問も書けそうだ。

[11〜12段落目]　この辺は生産計画とロットサイズの話だ。第3問か第4問かな。

[13〜16段落目]　X社が出てきた。新たな機会に対応するために、社内体制を整備する、という話の流れは過去問でもあったな。

【手順4】解答作成（〜79分）

[第1問]　販売面は具体的にX社との関係を書けばよいのか？　いや、顧客はX社だけじゃないし、一般化して書こう。生産面では社内体制の整備について書けばよいか。

[第2問]　「新規受注」ってどこまでだ？　金型製作工程だけか、それとも製品量産工程も含むのか？　文章を素直に読むと後者も含む気がするけれど、切り分けの関係で後者は第3問に回すことにする。あとは、与件文中の問題点に対し素直に打ち返すだけ。最終的に3次元CADを入れるスペースがなくなっちゃったけれど、形状の単純な鍋やトレーが対象商品だし、文字数詰める時間もないし、割り切って次に行こう。

[第3問]　で、こちらのレイヤーが生産性改善だ。生産面の問題点は与件文でわかりやすく記述されていたから、それを中心に指摘。OJTって単語は第2問でも使ったけれど、ここの被りは許容。効果は、「実需に合わせたロットサイズ」？　なんか変な気がするなあ。

[第4問]　時間がなくなってきた。深く考えず、「リアルタイムで一元管理」って書いてしまえ。「社内活動」って何？　根回しとか？　いや、それより、ほかに入れるところがない生産計画の不備をここで指摘しよう。

[第5問]　改めて見ても、ふわっとした設問だ。「可能性」とあるから、ある程度想像で書いてもよいということかな。まず、取引先が卸から小売になるから、何はともあれニーズは収集しておこう。それから、社長の思いである高価格帯への展開の話を書いて。最後に、売上増と設備投資の話とを絡めて、これで100字だ。

【手順5】解答見直し（〜80分）

　第3問の効果、やっぱりおかしいな。最後に「在庫を削減する」って書きたいけど、スペースが作れない。消して文字数詰める時間はないし、うーん、諦めるしかないのか。

3．終了時の手ごたえ・感想

　「やめ」の合図があってからほどなく、第3問で「外段取化」ではなく「外段化」と書いていたことに気づき愕然とする。直したい気持ちを必死に抑え、用紙が回収されていくのを見送った。やらかしてしまった……。

〜休憩中に食べたおすすめのおやつ・ドリンク剤〜
羊羹。

合格者再現答案＊（やーみん 編）　　　事例Ⅲ

第1問（配点20点）　78字

販	売	面	で	は	、	感	染	症	の	拡	大²	に	よ	る	調	理	場	受	注
の	落	ち	込	み²	を	、	新	規	受	注	拡	大⁴	で	補	う	事	。	生	産
面	で	は	、	生	産	性¹	や	生	産	管	理¹	を	改	善	し	、	新	規	受
注	に	対	応	で	き	る	社	内	体	制	を	整	備	す	る	事	。		

【メモ・浮かんだキーワード】　新たな需要掘り起こし、販路の拡大

【当日の感触等】　文字数が少ないし、こんなものでしょう。どこまで具体的に書くべきかわからなかった。販売面でX社とか、生産面で段取り改善とかまで書くべきだったのかな。

【ふぞろい流採点結果】　10/20点

第2問（配点20点）　119字

課	題	は	金	型	製	作	工	程	の	納	期	短	縮³	で	あ	る	。	対	応
策	は	①	設	計	が	営	業	に	同	行	し	て	提	案	営	業	を	行	い、
仕	様	確	認	や	変	更	を	削	減	す	る	事	②	プ	レ	ス	加	工	設
計	と	板	金	加	工	設	計	の	担	当	者	を	専	任	化²	し	、	設	計
の	混	乱	を	無	く	す³	事	③	OJ	T¹	で	金	型	製	造	課	若	手	の
養	成²	を	行	い	、	金	型	製	作	を	短	納	期	化²	す	る	事	。	

【メモ・浮かんだキーワード】　コンカレントエンジニアリング、提案営業、OJT

【当日の感触等】　第2問を設計の話だけにしたことで、切り分けに迷う時間を最小限にできた。出題者の意図とはひょっとしたら違うかもしれないけれど、試験対応としてはこれで間違っていないはず。

【ふぞろい流採点結果】　13/20点

第3問（配点20点）　116字

対	応	策	は	①	内	段	取	作	業	を	複	数	人	で	行	い	、	ま	た
材	料	準	備	作	業	を	外	段	化	す	る	こ	と	で	、	内	段	取	時
間	を	短	縮⁴	し	②	各	プ	レ	ス	機	毎	に	標	準	化	を	行	い	、
OJ	T	で	作	業	者	教	育	を	行	い	多	能	工	を	育	成	し	、	柔
軟	な	生	産	体	制	を	構	築	す	る	事	。	上	記	で	、	実	需	に
合	わ	せ	た	ロ	ッ	ト	サ	イ	ズ⁴	を	実	現	す	る	。				

【メモ・浮かんだキーワード】　実需に合わせたロットサイズ、内段取時間の短縮、柔軟な生産体制

【当日の感触等】　こっちは生産面の話だけ書く。探り探りしながら書いたため、効果を書く欄が小さくなってしまった。解答メモ上でもっと答案を練れていたら「在庫の削減」を書くスペースも作れたと思うけれど、時間不足だった。「外段取化」を「外段化」とする誤字も致命的。

【ふぞろい流採点結果】　8/20点

第4問（配点20点）　120字

生	産	計	画²	や	、	進	捗	管	理²	・	在	庫	管	理²	等	の	生	産	統
制	情	報	を	デ	ジ	タ	ル	化	し	、	全	社	で	一	元	管	理³	し	て
リ	ア	ル	タ	イ	ム¹	で	共	有³	す	る	こ	と	で	生	産	業	務	を	効
率	化¹	す	る	。	そ	の	た	め	①	月	次	の	生	産	計	画	策	定	を
改	め	受	注	後	即	生	産	計	画	に	反	映	し	②	プ	レ	ス	加	工
工	程	だ	け	で	な	く	全	社	一	括	の	生	産	計	画	と	す	る	。

【メモ・浮かんだキーワード】　DRINK、生産計画を即時に策定し即時に共有

【当日の感触等】　「リアルタイム一元管理」とエイヤで書いちゃった。まあ0点にはならないでしょう。にしても「そのため」って何。「社内活動は」でよかったでしょう。1文字しか変わらないんだから。

【ふぞろい流採点結果】　14/20点

第5問（配点20点）　100字

①	X	社	を	通	じ	て²	ニ	ー	ズ	を	収	集	し	、	新	商	品	開	発²
に	役	立	て	ら	れ	る	事	②	X	社	の	納	期		品	質	の	要	望
に	対	応	す	る	こ	と	で	、	よ	り	高	価	格	帯	の	製	品³	受	注
が	見	込	め	る	事	③	取	引	が	拡	大	し	売	上	が	安	定³	す	る
事	で	、	事	業	拡	大	の	た	め	の	投	資	が	可	能	に	な	る	事	。

【メモ・浮かんだキーワード】　顧客ニーズ収集→自社製品改良、売上向上＆収益拡大→設備投資

【当日の感触等】　まあまあ多面的に解答できたと思う。特に、売上安定という当たり前の効果を忘れず書けたのはよかった。

【ふぞろい流採点結果】　10/20点

【ふぞろい評価】　55/100点　　　【実際の得点】　56/100点

　第2問、第4問ではしっかりと複数の解答要素を記載し合格点に達しています。一方、第3問では段取改善について記載されていますが、生産管理面にも触れられていれば、合格点を超えられたでしょう。

Column

試験直前期の体調不良、お腹が……

　10/25、試験5日前。仕事中から体調が悪く、その日は帰宅後、勉強もせずにすぐに寝ました。しっかり寝ればすぐよくなるだろうと思っていましたが、翌朝どうもだるい、お腹の調子が悪い。消化不良を起こしている感じ。試験の日まで治るだろうと思っていて、確かに良くはなったのですが、お腹の違和感は試験当日も続いていました（試験後飲みに行きましたが…笑）。試験前1週間は早寝早起き、勉強もそこそこにするつもりでしたので、特にペースは乱れなかったのですが、さすがに焦りましたね。これが試験当日ではないのが本当に良かったです。
（たくま）

～休憩中に食べたおすすめのおやつ・ドリンク剤～
ゼリー飲料を各休憩時間に必ず少しでも飲む。プッシュ型の栄養補給。

事例Ⅲ

こやちん 編 （勉強方法と解答プロセス：p.12）

1. 昼休みの行動と取り組み方針

　事例II終了とともに、狙いをつけておいた中庭のベンチに向かう。全身ストレッチしつつ、コンビニおにぎりをほおばる。よい天気だ。空気も美味しいし、木漏れ日がまぶしい。周囲を眺めながら、なんとなく学生に戻ったような幸せな気分にしばし浸る。

　食後はキャンパス内を散歩しつつ、事例I、IIをしばし反省。1問ずつ事故をやらかした気がするが、ともかく時間内に埋めることができたのは大きい。両事例とも最低でも50点は超えているはず。ここからが本当の勝負。事例IIIできっちり点数を積み上げ、最後の事例IVで高得点取って合格を勝ち取ろう。

2. 80分間のドキュメント

【手順0】開始前（〜0分）

　事例IIIは素直が大切。素直にいこう。

【手順1】準備（〜5分）

　問題用紙を切るのに四苦八苦。時間ロスがもどかしい。段落ごとに丸数字を付けながら全体を俯瞰。これまでいろんな取引先の工場を見学させてもらったので、金属加工工場はイメージが湧きやすい。2ページの「生産プロセス図」はしっかり押さえておこう。

【手順2】設問解釈（〜8分）

[第1問] あれ、SWOTじゃない。販売面と生産面の課題か。いろいろありそうだが、販売、生産の両面を80文字でまとめるのは大変そう。設問の切り分けも重要だな。

[第2問] これも課題と対応策。制約条件が多くて混乱しそう。プレス加工製品においても「新規引合いから量産製品初回納品まで長期化」に解答範囲を限定すべきだろうな。

[第3問] 小ロット化の対応といえば、段取改善だろう。いつものパターンを与件文から拾いに行けばよさそう。これは落とせない設問だな。

[第4問] あるある問題だが、「優先すべき」とあるのでC社が抱える問題と絡めるべきだろうな。「そのための社内活動」って何だろう。与件文にヒントあるかな。

[第5問] X社との取り組みからC社が得られるものを押さえれば、書けそうだ。

【手順3】与件文読解（〜40分）

[1〜3段落目] またコロナ禍による環境変化対応だ。要は、業態の異なる新規取引相手を探して、経営リスク分散ってやつだな。

[4〜8段落目] ここは金型製作工程。情報量が多いな。要は2ページの図の上部すべて金型製作工程か。ええと、まずは「金型設計」……、出た！　設計問題3兄弟。2次元CAD、設計変更／仕様変更、兼任による混乱。さらにベテラン技能者の高齢化と若手の育成。これもいつものパターン。どこで何を使うか気をつけないとな。

〜休憩中に食べたおすすめのおやつ・ドリンク剤〜

　普段まったく食べないが、事例を真剣に解くと脳が激しく疲労するため、チョコを食べた。

9 ～ 11 段落目　ここから製品量産工程。出た！　プレス加工の段取りの長期化、全体計画の欠如。事例Ⅲあるあるの与件文だな。

13 ～ 17 段落目　コロナ禍によるサプライチェーンの分断で生まれたチャンスだな。社長がやりたいことは全力で後押しする。狙うべきはアウトドア用 PB 商品、中価格帯から開始し、高価格帯を狙う。課題は、補充点方式への対応、短サイクル化と小ロット化対応、これも典型的な課題だ。

【手順４】解答作成（〜75分）

第１問　第１問から取りかかろう。販売面の課題は、新規取引先開拓による取引先の分散だろう。生産面の課題はいろいろあるが、どれを取り上げよう。素直に考えれば、短納期化と小ロット化だが、これは第２問、第３問のテーマそのものなので、思いっきり重複するな……。販売面の課題と結びつけて新規顧客開拓とするなら、設計短縮も重要かな。あと、技能承継も課題だったかな。なんだか微細に入りすぎている気もするが、一旦、思いつくところで書いてみて、後で見直ししよう。

第２問　金型製作工程の話だ。第３問と明確に切り分けされているし、事例Ⅲ知識が使えるので書きやすい。課題は書き方次第だが、レイヤーを揃えてシンプルに書こう。対応策は、設計者の専任化、３次元 CAD、営業同行。これを課題に対応していけばよいだろう。

第３問　ここは量産工程。外せないのは全体日程計画と、当然にして生産の小ロット化。さすがに素直すぎるので「受注情報に合わせた最適化」と書いておこう。あとはお決まりの段取改善。一人でやっているので、応援体制も組み込もう。

第４問　C 社の課題を拾って一般知識でつなげる感じかな。「社内活動」は結局何のことかわからなかった。若手活用かもしれないが、その肉付けで字数使いそうだし、外すと事故になりそうだな。やはり、一般論として部分点狙いにしておこう。

第５問　協業を通して強みを磨いてノウハウ蓄積、新規事業に還流する、のお決まりロジックで行けそうだ。大きく外すことはないだろう。

【手順５】解答見直し（〜80分）

ざっと誤字脱字を見直し、結構あるな。……あと２分、問題は第１問だ。あれ、よく見たら「2020年以降今日までの外部経営環境の変化の中で」が制約条件か。すると技能承継は制約条件違反か。やはり「短納期化」と「小ロット化」かな。……と、あと30秒、編集する時間がない……。

3．終了時の手ごたえ・感想

素直にいくと誓っていたのに、結局第１問は深読みしすぎたかな……。制約条件を忘れていたことが悔やまれる。第４問もあまり自信ない。

とはいっても、１問当たり20点だから、致命傷とはならないだろう。第２問、第３問、第５問はしっかり書けたので、60点は超えただろう。70点取れていたらよいな。

～休憩中に食べたおすすめのおやつ・ドリンク剤～

ラムネ・レッドブル・キャラメル。

合格者再現答案＊（こやちん 編）　　　　　　　　事例Ⅲ

第1問（配点20点）　　78字

販	売	面	で	、	業	務	用	食	器	・	什	器	等	、	調	理	場	用	製
品	と	は	異	な	る	業	界	の	新	規	顧	客	の	開	拓[4]	に	よ	る	経
営	リ	ス	ク	の	分	散[3]	。	生	産	面	で	、	設	計	期	間	の	短	縮[1]
ベ	テ	ラ	ン	技	能	者	か	ら	の	技	能	承	継[3]	が	課	題	。		

【メモ・浮かんだキーワード】　新規取引先、リスク分散、小ロット化、在庫削減、短納期化、技能承継

【当日の感触等】　第3問との設問切り分けで深読みしすぎた。制約条件に気づけなかったことは後悔。

【ふぞろい流採点結果】　11/20点

第2問（配点20点）　　120字

課	題	は	①	金	型	設	計	期	間	の	短	縮	化[3]	、	②	設	計	業	務
の	円	滑	な	推	進	に	よ	る	金	型	製	作	期	間	の	短	縮	化	で
あ	る	。	対	応	策	は	①	営	業	に	設	計	担	当	・	製	作	要	員
が	同	行	し	3	D	C	A	D[3]	を	使	っ	て	仕	様	打	ち	合	わ	せ[2]
を	す	る	②	設	計	担	当	者	を	専	任	化[2]	す	る	。	以	上	で	、
金	型	設	計	の	効	率	化	を	進	め	、	納	期	短	縮[2]	を	図	る	。

【メモ・浮かんだキーワード】　専任化、営業同行、3D-CAD

【当日の感触等】　いい感じにまとまった。若手の養成も使うべきかもしれないが、収拾がつかなくなりそうなのでこれはこれでOKとしよう。

【ふぞろい流採点結果】　12/20点

第3問（配点20点）　　119字

対	応	策	は	、	①	全	工	程	で	の	生	産	計	画[4]	を	作	る	と	共
に	計	画	修	正	機	会	を	設	定[4]	②	生	産	ロ	ッ	ト	サ	イ	ズ	を
受	注	情	報	に	合	わ	せ	最	適	化[4]	③	段	取	り	の	外	段	取	り
化	を	推	進[4]	④	負	荷	調	整	と	応	援	体	制	の	整	備	で	あ	る	。
以	上	で	、	ネ	ッ	ク	工	程	と	な	っ	て	い	る	段	取	り	作	業
を	改	善	、	生	産	効	率	を	高	め[3]	在	庫	も	削	減[1]	す	る	。	

【メモ・浮かんだキーワード】　全日程計画、短サイクル化、修正機会、受注予測、応援体制、段取り改善、5S、在庫削減

【当日の感触等】　キーワードは盛り込めたと思うが、「修正機会の設定」より「短サイクル化」とはっきり記載したほうがよかったかな。

【ふぞろい流採点結果】　20/20点

第４問（配点20点）　　120字

内	容	は	、	①	顧	客	か	ら	の	商	品	企	画	情	報	、	②	**設**	**計**
変	**更**	や	**仕**	**様**	**変**	**更**	に	**関**	わ	る	**情**	**報**²	、	③	設	計	図	面	の
情	報	、	④	**受**	**注**³	や	生	産	計	**画**²	に	関	す	る	情	報	、	⑤	**進**
捗²	、	**現**	**品**²	、	**余**	**力**²	に	関	す	る	情	報	で	あ	る	。	**情**	**報**	は
D	B	**化**³	し	た	上	セ	キ	ュ	リ	テ	ィ	対	策	を	し	た	上	で	一
元	管	理	し	、	リ	ア	ル	タ	イ	ム¹	で	社	員	に	**共**	**有**³	す	る	。

【メモ・浮かんだキーワード】　DB化、設計変更、仕様変更、データ再利用、リアルタイム
　　で共有

【当日の感触等】　「社内活動」をどう解釈すべきであったか、あまり自信ない。

【ふぞろい流採点結果】　16/20点

第５問（配点20点）　　99字

C	社	の	**高**	**度**	な	**金**	**型**	**設**	**計**²	**技**	**術**	**力**²	を	生	か	し	、	**高**	**付**
加	**価**	**値**³	で	差	別	化	し	た	製	品	を	X	社	向	け	に	提	案	で
き	る	可	能	性	、	**X**	**社**	**と**	**の**	**取**	**引**²	で	獲	得	し	た	製	品	開
発	ノ	ウ	ハ	ウ	を	活	か	し	、	日	用	品	・	雑	貨	に	関	わ	る
新	**た**	**な**	**取**	**引**	**先**	**を**	**開**	**拓**³	で	き	る	可	能	性	が	あ	る	。	

【メモ・浮かんだキーワード】　強みを伸ばす、磨いた技術を還流、高付加価値、競争優位性

【当日の感触等】　キーワードを織り込んだ無難な解答を書けたので、しっかり点数が入るの
　　ではないか。

【ふぞろい流採点結果】　12/20点

【ふぞろい評価】　71/100点　　　【実際の得点】　62/100点

　第１問で制約条件が考慮されていなかったことや、第５問での効果の記述がされていない
ため点数が伸びませんでした。全体を通して大きな失点もなく第３問では多面的な解答で効
果まで記述されていることにより、ふぞろい流採点では高得点となり合格基準に達していま
す。

Column

昼寝の効果は疲労回復だけではない！？

　私は２次試験の休憩時間のほとんどを昼寝に費やしていました。振り返ってみると、昼
寝は疲労回復だけでなく緊張の軽減にもつながったと感じています。そもそも寝ている時
間は考えごとができないので「緊張している」と感じる時間が周りの人より少ないのです。

　ファイナルペーパーは読み込めないため、試験直前に詰め込める知識の量は減ります
が、緊張や疲労による凡ミス対策には非常に有効でした。目が覚めたら外に出て、少し冷
たい秋風にあたれば、一気に頭が冴え試験にも集中できるはずです。　　　　（いのっち）

~休憩中に食べたおすすめのおやつ・ドリンク剤~

カロリーメイト　チーズ味&バニラ味。

おみそ 編 （勉強方法と解答プロセス：p.14）

1．昼休みの行動と取り組み方針

　朝買った蕎麦とパンを食べる。試験中に眠気に襲われないよう腹八分目の量にする。Apple Watch の呼吸セッションで目を瞑りながら、毎日の習慣である昼寝を試みるも、事例Ⅱのダメージがあり、なかなか寝つけなかった。結局、目はばっちり覚めたまま5分間の呼吸セッションを終え、『ふぞろい15』を開いて事例Ⅲの模範解答書き写しを実施。でも全然集中できず。ノートに今の気持ちを吐き出す。「キツイ、ツライ、まじでムズい、苦しい……」そうすることで、徐々に気持ちが切り替わってくる。残るは得意な事例ⅢとⅣだから、挽回できるはず。今まで愚直に勉強してきた自分を信じる。

2．80分間のドキュメント

【手順0】開始前（～0分）

　事例Ⅲの頻出用語の最終確認をする。見込生産と受注生産、受注量に合わせて生産量を小ロット化し在庫適正化、OJT で熟練職人の技術を承継、生産計画を短サイクル化。事例Ⅲはこれだけ書いておけば確実に点が取れるからきっと大丈夫。

【手順1】準備（～1分）

　解答用紙に受験番号を書いて、定規でメモ用紙を準備。与件文に段落番号を振る。金属製品製造業であることを確認。ここまでは事例Ⅰ、Ⅱとまったく変わらない手順。

【手順2】設問解釈（～6分）

[第1問]　課題ね。毎年強みと弱みだったけど、今回は弱みにフォーカスか。課題の注意点は、マイナスを書くのではなく、マイナスをプラスにする方向を書くこと。

[第2問]　QCD のうちDの問題だ。課題と対応策を聞くシンプルな問題。プレス加工製品という制約があるので、ここはちゃんと踏まえるようにしよう。

[第3問]　今度はCの問題かな。小ロットと書かれているし、生産量を受注量に合わせるのがセオリーだろう。生産面という制約条件が書かれているのは気にしておこう。

[第4問]　デジタル化といえばDRINK。デジタル化の内容は、近い表現が過去問にあったから、あのときの問題の型で答えよう。社内活動というのはよくわからないけど、SECIモデルを意識する感じかな。令和2年度の事例Ⅰの問題を思い出そう。

[第5問]　戦略の問題か。可能性っていうのはあんまり問われたことがないけど、結構自由度があるだろうから答えやすいな。第4問こそ少し癖があるけど、事例Ⅲはおおむね傾向に変化なく安心。これならいけるはず！

【手順3】与件文読解（～20分）

[1段落目]　製品が板金加工製品とプレス加工製品の2種類だから、これはよく注意しておこう。板金加工製品が個別受注でプレス加工製品が繰返受注。顧客が卸売企業2社というのは典型的な取引先依存型なので、第5問では新規開拓が必要だな。

―――――――――――――――――――――――――
〜休憩中に食べたおすすめのおやつ・ドリンク剤〜
ウイダーインゼリー。

|2段落目| 難易度の高い金型製作技術やコスト低減などの提案力は強み。

|3段落目| コロナ禍で売上減少は脅威。

|4〜5段落目| 生産部門の課が多いな。全部見切れない……。プレス加工製品だから第2問に関係しそう。図が書いてあるけど、見方がよくわからん。解答に使うのか？

|6段落目| 金型製作期間が2週間〜1か月というのは長そうだから、ここら辺が短納期化の話につながるのだろう。

|7段落目| 2D−CADがきた。顧客との調整が長くなっているなら、第2問で3D−CAD導入は決定。設計や仕様変更が多いのだったら情報共有も課題だな。兼任で混乱ということは役割明確化も必要。この段落だけで第2問の要素はすべて拾えてそう。

|8段落目| 事例Ⅲで定番のベテラン技能者高齢化だ。技術承継はどこかの問題で触れたいけどどこだろう？

|9段落目| 月次の生産計画は短サイクル化する。生産計画だし、第3問だろう。

|10段落目| 段取作業の長期化は外段取化でクリア可能。これも第3問。

|11段落目| 生産計画がプレス加工の計画だけなら、全社的に計画すればよいな。発注量がよりロットサイズが大きいのは予想どおり。第3問で解決すればよい。

|12段落目| 情報共有が紙というのは第4問。課題の各問題への振り分けがシンプルで良かった。

|13〜15段落目| X社との取引が出てきた。アウトドア商品にバリバリ機会の風が吹いているし、社長の思いも書いているからから第5問の戦略はアウトドア商品で決まり。

|16段落目| 高価格な製品への拡大というのも第5問だろう。

|17段落目| X社の生産計画の記載。第3問の生産計画短サイクル化の裏づけが取れた。

【手順4】解答作成（〜75分）

|第1問| 販売面はX社との取引開始でいこう。生産面は書ける字数が少ないけど、重要度の重みづけがよくわからないから、書けるだけ書いてリスク回避しよう。

|第2問| 7段落で多面的に拾えたし、あとはこれをまとめるだけだな。これは簡単。

|第3問| 9〜11段落でだいたい拾えているけど、字数的に少し足りないか？　ベテラン技能者の技術承継の入れどころがわからなかったけど、ここで入れるとよいのかも。

|第4問| 設問文解釈で思ったとおり過去問の型で書ける。サクッと書いてしまおう。

|第5問| 戦略の可能性だから社長の思いそのままにアウトドア商品の高価格化を書いたら正解のはず。取引先依存状態とも絡ませて、新規受注を増やせばよいと思う。

【手順5】解答見直し（〜80分）

　与件文で拾った課題はすべて振り分けられているし問題ないな。ベテラン技能者の解答箇所が少し気になるけど、ダメってこともなさそうだし、これでよしとしよう。

3．終了時の手ごたえ・感想

　例年どおりの難易度で、得意科目でもあり、事例Ⅲはかなり点が取れた気がする。挽回できてそうで少し安心した。

―――――〜休憩中に食べたおすすめのおやつ・ドリンク剤〜―――――
　ブラックサンダー。

事例Ⅲ

合格者再現答案＊（おみそ 編） ━━━━━━ 事例Ⅲ

第1問（配点20点）　80字

販	売	面	は	卸	売	の	取	引	先	へ	の	売	上	減	少²	に	対	し	X
社	と	取	引	拡	大⁴	し	売	上	向	上⁴	し	、	生	産	面	は	、	①	短
納	期	化³	②	小	ロ	ッ	ト	化⁴	③	ベ	テ	ラ	ン	技	能	者	の	技	術
承	継³	④	生	産	計	画	適	正	化¹	⑤	Ｉ	Ｔ	化¹	を	進	め	る	事	。

【メモ・浮かんだキーワード】　販売面と生産面、新規取引受注
【当日の感触等】　販売面、生産面ともに不足なく要素を盛り込めたから、点数は取れている
　　と思う。
【ふぞろい流採点結果】　18/20点

第2問（配点20点）　118字

課	題	は	①	顧	客	と	の	試	作	確	認	の	早	期	化²	・	精	度	向
上	②	仕	様	・	設	計	情	報	の	共	有³	③	設	計	課	内	の	設	計
業	務	に	お	け	る	混	乱	を	防	ぐ⁴	事	。	対	応	策	は	①	3D	-C
AD³	導	入	で	試	作	確	認	早	期	化	・	精	度	向	上	②	仕	様	・
設	計	情	報	を	DB	化	し	社	内	共	有²	③	設	計	課	内	の	役	割
分	担	明	確	化²	。	以	上	で	、	短	納	期	化²	を	図	る	。		

【メモ・浮かんだキーワード】　プレス加工製品、量産、短納期化、3D-CAD、情報共有
【当日の感触等】　与件文第7段落をまとめたらきれいに120字に収まったのでこの問題はか
　　なり点数が取れたと思う。
【ふぞろい流採点結果】　17/20点

第3問（配点20点）　119字

対	応	策	は	①	全	社	的	な	生	産	計	画⁴	を	週	次	で	策	定⁴	し
て	生	産	統	制	を	強	化²	②	生	産	量	を	受	注	量	に	合	わ	せ
て	小	ロ	ッ	ト	化⁴	し	た	上	で	、	③	プ	レ	ス	加	工	の	段	取
作	業	の	外	段	取	化	で	段	取	時	間	削	減⁴	④	ベ	テ	ラ	ン	技
能	者	の	プ	レ	ス	加	工	技	術	の	標	準	化	・	OJ	T	で	若	手
に	技	術	承	継	す	る	こ	と	で	生	産	能	力	向	上³	す	る	。		

【メモ・浮かんだキーワード】　小ロット化、段取作業、生産計画
【当日の感触等】　生産計画は外していないと思うけど、ベテラン技能者の技術承継はほかの
　　問題に入れられなかったから結構無理やり入れた。外している可能性もあるけど、部分点
　　は堅そう。
【ふぞろい流採点結果】　19/20点

第4問（配点20点）　118字

デ	ジ	タ	ル	化	の	内	容	は	①	仕	様	・	設	計	変	更	情	報	②
CA	D	デ	ー	タ²	③	納	期	情	報³	④	生	産	計	画²	・	統	制²	情	報
で	あ	る	。	社	内	活	動	は	、	こ	れ	ら	情	報	を	DB	化³	し	て
随	時	更	新¹	し	て	社	内	共	有³	つ	つ	使	い	方	を	社	内	講	
習	会	で	教	育²	す	る	事	で	あ	る	。	以	上	で	、	生	産	計	画
・	統	制	精	度	を	向	上	し	、	短	納	期	化¹	を	図	る	。		

【メモ・浮かんだキーワード】　DRINK、SECIモデル、生産計画・統制の精度向上

【当日の感触等】　過去問の型どおりの問題だったし、サラサラ書けた。デジタル化の内容が拾い切れているかは少し不安だけど、6、7割は確保できているはず。

【ふぞろい流採点結果】　19/20点

第5問（配点20点）　100字

戦	略	は	ア	ウ	ト	ド	ア	商	品²	の	市	場	成	長²	が	見	込	ま	れ
る	中	、	X	社	か	ら	の	受	注	に	よ	り	製	造	ノ	ウ	ハ	ウ	を
蓄	積²	し	て	高	価	格³	製	品	の	開	発²	力	を	高	め	る	事	で	、
ア	ウ	ト	ド	ア	商	品	を	扱	い	海	外	か	ら	の	供	給	不	安	が
あ	る	国	内	企	業	か	ら	新	規	受	注³	し	売	上	向	上³	す	る	。

【メモ・浮かんだキーワード】　可能性、社長の思い、新規取引先拡大、機会の活用

【当日の感触等】　社長の思いをそのまま盛り込めたし、機会を活用した内容が書けているので高得点を期待できるのではないか。可能性というのは気になるけど、素直に捉えたら自由に書いていいよって意味だろうから、だいたい何を書いても正解になるんじゃないかな。

【ふぞろい流採点結果】　17/20点

【ふぞろい評価】　90/100点　　　【実際の得点】　72/100点

　本人の手ごたえどおり、すべての設問において設問要求に沿ったキーワードを多く盛り込め、多面的でバランスのよい解答ができており、ふぞろい流採点では高得点となっています。

Column

中小企業診断士への近道はない

　大半の受験生は勉強が嫌になる時期が来ると思います。私はいっそのこと勉強を中断するという方法もありだと感じています。診断士に合格した後も日々、勉強の積み重ねですし、違う分野の学習を進めて、また診断士の勉強に戻ってくることは遠回りではないと思います。学習範囲を広げることで、視野が広がり、解答に深みが出るかもしれません。時間をかけることで、自分が本当に興味のあることや得意分野に出会えることもあるはずです。時間的制限をかけて自分を追い込むこともちろん大事ですが、長い時間をかけてのんびり勉強することも悪くないはず。

(みみ)

事例Ⅲ

まっち 編（勉強方法と解答プロセス：p.16）

1．昼休みの行動と取り組み方針

　お昼休みは少し長いので外に出て花壇の近くに陣取る。気持ちを前向きに保つため、食べている間は試験とはまったく関係のないお笑い番組（有吉の壁）の見逃し配信を観た。食後は構内を散歩。たくさんの大人が大学構内を歩いている様子はなんだか不思議な光景で、独自の体操をしている人もいて、とても和んだ。

2．80分間のドキュメント

【手順0】開始前（～0分）

　事例Ⅲもいつもどおりできれば大丈夫。蛍光ペンのポジションを整える。

【手順1】準備（～1分）

　受験番号を記入し、問題用紙を解体していく。チラッと図が見えた！　気になるけど、焦らず段落番号を振っていく。

【手順2】与件文冒頭確認＆最終段落確認＆設問解釈（～15分）

[1段落目]　与件文の冒頭だけ読む。金属製品製造業か。期待もしていなかったけど、やはりあまり馴染みのない業界の企業。

[16段落目]　「今後高価格な製品に拡大」ということは新しい事業を広げていく感じか。

[第1問]　「外部経営環境の変化」と「販売面」「生産面」を丸で囲む。SWOT分析の、弱み（W）と脅威（T）に触れればよいのかな。

[第2問]　「課題」と「対応策」を丸で囲む。リードタイムが長いのが課題か。

[第3問]　「小ロット」、「生産面」、「対応策」を丸で囲む。「生産統制」と余白にメモ。

[第4問]　「情報の交換」、「共有」を丸で囲む。余白に「DRINK」、「IT化」、「生産性」とメモ。デジタル化の対象と進め方を具体的に助言すればよいのかな。

[第5問]　「戦略」を丸で囲む。「今後の戦略にどのような可能性を持つのか」って、ちょっと変わった聞かれ方。リスクか、成長性があるかどうかとか？

【手順3】与件文読解・設問と紐づけ（～25分）

　3色ボールペンを使い、強みと機会は赤で下線を引き、弱みと脅威は青で下線を引く。気になるキーワードは黒を使い丸く囲む。

[1段落目]　「繰返受注製品」と「個別受注製品」があるらしい。下線を引く。複数製品あるから工程や納期管理が分かれていて複雑そうな予感。

[2段落目]　「難易度の高い金型製作技術の向上」、「ノウハウを蓄積」、「コスト低減や生産性向上」に赤で下線。技術や設備があるだけでも強みだよね。

[3段落目]　「新型コロナウイルス」、「営業自粛による影響」に下線。顧客の影響がC社にもろに響いてきているということか。

[4、5段落目]　生産部門は機能別に部署が分かれていて、プレス加工課がさらに2つの工

程に分かれるのか。気をつけないと混乱する。

[6、7段落目]　リードタイムが長くなっている原因の弱みが多数。青で下線。設計課の負担が多いみたい。設計業務の混乱が生じるのもわかる。読んでいても混同しそうだ。

[8段落目]　事例Ⅲ頻出の「ベテラン技能者」さん。技術は強みだけど、だいたい高齢だし、もし若手が育っていなければ弱み。「若手の養成」は喫緊の課題！　「OJT」とメモ。

[10段落目]　生産能力に制約があるから、なるべく不稼働を減らすのかな。段取作業を一人でやるのが大変なのでは？　人を増やせたりするかな？

[11段落目]　発注ロットサイズが減っているのに、生産のロットサイズは変えていないということは、絶対在庫余っている。生産計画も在庫も見直したほうがよい。

[12段落目]　情報は紙ベース、IT化のチャンス。青で下線。

[13～15段落目]　品質を高く評価されたのは強み。赤で下線。アウトドア業界に進出するのか！　おもしろい。でも市場の成長性（O）と強み（S）がマッチするかどうか。

[17段落目]　確定納品情報は週次。生産計画は月次だからまた現場が混乱しそうだ。

[全体]　設問ごとにマーカーで色分けしていく。各設問に対応する色マーカーで、再度与件文をマークし、設問との紐づけをしていく。

【手順4】解答骨子作成（～35分）

[全体]　第1問でSWOT分析の弱み（W）や脅威（T）について言及し、第2問でリードタイム短縮のための生産性向上策、第3問で小ロット対応のための生産計画と生産調整、第4問でIT化を進めて生産性向上、第5問で新規事業戦略を答える流れかな。

[第1問]　販売面って何？　営業面？　需要が減っている業界が顧客で、新たな需要の掘り起こしが必要ってことか。生産面は短納期化とか技術継承とかいろいろ書けそう。

[第2問]　納期が長い要因は、段取替えの時間が長いことや、設計チームの混乱、発注元との仕様確認や仕様変更にも問題がありそう。課題に対応するように対応策を書く。

[第3問]　「生産面」の対応策という制約。生産統制でよいよね？　ここは事例Ⅲで定番の、在庫管理と受注に合わせたロットサイズへの対応、生産計画の短サイクル化！

[第4問]　DRINKのフレームワークでいこう。マニュアル化→DB化→社内共有→OJTで社内活動もカバーできる。CADデータも紙の受発注情報も全部共有しよう。

[第5問]　「どのような可能性」っていうのが答えづらいね。コスト低減の強みが生かせること、稼働率向上、ノウハウ蓄積とか？　リスクは聞かれていないと判断。

【手順5】解答作成・見直し（～80分）

　メモをもとに一気に書き上げる。最後に余った数分で誤字脱字を確認して終了を待つ。

3．終了時の手ごたえ・感想

　事例Ⅰと同じくらいなんとも言えない手ごたえ。前年よりはできていると思う。とすればやはり良くて60点、もしかしたら50点台？　事例Ⅳで少し上乗せできるかな？　字数制限ピッタリかギリギリまで詰め込んだので、この事例でも達成感。

～休憩中に食べたおすすめのおやつ・ドリンク剤～
ガルボ　ジャスミンティー。

合格者再現答案＊（まっち 編） ━━━━━━━ 事例Ⅲ

第1問（配点20点）　79字

販	売	面	は	①	コ	ロ	ナ²	で	顧	客	の	需	要	が	減	少²	す	る	中、
新	し	い	需	要	の	開	拓⁴	、	②	ニ	ー	ズ	に	合	う	製	品	開	発
が	課	題	。	生	産	面	は	①	高	齢	化	す	る	ベ	テ	ラ	ン	か	ら
の	技	術	承	継³	、	②	設	計	期	間	の	短	期	化¹	が	課	題	。	

【メモ・浮かんだキーワード】　SWOT、需要開拓、稼働率向上、リードタイム短縮
【当日の感触等】　販売面、生産面を書き分けられたか少し不安。ニーズに合う製品開発は販
　売面の課題かな？　無理やり感があるかも。生産面には書けることがたくさんあったから、
　入りきらなかった。
【ふぞろい流採点結果】　12/20点

第2問（配点20点）　120字

課	題	は	①	設	計	期	間	の	短	期	化³	②	設	計	課	の	混	乱	回
避³	③	プ	レ	ス	加	工	機	の	稼	働	率	向	上¹	④	若	手	へ	の	技
術	承	継²	。	対	応	策	は	、	①	3D	CA	D³	導	入	や	設	計	課	担
当	者	の	会	議	同	席	で	仕	様	変	更	を	削	減	、	②	工	程	別
に	チ	ー	ム	を	分	け	る	、	③	段	取	り	作	業	を	2	人	体	制
で	行	い	段	取	り	時	間	を	短	縮¹	、	④	OJ	T	教	育¹	実	施	。

【メモ・浮かんだキーワード】　IT、OJT、リードタイム、生産性
【当日の感触等】　いっぱい書けることがあって4つずつ詰め込んだけど、それぞれの内容が
　薄くなったかな……。段取作業を2人にするのは人手不足の場合現実的じゃないけど、人
　手が足りないとは書いていないし、書いちゃおう。
【ふぞろい流採点結果】　14/20点

第3問（配点20点）　120字

生	産	面	の	対	応	策	は	、	①	納	期	を	加	味	し	て	生	産	計
画	を	週	次	化	し	短	サ	イ	ク	ル	で	見	直	し⁴	、	②	在	庫	の
現	品	管	理	で	適	正	在	庫	化¹	、	③	受	注	と	在	庫	に	あ	わ
せ	た	ロ	ッ	ト	サ	イ	ズ	で	の	生	産⁴	、	④	全	社	計	画	を	作
成⁴	し	進	捗	を	共	有	、	生	産	統	制²	を	行	う	。	こ	れ	よ	り
リ	ー	ド	タ	イ	ム	短	縮	し	顧	客	対	応	力	向	上	を	図	る	。

【メモ・浮かんだキーワード】　現品・在庫・進捗管理、全社生産計画、短サイクル化
【当日の感触等】　「生産面」の対応策という制約に合致しているか自信がない。在庫管理っ
　て生産面かな？　4つも書けたし、部分点はもらえると思う。
【ふぞろい流採点結果】　15/20点

第4問（配点20点）　116字

C	社	は	、	①	作	業	内	容	や	仕	様	資	材	を	標	準	化²	し	、
マ	ニ	ュ	ア	ル	作	成²	②	受	注³	・	進	捗²	・	在	庫	・	出	荷	の
状	況	③	仕	様	と	C	A	D	図	面²	を	デ	ジ	タ	ル	化	し	、	D
B	で	一	元	管	理³	し	社	内	で	リ	ア	ル	タ	イ	ム¹	に	共	有³	す
る	。	そ	れ	を	O	J	T	教	育²	で	活	用	し	て	社	内	に	周	知
し	、	効	率	化	・	生	産	能	力	向	上¹	を	図	る	。				

【メモ・浮かんだキーワード】　DRINK、IT化、生産性、共有

【当日の感触等】　ちょっと日本語が変だったかも？　DBで一元管理し共有は鉄板の流れ。受注～納品までの紙で管理されている情報をIT化という方向も外していないと思う。

【ふぞろい流採点結果】　20/20点

第5問（配点20点）　99字

金	型	製	作²	技	術²	や	コ	ス	ト	低	減	ノ	ウ	ハ	ウ	を	活	用	で
き	、	ア	ウ	ト	ド	ア	業	界²	へ	進	出	す	る	こ	と	で	①	経	営
リ	ス	ク	の	分	散³	②	ノ	ウ	ハ	ウ	の	蓄	積²	③	新	し	い	需	要
の	開	拓³	④	稼	働	率	向	上	が	期	待	で	き	る	。	高	価	格	製
品	へ	の	拡	大³	で	更	な	る	売	上	拡	大³	を	見	込	め	る	。	

【メモ・浮かんだキーワード】　戦略、強み生かす、稼働率UP、売上拡大

【当日の感触等】　「可能性」って何が聞きたいのかしっくりこないまま書き上げた。「積極的に取り組みたい」って書いてあるし、新事業への進出は引き止めるわけではなく、おそらく後押しする方向でよいのだろう。大外しじゃないと思うから、多少は点がもらえると思う。

【ふぞろい流採点結果】　18/20点

【ふぞろい評価】　79/100点　　【実際の得点】　64/100点

　第1問で生産面の記載を書ききれず、第2問では効果の記述がされておらず高得点につながりませんでしたが、第4問、第5問で多面的な解答となっていたことで、ふぞろい流採点では高得点となっています。

事例Ⅲ

~こだわりの文房具~

0.3mm シャープペンシル。記入マスが小さいので、汚い字でも読んでもらえるように。

みみ 編（勉強方法と解答プロセス：p.18）

1．昼休みの行動と取り組み方針

　事例Ⅱに限らず、2次試験の手ごたえは当てにならないと思っているので、すぐに気持ちを切り替える。試験会場は埋立地にあり、近くに倉庫や工場はあるが、ランチを食べられる店はなかったので、コンビニへ。前日にコンビニの場所は把握していたので、試験官からの事例Ⅱ終了の合図とともに荷物をまとめて出発。昼食は少しでも糖分が補給できるように甘めの菓子パンを2つ食べた。1日座っているのも疲れるので、コンビニまでの散歩はよいリフレッシュになる。

2．80分間のドキュメント

【手順0】開始前（〜0分）

　またまたファイナルペーパーとにらめっこ。事例Ⅲは過去2回ともA判定だったので、得意科目と思っているが、どう転ぶかわからないのが2次試験。全力を尽くそう。

【手順1】準備（〜3分）

　受験番号を丁寧に書き、各段落に番号付けをする。17段落もあることに少し驚いた。

【手順2】設問解釈（〜7分）

[第1問]　「外部経営環境の変化」を踏まえたうえで、「販売面」「生産面」の2つの視点から解答する必要があるな。SWOTを問われているな。

[第2問]　事例Ⅲでは定番の短納期化についての課題と対応策か。上手にフレームワークを使用できればよいな。

[第3問]　これも定番の小ロット化に関する問題か。生産計画が工程の一部分しか作成されていなかったりするのだろうな。

[第4問]　デジタル化の内容か。過去問にも似た問題があったような。これは与件文から抜き出していくしかないか。

[第5問]　できるだけ多面的な解答にしたいな。ポジティブな可能性だけじゃなくて、ネガティブな可能性にも触れる解答にしよう。

【手順3】与件文読解（〜35分）

[1段落目]　行っている事業は繰返受注製品の「プレス加工製品」と個別受注製品の「板金加工製品」か。情報を丁寧に整理していかないと混乱するので注意しよう。

[2〜3段落目]　高い技術力と提案力があるという強みは解答に使えるな。感染症拡大は外部環境の変化だから第1問に使用できるかな。

[4〜5段落目]　どの部門、どのような過程で製造されているかをイメージしておかないと、的外れな解答になる可能性が増すから、ここは丁寧に読み進めよう。

[6段落目]　生産プロセスの図と比較しながら読みたいけれど、次のページに図があるから読みにくい。金型製作期間の短縮が短納期化へつながるのかな。

[7段落目]　2次元CADを使用している過去問があったな（※令和2年度）、確か3次元CADを使用することで発注元とのイメージ共有を強めるような解答をした覚えが……。「3次元」とだけメモしておこう。第2問に使えそうだ。設計業務の混乱が製作期間全体に影響しているということは、この問題を解消することで短納期化へとつなぐことが可能か。これも第2問に使えそうだ。

[8段落目]　ベテラン技能者の高齢化も大きな問題の1つだな。事例Ⅲだけれど、後進育成の要素も入れるべきか。生産プロセスの図から問題点を読み取れるかと思ったが、何も思いつかない。不安だ。

[9〜10段落目]　納品や発注スケジュールを文章から上手にイメージするのが苦手なので、ここも丁寧に読む。「プレス加工」がボトルネックっぽい。その理由は段取作業が長時間だから。その原因は材料の準備、設備操作を作業員1人で行っているから……かな。

[11段落目]　予想どおり、生産計画は工程の一部「プレス加工」についてしか作成されていない。これは全体的な生産計画を立案して、各部の同期化を図る必要があるか。在庫を多く抱えることは収益性、効率性においても基本的に悪影響だな。

[12段落目]　「紙ベース」はデジタル化に紐づけるべき内容か。第4問向けにチェックしよう。

[13〜16段落目]　中堅ホームセンターX社が登場!　C社社長が目指す、高価格帯製品への拡大をどうやって解答に盛り込んでいこうか。

[17段落目]　X社からの情報提供について書かれているので、第4問に盛り込む内容か。

【手順4】解答作成（〜70分）

[第1問]　外部環境の変化は感染症拡大と顧客ニーズの変化でよいだろう。課題と問題点を間違えないように意識しながら、販売面は受注量の回復。生産面は後進育成とニーズの変化への対応で決まり。

[第2問]　課題と対応策は区別して書こう。解答内の因果関係があいまいになっているので、修正できる余裕があれば修正しよう。

[第3問]　全体的な生産計画立案!　適切な頻度での見直し!　多能工化の促進!　キーワードを詰め込む!

[第4問]　活動は「社内」に限定されているから、X社の発注情報は解答に盛り込むべきじゃないのかな……。活動が社内であれば、デジタル化の内容は社外に関するものでもよいのかな……。

[第5問]　X社との取引で得られる強みを生かして課題を解決する方向で解答しよう。多面的な解答を意識して、留意点も盛り込んでいくぞ。

【手順5】解答見直し（〜80分）

　誤字脱字をチェックし、第2問の修正を考えたが、時間切れを恐れて行わなかった。

3. 終了時の手ごたえ・感想

　例年どおりA判定が欲しい。現状の実力は出せたので、悔いはない。

〜こだわりの文房具〜

　シャーペンのクルトガ。指の疲れ具合によって種類を替える。

合格者再現答案＊（みみ 編） ━━━━━━━━━ 事例Ⅲ

第1問（配点20点）　80字

販	売	面	は	感	染	症	拡	大²	で	減	少	し	た	受	注	量²	を	高	価
格	帯	製	品	受	注²	等	に	よ	り	回	復⁴	。	生	産	面	で	は	ベ	テ
ラ	ン	技	能	者	の	後	進	育	成³	と	小	ロ	ッ	ト⁴	・	短	納	期	化³
等	、	顧	客	ニ	ー	ズ	変	化	へ	の	対	応	が	課	題	で	あ	る	。

【メモ・浮かんだキーワード】　SWOT、後進育成、顧客要求対応
【当日の感触等】　課題には違いないと思うが、事例Ⅲで後進育成を盛り込むべきだったのか
　　自信がなかった。
【ふぞろい流採点結果】　18/20点

第2問（配点20点）　120字

課	題	は	①	設	計	期	間	の	短	縮	化	を	図	る³	こ	と	②	設	計
業	務	の	混	乱	を	防	ぐ³	こ	と	③	プ	レ	ス	加	工	の	生	産	能
力	向	上¹	。	対	応	策	は	①	3D	CA	D	を	用	い	る	こ	と	で	発
注	元	と	の	イ	メ	ー	ジ	共	有³	を	強	化	②	板	金	加	工	と	プ
レ	ス	加	工	の	設	計	担	当	を	分	け²	③	多	能	工	化	を	図	り、
複	数	人	で	作	業	と	準	備	を	行	い	段	取	時	間	の	短	縮¹	。

【メモ・浮かんだキーワード】　3DCAD、シングル段取り
【当日の感触等】　課題と対応策の因果関係を上手に表現できなかった。
【ふぞろい流採点結果】　13/20点

第3問（配点20点）　120字

対	応	策	は	①	一	部	工	程	の	み	の	計	画	を	改	め	全	体	的
な	生	産	計	画	を	立	案⁴	し	②	日	次	で	計	画	を	見	直	し⁴	③
発	注	元	か	ら	の	発	注	情	報	共	有	強	化	④	多	能	工	化	の
促	進	で	あ	る	。	以	上	に	よ	り	、	各	工	程	の	同	期	化	を
向	上	さ	せ	、	段	取	り	時	間	を	短	縮⁴	、	プ	レ	ス	加	工	含
め	た	生	産	性	向	上³	を	図	り	、	小	ロ	ッ	ト	化	へ	繋	げ	る。

【メモ・浮かんだキーワード】　同期化、全体最適
【当日の感触等】　ほとんど過去問で使用したキーワードで解答を埋め尽くした。オリジナル
　　性は皆無。与件文からの要素は「プレス加工」のみ。
【ふぞろい流採点結果】　15/20点

第4問（配点20点）　118字

内	容	は	①	紙	ベ	ー	ス¹	で	行	わ	れ	て	い	る	社	内	業	務	の
交	換	と	共	有³	②	ベ	テ	ラ	ン	技	能	者	が	持	つ	ノ	ウ	ハ	ウ
③	X	社	各	店	舗	の	発	注	情	報³	。	社	内	活	動	は	①	デ	ー
タ	の	一	元	管	理³	体	制	構	築	②	マ	ニ	ュ	ア	ル	化²	と	そ	れ
を	用	い	た	OJT	の	実	施	に	よ	る	後	進	育	成	。	以	上	に	
よ	り	生	産	業	務	の	ス	ピ	ー	ド	を	向	上¹	さ	せ	る	。		

【メモ・浮かんだキーワード】　一元管理、マニュアル化、OJT

【当日の感触等】　第1問で後進育成を課題としたので、ここで解決策を記載した。的外れな解答になっていなければよいが。

【ふぞろい流採点結果】　13/20点

第5問（配点20点）　99字

短	納	期¹	、	小	ロ	ッ	ト	化¹	へ	の	対	応	力	強	化	に	よ	り	、
他	社	に	対	し	て	品	質	の	高	い	提	案	営	業¹	を	行	え	る	。
売	上	拡	大³	し	、	顧	客	に	対	す	る	売	上	依	存	の	回	避³	、
経	営	リ	ス	ク	低	下¹	の	可	能	性	が	あ	る	が	、	経	営	資	源
分	散	に	よ	る	リ	ス	ク	上	昇	に	も	留	意	す	る	こ	と	。	

【メモ・浮かんだキーワード】　リスク分散、経営資源分散、提案営業

【当日の感触等】　多面的な解答を心掛けたが、自信はなかった。

【ふぞろい流採点結果】　10/20点

【ふぞろい評価】　69/100点　　【実際の得点】　63/100点

　おおむね設問要求に答える形で解答できており、合格点となりました。特に第1問は多面的な解答ができており高得点を獲得しています。一方で第5問は多面的への意識ゆえにリスクについても言及したことで得点が伸び悩んだと考えられます。

事例Ⅲ

Column

万里の道も一歩から

　私は楽器が好きです。単純に音色が好きだというのも理由としてはありますが、日々の練習の積み重ねを実感できるところがとても好きです。思い出したときに一気に練習するよりかは、毎日継続していると、気がつくとできるようになっていたり、うまくなっていることが実感でき達成感を感じます。この習得メソッドを資格の勉強にも応用し、継続は力なりと信じて勉強をして最終的に合格をつかみました。根を詰める勉強法が合っているタイプの方もいるかもしれませんが、自分に合った勉強スタイルで無理なく続けられると、気がつかないうちに身に付いているものがきっとあると思います。　　　　（まっち）

~こだわりの文房具~

受験時は新しい消しゴムを買います。

▶事例Ⅳ（財務・会計）

令和4年度 中小企業の診断及び助言に関する実務の事例Ⅳ
（財務・会計）

　D社は、1990年代半ばに中古タイヤ・アルミホイールの販売によって創業した会社であり、現在は廃車・事故車の引取り・買取りのほか中古自動車パーツの販売や再生資源の回収など総合自動車リサイクル業者として幅広く事業活動を行っている。D社の資本金は1,500万円で直近の売上高は約10億3,000万円である。

　創業当初D社は本社を置く地方都市を中心に事業を行っていたが、近年の環境問題や循環型社会に対する関心の高まりに伴って順調にビジネスを拡大し、今では海外販売網の展開やさらなる事業多角化を目指している。

　D社の事業はこれまで廃車・事故車から回収される中古パーツのリユース・リサイクルによる販売が中心であった。しかし、ここ数年海外における日本車の中古車市場が拡大し、それらに対する中古パーツの需要も急増していることから、現在D社では積層造形3Dプリンターを使用した自動車パーツの製造・販売に着手しようとしている。また上記事業と並行してD社は、これまで行ってきた廃車・事故車からのパーツ回収のほかに、より良質な中古車の買取りと再整備を通じた中古車販売事業も新たな事業として検討している。

　中古車販売事業については、日本車の需要が高い海外中古車市場だけでなく、わが国でも中古車に対する抵抗感の低下によって国内市場も拡大してきており、中古車販売に事業のウエイトを置く同業他社も近年大きく業績を伸ばしているといった状況である。D社は中古車市場が今後も堅調に成長するものと予測しており、中古車販売事業に進出することによって新たな収益源を確保するだけでなく、現在の中古パーツ販売事業にもプラスの相乗効果をもたらすと考えている。従って、D社では中古車販売事業に関して、当面は海外市場をメインターゲットにしつつも、将来的には国内市場への進出も見据えた当該事業の展開を目指している。

　しかしD社は、中古車販売事業が当面、海外市場を中心とすることや当該事業のノウハウが不足していることなどからリスクマネジメントが重要であると判断しており、この点について外部コンサルタントを加えて検討を重ねている。

　D社と同業他社の要約財務諸表は以下のとおりである。なお、従業員数はD社53名、同業他社23名である。

貸借対照表
（令和4年3月31日現在）

（単位：万円）

	D社	同業他社		D社	同業他社
〈資産の部〉			〈負債の部〉		
流動資産	33,441	29,701	流動負債	9,067	13,209
現金預金	25,657	18,212	固定負債	21,506	11,285
売掛金	4,365	5,297			
たな卸資産	3,097	5,215	負債合計	30,573	24,494
その他流動資産	322	977	〈純資産の部〉		
固定資産	27,600	20,999	資本金	1,500	4,500
有形固定資産	16,896	8,395	利益剰余金	28,968	21,706
無形固定資産	208	959			
投資その他の資産	10,496	11,645	純資産合計	30,468	26,206
資産合計	61,041	50,700	負債・純資産合計	61,041	50,700

損益計算書
自　令和3年4月1日
至　令和4年3月31日

（単位：万円）

	D社	同業他社
売上高	103,465	115,138
売上原価	41,813	78,543
売上総利益	61,652	36,595
販売費及び一般管理費		
人件費	22,307	10,799
広告宣伝費	5,305	3,685
減価償却費	2,367	425
地代家賃	3,114	4,428
租税公課	679	559
外注費	3,095	1,124
その他	9,783	4,248
販売費及び一般管理費合計	46,650	25,268
営業利益	15,002	11,327
営業外収益	1,810	247
営業外費用	302	170
経常利益	16,510	11,404
特別損失	—	54
税引前当期純利益	16,510	11,350
法人税等	4,953	3,405
当期純利益	11,557	7,945

事例 Ⅳ

〜ファイナルペーパーに書いた一言〜
S！ W！ O！ T！

第1問 （配点25点）
（設問1）

D社と同業他社の財務諸表を用いて経営分析を行い、同業他社と比較してD社が優れていると考えられる財務指標を2つ、D社の課題を示すと考えられる財務指標を1つ取り上げ、それぞれについて、名称を（a）欄に、その値を（b）欄に記入せよ。なお、優れていると考えられる指標を①、②の欄に、課題を示すと考えられる指標を③の欄に記入し、（b）欄の値については、小数点第3位を四捨五入し、単位をカッコ内に明記すること。また、解答においては生産性に関する指標を少なくとも1つ入れ、当該指標の計算においては「販売費及び一般管理費」の「その他」は含めない。

（設問2）

D社が同業他社と比べて明らかに劣っている点を指摘し、その要因について財務指標から読み取れる問題を80字以内で述べよ。

第2問 （配点20点）

D社は、海外における中古自動車パーツの需要が旺盛であることから、大型の金属積層造形3Dプリンターを導入した自動車パーツの製造・販売を計画している。この事業においてD社は、海外で特に需要の高い駆動系の製品Aと製品Bに特化して製造・販売を行う予定であるが、それぞれの製品には次のような特徴がある。製品Aは駆動系部品としては比較的大型で投入材料が多いものの、構造が単純で人手による研磨・仕上げにさほど手間がかからない。一方、製品Bは小型駆動系部品であり投入材料は少ないが、構造が複雑であるため人手による研磨・仕上げに時間がかかる。また、製品A、製品Bともに原材料はアルミニウムである。

製品Aおよび製品Bに関するデータが次のように予測されているとき、以下の設問に答えよ。

〈製品データ〉

	製品A	製品B
販売価格	7,800円／個	10,000円／個
直接材料（400円／kg）	4kg／個	2kg／個
直接作業時間（1,200円／h）	2h／個	4h／個
共通固定費（年間）	4,000,000円	

（設問1）

D社では、労働時間が週40時間を超えないことや週休二日制などをモットーとしてお

り、当該業務において年間最大直接作業時間は3,600時間とする予定である。このとき上記のデータにもとづいて利益を最大にするセールスミックスを計算し、その利益額を求め（a）欄に答えよ（単位：円）。また、（b）欄には計算過程を示すこと。

（設問２）

　最近の国際情勢の不安定化によって原材料であるアルミニウム価格が高騰しているため、D社では当面、アルミニウムに関して消費量の上限を年間6,000kgとすることにした。設問1の条件とこの条件のもとで、利益を最大にするセールスミックスを計算し、その利益額を求め（a）欄に答えよ（単位：円）。また、（b）欄には計算過程を示すこと。

第３問　（配点35点）

　D社は新規事業として、中古車の現金買取りを行い、それらに点検整備を施したうえで海外向けに販売する中古車販売事業について検討している。この事業では、取引先である現地販売店が中古車販売業務を行うため、当該事業のための追加的な販売スタッフなどは必要としない。

　D社が現地で需要の高い車種についてわが国での中古車買取価格の相場を調査したところ、諸経費を含めたそれらの取得原価は1台あたり平均50万円であった。それらの中古車は、現地販売店に聞き取り調査をしたところ、輸送コスト等を含めてD社の追加的なコスト負担なしに1台あたり60万円（4,800ドル、想定レート：1ドル＝125円）で現地販売店が買い取ると予測される。また、同業他社等の状況から中古車販売事業においては期首に中古車販売台数1か月分の在庫投資が必要であることもわかった。

　D社はこの事業において、初年度については月間30台の販売を計画している。

　以下の設問に答えよ。

（設問１）

　D社は買い取った中古車の点検整備について、既存の廃車・事故車解体用工場に余裕があるため月間30台までは臨時整備工を雇い、自社で行うことができると考えている。こうした中、D社の近隣で営業している自動車整備会社から、D社による中古車買取価格の2％の料金で点検整備業務を請け負う旨の提案があった。点検整備を自社で行う場合の費用データは以下のとおりである。

〈点検整備のための費用データ（1台あたり）〉

直接労務費	6,000円
間接費	7,500円

＊なお、間接費のうち、30％は変動費、70％は固定費の配賦額である。

　このときD社は、中古車の買取価格がいくらまでなら点検整備を他社に業務委託すべきか計算し（a）欄に答えよ（単位：円）。また、（b）欄には計算過程を示すこと。なお、本設問では在庫に関連する費用は考慮しないものとする。

（設問2）

　D社が海外向け中古車販売事業の将来性について調査していたところ、現地販売店よりD社が販売を計画している中古車種が当地で人気があり、将来的にも十分な需要が見込めるとの連絡があった。こうした情報を受けてD社は、初年度においては月間30台の販売からスタートするが、2年目以降は5年間にわたって月間販売台数50台を維持する計画を立てた。

　この計画においてD社は、月間50台の販売台数が既存工場の余裕キャパシティを超えることから、中古車販売事業2年目期首に稼働可能となる工場の拡張について検討を始めた。D社がこの拡張について情報を収集したところ、余裕キャパシティを超える20台の点検整備を行うためには、建物および付属設備について設備投資額7,200万円の投資が必要になることがわかった。また、これに加えて今後拡張される工場での点検整備のために、新たな整備工を正規雇用することにした。この結果、工場拡張によって増加する20台の中古車にかかる1台あたりの点検整備費用は、直接労務費が10,000円、間接費が4,500円（現金支出費用であり、工場拡張によって増加する減価償却費は含まない）になる。

　この工場拡張に関する投資案について、D社はまず回収期間（年）を検討することにした。回収期間を求めるにあたってD社は、中古車の買取りと販売は現金でなされ、平均仕入価格や販売価格は今後も一定であると仮定した。なお、設備投資額と在庫投資の増加額は新規の工場が稼働する2年目期首にまとめて支出されることとなっている。また、D社の全社的利益（課税所得）は今後も黒字であることが予測されており、税率は30％とする。

　上記の条件と下記の設備投資に関するデータにもとづいて、この投資案の年間キャッシュフロー（初期投資額は含まない）を計算し（a）欄に答えよ（単位：円）。また、（b）欄には計算過程を示すこと。さらに、（c）欄には（a）欄で求めた年間キャッシュフローを前提とした回収期間を計算し、記入せよ（単位：年）。なお、解答においては小数点第3位を四捨五入すること。

〈設備投資に関するデータ〉

設備投資額	7,200万円
耐用年数	15年
減価償却法	定額法
残存価額	初期投資額の10％

（設問3）

　D社は、工場拡張に関する投資案について回収期間に加えて正味現在価値法によっても採否の検討を行うことにした。当該投資案の正味現在価値を計算するにあたり、当初5年間は月間50台を販売し、その後は既存工場の収益性に鑑みて、当該拡張分において年間150万円のキャッシュフローが継続的に発生するものとする。また、5年間の販売期間終了後には増加した在庫分がすべて取り崩される。この条件のもとで当該投資案の投資時点における正味現在価値を計算し（a）欄に答えよ（単位：円）。また、（b）欄には計算過程を示すこと。

　なお、毎期のキャッシュフロー（初期投資額は含まない）は期末に一括して発生するものと仮定し、割引率は6％で以下の係数を用いて計算すること。また、解答においては小数点以下を四捨五入すること。

複利現価係数（5年）	0.7473
年金現価係数（5年）	4.2124

第4問（配点20点）

　D社が中古車販売事業を実行する際に考えられるリスクを財務的観点から2点指摘し、それらのマネジメントについて100字以内で助言せよ。

80分間のドキュメント 事例Ⅳ

ぜあ 編（勉強方法と解答プロセス：p.8）

1．休み時間の行動と取り組み方針

　事例Ⅲでのアウトプットが十分に納得いくものではなかったので、事例Ⅳで取り返すべく、もう一度外に出て深呼吸＆軽くコーヒーを摂取。これまでの3科目で疲労もピークに達しつつあったので、特に直前の詰め込みなどは行う気力が出なかった……。

2．80分間のドキュメント

【手順0】開始前（〜0分）

　最後の科目、気合を入れるために大きく深呼吸。

【手順1】準備（〜1分）

　ほかの科目と同じように、受験番号を間違えないように記載。

【手順2】設問解釈（〜8分）

[第1問] 「生産性」の文字に驚く。「労働生産性」などの単語は思い浮かぶものの、計算方法が頭に浮かばず、動揺したまま、第2問の解釈へ。

[第2問] セールスミックスの問題。（設問1）は、かなり単純そうに見える問題だから、これは確実に得点せねば。（設問2）も見た感じそんなに複雑ではない？

[第3問] （設問1）はこれまでに解いたことのある問題のパターンと理解するも、前提条件が多そう。しかし、（設問2）の設問文も長いし、（設問3）はNPVだし、（設問1）は取りたい。

[第4問] 第3問にドル円レートが書いてあるし、財務的観点からのリスクが問われているから、2つのリスクのうち1つはオプションを書けばよさそう。輸出企業だから、プットオプションというところまで検討し、与件文読解に移る。

【手順3】与件文読解（〜20分）

[第1段落] 第1問の生産性の指標に動揺しすぎて、与件文が頭に入ってこず、ちょっとしたパニック。気を取り直して、線を引きながら与件文読解を開始。

[第2段落] 順調にビジネスを拡大という記載があるので、収益性に関する部分はよさそう。

[第3〜4段落] 中古車販売事業については、第4問に直結する内容。計算問題が難しい場合に備えて、第4問はある程度得点しておきたいから、慎重に読もう。

[第5段落] リスクの話が登場！　第4問にダイレクトに紐づく場所。海外市場に展開する際のリスク、ノウハウ不足というリスクを低減するための方法を書けば、第4問は大やけどをしなくて済みそう。

[財務諸表] 同業他社に比べて、かなり数字がよさそう。やはり、例年のパターンから少し

崩してきているのか。

【手順4】設問解答（～78分）

第1問　ほかの問題を解いてから戻ってこよう。とりあえずスキップ。

第2問　（設問1）は、通常のセールスミックスの解き方で問題なくいけそう。共通固定費を引くのを忘れずに。（設問2）はとりあえず書いてみたけど、製品Aだけ生産するのでよいのかな。何か、重要な点を忘れている気がする……と悩んでかなり余計な時間を費やす。

第3問　（設問1）は取らねば、ということで計算してみるが、この設問でCVP分析をする場合、固定費も含めて計算するのか、固定費は外注しなくてもかかるものなのか、判断に迷い、結局、含めて計算した。（設問2、3）も途中まで書いたものの、頭のなかが混乱したため、部分点狙いで求め方を記載（それ以外にも何か書いたけど、覚えてない……）。

第4問　与件文を読むなかでひらめいたとおり、為替リスク回避のためのプットオプション利用、ノウハウ不足のリスク低減のための外部連携で文章をまとめて記載。しかし、第2問、第3問に時間をかけすぎて、十分に推敲する余裕なし。

第1問（再）　貸借対照表を見ると短期的な安全性がとても良いこと、与件文にもヒントがあったとおり、収益性が良いことから、同業他社と比較して優れている点としては、流動比率と売上高総利益率を使うことは迷わずに決定。残りは課題を示す指標として生産性だが、やはり、労働生産性の算出式が思い出せない……。仕方ないので、売上高÷人件費も生産性になるだろうと考え、「売上高人件費率」という妙技を編み出す。動揺したまま（設問2）に流れ込んだが、優れた点、劣っている点の双方を盛り込むものとして書き出してしまった。設問文をよく読むと、劣っている点だけだったので軌道修正。生産性だけでは語る自信がないので、もう1つ見つけた有形固定資産回転率も盛り込んだ。

【手順5】見直し（～80分）

見直し、とはいうものの、手ごたえなき解答を連発したせいで、見直しを行うときにはすでに放心状態。受験番号を正確に書けているか確認するくらいで、具体的な計算方法などは見直しの対象にできず。

3．終了時の手ごたえ・感想

手ごたえはまったくなし。カギを握ると踏んだ、第2問（設問1）は解けたと思うが、第1問は生産性で大いにつまずき、第2問（設問2）や第3問（設問1）も書いたはいいもののまったく自信がない。解いてもわからないものに時間をかけすぎて、第4問に割く時間が短くなってしまい、タイムマネジメントも全然うまくいかなかった。わからない問題にはさっさと見切りをつけることができていれば、もう少し手ごたえがあったかもしれない……。

試験会場から駅に帰る道すがら、顔見知りの受験生仲間と「第3問（設問1）は、固定費は外注しても発生するもんだよね～」などと話し合いながら（お互いの傷を舐めあいながら）とぼとぼと歩いて帰ったことは今でも忘れられません。

～こだわりの文房具～

ぺんてる㈱のおれんず。

合格者再現答案＊（ぜあ 編） ──────── 事例Ⅳ

第1問（配点25点）
（設問1）

	（ a ）	（ b ）
①	流動比率[2]	368.82（％）[2]
②	売上高総利益率[2]	59.59（％）[2]
③	売上高人件費率[2]	21.56（％）[2]

（設問2） 71字

人	件	費	に	比	し	て[3]	売	上	が	十	分	で	は	な	く[3]	、	有	効	に
人	材	が	活	用	で	き	て	い	な	い	。	ま	た	、	有	形	固	定	資
産	回	転	率[6]	が	6.	12	回	と	、	保	有	資	産[3]	が	効	率	的	に	売
上	に	結	び	つ	い	て	い	な	い[3]	。									

【メモ・浮かんだキーワード】 効率性、生産性
【当日の感触等】 生産性って何だ！？ 全然思い出せなくて、すごく焦る……。
【ふぞろい流採点結果】（設問1）12/12点 （設問2）13/13点

第2問（配点20点）
（設問1）

（ a ）	2,840,000円[2]
（ b ）	1時間あたりの貢献利益は、 製品A：1,900円　製品B：1,100円[1]より、 **製品Aの生産を最大化する**[1]。 対応可能時間は3,600時間より、生産量は3600÷2＝1,800個[1] 1個あたり利益　3,800×1,800[5]－4,000,000＝2,840,000円[1]

（設問2）

（ a ）	1,700,000円
（ b ）	年間6,000kg[2]より、Aの最大生産可能個数は1,500個。 その場合の利益は、3,800×1,500－4,000,000＝1,700,000円 なお、Bの場合、最大900個の生産量となるが、 この場合は40,000円の赤字となる。

【メモ・浮かんだキーワード】 セールスミックス
【当日の感触等】 （設問2）について、答えは間違っていると思いながらも書かないよりも
　ましだと思い、記載。しかし、ここで想定以上の時間を取ってしまった。
【ふぞろい流採点結果】（設問1）10/10点 （設問2）2/10点

第3問（配点35点）

（設問1）

（a）	675,000円[1]	
（b）	30台に対応するとして、 ①自社工場で対応する場合は、30×（6,000+7,500[3]）=405,000 ②委託する場合、買取価格をxとすると0.02x よって、0.02x×30≦405,000　　x≦675,000円[5]。	

（設問2）

（a）		
（b）	回収期間法の求め方： 各年のCF合計=投資額となる期間を求める	
（c）		

（設問3）

（a）		
（b）	NPVの考え方： 各年ごとにCF×複利現価係数を求め、 回収期間内の総和から投資額を引いた際に0以上になる場合に 投資を行う。	

【メモ・浮かんだキーワード】　CVP分析、回収期間法、NPV

【当日の感触等】　（設問1）は何か落とし穴があるとは思うのだけど、それに気づけない。
（設問2、3）はお手上げなので、回収期間法やNPVの方法論だけ記載し、部分点狙い。

【ふぞろい流採点結果】　（設問1）9/12点　　　（設問2）0/13点　　　（設問3）0/10点

第4問（配点20点）　　88字

リ	ス	ク	は	、	①	為	替	リ	ス	ク[5]	が	考	え	ら	れ	る	た	め	、
プ	ッ	ト	オ	プ	シ	ョ	ン[3+2]	の	購	入	で	リ	ス	ク	回	避	す	る	、
②	当	該	事	業	の	ノ	ウ	ハ	ウ	が	不	足	し	て	い	る	が	、	人
員	採	用	・	育	成	に	は	コ	ス	ト	が	か	か	る	た	め	、	外	部
連	携[1]	を	検	討	す	る	。												

【メモ・浮かんだキーワード】　オプション取引、為替リスクヘッジ、外部連携

【当日の感触等】　海外との取引での懸念点ということで及第点の解答だとは思うが、タイムマネジメントが狂ったせいで、十分に見直せない……。

【ふぞろい流採点結果】　11/20点

【ふぞろい評価】　57/100点　　　【実際の得点】　53/100点

多くの受験生が陥ったように、第1問の「生産性」に動揺して時間をかけすぎてしまったため、ほかの問題で解答時間が不足しました。勝負の分かれ目となった第4問に充分な時間を割いて、具体的なリスクまで記載できていれば、もう少し得点を積み上げられていた可能性があります。

~使ったペンの種類・本数~

シャーペン1本、5色ボールペン1本。

やーみん 編（勉強方法と解答プロセス：p.10）

1．休み時間の行動と取り組み方針

　ようやく事例Ⅳだ。ここまで、戸惑う設問やミスもあったけれど、なんとか合格点付近で踏ん張れているような気がする。ひょっとして、普段と同じ程度に事例Ⅳができれば……いや、まだ大ボスが残っている。先のことは考えない。最後のエネルギー補給に羊かんを口に入れ、耳栓をして目を閉じる。もう見直しは不要。体力を回復させることだけ考えよう。

2．80分間のドキュメント

【手順0】開始前（〜0分）

　心臓の音だけが大きく聞こえる。ゆっくり息を吐いて気を静める。ここまで自分はよく頑張った、合格してもいいだけの努力は積んだはずだ。大ボスもきっちり仕留めてこよう。

【手順1】準備（〜1分）

　事例Ⅳは枚数が多いので、バラバラにならないよう、表紙だけホチキスから外す。シミュレーションどおりに動けたことにひとまず安心。受験番号を忘れず書く。

【手順2】経営分析攻略（〜18分）

　第1問　練習どおり、一切与件文は読まず、財務諸表へ目をやる。連結会社が来なくて助かった。そしてすぐ設問文へ。今回は長所2点と短所1点か。それはいいとして、「販管費の『その他』は含めない」？　よくわからない。営業利益の計算で使うのか？　それから生産性……生産性？　ちょっと待って。2次試験の学習を開始して以降、初めて聞く言葉だ。1次試験の記憶をひっくり返してみるが、何も思い出せない。落ち着け、できることをしよう。

　とにかく、いつもどおりに主要財務指標を計算した後、与件文に戻り長所と短所を選ぶ。安全性が高く、収益性も抜群。珍しいパターンだ。短所は効率性くらいか。与件文と照らし合わせてもうまく紐づけられないけれど、まあこれで行こう。論述も書きづらいなあ。「財務諸表から読み取れる問題」というのは、与件文は無視していいよってこと？　どうも販管費が高い気がするから、そこを指摘するしかないか。予定では第1問の目安は12分くらいだったけれど、まったく普段どおりに解けず、この時点でおよそ18分。すでに想定から外れてしまっていることに動揺しながら、次へ。

【手順3】第2問以降攻略（〜80分）

　第2〜3問　設問文をざっと眺める。文章が長く、目が上滑りする。どちらも少し時間がかかりそう。次へ行こう。

　第4問　2つのうち1つは為替リスクでいこう。オプションや為替予約の話を書いて、これで50字。もう1つはどうしよう。いいや、半分空けて第2問へ戻ろう。

〜使ったペンの種類・本数〜
シャープペンシル・1本。

第2問（設問1）　改めて文章を斜め読みしたけど、1次試験で見たような問題ではあるな。（設問1）が条件1個だから、儲かるほうに全部つぎ込む、（設問2）は条件2個だから、最適な組み合わせがあるって設問構造かな。（設問1）は、人件費がボトルネックだから、時間当たりの儲けが大きいのは……Aか。じゃあ、これで利益を計算することとして、気をつけることはないかな。っと、危ない、固定費も引かないといけないのか。他はなさそう？　よし、たぶん大丈夫だろう。（設問2）も少し取り掛かるが、なんとなくピンと来ない。次見てみよう。

第3問（設問1）　これは解けそう。委託した場合と自社で整備した場合の費用を比較する。固定費はどちらの場合もかかるから、計算上は無視することに注意して、と。あれ、答えが小数になってしまったが、まあ仕方ないか。答えが40万ちょっとというのも、リアリティがあって、悪くない気がする。

第4問　戻ってきた。少し時間を空けたけど、財務的な解答は何も浮かばなかった。無理やりだけど、カントリーリスクって書くことにしよう。コレジャナイ感がすさまじいけど、残り時間は半分切ったし、まだ3問もあるし、悩んでる時間はない。

第3問（設問2）　残りの問題でまだいけそうなのはこれか？　これまで解いてきたNPVと骨子は同じ気がする。自動車が年30台、売上から原価と整備費を引いて、減価償却費があって、と計算すると、あれ？　設備の耐用年数より全然大きくなっちゃったぞ？　何が間違ってる？　検算しても計算ミスは見つからない。年50台にして計算し直してみるが、やっぱり回収期間がおかしい。わからん。ダメだ。切り上げて次行くしかないか。

第2問（設問2）　制約条件が2つ。一番売上の高い組み合わせがどこかにあるわけだ。適当に数字を増やしたり減らしたりするけど、しっくりこない。まったく思うように進まない現状に焦りが増してくる。やばい、このまま落ちるのか？　背筋が凍る。いや、諦めるな！　自分だけじゃない、みんな苦しんでるはずだ。……あれ、これ、連立方程式で解くのか？　でも、連立方程式で出した答えが一番儲かるって、どうやって説明すればいいんだ？　……もういいや、全部書いちゃえ。Aだけ生産、Bだけ生産、連立方程式の3パターンだ。さすがにこのなかのどれかでしょう。かなり時間はかかったけど、想定どおり連立方程式の解が最も利益が多いことを確認できた。

第3問（設問3）　残り10分を切った。もう答えまでたどり着くのは不可能だ。というより、（設問2）が解けてないのに、（設問3）が解けるはずがない。とにかく、わかることを書こう。2点でも3点でももぎ取れ。白紙で出すことだけはするな。

3．終了時の手ごたえ・感想

　今のは何だったんだろう。しばらく呆然としてしまった。自分が受けたのは本当に事例Ⅳだったのか？　いや、他の人も同じようにできていなかったと信じよう。

　試験会場を出ると渋谷はハロウィンに浮き立っていたが、喧騒がまるで別世界の出来事のように感じた。

～使ったペンの種類・本数～
　シャープペン2本、マーカー5色分。

合格者再現答案＊（やーみん 編） ━━━━━━━━ 事例Ⅳ

第1問（配点25点）
（設問1）

	（a）	（b）
①	流動比率²	368.82（％）²
②	売上高総利益率²	59.59（％）²
③	有形固定資産回転率²	6.12（回）²

（設問2）　　　　　　　69字

同	業	他	社	と	比	較²	し	明	ら	か	に	販	売	費	及	び	管	理	費
が	高	い³	。	要	因	は	パ	ー	ツ	の	回	収	や	整	備	に	人	手	や
外	注	費	用	が	か	か	っ	て	お	り	、	人	件	費³	や	外	注	費	用
が	高	い¹	た	め	で	あ	る	。											

【メモ・浮かんだキーワード】　生産性？　生産性？　生産性？？？
【当日の感触等】　生産性という言葉は完全に無視することにした。これによる減点がどの程度かわからず怖い。（設問2）も、与件文中にヒントがほとんど見つからず、全然自信がない。
【ふぞろい流採点結果】　（設問1）12/12点　　（設問2）7/13点

第2問（配点20点）
（設問1）

（a）	2840000円²
（b）	製品Aの一個あたり利益　7800－400×4－1200×2＝3800円/個 製品Bの一個あたり利益　10000－400×2－1200×4＝4400円/個 製品Aの一時間あたり利益　3800/2＝**1900円/個・h** 製品Bの一時間あたり利益　4400/4＝**1100¹円/個・h** よって、**可能な限り製品Aを制作するのが正となる**¹ その時の利益は　3800×（3600/2⁵）－4000000＝2840000円¹

（設問2）

（a）	2200000円²
（b）	題意を満たすのは、次の三条件のうちいずれかとなる ①可能な限りAを製作した場合 ②可能な限りBを製作した場合 ③材料と時間を余りなく使用した場合 ①の場合の利益額は　3800×（6000/4）－4000000＝17000000円 ②の場合の利益額は　4400×（3600/4）－4000000＝▲40000円 ③の場合、Aの製作量をx、Bの製作量をyとすると 4x＋2y＝6000²　2x＋4y＝3600³ これを解くと　(x, y)＝(1400,200²) この時の利益額は　3800×1400＋4400×200¹－4000000＝2200000円¹ ③の場合が最も利益額が大きく、これが題意を満たす

【メモ・浮かんだキーワード】　どちらか片方のみ生産、両方生産
【当日の感触等】　文章が長すぎて、頭に入ってこなかった。固定費に気づけたのが幸運だったレベル。（設問2）が難産だったが、時間を消費しただけに正解してると信じたい。
【ふぞろい流採点結果】　（設問1）10/10点　　（設問2）10/10点

第3問 （配点35点）

（設問1）

（a）	448833円
（b）	自社で整備した場合の整備費用：$(6000＋7500^3)×30＝405000$円 整備を依頼した場合の固定費負担：$7500×0.7×30＝135700$（電卓打ち間違え） 整備を依頼した場合の整備費用は、車両価格をxとすると $x×0.02×30＋135700＝0.6x＋135700$円 題意を満たすのは、$0.6x＋135700≦405000$ これを解くと　$x≦448833.3$

（設問2）

（a）	459.3万円
（b）	50台の売り上げ：$50×60＝3000$万円 車両原価及び整備費：$50×50＋(1＋0.45)×20＝2529$万円 減価償却費：$7200×0.9/15＝$**432万円**^{3} 営業利益：$3000－2529－432＝39$万円 税引き後営業利益：$39×(1－0.3)＝27.3$万円 営業キャッシュフロー：$27.3＋432＝459.3$万円
（c）	15.67年

（設問3）

（a）	
（b）	$60×50/12＝250$万円 在庫の現在価値　$250×0.7423＝185.575$万円 5年分のキャッシュフローの現在価値　$150×$**4.2124**$^3＝177.413$万円 5年後の設備残存価額　$7200^1－(432×5)＝5040$万円

【メモ・浮かんだキーワード】　回収期間法、正味現在価値法
【当日の感触等】　（設問2）、絶対答えが違うのはわかるけれど、それが何かはわからない。
　　どうせ、つまらないミスをしているんだろうなあ。
【ふぞろい流採点結果】　（設問1）3/12点　　　（設問2）3/13点　　　（設問3）4/10点

第4問 （配点20点）　　99字

①	通	貨	価	値	の	変	動	に	よ	る	**為**	**替**	**差**	**損**	リ	ス	ク^5	が	あ
る	た	め	、	**為**	**替**	**予**	**約**	や	オ	プ	シ	ョ	ン	**取**	**引**$^{3・2}$	に	よ	る	リ
ス	ク	ヘ	ッ	ジ	を	行	う	②	カ	ン	ト	リ	ー	リ	ス	ク^3	に	よ	り
売	上	が	急	激	に	減	少	す	る	リ	ス	ク	が	あ	る	た	め	、	**取**
引	**相**	**手**	**国**	**を**	**分**	**散**	**さ**	**せ**^{11}	リ	ス	ク	を	分	散	さ	せ	る	。	

【メモ・浮かんだキーワード】　オプション、チャイナリスク
【当日の感触等】　①は問題ないと思う。②は絶対違うと思うが、空欄よりまし。
【ふぞろい流採点結果】　15/20点

【ふぞろい評価】　64/100点　　　【実際の得点】　68/100点
　第1問、第4問で基礎点を確保したうえで、第2問で粘り強く対応して完答に至り、点数を積み上げることができました。第3問は苦戦したものの、最後まであきらめずに考え方を書いたことで部分点をもぎ取り、結果、余裕をもって合格点を超えることができました。

事例IV

こやちん 編 （勉強方法と解答プロセス：p.12）

1. 休み時間の行動と取り組み方針

　1階から3階まで駆け上り、さっさと手洗いを済ませたのち、中庭で深呼吸＆ストレッチしながら振り返り。事例Ⅲは事故もあったが、手ごたえもそれなりにあったので最低60点は取れただろう。事例Ⅰ、事例Ⅱは30点問題でやらかした可能性があるが、それぞれ60点、50点は超えたはず。とすると事例Ⅳで70点取れれば合格の可能性が高い。確実に合格するためには80点以上は欲しい。チョコレートをかじって再度ストレッチ。気合を入れ直して、教室に戻る。

2. 80分間のドキュメント

【手順0】開始前（～0分）

　幸い頭は冴えている。NPVはなんとしても取り組みたい。うっかりミスは天性なので計算ミスはある前提。考え方をしっかり書いて、途中式で確実に点数を積み上げよう。後悔しないように、最後までやり切って高得点を狙おう。

【手順1】準備＆設問構成確認（～5分）

　慎重に定規を使ってビリビリと……、あちゃー、派手に破れた。まずはざっと設問構成を確認。それにしても第1問からやたら長い。「生産性」縛りとは、これまでなかった展開。嫌な感じ。何にせよ取りかかる順番は1→4→2→3だな。忙しそうだが、なんとかタイムマネジメントしよう。あれ、もう5分経過か、急がないと。

【手順2】与件文読解（～10分）

第1段落　事故車パーツ、リサイクルか。これは想像しやすい。得意分野かも。

第2段落　海外展開ってことは為替リスク、カントリーリスクがテーマかな？

第3段落　3Dプリンターで車の部品作る？　技術リスク大きすぎ！

第4段落　未経験の中古車販売を海外で始めて、将来的に国内でやる？　海外こそ中古車事業経験を積んだうえで、慎重に検討したほうがよいんじゃないの？　リスク高い……。

第5段落　来た、「リスクマネジメント」。ポイント多すぎだが、為替ヘッジはマストだな。

第6段落　従業員数か。これは分析指標に使いそう。チェックしとこう。

【手順3】財務指標計算／第1問（～30分）

第1問　まずは財務指標をひととおり計算。優れているのは売上総利益率と棚卸資産回転率で間違いないだろう。課題は有形固定資産回転率といきたいが「生産性」縛りか。労働生産性なのだろうが、計算式が思い浮かばない……。（しばし試行錯誤）だめだ、自信ないしよく考えたら配点も低い。これ以上悩んでも仕方ない。計算が簡単な1人当たり売上高にしておこう。（設問2）は「販管費の『その他』は含めない」「要因について財務指標から読み取れる問題」をどう解釈すべきかよくわからないな。有形固定資産回転率だと要

因を与件文に依拠することになるので、「財務指標から」の制約条件を外すかもしれない。販管費率のほうが書きやすそうだし、バツになることもないだろう。と言いつつ、やっぱり有形固定資産回転率も本事例のテーマのはずなので、ちょっと入れてリスクヘッジしておこう。うーん、薄っぺらい解答だが、これ以上は時間をかけられない。次に行こう。

【手順４】第４問（～40分）

第４問　本来は開始20分以内に開始しているべきところだが、すでに30分経過か。時間がないので考え込まず、さっと書ける為替リスクとカントリーリスクで行こう。在庫リスクも捨てがたいが、「マネジメント」の文字数調整に悩みそうだし、検証の時間がない。

【手順５】第２問（～60分）

第２問　セールスミックスか。ここは15分で終わらせてNPVに時間を回したい。（設問１）は時間のみが制約条件なので、時間当たり利益でみればOKだな。（設問２）は制約条件２つか。半年前に『イケカコ』でこんな感じの問題をやった覚えがあるが……。とにかく、試行錯誤していれば、そのうち思い出すだろう。（結局、線形計画法は思い出せず。）

【手順６】第３問（～80分）

第３問　まずい、あと20分しかない。まずは（設問１）を着実に取ろう。落ち着いて固変分解すれば方程式でなんとかなりそうだ（設問２で残り13分）。（設問２、３）は文章長いが、落ち着いて整理すればさほど難しくない。とりあえず手を動かせ。……あれ、28.88年？

どこかで計算間違えたか？　残り７分か？　全体見直しすべきか？　いや、一番勉強したラスボスNPVに取り組まないと絶対に後悔する。ここは前に進もう。考え方が合っていれば、部分点はもらえるはず。（……計算結果を書く前に時間切れ。）

3．終了時の手ごたえ・感想

第１問で時間を取られすぎた。結局最後は時間が足りなくなったな。まあ、見直しの時間がないのは想定範囲内。しかし、第２問の（設問２）は直前にイケカコをざっとでも振り返っておけば、取れたであろうことが悔やまれる。第３問は計算ミスがあると思うが、考え方は合っているはずなので、部分点はある程度稼げただろう。第４問は、改めて考えると在庫リスクだったかな。とはいえ、時間がなかったから仕方ないか。

それにしても傾向が過去問と違っていて戸惑った。受験生全体の点数は下がるだろうから、得点調整に期待しよう。結果、70点超えていたらいいな。

しかし、事例企業の作りこみはどうかと思う。メーカーじゃないのに金属積層３Ｄプリンターで駆動系部品作るなんて、あり得ないと思うけど。

（家に帰って気づいたこと）

第２問で最後に共通固定費400万円を引き忘れた！　第３問のNPVは年換算を忘れた！第２問は取るべき問題だろうし、これは致命的なミスかも……。これだと得点調整あったとしてもぎりぎり60点というところか。落ちたら悔やまれる……。

~使ったペンの種類・本数~

シャーペン、マーカー３本。

合格者再現答案＊（こやちん 編）　　　　　　　　　　　　　　 事例Ⅳ

第1問（配点25点）
（設問1）

	（a）	（b）
①	売上総利益率[2]	59.59（％）[2]
②	棚卸資産回転率[2]	33.41（回）[2]
③	一人あたり売上高[2]	1,952.17（万円）[2]

（設問2）　　　　　72字

売	上	高	販	売	管	理	費	率	が	45.	09	％	と	明	ら	か	に	劣	っ
て	い	る[6]	。	要	因	は	、	人	件	費	率[3]	、	広	告	宣	伝	費	率[2]	、
外	注	費	率[1]	が	高	い	為	で	あ	る	。	有	形	固	定	資	産	回	転
率	が	低	い[3]	事	も	問	題	で	あ	る	。								

【メモ・浮かんだキーワード】　労働生産性、付加価値率、資本装備率、1人あたり売上高

【当日の感触等】　労働生産性だろうが計算式に自信がない。無難に1人あたり売上高にしておこう。ベストじゃなくても、部分点はもらえるだろう。

【ふぞろい流採点結果】（設問1）12/12点　　　（設問2）13/13点

第2問（配点20点）
（設問1）

（a）	6,840,000円
（b）	1個あたり限界利益： A：売価7800円/個－（4kg/個×400円/kg＋1200円/h×2h/個）＝3800円/個 B：売価10,000円/個－（2kg/個×400円/kg＋1200円/h×2h/個）＝4400円/個 1時間あたり限界利益： A：3800円÷2時間＝**1900円/時間**、B：4400円÷4時間＝**1100円/時間**[1] 最大直接作業時間3600時間の制約から**Aを優先**[1]、全量をA生産する。 利益＝**1900円/時間×3600時間**[5]＝6,840,000円。

（設問2）

（a）	5,700,000円
（b）	**アルミ6000KGの制約**[2]から、アルミ1KGあたりの限界利益を算出する。 A：3800÷4＝950円/kg　　B：4400÷2＝2200円/kg Bの方が利益率高いのでBを優先するが、全量Bとした場合は**3600時間**[3]をオーバー。よってAを6000KG÷4KG/個＝1500個生産し、1500個×3800円/個＝5,700,000円

【メモ・浮かんだキーワード】　制約条件のあるセールスミックス、制約条件、イケカコ

【当日の感触等】　設問2は『イケカコ』でやった気がするが思い出せない。部分点取れることを祈ろう。

【ふぞろい流採点結果】（設問1）7/10点　　　（設問2）5/10点

シャーペン2本、消せるマーカー5色、消せる色ペン4色。

第3問（配点35点）
（設問1）

（a）	412,500円[2]
（b）	1台あたりの修理に関わる変動費＝8250円[5]　これと外注コスト2％を比較する。 車両代金をXとすると、0.02X＜8250円　ゆえに、X＝412,500円[10]

（設問2）

（a）	2,493,000円[1]
（b）	減価償却費＝（設備投資額7200万円－残存価値720万円）÷15年＝432万円[3] 粗利＝20台×（60万円/台－車両コスト50万円/台）[2]＝200万円 費用＝20台×（1.0万円/台＋0.45万円/台）＝29万円[2] CF＝経常利益（200万円－29万円）×0.7＋節税効果432万円×0.2＝249.3万円[5] 7200万円÷249.3万円/年≒28.88年　→　投資回収期間28.88年
（c）	28.88年[1]

（設問3）

（a）	
（b）	1年目の投資＝**設備投資7200万円**[1]…① 1－5年目のCFのNVP＝**249.3万円**×**4.2124**[3]＝1,050.15132万円…② 5年目以降のCFのNPV＝**150万円**÷**0.06**[3]×0.7473＝**1,868.25万円**[3]…③ 5年目の在庫分取崩しのNVP＝**50万円**×20台×0.7473＝**747.3万円**[2]…④ 本投資のNPV＝①＋②＋③－④＝（以下、時間切れ）

【メモ・浮かんだキーワード】　内外製区分、NPV、永続価値

【当日の感触等】　回収期間28.88年はあり得ない。どこかミスったな。部分点狙いと割り切ろう。

【ふぞろい流採点結果】　（設問1）12/12点　　　（設問2）11/13点　　　（設問3）8/10点

第4問（配点20点）　　100字

海	外	市	場	へ	の	販	売	と	な	る	為	、	①	為	替	変	動	に	よ
る	**為**	**替**	**差**	**損**	**発**	**生**	**リ**	**ス**	**ク**[5]	②	**カ**	**ン**	**ト**	**リ**	**ー**	**リ**	**ス**	**ク**[3]	に
よ	る	債	権	回	収	懸	念	が	あ	る	。	対	応	策	は	①	**為**	**替**	**予**
約	や	**通**	**貨**	**オ**	**プ**	**シ**	**ョ**	**ン**[3+2]	の	取	得	②	**貿**	**易**	**保**	**険**	や	民	間
保	**険**[+1]	の	付	保	に	よ	る	リ	ス	ク	ヘ	ッ	ジ	が	考	え	得	る	。

【メモ・浮かんだキーワード】　為替リスク、カントリーリスク、信用リスク、在庫リスク

【当日の感触等】　時事テーマってことで、カントリーリスクを入れておこう。

【ふぞろい流採点結果】　15/20点

【ふぞろい評価】　83/100点　　　【実際の得点】　79/100点

　第2問の計算問題で手痛い失点がありましたが、全体として満遍なく得点できています。難問の第3問（設問2）（設問3）では正解には至らなかったものの、丁寧に計算過程を記載したことが奏功して着実に得点を積み上げ、結果として高得点を獲得できています。

〜使ったペンの種類・本数〜

シャーペン2本、マーカーペン4色。

おみそ 編（勉強方法と解答プロセス：p.14）

１．休み時間の行動と取り組み方針

　事例Ⅲはそれなりに点数が取れたと思うので、気持ちはかなり持ち直してきた。また Apple Watch の呼吸セッションで体力回復。事例Ⅳは練習に練習を重ねて得意科目といえるほどに力をつけてきた。電卓の動作確認も完了。ここにきて夜の事例Ⅳトレーニングが功を奏して体力的にも問題なし。あとは最後まで諦めずに問題に取り組むのみ。

２．80分間のドキュメント

【手順０】開始前（〜０分）

　事例Ⅳは脳をフル回転させる必要があるから、とにかく何も考えないように目を閉じて呼吸を繰り返し、集中力を高めていく。

【手順１】準備（〜１分）

　解答用紙に受験番号を書いて、定規で設問とメモ用紙を準備。総合自動車リサイクル業者であることを確認。今回は連結が出なくてよかった、と胸をなでおろす。

【手順２】設問解釈（〜３分）

|第１問| いつもどおりの経営分析。あれ？　生産性って何だ？　ここにきて完全な新傾向か。確かに前年は財務指標が４つだったし、変わらない保証なんてどこにもないけど……。

|第２問| セールスミックスか。これはサービス問題かも。よかった。

|第３問| え？　設問文長すぎない？　後回しだけど、これは超難問な気がする。

|第４問| 記述問題はリスクとそのマネジメントか。記述は与件文から抜き出せたらそれが答えになるから落ち着いて与件文を読んでいこう。

|解く順番の確認| 難易度から問題を解く順番は第１問→第４問→第２問→第３問にしよう。

【手順３】与件文・財務諸表読解および第１問（〜20分）

|第１問（設問１）| 設問要求を確認。優れている指標２つと劣っている指標１つはいつもどおりだけど、生産性に関する指標を入れろなんて……。労働生産性が候補だけど公式は付加価値÷従業員数で合ってたっけ？　自信ない。

|第１問（設問２）| 明らかに劣っている点とその要因なんていうのも初めてだ。でも、問われ方自体は至ってシンプルだから、（設問１）の劣っている指標に着目したら良さそう。

|与件文| 順調にビジネスを拡大しているってことは収益性や効率性は高いと予想。海外販売網の展開と事業多角化はちゃんとチェックしておこう。商社的な会社が製造にも手を広げているって話か。海外市場中心とノウハウ不足というのは第４問の答えにそのまま使えるんじゃないかな？　最終段落に従業員数が出てきたから、生産性は労働生産性で決まり。

|財務諸表| 売上規模は同業他社と同じくらいだから、比較においては特に電卓をたたく必要はないな。粗利が高く棚卸資産が少ないから、予想どおり収益性と効率性が優れている。

労働生産性の付加価値は１次試験の中小企業政策で出てきた営業利益＋人件費＋減価償却費で計算可能。同業他社より従業員数が明らかに多いから、労働生産性を劣っている指標ということにしよう。

第1問（設問1）　単位と記載箇所を間違えないように落ち着いて計算するだけ。

第1問（設問2）　ノウハウ不足というのは労働生産性が低い要因の１つで決まりだろう。あとはよくわからないけど、広告費の数字が同業他社に比べ大きいのに売上が大差ないってことだから、営業利益を押し下げているということでもう１つの要因にするかな。

【手順4】第4問、第2問（～50分）

第4問　（～20分）海外市場中心とノウハウ不足から考えられるリスクはそれぞれ為替と利益減少かな。でも為替と利益減少ってリスクとして同列に書いてもいいのか？　でも、ほかにリスクも見当たらないし、これをまとめよう。労働生産性で思わぬタイムロスだったけど、すぐ書けたからかなり挽回できたか。

第2問（設問1）　（～25分）これは単純な計算問題だからサクッと解こう。利益額を問われているから共通固定費を引くのを忘れないようにしないと。

（設問2）　（～50分）直接材料に加えて直接作業時間も条件に追加か。線形計画法だな。１次試験の運営管理の過去問でやったことがあるし、これも問題なし。だけど、連立方程式の交点が目的関数を最大化するときのxとyであることを文章化するの難しいな。ふぞろいで見たことないけど解答欄大きいし、グラフを書いてしまうのが手っ取り早いか。

【手順5】第3問（～70分）

第3問（設問1）　（～60分）（設問1）なのに難しすぎない？　まずい！　試験対策で解いた記憶がない問題だし完全な初見問題か。文章題として題意のまま不等式を解くか。表下の※の間接費のうち70％は固定費の配賦額であるというのは、方程式から除外せよってことか？

（設問2）　（～68分）ナニカイテイルカワカラナイ……。完全に頭がスパークしてしまった。減価償却費と回収期間法の説明だけ書いて部分点もらえたら御の字。

（設問3）　（～70分）……。だ！　か！　ら！　ナニカイテイルカワカラナイ！！！　とりあえずNPVの説明だけしか書けない。せっかくあんなにNPVの練習したのに……。

【手順6】見直し（～80分）

　第3問が丸々怪しいからほかの問題で落とすわけにはいかない。第1、2問を丁寧に検算し、第4問の誤字脱字を確認。第3問は、目がチカチカする……。

3．終了時の手ごたえ・感想

　事例Ⅳは得意科目で全問答えるつもりだったけど、第3問を捨てざるを得なかった。しかし、過ぎたことは仕方ないし、やっと１年２か月の試験勉強が終わった。解放感が半端ない！　今日はデパ地下でおいしいご飯を買って、迷惑かけた妻と娘に恩返ししよう！

～使ったペンの種類・本数～
　シャーペン２本、鉛筆３本、色付きマーカー６本（設問ごとで色分け行う）、消しゴム２個。

合格者再現答案＊（おみそ 編） ━━━━━━ 事例Ⅳ

第1問 （配点25点）
（設問1）

	（a）	（b）
①	棚卸資産回転率²	33.41（回）²
②	売上高総利益率²	59.59（％）²
③	労働生産性²	748.60（万円）²

（設問2）　　　　　77字

労	働	生	産	性	が	低	い⁶	。	要	因	は	海	外	販	売	網	の	展	開
や	事	業	多	角	化	に	よ	り	①	ノ	ウ	ハ	ウ	不	足	で	従	業	員
1	人	当	た	り	の	売	上	が	小	さ	く³	②	広	告	宣	伝	費	を	か
け	て	い	る²	が	売	上	へ	の	貢	献	が	小	さ	い³	為	。			

【メモ・浮かんだキーワード】 収益性、効率性、安全性、労働生産性、付加価値、従業員数
【当日の感触等】 労働生産性は公式自体が合っていたか怪しく、かなり自信がない。
【ふぞろい流採点結果】 （設問1）12/12点　　（設問2）13/13点

第2問 （配点20点）
（設問1）

（a）	2,840,000円²
（b）	各製品の限界利益は A：7800－400×4－1200×2＝3800、B：10000－400×2－1200×4＝4400 各製品の1時間当たりの限界利益はA：3800÷2＝**1900**、B：4400÷2＝**1100**¹ 以上より、**1時間当たりの限界利益が高いAを生産する**¹。よって利益は、 1900×3600⁵－4000000＝2840000¹

（設問2）

（a）	2,200,000円²
（b）	Aをx個、Bをy個生産するとする。題意より、 4x＋2y≦6000²……①、2x＋4y≦3600³……②、x≧0、y≧0 求める利益をkとすると、k＝3800x＋4400y－4000000 これを最大化するx、yを求める。図示すると これより①と②の交点でkが最大化する。 ∴x＝1400、y＝200²よって利益は 3800×1400＋4400×200¹－4000000＝2200000¹

【メモ・浮かんだキーワード】 セールスミックス、線形計画法
【当日の感触等】 検算結果は合っているし、唯一満点狙えそう。
【ふぞろい流採点結果】 （設問1）10/10点　　（設問2）10/10点

〜使ったペンの種類・本数〜
赤青鉛筆＋黄色の蛍光ペン＋シャーペン！！ 赤青鉛筆は1本で赤と青が使えるからお気に入りでした。

第３問（配点35点）

（設問１）

（a）	412,500円[2]
（b）	買い取り額を x とする。 自社で整備する際の１台当たり利益はx−6000−7500×0.3＝x−**6000−2250**[5] 点検を委託する際の１台当たり利益は0.98x ※間接費のうち固定費はいずれの場合も同額かかるため、計算から除外する ∴x−6000−2250≦0.98を満たす x を解く。よってx≦**412500**[10]

（設問２）

（a）	250,000円
（b）	減価償却費は7200×0.9÷15＝**432**[3] 回収期間法は各年のCFにより、初期投資額を回収する期間を求める。
（c）	2.3年

（設問３）

（a）	500,000円
（b）	正味現在価値は、各期のCFを６％で割り引いた現在価値から初期投資額を差し引いて求める。

【メモ・浮かんだキーワード】　NPV、CVP

【当日の感触等】　とにかく難しかった。特に（設問２）と（設問３）は白紙で出すわけにはいかないから適当に埋められるだけは埋めた。

【ふぞろい流採点結果】（設問１）12/12点　　（設問２）3/13点　　（設問３）0/10点

第４問（配点20点）　　97字

リ	ス	ク	は	①	海	外	市	場	展	開	に	よ	る	**為**	**替**	**変**	**動**	リ	ス
ク[5]	②	新	事	業	の	ノ	ウ	ハ	ウ	不	足	に	よ	る	**利**	**益**	**減**	**少**	リ
ス	ク[3]	。	対	策	は	①	**為**	**替**	**予**	**約**	や	オ	プ	シ	ョ	ン[3+2]	に	よ	り
為	替	リ	ス	ク	を	ヘ	ッ	ジ	し	②	業	務	標	準	化	し	て	従	業
員	教	育	を	徹	底	し	顧	客	価	値	を	高	め	る	事	。			

【メモ・浮かんだキーワード】　為替リスク、ノウハウ不足、リスクヘッジ、標準化と教育

【当日の感触等】　与件文から素直に要素を抜き出せたから、ある程度部分点は取れているだろう。

【ふぞろい流採点結果】　13/20点

【ふぞろい評価】　73/100点　　【実際の得点】　75/100点

　第１問、第２問は丁寧に対応・処理することで、ふぞろい流採点では満点となっています。難問の第３問（設問２）は、見切りをつけながらも部分点をもぎ取ることができました。地道な努力に裏付けされた応用力と、タイムマネジメント力が高得点につながりました。

~使ったペンの種類・本数~

蛍光ペン５本（赤・オレンジ・黄色・緑・青）、２色ボールペン（黒・青・赤）。

まっち 編（勉強方法と解答プロセス：p.16）

1．休み時間の行動と取り組み方針

　オールナイトニッポンの続きを聴きながらお手洗いに行く。結局、今日この階のお手洗いでは女性は3人しか会わなかった。正直、事例Ⅳに関しては直前に何かを見ても何かが変わるとは思えない。エネルギー補給をして、体をほぐし、最後まで頑張りぬく気持ちを持てるコンディションを保てるようにリラックスする。前年唯一合格点に届いていた科目だし、計算過程も残せるから部分点ももらえるし、いつもどおり対応すれば大丈夫。

2．80分間のドキュメント

【手順0】開始前（〜0分）

　ついに最後の科目。あと80分で長かった受験勉強と今日1日の試験から解放されると思うと変な高揚感に包まれた。最後だからといって投げやりにならないように気をつけよう。とりあえず、わからない問題でもとにかく何かを書く。

【手順1】準備（〜1分）

　受験番号を記入し、問題用紙を解体していく。

【手順2】設問確認＆与件文確認（〜5分）

全体　D社の概要を確認。中古車買い取り、リサイクル業か。第1問が経営分析、第2問がセールスミックス、第3問が意思決定会計、第4問が記述。事例Ⅳに関しては、できる問題から優先して解いていく。ぱっと見、第3問が難しそうに見える。第1問→第2問→第4問→第3問の順で解いていくことに決める。

【手順3】与件文読解（〜10分）

　与件文を読みながら、軽くSWOT分析をする。強み（S）と機会（O）を赤、弱み（W）と脅威（T）を青で下線を引いていく。

第2段落　「環境問題や循環型社会に対する関心の高まり」に機会として赤で下線。

第3段落　「中古パーツの需要も急増」に機会として赤で下線。私は自動車のことあまり詳しくないけど、自動車のパーツって3Dプリンターで作れるの？　すごいね。

第4段落　「国内市場も拡大」に機会として赤で下線、「同業他社も近年大きく業績を伸ばしている」に脅威として青で下線。海外市場への進出か。もしかして為替の話？　確かに最近円安が話題だけど、試験でそんなにタイムリーに出てくるとは思っていなかった。

第5段落　「ノウハウが不足」に青で下線。そうだよね、リスクも大きいと思うよ。

第6段落　従業員数を最後にあえて明記しているのが気になる。計算で使うのかな？

　結局、外部環境については情報が多かったけど、あまりD社の強みはよくわからなかった。

【手順4】第1問　経営分析（〜20分）

第1問　経営分析はあまり時間をかけたくない。答えるのは良いところ2つ、課題がある

〜使ったペンの種類・本数〜

　3色フリクション、フリクションマーカー2本、シャーペン。

ところ1つか。制約として、「生産性に関する指標」？　なんだろう……。とりあえずいつもどおり、収益性・効率性・安全性の観点から目ぼしい指標を検討する。収益性は全体的に他社より良い数字。良い点の1つは収益性で間違いなさそう。どの指標が適切かはあまり与件文に情報がないけど、一番数字の乖離が大きい売上高総利益率をまずは書く。効率性は、念のため売上高棚卸商品回転率と売上高有形固定資産回転率を算出したけど一旦保留。安全性は当座比率も流動比率も負債比率もD社のほうが良さそう。とすれば良い点のもう1つはやはり安全性。与件文にもあまり安全性に関する記載がなかったから、どれを選んでよいか迷う。一旦同業他社との数字の開きが大きい流動比率を選択。残るは課題のある指標であり生産性に関する指標。しかも販売費および一般管理費の「その他」は含めないって、一体何の話をしているの？　そんな指標あるかも知らないけど、「売上高販売費および一般管理費回転率」と書いた。一応「その他」の数字を含めずに計算。後で見直す時間があるかわからないけど、時間をかけたくないのでとりあえず書いて先に進む。

【手順5】第2問　セールスミックス（〜45分）

第2問　解けそうな見た目の問題なので、落としたらまずそう。直接作業時間と消費量の上限を制約として、それぞれ算出。（設問1）と（設問2）でだいぶ数値違うけどこれ大丈夫か？

【手順6】第4問　記述問題（〜60分）

第4問　財務的観点からのリスクって、答えづらいな。人を増やすとは書いていないけど、ノウハウ不足を認識しているみたいだし、第3問に書かれているとおり追加の販売スタッフは必要としないとはいえ、海外ビジネスに精通した人は必要だと思う。単純に在庫や人が増えればコストも増えるし、効率性や収益性は落ちると思うけど、不安だな……。

【手順7】第3問　意思決定会計（〜78分）

第3問　この問題に深入りは危険と判断。とはいえさすがに空欄では出したくないので、地道に直接労務費・間接変動費・間接固定費の数字を算出していく。自社で行うときより、他社に委託したほうが安くなる場合に委託するべきってことだよね。とりあえず減価償却費の計算式がわかっていることだけはアピールしたく、計算過程の欄に真っ先に書き込む。

【手順8】見直し（〜80分）

単位や誤字脱字、軽微なミスがないか、さらっと確認して終了を待つ。

3．終了時の手ごたえ・感想

難しかった……。第2問は完答すべきところだったんじゃないの？　こんな出来だともう二度と事例Ⅳが得意科目だなんて口が裂けても言えない。最悪足切りの可能性がある。帰り際に後ろの席に座っていた人に声をかけられ、オンライン勉強会で一緒になった人だったことが判明して驚いた。マスクだったし、名前も思い出せなくて動揺した。女性が少なすぎて向こうからはすぐ気づかれたようだ。せっかく声をかけてくれたのに、事例Ⅳの落胆が大きく、会話を盛り上げられなくて申し訳なかった。

~電車の中での2次試験の勉強方法~
スマホに過去問のPDFを入れて、メモアプリに解答を作成。

合格者再現答案＊（まっち 編） ━━━━━━ 事例Ⅳ

第1問（配点25点）
（設問1）

	（a）	（b）
①	売上高総利益率[2]	59.59（％）[2]
②	流動比率[2]	368.82（％）[2]
③	売上高販売費および一般管理費回転率	2.87（回）

（設問2）　　　　79字

売	上	高	に	対	し	販	管	費	が	多	く[3]	、	売	上	総	利	益	の	多
く	が	販	管	費	と	し	て	流	出	し	、	効	率	性	が	低	い[3]	。	要
因	は	、	人	件	費[3]	、	外	注	費[1]	、	固	定	資	産	の	多	さ[3]	に	よ
る	減	価	償	却	費	が	多	く[3]	、	コ	ス	ト	が	多	い	か	ら	。	

【メモ・浮かんだキーワード】 収益性・効率性・安全性
【当日の感触等】 （設問1）の③が確実に不正解だし、（設問2）もかなり微妙。
【ふぞろい流採点結果】 （設問1）8/12点　　（設問2）10/13点

第2問（配点20点）
（設問1）

（a）	2,840,000円[2]
（b）	製品A　7,800−（400×4）−（1,200×2）＝3,800円/個　→1,900円/時間 製品B　10,000−（400×2）−（1,200×4）＝4,400円/個　→1,100円/時間[1] A、Bの順に優先する[1]。 3,600÷2＝1,800個　Aを1,800個生産する[1]。 利益は3,800×1,800[5]−4,000,000＝2,840,000円[1]

（設問2）

（a）	600,000円
（b）	Aの生産量をx、Bの生産量をyと置く。 4x＋2y≦6,000[3]　2x＋4y≦3,600[2]　を解くと、x≦400、y≦700 Aを400個、Bを700個生産する。 このときの利益は、（400×3,800＋700×4,400）−4,000,000＝600,000円

【メモ・浮かんだキーワード】 時間あたりの利益
【当日の感触等】 見直しができなかったから不安。計算過程の記述で多少部分点がもらえると信じる。
【ふぞろい流採点結果】 （設問1）10/10点　　（設問2）5/10点

第3問（配点35点）

（設問1）

（a）	675,000円[1]
（b）	自社で行う場合、 直接労務費　6,000×30＝180,000円 間接変動費　7,500×30×0.3＝67,500円 間接固定費　7,500×30×0.7＝157,500円　　合計：**405,000円**[3] 他社に委託する場合、　600,000×30×0.02＝360,000 買取価格をxとすると、0.6x≦405,000　→x≦**675,000**[5]

（設問2）

（a）	14,040,000円
（b）	設備の初期投資額　7,200万円 減価償却費　7,200万円×0.9÷15＝**4,320,000/年**[3] 複利現価係数を使い投資案の正味現在価値を計算する。
（c）	5年

（設問3）

（a）	
（b）	

【メモ・浮かんだキーワード】

【当日の感触等】（設問3）を空欄で出してしまった。自信がないけど少しでも部分点もらえないかな。

【ふぞろい流採点結果】（設問1）9/12点　　（設問2）3/13点　　（設問3）0/10点

第4問（配点20点）　　96字

リ	ス	ク	は	①	中	古	車	の	買	い	取	り	と	再	整	備	を	行	う
こ	と	に	よ	り	、	**棚**	**卸**	**商**	**品**	**が**	**増**	**え**[5]	回	転	率	が	下	が	り
効	率	性	の	低	下	②	ビ	ジ	ネ	ス	の	拡	大	に	よ	り	人	件	費
や	出	荷	コ	ス	ト	が	増	え	る	こ	と	で	**販**	**管**	**費**	**が**	**増**	**え**[3]	、
収	益	性	の	低	下	の	可	能	性	が	あ	る	こ	と	。				

【メモ・浮かんだキーワード】　棚卸商品が増加、回転率が低下、人件費が増加

【当日の感触等】　同じようなことを書いてしまった気がする。とりあえず効率性と収益性の2つのキーワードを出すことで多面性をアピール。ちょっとでも部分点ください！

【ふぞろい流採点結果】　8/20点

【ふぞろい評価】　53/100点　　【実際の得点】　62/100点

　第2問（設問2）での連立方程式の計算ミス、第3問（設問1）の固変分解に関するミスはありましたが、考え方と計算過程をしっかり記述したことで、部分点の獲得につながりました。第4問ではリスクに対するマネジメントの記述がないことが、ふぞろい流では大きな失点要素となりました。実際には、もっと幅広いキーワードが得点要素になった可能性があります。

～こだわりの試験テクニック～

問題用紙はホチキスのところだけ破く。

みみ 編 （勉強方法と解答プロセス：p.18）

１．休み時間の行動と取り組み方針

事例Ⅰ～Ⅲが合格ラインに届いていたとしても、すべてを台無しにする可能性のある事例Ⅳ。付け焼刃の有効性は低いと思うので、ファイナルペーパーにはさらっと目を通すだけで、残りの時間はリラックス。ラムネを貪り食い、開始時間を待った。

２．80分間のドキュメント

【手順0】開始前（～0分）

やっと最後の事例。1日かかる試験なので、正直くたくたな状態。最後の事例をやり切って、悔いのないように今日を終わろう。そわそわしながら試験開始を待つ。

【手順1】準備（～3分）

受験番号を丁寧に書く。ほかの事例に関しては、設問文の余白スペースにメモする程度で事足りるが、事例Ⅳでは十分な計算スペースがないと間違えの元となるので、思い切りよく問題用紙を破る。

【手順2】問題確認（～5分）

第1問 定番の財務諸表を用いた経営分析か。優れている指標2つ、課題を示す指標1つ、例年どおりの問題……ではなかった。生産性に関する指標を少なくとも1つ！「当該指標の計算においては『販売費及び一般管理費』の『その他』は含めない」ということは、「その他以外の項目」は使用するべきなのかな。後でもう一度、財務諸表をじっくり確認しよう。（設問2）にも関連づけができる解答を心掛けよう。

第2問 セールスミックスか。過去問でほとんど同じ内容の問題があったような。第1問の次は順当に第2問に手をつけよう。

第3問 変動費、固定費、NPVかな。今、細かく読むと時間がいくらあっても足りないから、後回しにしよう。

第4問 記述問題か。第3問で時間を取られるのは間違いないだろうから、第4問を優先して解くか。

全体 解答順序は第1問、第2問、第4問、第3問の順番で決定。

【手順3】与件文読解（～15分）

第1～2段落 事例Ⅳでも与件文に寄り添った解答を心掛けないと。「関心の高まり」はSWOTのO（機会）だな。

第3～5段落 検討中の事業内容を大きく分けると中古車販売とパーツ販売か。

第6段落 わざわざ与件文に従業員数を書いてくるのだから、人件費を解答に使用するべきかな。

【手順4】解答作成（～78分）

～こだわりの試験テクニック～

試験開始直後は、周りの人が一斉に紙をめくる音を聞き終わってから自分も紙をめくる。

第1問　収益性・効率性・安全性の視点からD社が良くも悪くも突出している点を見つけ出そう。収益は売上総利益が良い、人件費負担大きい、減価償却費負担大きい、販管費のその他も負担が大きいけれど、解答にはつなげにくいな。営業利益率も良いが、売上総利益のほうが目立つか。効率性の視点からだと、有形固定資産の金額が約2倍か、だから減価償却費も多いんだな。安全性は……強いて言うなら当座比率が良さそう。生産性に関する指標で人件費を使用したいから課題を示す指標の1つは決まり。残りは目立って良い売上総利益を使った指標を1つ、（設問2）で効率性の低さを記述したいから、関連づけを考えると有形固定資産に係る指標は外せない……。安全性の指標を解答に入れないのは不安が残るが、時間もないので、次の問題へ。

第2問　混乱しないように、限界利益や1時間、製品1個当たりの金額を確認していく。就職活動時のSPIみたいな問題だな。過去問では貢献利益がマイナスにならないかを検討していたから、同じように解答を組み立てていこう。（設問2）は連立方程式で解けそうだけれど、これでよいのか……。

第4問　「財務的観点から」だから、資金繰りや予算管理、安全性の指標に関連するような解答にするべきか。与件文から考えると為替リスクも入れておきたい。

第3問（設問1）　今回のラスボス第3問へ。設問文から状況を整理し、図で整理しよう。まずは、（設問1）は業務委託するか否か。変動費と固定費の問題か。あ、別に固定費は業務委託の有無にかかわらず発生する費用なのだから、この問いには関係ないのか。単純に業務委託で発生する費用、買取価格の2％が自社で整備するより安価であればよいんだよね。不安だ。

第3問（設問2）　年間キャッシュフローか。とりあえず、減価償却費のタックスシールドに関する内容は書いて、部分点だけでも狙おう。回収期間が32年になってしまった。長すぎるな。絶対に間違っている。

第3問（設問3）　わからないし、時間もない。年金現価係数だけ書いたら1点くらいいくれないかな。

【手順5】検算、見直し（～80分）

　第3問に時間をかけすぎて、第1問の見直しをする時間がなくなってしまった。解答の内容は変えずに検算だけ行おう。小数点以下の端数処理に間違いはないかな。

3．終了時の手ごたえ・感想

　第3問の（設問3）以外はすべて埋めたし、良くも悪くもすべて終わったので、気持ちよく帰ろう！　早く帰ってビールを飲もう！

～こだわりの試験テクニック～
　休み時間をルーティーン化（5分試験用紙回収、15分ホットアイマスク、10分直前対策、10分精神統一）。

合格者再現答案＊（みみ 編） ━━━━━━━━━━ 事例Ⅳ

第１問 （配点25点）
（設問１）

	（ａ）	（ｂ）
①	売上高総利益率[2]	59.59（％）[2]
②	棚卸資産回転率[2]	33.41（回）[2]
③	売上高人件費率[2]	21.56（％）[2]

（設問２）　　　　　　　77字

売	上	を	獲	得	す	る	**効**	**率**	**性**[3]	が	他	社	と	比	較	し	て	劣	っ
て	**い**	**る**[2]	。	そ	の	要	因	は	有	形	固	定	資	産	回	転	率	が	悪
く	、	**人**	**件**	**費**	**率**	**も**	**高**	**い**[3]	こ	と	か	ら	、	資	産	や	人	材	を
有	効	に	活	用	で	き	て	い	な	い	問	題	が	あ	る	。			

【メモ・浮かんだキーワード】　収益性・効率性・安全性

【当日の感触等】　生産性に関する指標はおそらく解答が割れると思うから、深追いせず、ケアレスミスはないように慎重に計算した。

【ふぞろい流採点結果】（設問１）12/12点　　　（設問２）8/13点

第２問 （配点20点）
（設問１）

（ａ）	2,840,000円[2]
（ｂ）	製品Ａにおける１個あたりの利益は3,800円 製品Ｂにおける１個あたりの利益は4,400円[1]であるので、製品Ｂを優先して生産する。 最大作業時間を製品Ｂの生産に充てると、900個の生産となり、900個×4,400円＝3,960,000円なので、共通固定費を賄えない。よって、**製品Ａを優先**[1]し、生産すると1,800個×3,800円＝6,840,000円[5]ここから**共通固定費を差し引き、**2,840,000円[1]

（設問２）

（ａ）	2,200,000円[2]
（ｂ）	製品Ａをｘ個、製品Ｂをｙ個生産する。 材料の制限が、4x＋2y＝6,000[2]（kg）　作業時間の制限が2x＋4y＝3,600[3]（時間） よって、x＝1,400、y＝200[1] 1,400個×3,800円＋200個×4,400円[1]－4,000,000円（共通固定費）＝2,200,000円[1]

【メモ・浮かんだキーワード】　貢献利益

【当日の感触等】　あまり自信がないが、時間もないので駆け抜ける。

【ふぞろい流採点結果】（設問１）10/10点　　　（設問２）10/10点

記述問題は長文で書かず、短文を重ねる。主語と述語が一致しているか要確認。

第3問（配点35点）

（設問1）

（a）	412,500円[2]
（b）	買取価格をxとする。 整備を自社で行う場合の費用は変動費8,250円[5]/台　固定費5,250円 x × 2% ≦ 8,250 の時は他社に業務委託すべき。x = 412,500[10]

（設問2）

（a）	2,493,000円[1]
（b）	投資による利益の増減額：20台×10万[2]−20台×14,500円[2]＝171万円 投資による減価償却費の増減額：7,200万円×（1−0.1）÷15年＝**432万円**[3] （171−432[2]）×（1−0.3）+432＝**249.3**[5]　8,200÷249.3＝32.89
（c）	32.89年

（設問3）

（a）	
（b）	150万円×4.2124＝631.86万円

【メモ・浮かんだキーワード】　固定費、変動費、現在価値
【当日の感触等】　（設問1）以外は明らかに答えがおかしいと思った。部分点を狙うしかない。
【ふぞろい流採点結果】　（設問1）12/12点　　（設問2）10/13点　　（設問3）0/10点

第4問（配点20点）　　92字

リ	ス	ク	は	①	固	定	資	産	増	加	に	伴	う	管	理	費	増	に	よ
る	収	益	性	の	低	下	②	**為**	**替**	**リ**	**ス**	**ク**[5]	や	借	入	金	増	加	に
よ	る	安	全	性	の	低	下	。	そ	れ	に	対	し	①	**資**	**金**	**繰**	り	や
利	**益**	**率**	**管**	**理**	**の**	**強**	**化**[1]	②	プ	ッ	ト	オ	プ	シ	ョ	ン[3+2]	の	購	入
等	で	リ	ス	ク	ヘ	ッ	ジ	を	行	う	。								

【メモ・浮かんだキーワード】　通貨オプション、安全性指標
【当日の感触等】　無理やり「為替リスク」をねじ込んだので文章がおかしなことになってしまった。
【ふぞろい流採点結果】　11/20点

【ふぞろい評価】　73/100点　　【実際の得点】　70/100点
　多くの受験生が悩んだ第1問の「生産性」に対しても、落ち着いて対応することができました。第4問の記述は一部題意を外す解答となったものの、第2問のセールスミックスの完答、第3問（設問1）の内外作区分の完答によって大きく点数を伸ばしたことで、余裕をもって合格点を超えました。

過去問大集合！ふぞメンたちのイチオシ事例紹介
第3節

「2次試験の勉強を始めたはよいものの、どの年度から手をつけるべきかわからない」

「2次試験直前期で過去問を復習したいが、どの年度を解くべきだろうか」

　そんな悩みを持っている受験生の皆さんに向けて、ふぞメンが自ら過去問を解いた経験をもとに、それぞれのイチオシ事例を紹介いたします。レーダーチャートによる各メンバーの評価や簡単な紹介も掲載しています。

　これから過去問演習を始める方、過去問の復習を効率的に進めたい方にとっては有益な情報の宝庫です。ぜひともご覧ください！

　なお、多少のネタバレ要素が含まれます。お気になさる方は、紹介事例の年度のみ確認し、過去問を解いた後に、改めてこちらをお読みいただければと思います。

【レーダーチャートの見方について】

　各事例について、以下の指標にもとづいて、ふぞメンがそれぞれ主観で5段階評価しています。

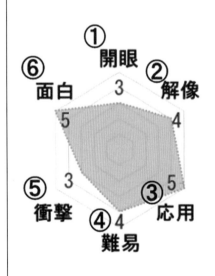

①開眼度

→この事例を解くことで2次試験対策の「何かに目覚めた」度合い

②解像度

→事例企業の具体的なイメージができた度合い

③応用度

→事例企業のストーリーや登場するキーワードなど、違う年度の事例に応用できる度合い

④難易度

→他の年度と比べた難しさ・簡単さの度合い

⑤衝撃度

→初見で解いたときの鮮烈なイメージの度合い

⑥面白度

→解法やツッコミどころなど、解いているときの面白さの度合い

| ぜあ | 解いた年度 → | 事例Ⅰ～Ⅲ：平成29年度から令和３年度
事例Ⅳ　　：平成29年度から令和３年度 |

事例Ⅰ　平成29年度

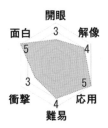

経営資源の集中や正規・非正規など、いつ問われても不思議ではないテーマがたくさん。第５問の150字の助言問題は、診断士として腕が鳴るぜ。

事例Ⅱ　平成30年度

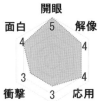

B社を取り巻く環境が細かく描写され、かつ、事例Ⅱに必須の「ターゲットに必要な施策を打ち、効果を出す」という練習においてかなり良問。

事例Ⅲ　令和２年度

解答の切り分けに最も苦慮した過去問。事例Ⅲが苦手になった原因かも。逆に、本事例を通じて、多少のダブりはしょうがないと開き直った。

事例Ⅳ　令和３年度

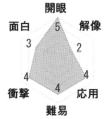

第３問のCVP分析では、変動費の算出を誤ってあえなく撃沈。疲労や思い込み、焦りが大量失点につながることを身をもって体感した事例。

| やーみん | 解いた年度 → | 事例Ⅰ～Ⅲ：平成25年度から令和３年度
事例Ⅳ　　：平成19年度から令和３年度 |

事例Ⅰ　令和２年度

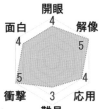

１次直前期、初めて解いた（解けなかった）事例で印象が強い。国語力だけでは解けない、１次知識の上手な活用が求められる良事例。

事例Ⅱ　平成26年度

電卓が必要な事例、そろそろ来ると思わない？変わり種として一度は挑戦を勧めたい。そして、本番でも全事例電卓を出しておいてね。

事例Ⅲ　令和２年度

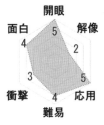

切り分けがとにかく難しく、練習に最適。さらに、設問と解答はオーソドックスで応用度が高い。繰り返し取り組むだけの価値がある事例。

事例Ⅳ　平成24年度

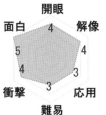

社長と従業員の給与差に闇を感じる。それはともかく、従来のパターンを外した、現場対応力を試す事例。第４問は事例Ⅰのトレンドにも通じる。

～事例Ⅰのポイント・攻略法～
　解答を書く前にすべての問の骨子を作り、設問の流れを確認する。

こやちん 　解いた年度 ➡ 事例Ⅰ〜Ⅲ：平成19年度から令和3年度
事例Ⅳ 　　：平成19年度から令和3年度

事例Ⅰ 平成30年度

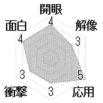

競争戦略、環境変化のなかでの適応、組織構造、事業継承、といった事例Ⅰ特有の問題が凝縮された良問。

事例Ⅱ 平成30年度

地域資源を使い倒す事例Ⅱ流を学べる。恍惚感を誘うキーワードが並び、旅行に出たような幸せな気分になれる。息抜きとしてもよいかも。

事例Ⅲ 平成25年度

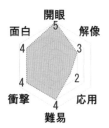

企業が陥りがちな問題を事例化。実学として役立つ。パズル要素もあり楽しい。マンネリ化しがちな事例Ⅲでは、スパイス的な異端児。

事例Ⅳ 平成30年度

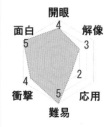

解法が美しい。企業価値評価はやっておいて損はない。よくある事業投資評価との違いに留意しながら取り組むことで、地力がつくと思う。

おみそ 　解いた年度 ➡ 事例Ⅰ〜Ⅲ：平成20年度から令和3年度
事例Ⅳ 　　：平成13年度から令和3年度

事例Ⅰ 令和3年度

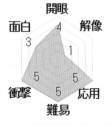

事業承継や組織間関係など令和4年度の出題論点がてんこ盛り。今の試験委員を考慮したらかなりホットなので、ぜひとも対策しておきたい。

事例Ⅱ 平成27年度

商店街の出題で、他の年度に比べて珍しい問題。複数の企業に対する分析や提案が求められ、タイムマネジメントの訓練にもなる。

事例Ⅲ 平成30年度

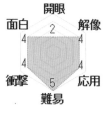

図が多用されていて、運営管理の知識を総動員することが求められる。かなり癖があるので、複数回解いて必ず解法を自分のものにしておきたい。

事例Ⅳ 平成23年度

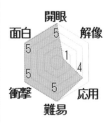

B/Sが読みづらい、デシジョンツリーの出題など、歴代随一の難しさ。試験本番で面食らわないように、丁寧にトレーニングしておきたい。

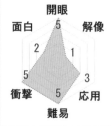

〜事例Ⅰのポイント・攻略法〜
　自分が従業員だったらどのような企業が嬉しいか、を考えた。

まっち　解いた年度

事例Ⅰ～Ⅲ	：平成28年度から令和3年度
事例Ⅳ	：平成28年度から令和3年度

事例Ⅰ　令和元年度

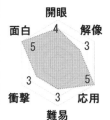

企業が外部環境の変化に対応し変容を求められるなか、ドメインやコア技術の捉え方の重要性を学べる。何を乾燥させるか想像するのが楽しい事例。

事例Ⅱ　令和3年度

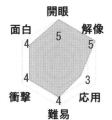

これからの時代は中小企業もインターネットがあれば全国市場も狙える時代。夢はでっかく、一地方から全国へ挑戦する事例を読んでおこう。

事例Ⅲ　令和3年度

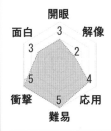

突如迫られる企業の今後を左右する究極の2択。直近5年では最大の文字数制限となる140字を書き切る体力をつけて本番に備えよう。

事例Ⅳ　平成29年度

事例Ⅳの記述問題への対策はできている？　第4問の記述で部分点を稼ぐ引き出しを増やしたい方に。多角化が大胆すぎてまるで別企業。

みみ　解いた年度

事例Ⅰ～Ⅲ	：平成20年度から令和3年度
事例Ⅳ	：平成20年度から令和3年度

事例Ⅰ　平成28年度

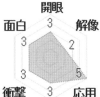

『ふぞろい』での難易度評価は第1問以外「勝負の分かれ目」。奇問難問がないので、事例Ⅰ攻略への足がかりとして、よい過去問演習になるかも。

事例Ⅱ　令和2年度

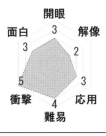

2次試験においても、1次試験の知識は重要であることが身に染みた問題。本番での不測の事態へ、どう対応するかを考えるよい機会となった。

事例Ⅲ　平成28年度

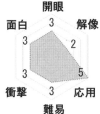

この過去問のおかげで事例Ⅲが不得意ではなくなった。定番のキーワードや解答の切り口が多く、何度も繰り返して解くことをおすすめする。

事例Ⅳ　平成26年度

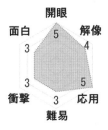

ぜひ令和4年度過去問演習の前後に取り組んでみて。過去問に取り組むことの重要性を感じることができるはず。演習を重ねよう。

~事例Ⅰのポイント・攻略法~

　人的資源管理（人事評価、雇用管理、報酬制度、能力開発）の各施策の内容、メリデメ、具体策を頭に入れる。

第4節 受験生のお悩み解決！　ふぞメン大座談会

　時には壁にぶち当たり、挫折しそうになりながらも合格を勝ち取ったふぞメン6人。各メンバーの疑問にほかのメンバーが答える形で、試験対策のノウハウや学習のコツを語り尽くす大座談会を開催！　これを読めば、受験生の皆さんも合格に一歩近づけるかも！？

【テーマ1：試験で起きた想定外】

やーみん

> 令和4年度の試験は想定外が多く、事例Ⅳをはじめとして大変だった。ほかの事例でも「何書いていいかわかんない」って問題が多かったんだけど、みんなの率直な感想を聞いてみたい。

こやちん：実は事例Ⅳは、9割以上取りたいと思ってて、かなり緻密に計画を立てたの。**事前に計画を立てすぎて、想定外の問題に遭遇したときに本番での時間管理がうまくいかなかった**。部分点は積み上げたけど、悔しかったよ。

まっち　：私は2回目の受験で、事例Ⅳは前年60点以上取れてたから、少し油断があったかも。今回は第1問の生産性で、**最初から躓いて、メンタルにもきたよね**。

やーみん：そうそう、それに事例Ⅳだけじゃなくて、事例Ⅰの組織構造の問題とか、事例Ⅱの「オンライン販売事業者」とか、何書いてよいかわからなくて。

おみそ　：確かに、想定外の問題は多かったんだけど、**自分はある意味「ラッキー」と思った**。かなりの年度の過去問演習をしたことで、**ほかの受験生も解けないであろう「捨て問」がわかり、解くべき問題に注力できた**から。生産性の問題についても、「販売士」の試験を受けた経験から労働生産性の数式が頭に浮かんだ。**想定外の問題でも知識のいろんな引き出しを開けるのが大事**だね。

みみ　　：そうだよね。それに、自分の場合、2次試験を受けるのは3回目なんだけど、**これまで予想どおりにいったことがなくて。そういう意味では許容範囲内だし、メンタルはぶれなかったよ**。

ぜあ　　：あの問題でメンタルぶれないってのがすごい。メンタルっていう点で言うと、会場でのハプニングも油断できないよね。

みみ　　：不合格年度だけど、電卓を忘れた（笑）。

一同　　：えーっ！！！

みみ　　：昼休みに文房具屋にダッシュした。**事前の文房具チェックは大事だよね**。

～事例Ⅰのポイント・攻略法～
　組織のどの階層（レイヤー）で起きている問題かを意識する。

おみそ　：自分の想定外は、シャーペンを長時間持ちすぎて、事例Ⅳで指がつったこと。

やーみん：その点については、自分は対策してて、**セルフ模試をやってみて手が疲れることがわかってたから、文房具は吟味のうえで手が疲れないものを選んだよ。**

まっち　：想定外で言うと、私は普段、スマホのタイマー機能使って勉強してたんだけど、時計を見ながら解かなきゃいけないことに当日の朝気づいて、時間管理の工程が増えた。**本番でいつもと違うことしなきゃいけないってリスクだよね。**

ぜあ　　：試験問題の想定外の対策は難しいけど、**試験準備の段階で本番を想定して対策を取っておくのが重要だよね。**一方で、事前に想定できないようなハプニングが起きた人っている？

こやちん：事例Ⅰの開始前に受験会場に蜂が入ってきたとか、1次試験のときには、街宣車が会場近くで爆音立てるとか、僕はなぜかハプニングには結構遭遇したよ。

ぜあ　　：動じないメンタルって大事だとわかってるけど、実際は動じちゃうよね（笑）。

【テーマ2：解答メモの作り方＆文房具の使い方】

> 「きれいなメモの取り方」のYouTube見て、マネしてみても自分にはうまくできなかった、という経験があるんだけど、みんなはどうやって解答メモを作っていたのか、聞いてみたい。

こやちん

おみそ　：解答メモは相当こだわっていたよ。事例Ⅰ～Ⅲは問題用紙を切って枠線を引き、マス内に解答要素を埋めるようにして、MECE（漏れなく、ダブりなく）になるように工夫した。**これで解答要素の抜け漏れがかなり減ったよ。**

こやちん：メモの取り方で講座開けるんじゃない？　ちなみに、解答骨子は作ってない？

おみそ　：作ってないね。**マス内の解答要素を組み合わせて解答する訓練を重ねたので。**

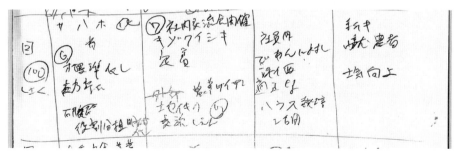

おみその解答メモ（令和4年度事例Ⅰ　第2問）

ぜあ　　：自分は**実際の解答に近いものを一旦メモとして書いてから、最後に清書する形**

~事例Ⅰのポイント・攻略法~
　　従来の事業内容⇒外部環境の変化⇒ドメインの変遷、という毎年共通の流れを意識して問題を解く。

にしてた。とにかく書いてみて、論理的に矛盾してないかを見るイメージ。

おみそ　：おぉー、メモなのに字がきれいでしかも正確だ……。

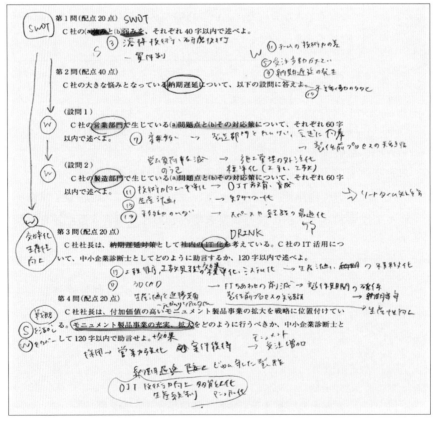

ぜあの解答メモ（令和4年度事例Ⅱ　第3問）

まっち　：私の場合、**設問間のつながりを意識したメモ**にしてて、全体のなかでダブりが
　　　　　ないかを見てた。**設問全体を通じて事例企業をどういう方向に持っていこうと
　　　　　しているのかを考えてたよ。**

こやちん：すごいね、これ。設問間のつながりって、「意識しろ」って言われるけど、自
　　　　　分はうまくできないなと思って諦めちゃってた。

まっちの解答メモ（令和2年度事例Ⅲ）　※過去問演習

〜事例Ⅱのポイント・攻略法〜
　解答を書く前にすべての問の骨子を作り、設問の流れを確認する。

やーみん：解答メモ書くときに、与件文に線を引っ張ったりすると思うんだけど、みんなはどんな文房具を使ってた？　最初は何色もの蛍光ペンを使い分けようとするんだけど、結局強み、弱み、その他の３本で諦めちゃった。

こやちん：自分は多いほうだと思うけど、**カラーペンを７本**使ってた。**設問ごとに色分けしていくんだけど、重なるところも出てくるから、切り分けを意識できるようになったし、解答作成がとても楽になった**。反省点としては、**最初に線を引かなかったところが印象に残らなくて、解答から漏れちゃう**んだよね。熟練が足りなかったのかな。

みみ　　：逆に自分は、**シャーペン１本**。**強みと弱みを問われる問題だったらそれぞれを丸で囲むスタイル**。色ペンを使うと、間違えて線引いたときに妙な動揺が走るけど、シャーペンは何回でも消せるからね。

ぜあ　　：シャーペン１本とは、ストロングスタイルだね（笑）。

【テーマ３：ふぞメンのおすすめフレームワーク】

みみ

事例Ⅲの「ＤＲＩＮＫ」は本当に使いやすく、２次試験３回受けたなかで３回とも事例ⅢがＡ判定だったのはフレームワークのおかげだと思ってる。みんなのおすすめのフレームワークがあれば教えてほしい。

やーみん：最も役立ったと思うのは、**事例Ⅱの「ダナドコ」**かな。問題用紙の余白に「ダナドコ」って書いて、設問文で聞かれていることに丸を付ける、という練習は、試験本番まで相当意識してやってたよ。
　　　　　※注）「ダナドコ」ダ：誰に　ナ：何を　ド：どのように　コ：効果

おみそ　：**事例Ⅰの「茶化」と「幸の日も毛深い猫」**もよく使うよね。特に後者については、**「幸の日も」が士気向上、「毛深い猫」が組織活性化**につながるっていうことを学んで以降、よりお世話になった。
　　　　　※注）「茶化」サ：採用、ハ：配置、ホ：報酬、イ：育成、ヒ：評価（漢字のパーツより）
　　　　　※注）「幸の日も毛深い猫」採用・配置、賃金・報酬、能力開発、評価、モチベーション、権限委譲、部門、階層、ネットワーク、コミュニケーション

ぜあ　　：「ＤＲＩＮＫ」、「ダナドコ」、「茶化」、「幸の日も毛深い猫」はフレームワーク界の四天王だよね。ほかに役立ったフレームワークはある？
　　　　　※注）「DRINK」D：データベース、R：リアルタイム、I：一元管理、N：ネットワーク、K：共有化

こやちん：2次試験の予備校で、**講師からフレームワーク集を渡されて、150個くらいを「全部覚えろ」って言われたよ**。凄まじいボリュームだし、直接的に解答には使いにくいものもあるんだけど、与件文を読み解くのに役立った。

まっち　：たとえば、どのようなのがある？

こやちん：事例Ⅲのライン生産方式のメリット・デメリットをフレームワークとして覚える、とかそんなイメージ。

やーみん：フレームワークっていうと事例Ⅰ～Ⅲで使いやすいと思うけど、自分は事例Ⅳでも使ってた。**経営分析で頻出の経営指標を8つくらい覚えておいて、試験開始後、先に事例企業の財務諸表を計算しておくと、その後の与件文や設問の理解がすごく早くなる**。たとえば、流動比率とか売上高総利益率とか。

みみ　　：事例Ⅳでもフレームワークがあるっていうのは新たな視点。

おみそ　：『ふぞろい』の宣伝になってしまうけど、**『ふぞろい14』ではフレームワークが一覧で掲載されてるコーナー（P137）があって**、すごく役に立ったよ。

まっち　：フレームワークとして体系だっているものが役に立つのはもちろんなんだけど、そうでなくても、**与件文に書かれたキーワードから解答が推測できる定石みたいなものもあるよね**。私は事例Ⅲが苦手なんだけど、とにかく「生産計画」とか「生産統制」が出てきたら、「全社計画作って共有」とか「在庫は確認して現品管理して、適正在庫にする」とかパターン化して覚えていた。

ぜあ　　：「生産計画は短サイクル化」とかね。方程式みたいなものだよね。

おみそ　：でも、注意点もあって。フレームワークを使えば、与件文を読まなくても解答が書けるけど、**ただ一般論を書いても得点が伸びないんだよね。与件文に沿ってフレームワークの要素を当てはめる作業が何より重要**だと思う。

みみ　　：それは本当におみそ言うとおり。今回の事例Ⅲも与件文の要素を入れずに書いてしまってもある程度書けてしまう設問があったんだけど、実際の点数はそこまで伸びなかった。さっき、今回含めて3回受けた2次試験は全部A判定って言ったけど、点数は60点台前半ばかりだったから、**与件文に沿うことを意識しないと、高得点は狙えないってことだよね**。

【テーマ4：受験勉強をDX化する】

まっち

コロナ禍のなかで、受験生支援団体がやっているZoomの無料勉強会に参加したりして、会場に行かなくても勉強できる環境も整ってきていると思う。みんなはどんなツールで勉強していたかを聞いてみたい。

ぜあ　　：自分も地方に住んでるけど、オンラインの無料勉強会とか、**「かつては東京でしか得られなかった情報」が地方に居ながらにして得られる**のはとても役立ったと感じてる。ほかの受験生の文章術を盗んだりもできるし。

こやちん：僕の場合、勉強会があるのは知ってたんだけど、世代的な感覚なのか、「恥ずかしい」と感じてなかなか参加できなかった。あと、ほかの参加者のレベルについていけてなかったら、足を引っ張っちゃいそうだし。

やーみん：自分は数回参加しただけで、途中でやめちゃった。理由は2つあって、1つは、**参加自体が目的となって、復習が追いつかない**のと、もう1つは、2次の勉強を8月から始めたので、解答を人に晒せるレベルじゃなかったことだね。

まっち　：合う、合わないはあるね。有志による運営だから「よい回」と「そうでもない回」もあるし。でも、**基本的に無料だし、1回は試してみるのがおすすめ**。

おみそ　：支援団体による勉強会って、中小企業診断士特有なのかなって。ほかの資格であまり聞かないよね。診断士の面白いところだなってすごい感じる。

みみ　　：自分は最後まで勉強会には参加しなかったけど、一度くらい参加してもよかった気がする。でも何より、**自分に合う勉強法を見つけるのが大事だよね**。

ぜあ　　：DXっていう観点でいくと、TwitterとかのSNSはどう活用してた？

やーみん：**Twitterは活用してた**。何より、**周りの人が頑張っているのを見ることでモチベーションになる**し、**問題演習で疑問に思ったことを投稿すると意外とコメントが返ってくる**から、すごく助かった。

ぜあ　　：Studyplusも活用できるよね。**受験生仲間の勉強時間もわかるし**。

まっち　：「ほかの受験生が勉強してる」と思うと、自分もやらなきゃって感じるよね。

おみそ　：自分は逆に、**SNSは意識的に避けてた**。ほかの受験生が「よい点数取れました！」とか言ってる情報を見つけると、自分のメンタルが下がるから。**人と比較しない、ということは徹底**してた。今はバリバリ使ってるけどね（笑）。

こやちん：さすが、ボクサーのおみそ。ストイックだよね。

まっち　：ちなみに、YouTubeでよいチャンネル知ってる人いる？

こやちん：**1次の勉強だと、「ほらっちチャンネル」**だよね。僕は1次試験の「中小企業経営・政策」の暗記が苦痛だったんだけど、このチャンネル見て「おもしろい」って感じたことがモチベーションにつながった。

おみそ　：**北村ゆきひろさんのチャンネル**はよく見てたね。特に後で出てくるけど『ふぞろい』の使い方を紹介していて勉強になった。ほかにも**情報収集は相当YouTubeに頼ってた**ね。YouTubeに課金して、CMが流れないようにしてたよ。

まっち　：全然知らなかった。YouTubeにそんなに情報があるんだね。いろんなツールが出てきて便利になったけど、**情報があちこちにあるから、有益な情報を取捨選択していくっていうのが大事だよね**。

～事例Ⅱのポイント・攻略法～

ターゲットが問われている場合、「心理的基準」も必ず考慮する。

【テーマ5：ふぞメンが実際に活用したふぞろいな参考書】

おみそ

試験結果はどの参考書をどう使うかによっても大きく影響される感覚があって、いろいろと調べたりもしたんだけど、みんなが使った参考書とその効果について聞いてみたい。

みみ　　：みんな、いろいろ使ってたのかもしれないけど、**自分は『ふぞろい』一本**。

ぜあ　　：えっ！？　事例Ⅳも含めて、『ふぞろい』一本？

みみ　　：そうそう。実務で会計に携わっているっていうのもあるし、参考書は『ふぞろい』しか使ってない。あとは、過去問をとにかく解いて勉強してたよ。

やーみん：『ふぞろい』は、点数づけにも使えるのはもちろん、**合格答案の雰囲気を知るためにも有効**だと感じる。予備校の出している模範解答って、素晴らしいんだけど、とても80分で書ける内容とは思えないから、「**現実的に書けるレベル**」という点では『ふぞろい』がちょうどよかった。

おみそ　：自分は『ふぞろい』の最新版から10年データブックまですべて入手して、事例Ⅰ〜Ⅲは平成20年度以降、事例Ⅳは全年度を解いたよ。**特に効果があったのは、さっき紹介した北村さんが話していた『ふぞろい』の解答ワードを組み合わせて75%の点数になる解答を作る練習**。点数を取りやすいワードがわかるし、「正しい解答要素をすべて押さえなきゃ」という考えから解放された。

こやちん：逆に、僕は素直じゃないから、参考書はだいたい揃えてて、**事例を解くときも、各社の参考書や予備校の模範解答を比較しながら使ってた**よ。予備校によって解答の方向性が違うことも結構あるよね。

ぜあ　　：事例Ⅳについては、『**意思決定会計講義ノート**』（税務経理協会。以下、『イケカコ』）や『**事例Ⅳ（財務・会計）の全知識＆全ノウハウ**』（同友館。以下、『全知全ノウ』）、『**30日完成！事例Ⅳ合格点突破計算問題集**』（同友館。以下、『30日完成』）あたりもよく使われてるよね。

こやちん：『30日完成』は、1次終わって「さあ、2次の勉強だ」っていうときに、**基礎力をつけるにはとてもよい教材**だよね。

まっち　：ただ、『30日完成』は、易しめだから、徐々に難しい問題にも触れたほうがいいよね。その点、『**イケカコ』は難易度高めだから、基礎力をつけたあとに解くのがよさそう**。

こやちん：そうなんだよね。僕の場合は、先に『イケカコ』に手をつけちゃって、あとで過去問解いていったから、せっかく勉強した『イケカコ』の内容をすっかり忘れてたっていう反省があった。

おみそ　：『**全知全ノウ**』については過去問が単元ごとに**再編成**されているから、**使いやすいと感じた**よ。

まっち　：参考書とは違う視点になるんだけど、私は読み物が好きで、たとえば試験委員の岩崎邦彦先生の『**スモールビジネス・マーケティング：小規模を強みに変えるマーケティング・プログラム**』（中央経済社）とか、事例Ⅲ向けには『**【ポイント図解】生産管理の基本が面白いほどわかる本**』（田島悟著、KADOKAWA）とか読んでたよ。事例Ⅳでも、『**決算書がスラスラわかる　財務3表一体理解法**』（國貞克則著、朝日新書）とかね。

みみ　　：今、まっちが言った本はスマホに入れたりして、だいたい読んだよ。

まっち　：試験の直接的な対策本ではないんだけど、**全体的な理解を深めるという意味では、無理のない範囲で読むと効果あるよね**。

【テーマ6：隙間時間の活用法】

ぜあ

> 2次の勉強って、1つの事例解くのに相当時間かかるから、通勤時間とか職場の昼休みとかの「隙間時間」を活用しにくいっていうイメージがあるんだけど、みんなの「隙間時間活用術」を知りたい。

こやちん：僕は、**通勤時間に、予備校から暗記しろって言われた「フレームワーク集」**を覚えたり、試験直前には、**与件文や設問文だけ読んで、「こう答えよう」っていうのを頭のなかでシミュレーションしたり**してたよ。

ぜあ　　：都心部に住む人って、朝夕の通勤時間をどう使えるかって、かなり大事だよね。自分の場合、自宅から職場までは徒歩で行けるくらいの距離だから、朝早く起きて、自宅で事例を1つ解いて、職場の昼休みに採点だけして、夜はじっくり解説を読みながらベストの解答を検討するっていう**1日のサイクルを作ってた。朝の時間も有効活用したいよね**。

まっち　：逆に、私は朝が苦手で、夜に事例を解くことにしていた。**朝は通勤の電車とか出勤前のカフェで30分間『ふぞろい』読んで過ごすとか**。事例Ⅰ〜Ⅲは、80分の本番と同じ制限時間で解きたいけど、**事例Ⅳに関しては分割できるよね**。

おみそ　：僕はちょっと特殊だと思うんだけど、業務がそんなに多忙じゃなかったというのもあり、勉強時間は確保できてた。なので、5分とか10分の隙間時間があれば、逆に**休息に充てることも多かったよ**。目を閉じて深呼吸を繰り返す感じで。Apple Watchの「マインドフルネス」っていうアプリが結構使えたね。

こやちん：やっぱり、ボクサーらしい（笑）。

~事例Ⅲのポイント・攻略法~
　さまざまな問題点が出てくるが、冷静に設問ごとに切り分ける。

みみ　：隙間時間っていってよいのかどうかわからないけど、自分は「**問題を解く日**」
　　　　と「答え合わせをする日」を別にしてた。問題を解いてるときの思い込みが
　　　　残ったまま答え合わせするよりも、一旦冷静になったほうがよいと思うし、答
　　　　え合わせだけだと電車のなかでもできるしね。考え方としては、**問題を解いた**
　　　　自分とは「別の自分」が採点者となる感じ。

やーみん：それはすごく新鮮。「80分で解いて解答解説を読む」っていうのは1セットだ
　　　　と思ってた。**夜中、解いた後に解答解説まで読んじゃうと寝不足にもなる**し、
　　　　すごくよいなって感じたよ。

【エピローグ：ふぞメン大座談会を通じての気づきと受験生へのメッセージ】

ぜあ　　：ふぞメンらしく、試験への臨み方、解答メモ、勉強方法と、どのテーマをとっ
　　　　ても「ふぞろい」なことに驚きました。メンバーの暗黙知が座談会を通じて少
　　　　しでも形式知化され、受験生の皆さまに伝わればと思います。座談会を読んだ
　　　　一人でも多くの受験生が「合格の栄冠」を勝ち取れますように。

やーみん：みんながさまざまなアプローチで試験に挑戦していることが知れて、すごく刺
　　　　激的でした。特に、おみその解答メモの取り方はすごく斬新で面白いと思いま
　　　　した。

こやちん：みんな、いろんなテクニックを駆使して試験に挑んでたんだなと妙に感心しま
　　　　した。ネット情報だけでは気づかないこともあるので、受験生同士の情報交換
　　　　は価値があると感じました。皆さまも、積極的に交流してみてはいかがでしょ
　　　　うか？

おみそ　：受験生時代に知っていたら良かったのに、と思う情報ばかりでした。このなか
　　　　からぜひとも受験生の皆さまがご自身に合うものを見つけてもらえれば嬉しい
　　　　限りです。その際は、「1回試してみる！」の精神が大事だと感じました。

まっち　：それぞれ自分に合ったやり方を見つけていて、合格への道のりは1つじゃない
　　　　と感じました。さすがに全部取り入れるのは難しいけど、ぜひ自分に合いそう
　　　　な手法は積極的に試して、自分流の勉強法に昇華していってもらえると嬉しい
　　　　です！

みみ　　：メモ、参考書、アプリ、勉強会など、みんなそれぞれに合った勉強方法を模索
　　　　しています。時間をかけて自分にぴったりの「ふぞろい」な勉強スタイルを手
　　　　にすることが大事なのかもしれませんね。何事にもチャレンジ精神を！

～事例Ⅲのポイント・攻略法～
　　苦手な場合はQCD別に対策を整理して丸暗記する。

令和3年度試験 再現答案

（2022年版）

■■ 第2章のトリセツ ■■

　第2章では、令和3年度2次試験合格者のうち6名を取り上げ、各人が2次試験当日までどのような勉強をしてきたのか、当日は何を考えどのように行動したのかを詳細に紹介しています。ご自身と属性の近い合格者を探し、合格のヒントとしてご活用いただければ幸いです。

第1節　合格者6名の勉強方法と解答プロセス

　ふぞろいな合格者6名の紹介に続き、各メンバーの勉強への取り組み方、合格のために重視していたこと、勉強スケジュールなどを詳細なコメント付きで紹介します。

第2節　合格者の80分間のドキュメントと再現答案

　6名の合格者が2次試験本番にどのように臨み、どのように合格答案に至ったのかを、ドキュメント形式でお伝えします。予想外の難問・奇問や思わぬハプニングに翻弄されつつも、なんとか合格をつかみ取ろうとする6名の姿を、当日の間違った思い込みやリアルな感情の動きも含め記録しています。また、実際に当日作成した答案を後日再現し、ふぞろい流採点と得点開示結果を添えて掲載します。

第3節　【特別企画】君に決めた！　ふぞろい流タイプ分析＆ふぞメン図鑑

　あなたが6名のうち誰と似ているか、「財務が得意か苦手か」「長文読解が得意か苦手か」などの定性面からわかるチャートを作りました。似ている人の勉強方法はあなたに合っているかも?!　6名からの、自分と似たタイプの方へ送るメッセージも掲載しています。第1節を読む前に、こちらで似ている人を確認するのもおすすめです。

第4節　【特別企画】合格ゲットだぜ！　ふぞメンたちの2次試験対策井戸端会議

　各事例について、苦手な人が得意な人に教えてもらうという形式で井戸端会議をしています。得意な人はどのように勉強して、本番で何を考えていたのでしょうか。
　また、番外編として、「ふぞろい活用法」「模試は必要？」「タブレット学習のススメ」「文房具へのこだわり」をそれぞれのスペシャリストに語ってもらいました。

第5節　2次試験受験戦略
〜ゼネラリスト？　スペシャリスト？　あなたの戦略はどっち？
　ふぞろい15メンバーがどちらの戦略を選択したのか、アンケートを実施しました。

第1節　合格者6名の勉強方法と解答プロセス

1．ふぞろいな合格者6名のご紹介

再現答案を活用するために、自分と似たタイプの合格者を一覧表から見つけてね！

	あっきー	みほ	けんけん	さと	みっちー	もっちゃん
年齢	35歳	33歳	37歳	28歳	28歳	33歳
性別	男	女	男	女	男	男
業種	製造業	出版業	金融業	金融業	製造業	サービス業
職種	研究開発	編集	営業	事務	研究開発	弁護士
2次受験回数	1回	1回	2回	2回	2回	3回
2次勉強時間	100時間	130時間	270時間	1,000時間	1,000時間	450時間
学習形態	予備校以外の通信・独学	独学	独学	予備校通信	独学	独学
模試回数	0回	0回	1回	4回	0回	0回
模試成績	―	―	上位20%以内	上位30%以内	―	―
得意事例	事例Ⅱ・Ⅳ	事例Ⅰ・Ⅱ	事例Ⅳ	事例Ⅲ	事例Ⅳ	事例Ⅱ
苦手事例	事例Ⅲ	事例Ⅲ・Ⅳ	事例Ⅱ	事例Ⅰ・Ⅳ	事例Ⅲ	事例Ⅲ・Ⅳ
文系／理系	理系	文系	文系	文系	理系	文系
過去問の取り組み方	最小限・作法の修得	質を重視	量を重視	質・量を重視	質を重視	質を重視
取り組み事例数	16事例	60事例	150事例	101事例	72事例	25事例
得点開示結果／ふぞろい予想点　Ⅰ	52/60	80/73	69/45	67/67	72/88	77/59
Ⅱ	65/69	62/72	61/70	53/57	53/63	56/67
Ⅲ	71/78	75/62	65/60	64/62	62/61	55/61
Ⅳ	94/80	74/73	74/57	71/60	67/73	69/95
2次試験攻略法	頻出のキーワードや解答例を覚える	SWOT分析マスターになる	パターン化揺れないメンタル	事例演習を通して、解法プロセスを身につける	基本的な計算やキーワード抜き出しの反復練習	設問解釈と解答骨子作りに集中
事例を解くのに有利な経験や資格	MBA　日商簿記2級	―	日商簿記2級　FP1級	日商簿記2級　事業承継アドバイザー	―	―

2．勉強方法と合格年度の過ごし方

勉強方法と解答プロセス ＊━━━━━━━━━━━━━━━**あっきー 編**

（再現答案掲載ページ：事例Ⅰ p.168　事例Ⅱ p.196　事例Ⅲ p.224　事例Ⅳ p.254）

私の属性

【年　　　齢】 35歳		【性　　　別】 男	
【業　　　種】 製造業		【職　　　種】 研究開発	
【得意事例】 事例Ⅱ、事例Ⅳ		【苦手事例】 事例Ⅲ	
【受験回数】 1次：1回	2次：1回		
【合格年度の学習時間】 1次：300時間		2次：100時間	
【総学習時間】 1次：300時間		2次：100時間	
【学習形態】 予備校以外の通信／独学			
【直近の模試の成績】 未受験		【合格年度の模試受験回数】 0回	

私のSWOT

S（強み）：経営大学院で学んだ知識　　W（弱み）：語彙力が低い、字が汚い
O（機会）：業務出張　　　　　　　　　T（脅威）：業務の繁忙

効果のあった勉強方法

①解答方法の軸を早期に決める

最初に過去問を解いた際は、ロジックを重視し、狭く深く掘るような解答を作成していました。そのためか、『ふぞろい』のキーワード採点では点数が低くなり、自身の解答方法がこのままでよいのか悩んでいました。結局、合格者やA答案で多いキーワードを多く載せたほうが安全と判断し、重要そうなキーワードを積極的に記載するように解答の方法を切り替えました。この方法が絶対的に正しいとは思いませんが、大外しをしにくい解答を書けるようになったと思います。

②事例Ⅳの対策を徹底して行う

事例Ⅳの計算問題は時間をかけ、重点的に対策を行いました。『30日完成！　事例Ⅳ合格点突破計算問題集』（以下、30日完成）と『事例Ⅳ（財務・会計）の全知識＆全ノウハウ』（以下、事例Ⅳの全知識＆全ノウハウ）を使用し、間違えた問題は繰り返し解くことで、計算への対応力を身につけることができたと思います。

③弱みを徹底して鍛える

過去問を解いた際に、端的な解答が書けないという弱みに気づきました。そこで、10年分の『ふぞろい』のキーワードや模範解答を打ち出し、暇なときに読むようにし、端的な言い回しやキーワードがすぐに思い浮かぶように訓練しました。過去問は過去3年分に絞り、弱みの克服具合を確かめるために活用しました。一方、本番で試験形式への対応力不足を感じたため、もう少し過去問は解くべきだったと思います。

私の合格の決め手

自分の解答方法の軸を早めに定めたことだと思います。限られた時間で効率よく学習を進めることができ、（運も味方して）合格をつかみ取れたのだと思います。

━～目標にしていた総勉強時間～
トータル時間としての目標はなかったけれど、10事例以上を最低1回転（解答＋復習）という目標を立てた。

合格年度の過ごし方～初年度受験生～

1次試験の終了後から情報収集を開始し、まずは事例Ⅳの計算に慣れることを優先しました。事例Ⅰから事例Ⅲは、端的でわかりやすい文章が書けないという弱みの克服に注力しました。実際に試験形式で解いた事例は少ないですが、キーワードや模範解答のチェックは10年分行っています。

前年11月～ 4月	課題：1次試験に向けた学習		
	学習内容	1次試験のインプットに注力。通信教材を活用して学習を行う。途中、卒業済みの経営大学院の講座を3か月間受講しており、その期間は中小企業診断士の学習からは離れる。	取り組み事例数： 0事例
			平均学習時間 平日：0時間 休日：0時間
5月～ 8月下旬	課題：1次試験合格		
	学習内容	1次試験のアウトプットに注力。2次試験の勉強は1次試験が終わってから着手するものと思い込み、特に焦りもなく、黙々と1次試験の学習を進める。	取り組み事例数： 0事例
			平均学習時間 平日：0時間 休日：0時間
1次試験！			
8月下旬～ 9月上旬	課題：2次試験の全体像の把握＆自分の実力チェック		
	学習内容	1次試験終了後、2次試験の情報を通信教材やブログなどでチェック。まずは、過去問を1年分解く。『ふぞろい』のキーワード採点で点数が伸びないことに悩み、解答方法の方向性をキーワード重視に定める。	取り組み事例数： 4事例
			平均学習時間 平日：1時間 休日：1.5時間
9月中旬～ 10月上旬	課題：事例Ⅳの計算問題対策と、自身の弱み克服		
	学習内容	ひたすら事例Ⅳの問題集を解く。『ふぞろい』や予備校の過去7年分（直近3年分を除く）の模範解答をチェックし、重要なキーワードや端的な表現をインプットする。	取り組み事例数： 0事例
			平均学習時間 平日：1時間 休日：1時間
直前 1か月	課題：事例Ⅳの計算問題継続、過去問に着手、ファイナルペーパー作成		
	学習内容	事例Ⅳの計算問題を解くことは継続しつつ、直近の過去問3年分を解く（うち1年分は2回目）。漏れたキーワードについて、なぜ？と深掘りする。 自身の思考の癖について、主に改善点を分析し、ファイナルペーパーを作成する。	取り組み事例数： 12事例
			平均学習時間 平日：1.5時間 休日：2時間
2次試験！			

学習以外の生活

当時3歳となる子供もいましたので、休日は公園などで遊ぶことを優先するなど、基本的には家庭を優先していたと思います。また、十分な睡眠時間を確保しないと翌日の仕事に影響するため、中小企業診断士の試験勉強も、すでに習慣化していた日常学習の一部と考えながら、無理をせず持続可能な学習スタイルを貫いていたと思います。

仕事と勉強の両立

研究（実験）のため、基本は会社に出社しての業務になります。お昼休憩のうち、約30分を事例Ⅳの計算問題の学習に充てていました。残業の多い部署のため帰宅時間は遅くなりがちでしたが、夜に30分～1時間は学習時間を確保するようにしていました。一方、出張の際には、新幹線での移動時間を学習に充てたりしていました。

～目標にしていた総勉強時間～

1,000時間。

勉強方法と解答プロセス ✳ ━━━━━━━━━━━━━━● みほ 編

（再現答案掲載ページ：事例Ⅰ p.172　事例Ⅱ p.200　事例Ⅲ p.228　事例Ⅳ p.258）

【 私の属性 】

【年　　齢】 33歳	【性　　別】 女	
【業　　種】 出版業	【職　　種】 編集	
【得意事例】 事例Ⅰ、事例Ⅱ	【苦手事例】 事例Ⅲ、事例Ⅳ	
【受験回数】　1次：1回　　2次：1回		
【合格年度の学習時間】　1次：500時間　　2次：130時間		
【総学習時間】　　　　　1次：500時間　　2次：130時間		
【学習形態】　独学		
【直近の模試の成績】　未受験　　【合格年度の模試受験回数】　0回		

【 私のSWOT 】

S（強み）：集中力　　　　　W（弱み）：睡魔に勝てないところ
O（機会）：勉強仲間である夫　T（脅威）：仕事、家事との両立

【 効果のあった勉強方法 】

①過去問を解いて、弱点を徹底的に分析

　まずは過去問を解いてみて、自分の解答を『ふぞろい』で採点し、点数が低かったところを合格答案と比べて分析しました。その結果、「理由→施策→効果」というような論理的な文章を書けていないことや、外部環境に関する記述が少ないことが弱点だとわかり、それを克服するように努めました。

②目指せSWOT分析マスター

　勉強の途中で、事例Ⅰ～ⅢはSWOT分析が重要だと思うようになりました。そこで、思いつく限りのSWOTを書き出して、強みと機会に対しては施策を、弱みと脅威に対しては課題と解決策を考える練習をしました。これを徹底的にやることで、受験までにはキーワードを見ただけで施策や課題がパッと思い浮かぶ状態になることを目指しました。

③事例Ⅳはひたすら数をこなす

　事例Ⅳに関しては『30日完成』を繰り返し解いて、体に解き方を染み込ませました。

【 私の合格の決め手 】

　事例Ⅰの第4問はまったくわかりませんでしたが、持っている知識の応用で乗り切りました。事例ⅣのNPVは、計算結果がおかしいと思いながらも、部分点獲得を諦めませんでした。そういう粘り強さが合格につながったのかもしれません。
　また、2次試験では施策や課題そのものよりも、それを実施する理由や効果を示すことが大事だと考え、解答を書く際は多くの施策を詰め込むことよりも、SWOT分析に基づく施策にすることを心がけました。

合格年度の過ごし方〜初年度受験生〜

1次試験が終わるまで2次試験のことを考える余裕はありませんでした。そのため、1次試験が終了してから2次試験の問題数や時間などの概要を調べるというスタートでした。SNSや無料でダウンロードできるテキストを使って人気の参考書や効果的な勉強方法を調べ、自分に合ったものを選びました。なお、実は夫も一緒に受験したので、テレビを見ながら「この会社は差別化に成功しているね」などの会話をして、勉強以外でも楽しみながら理解を深めました。

前年12月〜6月		課題：1次試験合格への基礎固め		
	学習内容	1次試験の学習だけに注力し、全科目の参考書を読み込みました。特に、「経営情報システム」については何の知識もなかったので、ITパスポートの参考書も使って丁寧に勉強しました。	取り組み事例数：0事例	
			平均学習時間 平日：0時間 休日：0時間	
7月〜8月中旬		課題：1次試験合格		
	学習内容	1次試験の過去問に取り組み、間違えた内容は改めてノートにまとめる、ということを繰り返しました。一度出た論点は二度と間違えないようにすることを目標にしていました。	取り組み事例数：0事例	
			平均学習時間 平日：0時間 休日：0時間	

1次試験！

8月下旬〜9月中旬		課題：2次試験の全体像の把握		
	学習内容	1次試験後、1週間くらいはやる気が出なくてほとんど何もしませんでした。その後、1週間くらいかけて参考書や勉強について情報収集しました。そして3年分の過去問を解いて2次試験の全体像を把握し、合格のために何を身につけるべきか考えました。	取り組み事例数：12事例	
			平均学習時間 平日：1時間 休日：2時間	
9月下旬〜10月中旬		課題：論理的な文章を書けるようになる		
	学習内容	過去問を解いた結果、「理由→施策→効果」というような論理的な文章を書くことができていないと判明したため、キーワードの理解を深め、論理的な文章を書けるよう練習しました。この過程で、1次試験の知識が2次試験用にブラッシュアップされました。	取り組み事例数：20事例	
			平均学習時間 平日：1時間 休日：4時間	
10月下旬〜11月上旬		課題：与件文の正確な読み取り＆時間配分を身につける		
	学習内容	与件文を読む際にどのようなメモをとるか、80分の時間配分をどうするか、過去問を解きながら自分に合った方法を模索しました。この頃には、指定の文字数どおりに文章を書く感覚も身についてきました。	取り組み事例数：28事例	
			平均学習時間 平日：2時間 休日：6時間	

2次試験！

学習以外の生活

コロナ禍で外出が減ったため、勉強時間を作ることにはあまり苦労しませんでした。週1、2回の楽しみとして、テレビでJリーグの試合を観戦する時間は必ず確保していました。試験日が近づくと家事（特に献立を考えること）が負担になったので、デリバリーを多用しました。勉強を頑張った日にはちょっと贅沢なメニューを頼むなど、楽しみを作ってストレスを溜めないようにしていました。

仕事と勉強の両立

幸運なことに、時間の面では仕事と勉強の両立で悩むことはありませんでした。しかし、受験日2週間前くらいからは、試験のことばかり気になってしまって、仕事に集中できなくなってしまいました。その結果、試験後しばらくは遅れを取り戻すために仕事に追われる日々に……。

〜筆記試験中に諦めそうになった時の挽回法〜

今までの勉強時間を思い出す。「この数年間の頑張りを無駄にできない」という気持ちになります。

勉強方法と解答プロセス　✳　━━━━━━━━━━━━━━けんけん 編

（再現答案掲載ページ：事例Ⅰ p.176　事例Ⅱ p.204　事例Ⅲ p.232　事例Ⅳ p.262）

私の属性

【年　　　齢】 37歳		【性　　　別】 男	
【業　　　種】 金融		【職　　　種】 営業	
【得意事例】 事例Ⅳ		【苦手事例】 事例Ⅱ	
【受験回数】 1次：1回　　2次：2回（令和2年度 B52 C43 A68 A70→B）			
【合格年度の学習時間】 1次： 0時間　2次：150時間（1次試験免除）			
【総学習時間】 1次：500時間　2次：270時間			
【学習形態】 予備校以外の通信（1次）／独学（2次）			
【直近の模試の成績】 上位20％以内　B判定		【合格年度の模試受験回数】 1回	

私のSWOT

S （強み）：計画遂行力、強靭なメンタル　　　W （弱み）：詰めの甘さ

O （機会）：リモートワークによる勉強時間増　T （脅威）：ビール

効果のあった勉強方法

①過去問高速大回転

　『ふぞろい』の10年データブックなどできる限りの事例数を繰り返し解いた。中小企業診断協会のHPから過去問を印刷して本番同様にアンダーラインを引き、解答キーワードのみを書き出して『ふぞろい』と照らし合わせる、を繰り返す。大体1時間くらいで1事例終える感じ。見落としがちな要素や、苦手な問われ方がわかってきたので、解答キーワード群が事例ごとにまとめられ、本番で焦らず余裕を持つことができた。

②見落としキーワードノート

　2回解いても書き出せなかった『ふぞろい』での高配点ワードをまとめる。不思議なもので同じような観点での失点が多く非常に役に立った。精緻化やラインバラシングなど便利ワードと思ったものもまとめていった。そのままファイナルペーパーにもなったので一石二鳥。

③ペン色使い決め

　前年度は設問の解答要素ごとに色分けし下線を引いていたが、設問ごとに切り分けに悩むなど時間がかかっていた。解答要素は大体SWOTからのみ！　と開き直り、強みと機会は赤、弱みと脅威は青、注意と思った箇所は黄、の3色に減色。標準化と効率化で納期遵守、事例Ⅲと同じ要領。

私の合格の決め手

　前年度の反省から本番での解答作成手順を固めることを最優先。時間内に得点要素を1つでも多く見つけ、字数内に盛り込むだけ盛り込む勝負、と決めて対策できたことがよかったかな。

合格年度の過ごし方～多年度受験生～

令和2年度の受験後、手ごたえ的に受かったと思っていたため不合格通知後、しばらく勉強が手につかずダラダラと過ごしていた。結局令和3年度の1次試験終了頃まで何もせず過ごしてしまい、10月にものすごく後悔するハメに……。

1月～ 2月		**課題：学習習慣の持続**		
	学習内容	2次試験までは期間があるので完全に鈍ってしまわないように簿記2級を受験。当日腕時計を忘れ大ピンチを味わい、準備の大切さを痛感した。	取り組み事例数： 0事例	
			平均学習時間 平日：1時間 休日：2時間	
3月～ 7月上旬		**課題：やる気充電**		
	学習内容	学習習慣を失わないように、との年初の思いも空しく見事に充電期間になる。ネットで合格体験記を読んだりしているうちにどんどん時間が経ってしまう。	取り組み事例数： 0事例	
			平均学習時間 平日：0時間 休日：0時間	
7月中旬～ 8月		**課題：再始動**		
	学習内容	「そろそろ始めなきゃまずい！」とまず得点開示請求をする。予備校の模範解答を参考にして見直しを行い、事例Ⅳ対策で『30日完成』を解き始める。	取り組み事例数： 4事例	
			平均学習時間 平日：0.5時間 休日：1時間	
1次試験！（受験せず）				
9月～ 10月		**課題：弱点克服**		
	学習内容	苦手の事例Ⅱと時間不足が課題と考え、とにかく過去問を繰り返す。事例Ⅳの指標分析を1題は解き、毎日計算に触れるようにする。この時期に模試も一度受験する。マーカーの引き方などもこの時期に固定。	取り組み事例数： 96事例	
			平均学習時間 平日：2時間 休日：3時間	
直前 1週間		**課題：ファイナルペーパー作成**		
	学習内容	直近の過去問中心に引き続き過去問大回転を継続する。毎回見落とすところや便利そうな表現をファイナルペーパーにまとめていく。	取り組み事例数： 50事例	
			平均学習時間 平日：2時間 休日：4時間	
2次試験！				

学習以外の生活

夏頃までは思う存分ゲームをしたり、休日は好きなだけ飲んだりとリフレッシュしすぎなくらいでした。学習習慣の持続には失敗しましたが、毎週のランニングなど運動習慣は欠かさず行い体型維持は成功しました。体内年齢が20代まで若返り体が軽くなりました。夏以降でスイッチの切り替えがうまくできて本当によかったと思う。

仕事と勉強の両立

夏以降は朝早起きしたり、出張先へ『ふぞろい』を携行し夜解いたりと、鉄の意志でやろうと決めた演習量は週単位で確保。飲み会後に事例Ⅳやったこともあったなぁ（意味があったかは不明）。直前期では夏季休暇を10月に取得し、妻が快く承諾してくれたので実家にこもり集中して勉強ができた。美しく、優しい妻に本当に感謝です！

～筆記試験中に諦めそうになった時の挽回法～
白紙は0点、書けば何かが起こるかも！

勉強方法と解答プロセス ✳ ━━━━━━━━━━━━━━ さと 編

（再現答案掲載ページ：事例Ⅰ p.180　事例Ⅱ p.208　事例Ⅲ p.236　事例Ⅳ p.266）

私の属性

【年　　齢】	28歳	【性　　別】	女
【業　　種】	金融業	【職　　種】	事務
【得意事例】	事例Ⅲ	【苦手事例】	事例Ⅰ、事例Ⅳ

【受験回数】　1次：1回　　2次：2回（令和元年度 C47 B52 A67 A60→B）
【合格年度の学習時間】　1次：　0時間　　2次：　700時間（1次試験免除）
【総学習時間】　　　　　1次：850時間　　2次：1,000時間
【学習形態】　予備校通学、予備校通信
【直近の模試の成績】　上位30%　B判定　　　【合格年度の模試受験回数】　4回

私のSWOT

S （強み）：継続力、コツコツ勉強すること　　　W （弱み）：気持ちの浮き沈み
O （機会）：社内異動に伴う平日の勉強時間確保　T （脅威）：YouTube、韓国ドラマ

効果のあった勉強方法

①タブレットでの勉強（計算メモや演習結果を蓄積）

　参考書類や過去問、模試などをできるだけデータ化してタブレットでの学習を行いました。ペーパーレスで勉強準備のための時間を削減できただけでなく、よくやってしまう計算ミスの蓄積が簡単にできたり、過去問演習の振り返りがしやすかったです。移動時間や会社でのお昼休みなど、隙間時間の有効活用にもつながりました。

②キーワード・フレームワークの整理

　演習を通して、事例ごとに重要なキーワードとフレームワークをまとめました。与件文の切り貼りではなく、知識という根拠・方針をもって解答することができるようになりました。受験生支援のブログやSNS（特にTwitter）でも、頻出キーワードなどがよく発信されていたので、ストックして隙間時間に確認していました。

③過去問と真剣に向き合う

　予備校オリジナル問題の演習とその復習だけでなく、直近5年分の過去問（事例Ⅳは14年分）の演習、設問解釈、解答作成をじっくり行い、3回転しました。『ふぞろい』や予備校の模範解答をもとに、出題者が求めている解答の切り口や解答作成にあたっての知識を確認し、繰り返し演習することで、インプットとアウトプットをバランスよく行うことができました。

私の合格の決め手

　試験本番を想定して、事前にでき得る準備を可能な限り行いました。2次試験はどんなに実力があっても、当日のコンディションに大きく左右されます。パニックを起こした時、周囲の人が騒がしい時、頭が真っ白になった時など、最悪の状況を想定し、どう行動するか対処を考えておくことで、試験本番は心に余裕を持つことができました。

〜筆記試験中に諦めそうになった時の挽回法〜
試験本番用にデザインしてもらった願掛けネイルを見る。

合格年度の過ごし方～多年度受験生～
２次受験歴があるとはいえ、知識の大半が記憶の彼方にあったため、事例演習を通して２次試験に必要な知識の確認に時間をかけました。やみくもに問題を解くのではなく、知識やフレームワークが活用できているのか繰り返し確認することで、解法の定着を図っていきました。

1月～5月	課題：事例Ⅳ苦手克服＆診断士関連知識の思い出し		
	学習内容	予備校の２次専門通信教育の受講を開始。月１ペースでオリジナル添削課題を行いました。苦手意識のあった事例Ⅳのため、『30日完成』をコツコツ解きました。１年以上本格的な受験勉強から離れていたので、知識を思い出すのに苦労しました。	取り組み事例数：27事例 平均学習時間 平日：１時間 休日：４時間
6月～7月上旬	課題：２次試験解法の思い出し		
	学習内容	引き続き、予備校の添削課題を行いつつ、２次試験の切り口や知識について学習しました。事例Ⅳは毎日問題に触れるようにしました。なかなかやる気が出ず、SNSで見かけるストレート受験生の勢いに圧倒されていました。	取り組み事例数：5事例 平均学習時間 平日：２時間 休日：４時間
7月下旬～8月	課題：事例Ⅳ対策＆過去問分析着手		
	学習内容	夏を迎え、焦り始めます。予備校の模試を受験するも、下位２割の結果に。試験への向き合い方を変え、受かるための解法についてSNSや参考書、受験団体セミナーなど、情報収集を今更ながら行いました。８月頃からやっと過去問にも向き合い始めました。	取り組み事例数：4事例 平均学習時間 平日：２時間 休日：６時間
１次試験！（受験せず）			
9月～10月	課題：解答プロセスの整理＆過去問回転		
	学習内容	過去問演習を通して、自分なりの解法プロセスを整理しました。フレームワークを学ぶことで、汎用性のある知識の習得を心がけました。事例Ⅳはひたすら毎日問題を解き、解法を身につけていきました。	取り組み事例数：65事例 平均学習時間 平日：４時間 休日：６時間
直前1週間	課題：ファイナルペーパー作成		
	学習内容	事例演習は行わず、これまで解いた事例の総復習を行いました。繰り返しミスをしている観点は、要注意ポイントとしてファイナルペーパーにメモをし、でき得る限りの事前準備を行いました。	取り組み事例数：0事例 平均学習時間 平日：４時間 休日：９時間
２次試験！			

学習以外の生活

基本カフェで勉強を行い、家に帰ってからは、韓国ドラマを見たり、料理をしたり、お酒を飲んだり、自分の好きなことをすると決めてメリハリをつけていました。試験直前の10月には、遠方出張が２回、友だちの結婚式などイベントが重なりましたが、逆にリフレッシュの機会と捉え、限られた時間にできることをしようと集中しました。

仕事と勉強の両立

年度始めの異動によって、平日に勉強時間を確保しやすくなり、両立はそれほど苦労しませんでした。とはいえ、繁忙期には、まとまった時間を取りにくかったため、出社前に演習を行ったり、お昼休みに事例Ⅳタイムを設けたり、電車での移動時間にタブレットで知識の確認を行うなど、隙間時間を活用しました。上司には受験予定であることを伝え、積極的に勉強用の有休を取得していました。

～筆記試験中に諦めそうになった時の挽回法～
　胸骨を思いっきりたたく。気合入る。

勉強方法と解答プロセス　＊ ■━━━━━━━━━ みっちー 編

（再現答案掲載ページ：事例Ⅰ p.184　事例Ⅱ p.212　事例Ⅲ p.240　事例Ⅳ p.270）

私の属性

【年　　齢】 28歳	【性　　別】 男
【業　　種】 製造業	【職　　種】 研究開発
【得意事例】 事例Ⅳ	【苦手事例】 事例Ⅲ

【受験回数】　1次：1回　　2次：2回（令和2年度 ＡＡＡＣ→Ｂ）
【合格年度の学習時間】　1次： 0時間　　2次： 600時間（1次試験免除）
【総学習時間】　　　　1次：400時間　　2次：1,000時間
【学習形態】　独学
【直近の模試の成績】　未受験　【合格年度の模試受験回数】　0回

私のSWOT

S（強み）：文章力　　　　　　　　　　W（弱み）：暗記が苦手
O（機会）：職場の理解、勉強会のオンライン化　　T（脅威）：交通の便が悪い

効果のあった勉強方法

①基礎的な計算の反復練習

令和2年度は事例Ⅳの得点が低く合格を逃したため、対策として事例Ⅳの基礎的な計算練習を生活に取り入れました。具体的には『30日完成』と『事例Ⅳの全知識＆全ノウハウ』を、朝や休憩時間に反復しました。基本的な計算を素早く正確にできるようになったことで、設問文を丁寧に読み解いたり時間配分を考えたりする余裕が生まれ、試験を有利に戦えました。

②キーワードの書き出し練習

5〜10分の隙間時間でできる学習として、キーワードの書き出し練習が有効でした。過去問の設問文と与件文に目を通し、解答に盛り込めそうなキーワードを連想してノートに素早く列挙する訓練です。さまざまな年度の過去問で練習するうちに、キーワードの見落としが減り、頻繁に問われる切り口がわかるような気がしてきました。

③まず解答欄に主語を書く

設問文を読んだら、すぐ解答欄に主語を書くことを意識しました。たとえば「問題点を○○字以内で述べよ」という設問があれば、すぐ解答欄の先頭に「問題点は」と書いてから与件文を読みます。たったこれだけですが、解答の方向性を見失いにくくなり、解答を作成しやすくなるように感じました。

私の合格の決め手

短時間でできる学習をルーティーン化したことです。1事例をすべて解くのは時間がかかりますが、計算練習やキーワード書き出しは短時間で実施でき、仕事の合間に続けることができました。

〜筆記試験中に諦めそうになった時の挽回法〜
キッパリ解くのを止めて、別の設問に取り組む（戻ってくると意外とアイデアが浮かぶことも）。

合格年度の過ごし方〜多年度受験生〜

試験の流れは前年度の経験で把握していたので、苦手意識を持っていた事例Ⅳの攻略を最優先しました。電卓と過去問を常に持ち歩き、財務諸表から経営指標を算出する工程を毎日反復練習しました。最終的に、事例Ⅳは得意科目と呼べるまでに克服できました。

1月〜 4月	課題：事例Ⅳの攻略		
	学習内容	経営分析とCVPの問題を素早く正確に解くため、『30日完成』と『事例Ⅳの全知識＆全ノウハウ』を周回。事例Ⅳはまず代表的な経営指標を算出する、というルーティーンを確立しました。	取り組み事例数： 12事例 平均学習時間 平日：1時間 休日：1時間
5月〜 7月上旬	課題：事例Ⅰ〜Ⅲのキーワード書き出し練習		
	学習内容	過去問の設問文と与件文を読み、解答に使うキーワードを素早く列挙する練習。『ふぞろいな合格答案10年データブック』と照合して、キーワードを正確かつ多面的に拾えるよう反復練習しました。	取り組み事例数： 20事例 平均学習時間 平日：2時間 休日：2時間
7月下旬〜 8月	課題：過去問の周回		
	学習内容	「1日1事例＋事例Ⅳ計算問題」を目標に、会社の休み時間や終業後に過去問を周回しました。計算練習を反復したことで、当初は歯が立たなかったNPVの問題も徐々に正答できるようになりました。	取り組み事例数： 20事例 平均学習時間 平日：2時間 休日：2時間
1次試験！（受験せず）			
9月〜 10月下旬	課題：文章のブラッシュアップ		
	学習内容	オンライン勉強会に参加して、ほかの受験生や合格者のフィードバックを受けながら解答文をブラッシュアップしました。主語や結論から書き始めること、1文40字にキーワードを盛り込むことを意識して、文章構造を確立しました。	取り組み事例数： 12事例 平均学習時間 平日：2時間 休日：3時間
直前 1週間	課題：ファイナルペーパー作成		
	学習内容	各事例の注意事項や、全体を通しての心構えをファイナルペーパーにまとめました。試験前日には、ホテルにこもって令和2年度2次試験問題を本番と同じ時間で解き、試験に臨むコンディションを整えました。	取り組み事例数： 8事例 平均学習時間 平日：2時間 休日：5時間
2次試験！			

学習以外の生活

家庭菜園でカボチャやトウガラシを作ったり、農業ボランティアで定植や収穫の作業に参加したりしました。運動不足の解消と地域の人との交流を兼ねた、よい気分転換になりました。さらに、文章力を強化する効果を期待して、ブログやnote、ウェブライティングなど文章執筆に挑戦しました。おかげで文章をアウトプットする習慣がつき、文章を書くことがまったく苦でなくなりました。

仕事と勉強の両立

朝の始業前と昼休みに、勤務先の休憩スペースで勉強していました。仕事の合間の時間を活用するため、電卓と問題集と筆記用具は常に携行。あまり残業がなく、資格取得について職場の理解もあったので、特に両立に苦労することはありませんでした。終業後は職場から歩いて10分くらいの図書館に通い、自習スペースで高校生に混ざって勉強しました。

〜筆記試験中に諦めそうになった時の挽回法〜

落ち込むのは試験終了してから。とにかく骨子、メモで書いてある内容をつなぎ合わせて編集して書こう。

勉強方法と解答プロセス ＊ ━━━━━━━━ もっちゃん 編

（再現答案掲載ページ：事例Ⅰ p.188　事例Ⅱ p.216　事例Ⅲ p.244　事例Ⅳ p.274）

私の属性

【年　　齢】	33歳	【性　　別】	男
【業　　種】	サービス業	【職　　種】	弁護士
【得意事例】	事例Ⅱ	【苦手事例】	事例Ⅲ、事例Ⅳ

【受験回数】　1次：3回　　2次：3回（令和2年度　A68 B55 A60 B52→B）
【合格年度の学習時間】　1次：　0時間　　2次：150時間（1次試験免除）
【総学習時間】　　　　　1次：300時間　　2次：450時間
【学習形態】　独学
【直近の模試の成績】　未受験　　【合格年度の模試受験回数】　0回

私の SWOT

S（強み）：業務上文章作成が多い　　W（弱み）：労働時間、睡眠時間が長い
O（機会）：家族の協力　　　　　　　T（脅威）：育児

効果のあった勉強方法

①設問文だけを見て、答案構成（合格年度）

　設問で問われていることや、各設問の難易度を把握する練習のため、設問文の分析を重視することにしました。具体的には、過去問のうち設問文だけを見て、30分程度で構成を考え、解答の骨子作成、難易度を判断し解答する順番を決める練習をしていました。

②『ふぞろい』再現答案の書き写し

　『ふぞろい』の再現答案の使いやすいフレーズ、キーワード抽出の感覚や、制限字数内に文章を完結させるための字数配分の目安を体得するために、原稿用紙を買って、『ふぞろい』の再現答案の書き写しをやっていました。

③事例Ⅳの問題演習

　事例Ⅳは明確な答えのある設問が存在するので、やればやるだけ結果につながると考え、事例Ⅳの勉強をしない日はなるべく作らないようにしていました。『30日完成』、『事例Ⅳの全知識＆全ノウハウ』の問題を解いていました。

私の合格の決め手

　不合格だった1回目、2回目の試験までは、主に②と③の勉強方法で過去問をこなしていくというスタイルでした。各試験とも合格点にはそれなりに近く、勉強方法としておかしくはないかなと思っていました。ただ、試験の現場で、与件文を全部読んでから設問文を読んだり、どの事例も第1問から順番に解いていたために時間に追われたりと、解答姿勢が非合理的でした。そのため、①の勉強方法を取り入れるようにしたことがよかったのだと思います。

～筆記試験中に諦めそうになった時の挽回法～
　一言だけでもとにかく書いておく。

合格年度の過ごし方〜多年度受験生〜

試験に不合格になると、自分の知識が不足しているのではないかと不安になり、1次試験のテキストを読み直したくなるときもあります。しかし、1次試験に合格した時点で知識的な障害はなく、論文試験特有のタイムマネジメントや制限字数対応に注力したほうがよいように思います。

1月〜 7月	課題：財務・会計への基礎固め		
	学習内容	業界向けの財務・会計の本を読んで、2次試験の事例Ⅳの勉強のための土台作りをする。早くから2次試験の勉強に取り組むと、集中力をもって続けられないと考え、2次試験対策は1次試験後でよいと考えました。	取り組み事例数： 0事例 平均学習時間 平日：1時間 休日：0時間
8月中旬	課題：マーケティング、生産管理の基礎固め		
	学習内容	一般のマーケティングの本や生産管理の入門本を読んで、試験勉強のモチベーションを高めました。	取り組み事例数： 0事例 平均学習時間 平日：1時間 休日：0時間
1次試験！（受験せず）			
8月下旬〜 9月中旬	課題：答案構成の練習＆事例Ⅳの精度を高める		
	学習内容	事例Ⅰ〜Ⅲについては、過去問の設問文を見て30〜40分程度で答案構成をする練習を1日1事例ごとに行いました。 事例Ⅳについては、分野ごとに問題集と過去問を解き続けました。事例Ⅳはできれば毎日問題を解くこととし、1日1分野ごとに行いました。	取り組み事例数： 15事例 平均学習時間 平日：1時間 休日：4時間
9月下旬〜 10月中旬	課題：成果物（答案）の精度を高める		
	学習内容	事例Ⅰ〜Ⅲについては、答案構成のための時間を20分程度にするとともに、実際に答案を書き始めました。『ふぞろい』の再現答案の書き写しもしながら、自分の答案骨子と再現答案がどのように違うかを確認しました。事例Ⅳについては、同じように進めました。	取り組み事例数： 10事例 平均学習時間 平日：1時間 休日：4時間
10月下旬〜 直前	課題：ファイナルペーパー作成		
	学習内容	知識や答案の枠組みを体系的に整理するため、また、不合格だった場合に次年度の勉強を効率化するために、ファイナルペーパーを作成していました。	取り組み事例数： 0事例 平均学習時間 平日：1時間 休日：4時間
2次試験！			

学習以外の生活

前年に次男が生まれたことで、より早めに家に帰るようになりました。土日は子どもと一緒に公園に遊びに行くようにしていました。子どもと同じスケジュールで生活していたため、生活リズムとしては健康的でした。試験前は自分の勉強のために家族に負担をかけることになるため、勉強以外のときはなるべく家事育児をするよう心がけていました。

仕事と勉強の両立

個人的には、仕事が優先というスタンスで、両立に悩むことはありませんでした。2次試験の勉強期間を具体的に決め、そのなかで勉強できたらやるという感じでした。試験は経営の勉強のためのペースメーカーと考えており、不合格になってもそこまで落胆することはなく、淡々（ダラダラ）と勉強を続けていました。

〜筆記試験中に諦めそうになった時の挽回法〜

ただただ、与件文にある問題・課題を解決することだけを心がける。

合格者の80分間のドキュメントと再現答案

第2節

▶ 事例Ⅰ（組織・人事）◀

令和3年度 中小企業の診断及び助言に関する実務の事例Ⅰ
（組織・人事）

　A社は首都圏を拠点とする、資本金2,000万円、従業員15名の印刷・広告制作会社である。1960年に家族経営の印刷会社として創業し、1990年より長男が2代目として引き継ぎ、30年にわたって経営を担ってきたが、2020年より3代目が事業を承継している。

　創業時は事務用品の分野において、事務用品メーカーの印刷下請と特殊なビジネスフォームの印刷加工を主な業務としていた。当初は印刷工場を稼働しており、職人が手作業で活字を並べて文章にした版を作って塗料を塗る活版印刷が主流で、製版から印刷、加工までの各工程は、専門的な技能・技術によって支えられ、社内、社外の職人の分業によって行われてきた。

　しかしながら1970年代からオフセット印刷機が普及し始めると、専門化された複数の工程を社内、社外で分業する体制が崩れ始め、それまで印刷職人の手作業によって行われてきた工程が大幅に省略され、大量・安価に印刷が仕上げられるようになった。

　さらに2000年頃より情報通信技術の進化によって印刷のデジタル化が加速し、版の作成を必要としないオンデマンド機が普及することによって、オフィスや広告需要の多くが、より安価な小ロット印刷のサービスに置き換わっていった。とりわけ一般的な事務用印刷の分野においては、技術革新によって高度な専門的技術や知識が不要となったため、印刷業ではない他分野からの新規参入が容易になり、さらに印刷の単価が下がっていった。

　こうした一連の技術革新に伴う経営環境の変化に直面する中で、多くの印刷会社が新しい印刷機へと設備を刷新してきたのに対して、A社では、2代目が社長に就任すると、保有していた印刷機、印刷工場を順次売却し、印刷機を持たない事業へと転換した。制作物のデザイン、製版、印刷、製本までの工程を一括受注し、製版や印刷工程を、凸版、凹版、平版などの版式の違いに応じて専門特化された協力企業に依頼することで、外部にサプライチェーンのネットワークを構築し、顧客の細かいニーズに対応できるような分業体制を整えることに注力した。A社では、割り付けやデザインと紙やインク、印圧などの仕様を決定して、印刷、製本、加飾などの各工程において協力企業を手配して指示することが主な業務となっていった。当時、新しい技術に置き換わりつつあった事務用印刷など

の事業を大幅に縮小し、多工程にわたり高品質、高精度な印刷を必要とする美術印刷の分野にのみ需要を絞ることで、高度で手間のかかる小ロットの印刷、出版における事業を幅広く展開できるようになった。その結果、イベントや展示に用いられる紙媒体の印刷物、見本や写真、図録、画集、アルバムなどの高精度な仕上がりが求められる分野において需要を獲得していった。

　1990年代から行われた事業の転換は、長期にわたって組織内部のあり方も大きく変えていった。印刷機を社内で保有していた時は、製版を専門とする職人を抱えていたが、定年を迎えるごとに版下制作工程、印刷工程を縮小し、それらの工程は協力企業に依頼することとなった。そして、図案の作成と顧客との接点となるコンサルティングの工程のみを社内に残し、顧客と版下職人、印刷工場を仲介し、印刷の段取りを決定して協力企業に対して指示を出し、各工程間の調整を専門に行うディレクション業務へと特化していった。

　他方で2000年代に入ると、同社はデザインと印刷コンテンツのデジタル化に経営資源を投入し、とりわけ高精細画像のデータ化においてプログラミングの専門知識を持つ人材を採用し始めた。社内では、複数の事業案件に対してそれぞれプロジェクトチームを編成し、対応することとなった。具体的には、アートディレクターがプロジェクトを統括して事業の進捗を管理し、外部の協力企業を束ねる形で、制作工程を調整しディレクションする体制となった。

　また、広告代理店に勤務していた3代目が加わると、2代目は図案制作の工程を版下制作から独立させて、新たにデザイン部門を社内に発足させ、3代目に部門の統括を任せた。3代目は、前職においてデザイナー、アーティストとの共同プロジェクトに参画していた人脈を生かし、ウェブデザイナーを2名採用した。こうした社内の人材の変化を受けて、紙媒体に依存しない分野にも事業を広げ、ウェブ制作、コンテンツ制作を通じて、地域内の中小企業が大半を占める既存の顧客に向けた広告制作へと業務を拡大した。しかしながら、新たな事業の案件を獲得していくことは難しかった。とりわけ、こうした新たな事業を既存の顧客に訴求するためには、新規の需要を創造していくことが求められた。また、中小企業向け広告制作の分野においては、既に数多くの競合他社が存在しているため、非常に厳しい競争環境であった。さらに新規の市場を開拓するための営業に資源を投入することも難しいために、印刷物を伴わない受注を増やしていくのに大いに苦労している。

　新規のデザイン部門と既存の印刷部門はともに、サプライチェーンの管理を担当し、デザインの一部と、製版、印刷、加工に至る全ての工程におけるオペレーションは外部に依存している。必要に応じて外部のフォトグラファーやイラストレーター、コピーライター、製版業者、印刷職人との協力関係を構築することで、事業案件に合わせてプロジェクトチームが社内に形成されるようになった。

　2代目経営者の事業変革によって、印刷部門5名とデザイン部門10名の2部門体制で事

業を行うようになり、正社員は15名を保っている。3代目は特に営業活動を行わず、主に初代、2代目の経営者が開拓した地場的な市場を引き継ぎ、既存顧客からの紹介や口コミを通じて新たな顧客を取り込んできたが、売り上げにおいて目立った回復のないまま現在に至っている。

第1問（配点20点）
2代目経営者は、なぜ印刷工場を持たないファブレス化を行ったと考えられるか、100字以内で述べよ。

第2問（配点20点）
2代目経営者は、なぜA社での経験のなかった3代目にデザイン部門の統括を任せたと考えられるか、100字以内で述べよ。

第3問（配点20点）
A社は、現経営者である3代目が、印刷業から広告制作業へと事業ドメインを拡大させていった。これは、同社にどのような利点と欠点をもたらしたと考えられるか、100字以内で述べよ。

第4問（配点20点）
2代目経営者は、プロジェクトごとに社内と外部の協力企業とが連携する形で事業を展開してきたが、3代目は、2代目が構築してきた外部企業との関係をいかに発展させていくことが求められるか、中小企業診断士として100字以内で助言せよ。

第5問（配点20点）
新規事業であるデザイン部門を担う3代目が、印刷業を含めた全社の経営を引き継ぎ、これから事業を存続させていく上での長期的な課題とその解決策について100字以内で述べよ。

事
例
Ⅰ

Column

２次試験の合否を分けるのは瞬時の判断力

　限られた時間のなかで合格の基準を満たすためには、点の取れる問題と取れない問題を見極めて優先順位をつけて解答を作成する必要があります。令和３年度の事例Ⅱは与件文が長く、事例Ⅳ第２問の設問文は難解でした。仮に第１問から順番に解いていたら、恐らく途中で心が折れて不合格だったと思います。得点の取れる問題を瞬時に判断し、点の取れる問題から優先的に解き、残された時間で諦めずに難解な問題に挑戦できたことが合否を分けたと思います。

　毎年必ず、これは解けなくてもよいよねという問題が出題されていると思います。第１問から順番に解いている方はぜひ、この優先順位を瞬時に見極める力を伸ばすことを意識して、過去問演習に取り組むことをおすすめします。　　　　　　　　　　　　　　　　　（しの）

Column

２次筆記試験に口述試験対策のススメ

　２次試験の手ごたえがなかった私は合格発表の結果を見て慌てて口述試験の対策を行いました。ふぞろいの口述試験対策セミナーに参加したり、各予備校の想定問答集を集めて対策を進めたりしましたが、この口述試験対策が意外と筆記試験にも役立つのではないかと感じました。口述試験はその年の筆記試験の事例Ⅰ～Ⅳに関連する知識問題や助言問題が出題されます。さまざまな観点から出題されるため、各予備校・受験支援団体で１つの事例につき何十問もの想定問答を作っています。一般常識的な問題もありますが１つの事例を多くの切り口から分析しており、筆記試験対策としても十分に有益だと思います。口述を想定しているので文章の書き方や表現の仕方を学ぶというより、知識の整理やメリット・デメリットの比較が主眼になるのでスキマ時間の学習にもピッタリです。もちろん筆記試験合格後の口述試験の概要をつかむという意味でも有意義なので、過去問を何度か解いた段階で一度目を通してみるとよいと思います。　　　　　　　　　　　　（とも）

～試験対策に費やした総費用（参考書、カフェ代、予備校など）～
　参考書代と文房具セット購入で、計２万円ぐらい（試験申し込み費用は除く）。

80分間のドキュメント　事例Ⅰ

あっきー 編（勉強方法と解答プロセス：p.150）

1．当日朝の行動と取り組み方針
　2次試験の会場は大阪経済大学大隈キャンパス。最寄りの駅から歩いて20分ほどかかるようだ。試験室には8時40分から入室できるらしいので、8時過ぎ頃に最寄り駅へ。お腹がゆるくなったら困るので、最寄り駅に着いた頃に念のため胃腸薬を飲む。これは試験時のルーティーンだ。この試験は1年に1回しか受けられないのがネックだが、落ちて死ぬわけでもないので楽しんでいこう。

2．80分間のドキュメント
【手順0】開始前（～0分）
　この資格試験独特の空気、非日常感がたまらない。特に緊張はせず、わくわくしかない。机の広さは十分。シャーペン2本、消しゴム2個、4色（黒、赤、青、緑）ボールペン2本、腕時計を机に置いて準備万端。赤は強み・機会などポジティブなこと、青は弱み・脅威などネガティブなこと、緑はポジにもネガにもつながる状況への線引きに使う。特に重要そうなキーワードは丸で囲むんだ！
【手順1】準備（～1分）
　まず解答用紙に受験番号を書く。その後、問題用紙をパラパラめくる。文字数は例年どおりくらいかな。おそらく時間は大丈夫、頑張ろう！
【手順2】設問解釈（～10分）
第1問　2代目経営者ってことは、何代かにわたるストーリーだな。この事例の業種は印刷業かな。ファブレス化とは思い切った戦略だなぁ。キーワードは「専門化」と「コア業務に集中」とかかな。
第2問　聞かれているのは「なぜ3代目に部門の統括を任せたのか」。「経験のなかった」というのもポイントだ。3代目だから、「次期経営者としての教育」は目的としてありそうだな。
第3問　「事業ドメイン拡大の利点と欠点」か。利点と欠点の両方を答えることを忘れないようにしなきゃ。一般論的には利点は「収益向上」や「ノウハウ獲得」、欠点は「経営資源の分散」とかかな。
第4問　設問文を言い換えると、「外部企業との関係をどんな状態にしなくてはならないか」だよね。与件文からあるべき姿を見いだして、現状とのギャップから推測しよう。
第5問　「長期的な課題と解決策」か、課題と解決策の両方を答えるのを忘れないようにしないとな。長期的というのがポイントだろう。短期目線にならないように気をつけなくちゃ。

～試験対策に費やした総費用（参考書、カフェ代、予備校など）～
　あ、考えたくない。3年トータルで3ケタ行っているかも。やばい。

【手順３】与件文読解（〜20分）

１段落目　従業員15名の印刷・広告制作会社か。広告もやっているんだな。従業員少なくて経営資源は限られている。2020年より３代目か、新米社長だな。

２段落目　創業時の状況だな。職人の専門的な技能・技術が重要だった時代、Ａ社も同様に技術で成り立っていたんだな。

３段落目　技術革新の影響を受けて、職人の技術が差別化要因じゃなくなったのかな。第１問のファブレス化の背景として使えそう。

４段落目　この段落も技術革新か。専門技術が不要、新規参入が容易ってきつい状況だな。これも第１問に使えそう。

５段落目　お、ファブレスが来た。多くの会社が設備の刷新をしていたのに、ファブレスに舵を切れるってすごいな。一見非合理っぽいけど、Ａ社の印刷知識や協力企業とのネットワークがこれを可能にしたのかな。

６段落目　業務転換は徐々に行ったんだな。

７段落目　デジタル化に進むのか、これも大きな方針転換じゃないか？

８段落目　３代目登場。デザインに強くて人脈もある。第２問と第３問に関連するな。新規の需要創造が必要だけど、苦戦しているな。

９段落目　サプライチェーンの現状が書かれている。第４問につなげよう。

10段落目　問題点が書かれている。変革が必要だな。

【手順４】解答作成（〜65分）

第１問　与件文の「技術革新」、「他分野からの新規参入」で背景説明をして、「付加価値の高い事業への転換」が必要だったことを書こう。

第２問　３代目の人脈や知識を活用することは目的の１つだよね。あとは、次期社長だから、そのための教育を兼ねている感じかな。

第３問　利点は第２問と被る気がするけど、３代目の人脈を生かせること、あとはノウハウ獲得かな。欠点には既存事業への影響を書いておいたほうがよいかな。

第４問　あるべき姿の１つとして「新規の需要創造」が必要だけどＡ社だけだと難しいよね。協力企業との関係を発展させて対処していけばよいんじゃないかな。

第５問　長期的な課題としては会社全体の士気向上や、競争力強化かな。なんか一般論になっている気がするけど解決策に「営業力強化」は必要でしょ！

【手順５】見直し（〜80分）

　思っていたよりも見直しの時間が確保できたけど、隣の人は60分時点でペンを置いていたな。まあ気にしないようにしよう。全体的に文章がイマイチだけど、語彙力がないので仕方がない。過去問の模範解答やキーワードを読んだりはしていたけど、新しい事例への応用力が足りてないなぁ。せめてできる限りの文章の微修正や汚い字の書き直しをしておこう。

３．終了時の手ごたえ・感想

　なかなかよい文章が書けない……。もっと試験形式で書く練習が必要だったな。でも、大外しはしていないような気がするし、合格点は取れているといいな！

――――――～試験対策に費やした総費用（参考書、カフェ代、予備校など）～――――――

　15万くらい（うち、10万円は合格祝い金で回収）。

合格者再現答案＊（あっきー 編）　　　　　　　事例Ⅰ

第1問（配点20点）　98字

オ	フ	セ	ッ	ト	印	刷	機	等	の	技	術	革	新³	で	、	強	み	の	専
門	的	な	技	能	等	を	生	か	せ	ず¹	、	他	分	野	か	ら	の	新	規
参	入²	や	価	格	競	争	の	激	化²	で	収	益	が	悪	化	。	こ	れ	ま
で	の	印	刷	知	識	や	関	連	企	業	と	の	繋	が	り	を	生	か	し、
付	加	価	値	の	高	い	事	業	へ	と	転	換	を	図	っ	た	。		

【メモ・浮かんだキーワード】　強みの陳腐化、協業、事業転換
【当日の感触等】　キーワードを重視しすぎて「なぜ」の解答になっていない気もするけど、言いたいことは伝わるかな。
【ふぞろい流採点結果】　8/20点

第2問（配点20点）　98字

①	3	代	目	の	人	脈⁵	を	生	か	し	て	人	材	確	保³	と	事	業	の
拡	大²	を	図	っ	た	ほ	か	、	②	事	業	の	管	理	運	営³	を	任	せ
る	こ	と	で	次	期	経	営	者⁵	と	し	て	の	能	力	育	成	と	、	ス
テ	ー	ク	ホ	ル	ダ	ー	か	ら	の	信	頼	を	得	て	、	円	滑	な	経
営	者	交	代	と	事	業	の	拡	大	を	目	指	し	た	た	め	。		

【メモ・浮かんだキーワード】　事業拡大、経営資源獲得、経営者能力育成、ステークホルダーの理解
【当日の感触等】　事業の拡大が重複していてかっこ悪いなぁ。けど、大事そうなキーワードは入れられた気もするし、言いたいことは伝わるかな。
【ふぞろい流採点結果】　18/20点

第3問（配点20点）　97字

利	点	は	、	①	3	代	目	の	人	脈	を	生	か	し	た¹	人	材	確	保
と	新	規	ド	メ	イ	ン	に	よ	る	売	上	の	向	上³	、	②	新	規	事
業	の	ノ	ウ	ハ	ウ	を	獲	得¹	す	る	こ	と	。	欠	点	は	、	①	既
存	人	材	の	強	み	を	生	か	せ	ず¹	士	気	低	下	、	②	経	営	資
源	の	分	散⁴	に	よ	る	競	争	力	の	低	下	で	あ	る	。			

【メモ・浮かんだキーワード】　人脈活用、新規事業ノウハウ獲得、既存事業への影響、経営資源分散
【当日の感触等】　一般論に落ち着いてしまった感があるなぁ。A社のビジネスに寄り添った解答になっていないかも。利点の①と②も似たような内容になっちゃった。
【ふぞろい流採点結果】　10/20点

〜勉強中、開眼したと感じた瞬間〜
過去問でNPV計算がぴったり合った時。

第4問（配点20点）　　86字

今	後	は	新	規	の	需	要	創	造[4]	が	必	要	で	あ	る	た	め	、	オ
ペ	レ	ー	シ	ョ	ン	依	存	に	基	づ	い	た	業	務	上	の	連	携	や
単	な	る	外	注	管	理	に	留	ま	ら	ず	、	外	部	企	業	と	共	に
高	付	加	価	値[2]	の	サ	ー	ビ	ス	を	生	み	出	す	な	ど	高	度	な
連	携	が	必	要[5]	。														

【メモ・浮かんだキーワード】　需要創造、協業、サービス開発

【当日の感触等】　何を書けばいいのかわからないけど、需要創造は必要だからそれを優先して書こう。協業で高付加価値のサービスを生み出すことが有効かな。オペレーション依存の状況をわざわざ説明する必要はない気もするけど、よい文章が思い浮かばない。

【ふぞろい流採点結果】　11/20点

第5問（配点20点）　　99字

課	題	は	、	①	既	存	事	業	を	含	む	企	業	全	体	の	士	気	の
維	持	・	向	上	と	、	②	新	規	事	業	の	長	期	的	な	競	争	力
強	化[1]	で	あ	る	。	解	決	策	は	、	①	経	営	者	が	長	期	ビ	ジ
ョ	ン	を	示	し	、	②	公	平	な	評	価	制	度	の	構	築[3]	、	③	適
切	な	配	置	転	換[4]	、	④	需	要	創	造[4]	の	営	業	力	強	化[3]	。	

【メモ・浮かんだキーワード】　企業全体での士気、長期ビジョン、評価、配置、営業力強化

【当日の感触等】　第3問と同じく、一般論になっちゃったかな。ただ、需要創造の営業力強化は外せないとは思ったし、それなりにキーワードを使えたかな。合格点は取れているとよいな。

【ふぞろい流採点結果】　13/20点

【ふぞろい評価】　60/100点　　　【実際の得点】　52/100点

　全体的に設問要求に対応できており、特に第2問は多面的に要素が盛り込まれており高得点となりました。ただし、第1問は高精度な分野に経営資源を集中した点が記載できておらず多面的な解答にはなりませんでした。

~勉強中、開眼したと感じた瞬間~ ─────────────────

　迷いなく、題意に合う解答フレームを想起できるようになったとき（試験2週間前ぐらい）。

みほ 編（勉強方法と解答プロセス：p.152）

1．当日朝の行動と取り組み方針

　試験当日は、6時半に起床。お腹を空かせず集中できるようにと、しっかり朝ご飯を食べる。家を出る前に、受験票と筆記用具、電卓を持ったことを確認した。電車に乗る前に、最寄り駅構内のおにぎり屋さんでお昼ご飯を購入し、準備は完了。

　一番大事にしていたのは、余裕をもって会場に着くこと。朝の動きを前日にシミュレーションしていたこともあり、8時20分には会場前に到着した。まだ会場は開いていなかったが、カフェに入るのも落ち着かないので、開場待ちの列に並んだ。

2．80分間のドキュメント

【手順0】開始前（～0分）

　周りの人たちが試験慣れして見えるのはなぜだろう。みんな淡々と準備をしている。模試を受けて場慣れしておけばよかったかなあ……。弱気になっている場合じゃない！　気をつけるポイントを復習しよう。「外部環境にも触れる」「課題と問題点は違う」「施策だけでなく理由や効果も書く」。よし、頑張ろう！

【手順1】準備（～1分）

　インターネットでダウンロードした過去問の解答用紙とそっくりだ。とにかく受験番号を間違えることだけは避けないと。1字ずつ、3回は確認。それから、時間配分。与件文を読む時間が9時55分までで、解答を考える時間が10時10分までで、解答を書く時間が10時35分まで（と、解答用紙にメモ）。

【手順2】設問文確認（～5分）

第1問　ファブレス化？　なんだかあまり馴染みがないような……。

第2問　「3代目」ということは、事業承継関連？　得意分野かも。

第3問　事業ドメインね！　結構勉強した。でも、「利点と欠点」ってなに？　「メリット・デメリット」と違うのかなあ。

第4問　なんだかピンとこない問題だなあ。まあ与件文を読んでみないとわからないか。

第5問　「課題」だから「～すること」と書かないとね。これは過去問でもよくあるタイプの問題に見える。

全体　あれ？　モチベーション向上とか組織活性化とか、人的資源管理の問題はないのかな？　「幸の日も毛深い猫」ならバッチリ覚えているのに！

【手順3】与件文読解（～15分）

1～4段落目　印刷業か。私は出版社だからわかるけど、専門的な言葉とかわからない人もいるんじゃないかな。ということは、ここは私の頑張りどころ？

5段落目　「技術革新に伴う経営環境の変化」。これはここまでの話を短くまとめていて、

~勉強中、開眼したと感じた瞬間~
　なかった。わかったと思っても、霧の中に入ったりの繰り返し。

解答にそのまま使えそうな言葉だ。「顧客の細かいニーズに対応」「高品質、高精度」も中小企業にとっては大事なことだな。SWOT分析に使えそうなことがたくさん書いてある段落だ。

[6～7段落目]　印刷業は厳しいから、いろいろ模索しているみたいだ。でも、少し混乱してきた……。

[8段落目]　おそらく設問にあった「事業ドメイン」に関する段落だ。「紙媒体に依存しない分野」というのはおそらく印刷業にとって大事なことだよな。あと、3代目の人脈も強みの1つだな。

[9段落目]　6段落目と同じことを書いてあるように見える。「プロジェクトチーム」は組織構造で出てくるワードだな。

[10段落目]　営業に苦労していて、売上が回復していないことが問題だな。

[全体]　時系列が混乱するから、年表を簡単に書いてみよう。

【手順4】解答作成（～70分）

[第1問]　外部環境を踏まえて書くことが大事だから「技術革新による厳しい経営環境」は欠かせない。あと、細かい顧客ニーズに応えることは高付加価値化につながっている。そしてそれを可能にしているのは分業体制だ。設備を持たないことによる財務リスク低減にも触れておきたいな。

[第2問]　デザイン事業を進めるというのと、3代目を育成するというのと、2方面から解答できそう。「よし、多面的に書けているな！」という正陽寺先生（『ふぞろい14』の先生）の声も聞こえる。デザイン事業のほうはあまり書く内容がないから、事業承継のほうに文字数を割こう。バランスが悪いかもしれないけど、仕方ない。

[第3問]　「利点と欠点」は「強みと弱み」だと思うことにしよう。

[第4問]　「協力関係を強化する」……やばい、その先が何も出てこない！　後回し！

[第5問]　「営業に資源を投入することは難しい」と書いてあるけど、わざわざ設問文に「長期的」と書いてあるんだから、おそらく答えは「営業力の強化」だよな。解決策として、経営資源の余力を作ることと、マニュアルを作ることや教育が必要かな。

[第4問（2回目）]　とにかく埋めなきゃ。関係強化といえば情報共有かな。下請けやアウトソーシングの知識を使って解答してみよう。

【手順5】見直し（～80分）

　とりあえず埋めたけど、これでよいのか自信がない。特に、プロジェクトチームや組織構造に触れなくていいのかなあ。

3．終了時の手ごたえ・感想

　過去問と結構違ったような気がする。やはり難しい試験だ！

　（すぐ後ろに座っている夫と会話をして）第1問には「経営資源の集中」があったかぁ。どうしてそんな鉄板のキーワードを忘れていたのだろう。落ち着きが足りないのかも。

~電車の中での2次試験の勉強方法~

　ファイナルペーパーの文章から過去問を思い出す。

合格者再現答案＊（みほ 編） ────────── 事例 Ⅰ

第1問（配点20点） 98字

技	術	革	新[3]	に	よ	る	厳	し	い	経	営	環	境	の	な	か	で	、	協
力	会	社	と	の	分	業	体	制[4]	に	よ	り	、	顧	客	の	細	か	い	ニ
ー	ズ	に	応	え[3]	、	高	精	度	・	高	品	質	の	印	刷	で	高	付	加
価	値	化	を	図	る	た	め	。	さ	ら	に	、	印	刷	工	場	を	持	た
な	い	こ	と	で	財	務	リ	ス	ク	を	削	減	す	る	た	め	。		

【メモ・浮かんだキーワード】 技術革新による厳しい経営環境、分業体制、顧客の細かいニーズ、高付加価値
【当日の感触等】 厳しい経営環境と、顧客ニーズに応えて高付加価値化、ここはよく書けたと思う。財務リスク削減はもう少し説明したかったけど文字数足りず。
【ふぞろい流採点結果】 10/20点

第2問（配点20点） 93字

前	職	で	の	人	脈[5]	を	活	か	し	、	ウ	ェ	ブ	デ	ザ	イ	ナ	ー[2]	を
採	用[3]	す	る	こ	と	が	で	き	る	か	ら	。	ま	た	、	３	代	目	を
次	期	社	長	と	し	て	育	成[5]	す	る	た	め	に	、	現	場	を	知	り	、
リ	ー	ダ	ー	シ	ッ	プ	や	マ	ネ	ジ	メ	ン	ト	能	力[3]	を	身	に	つ
け	さ	せ	る	こ	と	が	で	き	る	か	ら	。							

【メモ・浮かんだキーワード】 前職での人脈、3代目を次期社長として育成、リーダーシップ
【当日の感触等】 多面的に書けている点はいいけど、事業承継にボリュームが偏ってしまった。
【ふぞろい流採点結果】 18/20点

第3問（配点20点） 96字

利	点	は	紙	媒	体	に	依	存	し	な	い[2]	分	野	に	事	業	を	広	げ
経	営	リ	ス	ク	を	分	散	で	き	た[4]	こ	と	と	、	社	員	の	も	つ
デ	ジ	タ	ル	や	デ	ザ	イ	ン	の	能	力	を	活	用	で	き	た	こ	と	。
欠	点	は	営	業	に	資	源	を	投	入	で	き	ず[4]	、	競	合	他	社	も
多	く[4]	、	受	注	を	増	や	せ	て	い	な	い	こ	と	。				

【メモ・浮かんだキーワード】 紙媒体に依存しない分野、人材の活用、競合他社
【当日の感触等】 うまくいっていないから経営リスクの分散と書いてよいか少し悩む。だけど紙媒体に依存しないことは、印刷業にとって重要なはず。
【ふぞろい流採点結果】 14/20点

第4問（配点20点）　97字

外	部	企	業	と	の	関	係	を	強	化⁵	す	る	。		顧	客	ニ	ー	ズ³	や
新	し	い	技	術²	の	情	報	を	共	有⁴	し	、		勉	強	会	を	開	催	し、
ニ	ー	ズ	の	変	化	に	応	え	ら	れ	る	よ	う	に	す	る	。		契	約
に	お	い	て	品	質	や	納	期	を	明	確	に	し	、		定	期	的	に³	確
認	し	、		サ	プ	ラ	イ	チ	ェ	ー	ン	を		管	理³	す	る	。		

【メモ・浮かんだキーワード】　情報共有、勉強会、ニーズ、技術、契約、管理
【当日の感触等】　全然わからないので書けることを書いたけど、大きく外しているかも……。
【ふぞろい流採点結果】　15/20点

第5問（配点20点）　96字

課	題	は	営	業	力	を	つ	け	る³	こ	と	。		そ	の	た	め	に	業	務
の	効	率	化	と	人	材	の	適	正	配	置	で		余	剰	を	つ	く	り	、
営	業	人	員	を	確	保⁴	す	る	。		マ	ニ	ュ	ア	ル	作	成	と	教	育⁴
に	よ	り	営	業	力	強	化	し	、		新	商	品	の	訴	求	に	よ	り	新
市	場	開	拓⁴	し	、		売	上	回	復¹	に	つ	な	げ	る	。				

【メモ・浮かんだキーワード】　営業力強化、人材の育成、新市場開拓
【当日の感触等】　組織構造を変える提案までは確信が持てなくて、「適正配置」というぼん
　　やりした表現を使った。営業力強化という方向性は間違いないはず。
【ふぞろい流採点結果】　16/20点

【ふぞろい評価】　73/100点　　　【実際の得点】　80/100点

　全体的に多面的に要素が盛り込めており高得点となりました。第1問で、外部環境の悪化に伴い事業環境が苦しくなった点について記載が少なく若干多面性に欠けましたが、そのほかの設問がいずれも高得点であったため点数が大きく伸びました。

Column

号泣必須の応援ソング

　1回目の1次試験受験の際は、とにかく必死で勉強しました。その当時、私を支えてくれた音楽が2曲あります。まず1曲目はサンボマスターの『できっこないをやらなくちゃ』。私の内面をスキャンして書かれたのではないかと思うくらいピッタリくる歌詞で、心を奮い立たせていました。その後、1回目の1次試験は合格。直後に行ったカラオケでこれを歌ったら、号泣してしまい、それ以来、恥ずかしくて一度も歌っていません。その後2次試験に落ち続けたときは、あのとき頑張った自分を裏切っているようで、合格するまで聴く気になれませんでした。合格した今、改めて聴くとやはり涙が溢れそうになります。
　もう1つがYouTubeに上げられている熊本復興支援ソング『三百六十五歩のマーチ』。これは2番の歌詞が熊本地震からの復興に寄せて替えられているのですが、そのなかの「365歩でダメでもさらに進もう一歩ずつ」というフレーズに「1年間でダメでもまた頑張ればよいんだから」という思いを重ねて心の余裕を持たせていました。一時期熊本に住んでいたこともあり「一緒に頑張ろう」という気持ちで机に向かえました。　　　　（Tommy）

~時短・効果的な勉強方法~
　悩んだらすぐに答えを見る。これを繰り返すことで解き方が身につく。

けんけん 編 （勉強方法と解答プロセス：p.154）

1．当日朝の行動と取り組み方針

　普段週末夜はじっくり晩酌タイムだけど、試験前なのでお酒はほどほどにして早めに布団へ。こんなときはいつでもすぐ寝られる自分が誇らしい（笑）。朝はいつものように愛猫がかわいい声で起こしてくれる、「ご飯だニャー！」。猫様と一緒に朝ご飯はしっかり食べて、試験前定番のプリンも食べて準備は完璧。朝少し見直ししようと思ってたけどもういいや、気分を上げていくことを優先しよう。外で待つことになったら寒いので予定どおり9時過ぎに会場へ到着。よく寝れて、朝もリラックスできてるだけでも有利だよね、と自分を落ち着かせながら席につく。

2．80分間のドキュメント

【手順0】開始前（〜0分）

　今年も机は1人掛けか、広くてよかった。苦手意識強めの事例Ⅰ、「幸の日も毛深い猫」と頭のなかで繰り返して試験中忘れないように最終確認。とりあえず無難な立ち上がりができますように。

【手順1】準備（〜1分）

　まず与件文のページを外して解答を書きやすいようにして、設問数などが例年と大きく変わっていないかチェック。うん、20点×5問、想定どおり。さあやるぞ！

【手順2】設問解釈（〜5分）

第1問 ファブレス化？ 知識を問われる感じじゃなくてよかった。事例Ⅱっぽく解答してしまいそうだから気をつけよう。「なぜ〜」だから解答は理由ね。「なぜ」にマーク。

第2問 任せたってことは権限委譲かな。ここは最悪思いつかなければ権限委譲のメリットで埋めてしまおう。後回しだな。「なぜ」にマーク。

第3問 3代目が出てきた。時制がややこしくないといいなぁ。これも資源の集中と分散とかそれっぽいことは書けそうだな。「利点」と「欠点」にマーク。

第4問 「助言せよ」がきた！ 施策とその効果までしっかり書こう。外部との関係、か。難しそうなので星印をつけておく。設問文を読んだら解答要素らしいのが見つかるかな。

第5問 「長期的な課題」か、短期的な課題としっかり区別しないと混乱するような状況かな。やっぱり事例Ⅰって苦手だなぁ。早めに与件文を読んでいこう。

【手順3】与件文読解（〜20分）

1段落目 うわぁ創業者から3代目までいるよ。きっと外部環境変化とか時制とか一読しただけで整理できないだろうな。ミスしないように気をつけないと。

2段落目 「特殊なビジネス」と「専門的な技能」ね。創業時の強みだからきっとこの後失われていくだろう。第1問に関連しそうかな。

5段落目　「～に対して、A社では」か。独自性の部分だろうからこの辺り多分大事。「注力した」や「主な業務となって」など転機になっていそう。この段落の内容は重要そう。読み漏らしのないようにしなくては。

7段落目　2000年代突入か。ここから３代目？　デジタル化とか急に今風になってきた。

8段落目　ここで３代目が加入か。業務は拡大したけどあまり効果は出ていなさそうだ。「～が求められた」か、時代の要請みたいな表現は過去問でもよくあったな。対応しなきゃいけない課題だったりするから超重要なんだよね、しっかりマーク。

10段落目　売上が回復しないままか。改善する施策はどこかの設問には組み込むのが定番だよね。ひととおり読んだけれど、設問に関連しそうなところは何をしてどうだったかが明記されていなかったり、効果が出ていなかったりと書きにくそうな印象だな。

【手順４】解答作成（～78分）

第１問　３～４段落目の競争環境の変化は外せないよね。外部環境を挙げたからあとは内部の視点からを探してみよう。工場をなくしたんだから資源の集中、だよね。お、内外両視点からうまくまとめられた気がする。

第２問　人脈を生かした採用くらいしか与件文からは拾えないな。一般的な外部人材登用の狙いを書こう。ノウハウ獲得と外部文化取り入れによる意識改革、こんなところかな。

第３問　ここも与件文から拾えることがあまり見つからない。大外ししないためにも２つくらいずつ盛り込みたいな。当たり障りなさそうなことを書いておこう。

第５問　第４問をとばしているから早めに片づけていきたい。時間もあと20分ちょっととか、焦る。ここも大外ししないよう課題も複数盛り込みたい。対策は与件文に「新規の需要を創造していくことが求められた」とあるから、ここにつながるような策がよいよね。A社で活用できそうなのは協力企業とのネットワークかな。ここまで書くと字数一杯になったしこれでいいや、時間もないし最後に第４問を片づけなきゃ。

第４問　難しかったので最後に回した問題。残りは10分くらい。白紙だけは避けなければ……。関係を発展だから Win-Win の関係性を構築していく方向はどうだろうか。なんだか独創性あふれる危険な解答になっている気がする。困ったときは事前に決めていた「高付加価値の差別化提案」と書いておく。少しでも点数入ってくれ。

【手順５】見直し（～80分）

　第４問を埋めた時点で、もうほぼ時間はない。誤字などのミスだけチェックし、雑な文字だけきれいに書き直しておこう。

３．終了時の手ごたえ・感想

　なんとかどの設問も字数は埋めたし40点以下ってことはないんじゃないかな。事前に用意していた便利キーワードも役に立ったし、昨年よりはよい提案がA社に対してできたはず。苦手事例の割にはうまくこなせたよ（と思っておこう）。

～平日の勉強方法～

　通勤の電車・昼休みはスマホで勉強。夜は机で勉強。

合格者再現答案＊（けんけん 編）
事例 I

第1問（配点20点）　90字

理	由	は	①	デ	ジ	タ	ル	化	や	新	規	参	入	が	容	易	に	な	り
印	刷	技	術	に	よ	る	差	別	化	、	優	位	性	確	保	が	困	難	に
な	っ	た	②	協	力	企	業	と	の	ネ	ッ	ト	ワ	ー	ク	構	築	な	ど
優	位	性	の	源	泉	へ	経	営	資	源	を	集	中	し	、	コ	ス	ト	削
減	を	行	う	た	め	で	あ	る	。										

【メモ・浮かんだキーワード】　コスト／競争激化／資源集中

【当日の感触等】　そんなに時間もかからず書けたし、まあまあの滑り出し。ほかに書けることなんてきっとそんなにないよね。ここは及第点でしょ。

【ふぞろい流採点結果】　10/20点

第2問（配点20点）　93字

理	由	は	①	外	部	か	ら	の	ノ	ウ	ハ	ウ	獲	得	し	、	人	脈	を
取	り	入	れ	る	こ	と	で	新	領	域	へ	展	開	し	て	い	く	上	で
の	強	み	を	獲	得	す	る	た	め	②	外	部	文	化	を	取	り	入	れ
る	こ	と	で	、	事	業	革	新	の	必	要	性	に	つ	い	て	の	意	識
を	醸	成	し	て	い	く	た	め	で	あ	る	。								

【メモ・浮かんだキーワード】　ノウハウ／新領域への展開／革新／意識醸成

【当日の感触等】　書けたというよりもそれっぽいことをなんとか書いた感じだなぁ。終わってから見落としが見つかりそうで嫌だな。

【ふぞろい流採点結果】　7/20点

第3問（配点20点）　96字

利	点	は	①	新	領	域	で	タ	ー	ゲ	ッ	ト	と	す	る	層	が	増	え
る	こ	と	②	既	存	事	業	と	の	新	た	な	シ	ナ	ジ	ー	発	揮	の
可	能	性	が	生	ま	れ	る	こ	と	で	あ	る	。	欠	点	は	①	経	営
資	源	の	不	足	②	タ	ー	ゲ	ッ	ト	が	ぼ	や	け	る	こ	と	で	分
散	し	優	位	性	が	失	わ	れ	る	こ	と	で	あ	る	。					

【メモ・浮かんだキーワード】　ターゲット拡大／資源分散／シナジー

【当日の感触等】　なんだか書いたことが当たり前すぎるような気がする。自分でも何を言っているのかよくわからないな。

【ふぞろい流採点結果】　10/20点

第4問（配点20点）　89字

協	力	企	業	か	ら	の	受	注	や	ノ	ウ	ハ	ウ	の	提	供	を	受	け
る⁴	こ	と	な	ど	で	、	構	築	し	て	き	た	ネ	ッ	ト	ワ	ー	ク	を
よ	り	強	固	に	し⁵	、	ノ	ウ	ハ	ウ	の	蓄	積	、	シ	ナ	ジ	ー	を
発	揮¹	し	、	よ	り	高	付	加	価	値	提	案	を	行	い	、	差	別	化
を	図	る²	べ	き	で	あ	る	。											

【メモ・浮かんだキーワード】　ネットワーク強化／高付加価値の差別化提案

【当日の感触等】　ここはもう残り時間的にも納得いく解答は書けそうにないよな。定番キーワードを書いてそれっぽくしておくことで限界。

【ふぞろい流採点結果】　12/20点

第5問（配点20点）　97字

課	題	は	①	売	上	に	目	立	っ	た	回	復	が	な	い	こ	と	②	新
規	開	拓	を	行	う	経	営	資	源	の	不	足	で	あ	る	。	解	決	策
は	既	存	協	力	企	業	と	の	ネ	ッ	ト	ワ	ー	ク	を	強	固¹	に	し
ノ	ウ	ハ	ウ	蓄	積	し	新	規	の	需	要	を	創	造⁴	し	て	い	く	こ
と	で	売	り	上	げ	拡	大¹	を	図	る	こ	と	で	あ	る	。			

【メモ・浮かんだキーワード】　需要の創造／ネットワーク

【当日の感触等】　第4問とかなり重複する内容になってしまった。うまく切り分けできればよかったけど、どちらかではしっかり点が入っているはずと前向きに考えよう。事例Ⅰは半分取れていれば満足！

【ふぞろい流採点結果】　6/20点

【ふぞろい評価】　45/100点　　【実際の得点】　69/100点

　全体的に、合格者の多くが記載した「ふぞろい流のキーワード」が少なく、点数が伸びませんでした。一方で、設問要求に対して論理的に解答できており、採点者から一定の評価を得られたと考えられます。

Column

不合格からの立ち上がり

　令和元年度2次試験に不合格となった私は、予備校に通いある程度2次試験についても学習したという自負があったため、数か月受験勉強から遠ざかっていました。春先に独学で勉強し始めようと思っていた矢先、新型コロナウイルス感染症が蔓延。仕事が繁忙となり、受験勉強どころではなくなってしまいました。夏頃に予備校模試を受けたところ、1回目の受験時には覚えていたはずの知識や解法が使えなくなっており、判定はD。転勤時期も重なったため、令和2年度2次試験は受験しないという選択となりましたが、コロナの特例措置がなければ1次試験からのやり直しとなるはずでした。不合格という現実からなかなか切り替えができないという難しさはありますが、少しでもリベンジしたいという思いがある方は、1日でも早く受験勉強を開始したほうが後悔が少なくすむと思います。

（さと）

～平日の勉強方法～

夜21時以降～寝るまでの数時間。事例Ⅳの計算問題は1日1つ解くのがノルマ。

さと 編 （勉強方法と解答プロセス：p.156）

1．当日朝の行動と取り組み方針

　前日夜はリラックスして早めに布団へ、でも不安でなかなか眠れず。6時に無事起床。朝ご飯（1週間前から同じメニューでお腹を慣らしておいた）を食べ、メイクをして気合を入れる。行きの電車では、試験対策プレイリストでお気に入りの音楽を聴き、ファイナルペーパーを眺める。前日に確認しておいた地下鉄出口を出て、試験会場の立教大学へ。会場前に有名な予備校講師陣がいて、ちょっとびっくり。お世話になった予備校の先生に挨拶し、元気をもらう。いざ、2年ぶり2回目の2次試験へ、いい緊張感だ。

2．80分間のドキュメント
【手順0】開始前（～0分）

　階段を上がり、一番乗りで教室に入る。また一番前の席か……（2年前も一番前の席）。まあでもこれも想定の範囲内。机上にペンを配置し、準備を行う。立教大学の机、狭いと聞いていたけど、本当に狭いな、ペンが落ちそう。受験票はセロハンテープで固定し、落下防止完了。事例Ⅰは2年前のトラウマがあり、自分にとって鬼門。想定外のことが起こっても落ち着こうと言い聞かせる。社長の思いに寄り添うこと、A社のありたい姿を考えよう、いざリベンジ！

【手順1】準備（～1分）

　解答用紙に受験番号を書く。1年目のときは名前を書かず、受験番号だけ書くことにびっくりしていたな、今年は余裕を持てている感じ。定規を使って、問題用紙破りも無事にできた。問題用紙へのページ書き込みと段落振りを行い、ルーティーン作業は完了。今年は、印刷・広告制作会社か。さあ、設問解釈にいこう。

【手順2】設問解釈①（～6分）

第1問　設問要求は「ファブレス化の理由」か。これは経営戦略の問題ね。ファブレス化だから、コア技術を使った差別化集中戦略の方向性かな。工場設備の投資負担やコストの話も出てくるかも。

第2問　設問要求は「3代目にデザイン部門の統括を任せた理由」か。経営戦略か組織構造の問題かな。3代目はA社での経験がないってことだから、2代目は既存組織にない創造的な事業を行おうとしていたのかな。

第3問　設問要求は「事業ドメイン拡大の利点と欠点」。これも経営戦略の問題ね。ドメインといったら、CFR（顧客・機能・経営資源）で分けて考えよう。あとで与件文と照らし合わせよう。

第4問　設問要求は「外部企業との関係発展方法」か。これも経営戦略の問題か、あれ、今年は組織の設問が少ない？　外部企業との連携に何かしら問題があるのか。

第5問　設問要求は「全社経営の引継ぎと事業存続の長期的な課題と解決策」か。これが

唯一の組織的な問題なのかな。経営の引継ぎということは事業承継ね、予備校でも事業承継の事例は強調されたな。承継と継続の２つの視点から解答するようにしよう。さあ、与件文読解に移ろう。

【手順３】与件文読解（〜18分）

１段落目　家族経営ということはスリーサークルモデルね。もう事業承継済みと。

２段落目　かつての活版印刷には技術や技能が必要で、分業も行っていた。協業の話につながるのかな。

３段落目　「しかしながら」だ。最初の経営環境変化は、オフセット印刷機の普及ね。

４段落目　「さらに」で、次の経営環境変化が、印刷のデジタル化か。高度な技術が不要になって競争激化が進むことは脅威だ。

５段落目　２代目社長の就任ということは1990年か、４段落目よりも過去の話だから時系列注意。工場売却や分業体制、高精度印刷への専門化等情報が盛りだくさん。

６段落目　事業転換に伴う組織変化の話題。協業の話は設問にあったな。

７段落目　2000年代、また時系列に注意。専門人材採用やプロジェクトチーム、事例Ⅰっぽい話だ。

８段落目　ここで３代目が登場。広告制作業務を開始したけど、新規案件獲得が課題か。

９段落目　オペレーションの外部依存は問題だな、協業の設問につながるところかな。

10段落目　営業活動を行っていないのか、売上回復が目指すべき方向だな。

【手順４】設問解釈②・解答メモ作成（〜45分）

第１問　３・４・５段落の流れを整理。ファブレス化は外注ということだから「差別化集中」「競争回避」の方向性。環境変化は２つそれぞれ書こう。

第２問　８段落目を中心にまとめよう。事業承継の視点も入れるから「権限委譲」や「経営経験」もキーワードになりそう。

第３問　事業転換だから利点は５・６段落をまとめるのかな。欠点は８段落の競争環境や営業関係か。

第４問　うーん、もうすでに協業しているし、関係を発展させるとは？　依存体制が問題なら、ノウハウ蓄積が課題かな。

第５問　「幸の日も毛深い猫」がうまく使えないな。承継面だと、３代目は営業もしていないし、まだ全社的な経営視点はなさそう。存続面だと営業体制の育成や教育かな。

【手順５】解答作成（〜80分）

　急いで書かねば。あれ、第３問は３代目のことなのに、メモ段階では２代目のこと書いている。方向修正しなきゃ（焦り）。残り10分で第４問が真っ白。何がなんでも埋めるぞ。最後までタイムマネジメントできていなかったな。

３．終了時の手ごたえ・感想

　ああ、また事例Ⅰが鬼門になったか。問題傾向変わったような気もする……。でもここから挽回だ。事例Ⅰのことは忘れよう！

〜勉強時間を作るコツ〜
　10分でも時間が空いたら途中まで過去問に取り組んでいた。

合格者再現答案＊（さと 編）　　　事例Ⅰ

第1問（配点20点）　99字

理	由	は	、	オ	フ	セ	ッ	ト	印	刷	機	の	普	及	に	よ	る	職	人
の	手	作	業	工	程	省	略	や	オ	ン	デ	マ	ン	ド	機	普	及	に	よ
る	安	価	サ	ー	ビ	ス	等	、	技	術	革	新	に	よ	り	専	門	的	技
術	や	知	識	、	設	備	が	不	要	と	な	り	、	同	質	化	や	市	場
競	争	を	回	避	し	、	コ	ア	業	務	に	集	中	す	る	た	め	。	

【メモ・浮かんだキーワード】　技術革新、競争回避、差別化集中

【当日の感触等】　技術革新の説明長くなりすぎた、でも時間がないから次の問題にいかな
きゃ。差別化集中戦略が伝われば半分は取れてるよね。

【ふぞろい流採点結果】　6/20点

第2問（配点20点）　100字

理	由	は	①	広	告	代	理	店	勤	務	の	経	験	や	人	脈	を	デ	ザ
イ	ン	部	門	で	の	専	門	人	材	獲	得	に	活	か	せ	、	②	既	存
の	紙	媒	体	に	依	存	し	な	い	分	野	を	既	存	の	考	え	か	ら
離	れ	自	由	に	発	想	で	き	、	③	権	限	委	譲	で	利	益	責	任
明	確	な	経	営	経	験	で	事	業	承	継	を	円	滑	化	す	る	た	め	。

【メモ・浮かんだキーワード】　外部資源活用、人材確保、新事業転換、権限委譲、事業承継

【当日の感触等】　既存の枠組みからの転換がキーワードなのかな、事業承継の観点は絶対入
れたい！　多面的には書けた気がする。

【ふぞろい流採点結果】　18/20点

第3問（配点20点）　98字

利	点	は	①	紙	媒	体	に	依	存	し	な	い	ウ	ェ	ブ	や	コ	ン	テ
ン	ツ	サ	ー	ビ	ス	提	供	の	開	始	で	経	営	リ	ス	ク	を	分	散
し	、	②	デ	ジ	タ	ル	関	係	の	ノ	ウ	ハ	ウ	を	蓄	積	。	欠	点
は	競	争	激	し	い	市	場	へ	の	参	入	で	、	営	業	ノ	ウ	ハ	ウ
な	い	中	、	差	別	化	や	新	規	顧	客	開	拓	が	困	難	。		

【メモ・浮かんだキーワード】　ノウハウ蓄積、経営資源分散、差別化、営業力の弱さ

【当日の感触等】　ドメインはCFR（顧客・機能・経営資源）で考えなきゃ。利点は多面的
に書けたけど、欠点がうまくまとまらなかったなあ。

【ふぞろい流採点結果】　16/20点

第4問（配点20点）　99字

①	外	部	企	業	に	全	て	の	工	程	を	依	存	す	る	体	制	か	ら
の	脱	却	を	図	り	、	②	プ	ロ	ジ	ェ	ク	ト	チ	ー	ム	に	権	限
委	譲	し	、	創	発	的	な	**事**	**業**	**開**	**拓**	**を**	**促**	**進**⁴	し	、	③	外	部
企	業	の	ノ	ウ	ハ	ウ	を	**吸**	**収**⁴	す	る	こ	と	で	、	営	業	体	制
や	**提**	**案**	**力**	**を**	**高**	**め**	**て**³	、	新	規	顧	客	開	拓	を	図	る	。	

【メモ・浮かんだキーワード】　権限委譲、ノウハウ蓄積、脱依存、市場拡大

【当日の感触等】　関係の発展ということは、連携方法を書けばよいの？　関係ってなんだ……わからないけど、とりあえず何か書かなきゃ。6割なんとか取れますように……。

【ふぞろい流採点結果】　11/20点

第5問（配点20点）　100字

課	題	は	①	全	社	経	営	ノ	ウ	ハ	ウ	を	3	代	目	が	身	に	つ
け	る	こ	と	、	②	**営**	**業**	**部**	**門**	**設**	**置**³	で	**営**	**業**	**体**	**制**	**を**	**強**	**化**³
す	る	こ	と	。	解	決	策	は	①	2	代	目	が	**OJ**	**T**⁴	で	**技**	**術**	**的**
知	**識**²?	等	も	含	め	て	経	営	ス	キ	ル	を	3	代	目	に	伝	え	、
②	**営**	**業**	**研**	**修**	**実**	**施**	で	**新**	**規**	**顧**	**客**	**開**	**拓**	**力**⁴	を	高	め	る	。

【メモ・浮かんだキーワード】　事業承継、権限委譲、育成、士気、営業体制強化

【当日の感触等】　経営引継ぎの視点と事業存続の視点をそれぞれ盛り込まなきゃ。A社の弱みは営業だから営業体制についてはマスト。それっぽいことは書けた気がする。

【ふぞろい流採点結果】　16/20点

【ふぞろい評価】　67/100点　　【実際の得点】　67/100点

　全体的に多面的に要素を盛り込んでおり、高得点になりました。第1問は、外部環境の変化を受けて「高精度分野に注力した」という点が記載できておらず低い点数となりましたが、第2問、第3問が多面的に書けており高得点のためリカバリーができています。

Column

モチベーションに頼るな！

　2次試験不合格の理由に「モチベーションが続かなくてダラけてしまった」というのをよく聞きます。自分はモチベーションは2、3か月しか続かないと考えており、1年計画で診断士の勉強を始めた際にモチベーションを一切排除しました。じゃあどうすれば勉強を続けられるのか、答えは「習慣化」です。1日30分でよいので決まった時間に机に向かう。最初は無理のない長さの時間でよいです。毎日決まった時間に勉強するのが習慣になると、逆に勉強しないのが気持ち悪くなります。そして、30分では物足りなくなり、勉強時間を1時間、2時間確保するためにどうすればよいか自分で考えて1日の予定をコントロールするようになります。自分は最終的に1日3時間勉強するようになり、365日毎日勉強しました。盆も正月も、家族の誕生日も、祖母の葬式の日も1日も休まず勉強しました。狂気のように見えますが、習慣化すると勉強するのは当たり前のことになるので、やっている最中は全然辛くなかったです。

（けーし）

~ちょっと変わった勉強法~

　過去問はスマホやPCで同期して使えるメモアプリで、40分で解く（書き直しの時間がないハンデ）。

みっちー 編（勉強方法と解答プロセス：p.158）

1．当日朝の行動と取り組み方針

　受験生の朝は早い。5時、名古屋市内のビジネスホテルの一室にて、カーテンを全開にしておいた窓から陽が射し込み顔を照らす。1年ぶり2回目の、2次筆記試験の朝だ。ファイナルペーパーに目を通して試験の流れをイメージしてから、ホテルのレストランで朝食を済ませる。出発時間までコーヒーを飲みつつ、平常心を保つため電子書籍端末で朝読書。レイ・ブラッドベリ（著）『華氏451度』を読み、自由に書籍で学べる喜びを噛みしめながら試験会場へ向かう。

2．80分間のドキュメント

【手順0】開始前（〜0分）

　試験会場は愛知学院大学名城公園キャンパス。会場に着くと、すでに受付に受験生の列ができていた。列はスムーズに進み、入り口で受験票確認と検温を行った。

　試験室には長机が並んでおり、机1つに受験生2人が座った。着席し、ファイナルペーパーに書いたお気に入りの一言を黙読した。「採点者も人間。判読できる字で、ストレスなく読める文章を提供する」。

【手順1】準備（〜1分）

　問題文の表紙を切り取り、裏返してメモ用紙とした。解答用紙に受験番号を書き、解答欄のサイズを確認。設問数5問、文字数はいずれも100字。ここまでは想定どおりだ。

【手順2】設問文の解読（〜6分）

第1問　2代目経営者が出てくるなら、初代や3代目もいるのかも。時系列に要注意だ。A社は印刷工場を持っていたんだな。それをあえて手放した理由を答えるようだ。ファブレス化の利点を与件文から読み取ろう。

第2問　やっぱり3代目が登場した。なぜA社未経験の3代目にデザイン部門統括を任せたのか？「経験を積ませるため」という理由がまず思いつくが、ほかにも何かあるはず。3代目がどのような人物なのか与件文から読み取れれば、部門統括を任された理由が見えてくるかも。

第3問　事業ドメイン拡大、ということは多角化の利点や欠点について考えればよいかな。「同社にどのような利点と欠点を」とあるから、一般論ではなくA社のケースに即して、与件文に寄り添った解答にしないと。

第4問　なにやら題意をつかみにくい設問が来たぞ。しかも今後の対応を問う問題だから、難易度は高めだろうな。外部企業との協力関係をこれからどのように発展させていくか、ということか。外部企業が何を協力しているのか、与件文から読み取ろう。

第5問　長期的な課題と解決策を問う問題か。問われている内容が漠然としていて、難問の予感がするぞ。A社の弱みと脅威に対処するような方向性になりそうだから、いずれにせよSWOT分析が重要だ。

～効果的な過去問の使い方～
　複数の高得点再現答案との比較。

【手順3】与件文読解（〜25分）

1段落目 今年は印刷・広告業か。家族経営というのはキーワードかもしれないからメモしておこう。3代目の事業承継時期にも要注意。

2〜4段落目 技術革新と新規参入が進んで、価格競争が激化したのね。活版印刷工場を自社で持つのは、コストに見合わなくなってきたのだなあ。

5段落目 キーワードは外注と高付加価値化。これも第1問を解く鍵になりそう。第4問にもつながりそうだ。それにしても、工場手放すって相当な決断。

6〜7段落目 第4問で問われている外部の協力企業は、印刷を担当しているようだ。A社は調整業務に特化するということは、協力企業との連絡体制やコミュニケーション、技術レベルの管理などが求められそう。

8段落目 ここで3代目が参画するのか。前職が広告代理店なら、その人脈を生かせるのでは。第3問に関連しそうだ。ただ、新規案件の獲得競争で苦戦しているみたい。この弱みと脅威への対策を第5問で言及しよう。

9段落目 外部企業の協力を得ながら、プロジェクトチームで仕事を進める方式。外部との協力体制にA社の命運がかかっているといってもよさそうだ。

10段落目 第5問の大ヒント。営業活動を行っておらず、地場的市場や既存顧客に依存。新規顧客の開拓について答えなさいというメッセージにしか見えないぞ。

【手順4】解答作成（〜75分）

第1問 切り口は3つ。印刷市場の変化と、工場を持ち続けるデメリット、それに工場を手放してデザインに特化するメリット。まず市場の状況から書き始めてみよう。

第2問 理由は2つ考えられる。1つは、3代目の前職の人脈を生かして外部との協力体制を強化すること。もう1つは、設問文を見て最初に連想した、3代目を次期社長として育成すること。これらを文章にまとめよう。

第3問 解答欄は100字だけど、利点と欠点をそれぞれ説明するには意外と手狭だ。それぞれ端的に、2つずつ挙げてみよう。

第4問 結局、あまりキーワードをメモできなかった。プロジェクト内の連携はとれているから、プロジェクト間の連携も強化するということかな？　協力企業が多岐にわたるから、サプライチェーンの効率化も必要だと思う。

第5問 与件文からA社の弱みや脅威は見えてきたので、それらを「長期的な課題」とみなして対処を書いてみた。もやっとする解答だが、きっとみんな同じだろう。

【手順5】見直し（〜80分）

句読点と「てにをは」を確認し、乱雑な字を書き直して試験終了。

3．終了時の手ごたえ・感想

第4問と第5問は題意を的確に捉えにくく、雲をつかむような感覚で与件文の情報を拾い集めることとなった。あれも書いておけばよかった、という考えが頭をよぎってしまうので、さっさと再現答案を書いて次に切り替えよう。

〜効果的な過去問の使い方〜
ふぞろい採点で9割を目指して繰り返す。

合格者再現答案＊（みっちー 編）　　　　　　　　事例Ⅰ

第1問（配点20点）　　99字

印	刷	技	術	の	革	新³	で	新	規	参	入³	と	価	格	競	争	が	激	化²
し	、	工	場	で	職	人	が	分	業	す	る	活	版	印	刷	の	競	争	力
が	下	が	っ	た	た	め	、	印	刷	と	製	本	を	協	力	企	業	に	外
注⁴	し	デ	ザ	イ	ン	に	注	力	す	る	こ	と	で	、	高	付	加	価	値
な	美	術	品	分	野	に	絞	り	こ	み⁴	差	別	化	す	る⁴	た	め	。	

【メモ・浮かんだキーワード】　技術革新、新規参入、価格競争、高付加価値、差別化

【当日の感触等】　キーワードを盛り込めたとは思うけど、かなり冗長な文章になってしまった。100字もあるのだから、2文に分けたほうがよかった。

【ふぞろい流採点結果】　20/20点

第2問（配点20点）　　98字

理	由	は	、	デ	ザ	イ	ン	事	業	を	成	長²	さ	せ	る	た	め	、	3
代	目	の	前	職	の	人	脈⁵	を	生	か	し	、	デ	ザ	イ	ナ	ー²	の	採
用³	や	外	部	協	力	体	制	の	構	築	を	進	め	、	競	争	力	を	高
め	る	た	め	。	さ	ら	に	3	代	目	の	部	門	統	括³	能	力	を	育
成	し	、	経	営	者	と	し	て	能	力	開	発⁵	す	る	た	め	。		

【メモ・浮かんだキーワード】　人脈、競争力、能力開発、育成

【当日の感触等】　3代目の前職の人脈を生かす点と、経営者として育成する視点。この2つは大きく間違ってはいないと思う。

【ふぞろい流採点結果】　20/20点

第3問（配点20点）　　99字

利	点	は	①	既	存	の	印	刷	業	と	の	シ	ナ	ジ	ー	が	得	ら	れ
る⁴	。	②	紙	媒	体	に	依	存	し	な	い²	事	業	で	経	営	リ	ス	ク
を	分	散⁴	で	き	る	。	欠	点	は	①	業	界	の	競	争	が	激	し	く⁴
新	規	顧	客	の	獲	得	に	苦	戦³	。	②	経	営	資	源	が	印	刷	と
デ	ザ	イ	ン	に	分	散⁴	し	、	競	争	力	強	化	が	難	し	い	。	

【メモ・浮かんだキーワード】　シナジー、リスク分散、新規顧客、経営資源の分散

【当日の感触等】　多角化の一般的な長所と短所の説明になってしまった。もっとA社の事例に寄り添って書いたほうがよかった。

【ふぞろい流採点結果】　20/20点

第4問（配点20点）　97字

外	部	企	業	と	の	関	係	発	展	の	た	め	に	、	①	人	材	交	流⁴
の	活	性	化	と	共	同	研	修	に	よ	り	、	デ	ザ	イ	ン	力²	や	協
力	関	係	の	強	化⁵	を	図	る	。	②	プ	ロ	ジ	ェ	ク	ト	間	の	協
力	体	制	を	作	り	、	専	門	性	の	強	化²	や	サ	プ	ラ	イ	チ	ェ
ー	ン	の	効	率	化³	を	図	り	競	争	力	を	高	め	る²	。			

【メモ・浮かんだキーワード】　人材交流、研修、関係強化、サプライチェーン
【当日の感触等】　非常に解きにくかった設問。確信をもって書けなかったが、大きく方向性を間違えているわけでもないので、部分点で稼げるだろう。
【ふぞろい流採点結果】　14/20点

第5問（配点20点）　99字

課	題	は	①	既	存	客	に	依	存	し	た	地	場	的	市	場	へ	の	偏
り	の	解	消⁴	と	、	②	印	刷	と	デ	ザ	イ	ン	を	統	括	す	る	人
材	の	安	定	確	保	。	解	決	策	は	①	営	業	力	を	強	化³	し	、
高	精	度	な	美	術	印	刷	と	広	告	デ	ザ	イ	ン	能	力	を	訴	求²
す	る	。	②	採	用	強	化⁴	と	外	部	協	力	体	制	の	拡	大¹		

【メモ・浮かんだキーワード】　新規市場、新規顧客、営業力強化、訴求軸、採用強化
【当日の感触等】　A社の弱みと脅威への長期的な対策を、与件文に素直に書いたつもりだった。「新規顧客の獲得」「市場開発」のワードを入れようと思っていたが、後で見返すと入れ忘れていてショックだった。
【ふぞろい流採点結果】　14/20点

【ふぞろい評価】　88/100点　　【実際の得点】　72/100点
　全体的に多面的に要素が盛り込まれており、ふぞろい流の採点では高得点となりました。第1問、第2問、第3問の満点に加え、解答構成が難しかった第4問でも多面的に記載できており、安定して点数を確保できました。

Column　やる気が出ないときこそチャンス

　過去問の事例を1つ終わらせるには、解答時間の80分に加え、自己採点やわからなかったポイントの復習などで、計150分ぐらいはかかっていました。土日は家族と過ごすと決めていたので、主に平日の仕事終わりの夜に勉強していましたが、やらなきゃいけないとわかっていても、これから過ごす勉強時間の長さや残された睡眠時間を計算すると、疲労感から、なかなか過去問を解き出すことができない時期がありました。でもふとあるとき、自分の勉強する環境は、試験当日の時間割が進むごとに消耗が進んでいく状態に近いのではないかと考えました。この疲れた状況で過去問を解くことこそ、本番のシミュレーションになるに違いないと。それに気づいてからは、むしろモチベーションが上がらないときこそ貴重な精神状態と思えるようになり、前向きに勉強に取り組むことができました。

（ソーイチ）

~事例の効果的な復習方法~
　復習を効率的にこなそうとしない。とことん見直す。

もっちゃん 編 （勉強方法と解答プロセス：p.160）

1．当日朝の行動と取り組み方針

　朝早く起き、早めに会場へ（昨年度の受験の際、試験開始直前に会場に着いたところ、自分の席に別の人が座っていた！　それに声をかけてもなぜかなかなかどいてくれない！という珍事があり、心を乱された経験があるので早めに行くことにした）。行きのコンビニでチョコレート、栄養ドリンクを買っていく。電車が遅れたり、道に迷ったりなど、試験当日は不測の事態が起きることがあるので、早めの会場入りがおすすめ。

2．80分間のドキュメント

【手順0】開始前（〜0分）

　シャーペン（3本）、消しゴム（3個）、蛍光ペン（4色）、定規、卓上時計を机の上にセット。卓上時計と腕時計はそれぞれスマホの時間に合わせる。

【手順1】準備（〜1分）

　受験番号の書き間違いがないかを確認。問題文の白紙部分をメモにするため、定規を使って破るが失敗。次に与件文の各段落に丸数字を振っていく。事例Ⅰは10段落。余白にとりあえず「茶化」と書く。

【手順2】与件文第1段落確認と設問解釈（〜20分）

1段落目　1段落目を確認。「従業員15名」と「印刷・広告制作会社」にチェック。時制は「1960年」創業、「1990年」2代目が引き継ぎ、「2020年」3代目が承継。

第1問　主語が「2代目経営者」なので時制には注意。メモには「2代目経営者」と書く。「なぜ」「ファブレス化を行ったと考えられるか」なので、主語は「理由は」にする。ファブレス化のメリットを踏まえて与件文からキーワードを抜き出し、最後は「〜するため」と締めよう。このまま最初に解答する方針でいく。

第2問　3代目は承継したばかりだけど、いきなりデザイン部門の統括かあ。何かのバックグラウンドがあったということかな。これも「なぜ」なので、「理由は」から始めて、キーワードを抜き出して「〜するため」でいけそう。順番どおり2番目に解答。

第3問　第3問は「現経営者である3代目」が主語。「利点」と「欠点」が問いなので、50字ずつ配分しよう。解答用紙の51字目に薄く斜め線を入れておく。ドメイン拡大でシナジーが生じるかもしれないが、小規模でそんなにうまくいくのだろうか。これも順番どおり3番目に解答してよさそうか。

第4問　2代目が「外部の協力企業」と連携していたのを、3代目がどのように発展させるか。おそらく2代目のときには連携に何か問題があったのだろう。そこを与件文から拾えたらその解決策を自分なりに書くみたいな感じだろうか。

第5問　最後は「課題」と「解決策」が問い。「長期的な」という制約が気になる。とりあえず解答用紙の51字目に斜め線。よくわからない第4問を後回しにして先に第5問を解

こう。

【手順３】与件文読解（〜40分）

2段落目　「当初は印刷工場」「職人」とあり、ファブレス化に関する導入かな。

3段落目　「1970年代」と横に書く。まだ初代。「大量・安価」がキーワードか。

4段落目　「2000年頃」と横に書く。「より安価な小ロット印刷」「新規参入が容易」「印刷の単価」がキーワードか。とにかく外部環境が悪化したみたい。

5段落目　「２代目が」「印刷機を持たない事業へと転換した」とファブレス化についての記載。第１問は５段落目が主か。「協力企業に依頼」は第４問の話だから、第１問と第４問のメモに（5）と書いておく。「美術印刷の分野にのみ需要を絞る」はファブレス化に関係しそうなフレーズ。

6段落目　「コンサルティングの工程のみを社内に残し」「ディレクション業務へと特化」もファブレス化か。第１問のメモに（6）も書く。よく見ると４段落目は2000年の話なので、第１問のメモには（4）とは書かないでおく。

7段落目　「デジタル化に経営資源を投入」「プログラミング」にチェック。

8段落目　３代目登場。「前職」の説明があり、第２問の内容か。「広告制作へと業務を拡大」はドメイン拡大だから第３問だろう。第２問と第３問のメモに（8）と書く。

9段落目　「協力関係を構築」とあり第４問のことだろうが、問題ないような……。

10段落目　「売り上げにおいて目立った回復のないまま」とあるから、課題は売上の向上だろうか。

【手順４】解答作成（〜79分）

第1問　大量・安価に印刷ができるようになり、工場を持つより、ノウハウで差別化したいということかな。「コンサルティング」や「高精度」「美術印刷」辺りをキーワードに解答を作ろう。

第2問　３代目について８段落目にメインで書いてあるので、あまり深入りせず８段落目から与件文どおりに拾っていくことにしよう。

第3問　第３問も８段落目がメインか。「新たな事業の案件を獲得していくことは難しかった」「非常に厳しい競争環境」「営業に資源を投入することも難しい」とあるから、現実は欠点のほうが多そうだし、欠点を気持ち多めに書くことにしよう。

第5問　課題は、最終段落の内容から新規顧客の創出だろうか。そうすれば「新規の需要を創造」や売上の話にも整合する。解決策は、営業力の向上ということになるかな。

第4問　よくわからないし時間もないので、白紙だけは避けて思いついたことを書こう。

【手順５】見直し（〜80分）

見直す時間はほとんどなし。解答の文字が消えていないかだけギリギリ確認。

３．終了時の手ごたえ・感想

第４問は書けなかったなあ。まあ、白紙がなかっただけよしとして、気を取り直して事例Ⅱは頑張ろう。

〜モチベーションアップの方法〜
　勉強会に参加し、ほかの受験生が勉強している近況を聞いて自分を奮い立たせる。

合格者再現答案＊（もっちゃん 編）　事例Ⅰ

第1問（配点20点）　99字

理	由	は	、	技	術	革	新	に	よ	り	大	量	・	安	価	な	印	刷	が
可	能	と	な	っ	た	外	部	環	境	の	変	化	に	対	し	、	コ	ン	サ
ル	テ	ィ	ン	グ	と	デ	ィ	レ	ク	シ	ョ	ン	業	務	に	特	化	し	顧
客	の	細	か	い	ニ	ー	ズ	に	対	応	し	、	高	精	度	な	美	術	印
刷	に	差	別	化	集	中	す	る	こ	と	で	対	応	す	る	た	め	。	

【メモ・浮かんだキーワード】　技術革新、大量・安価、ディレクション業務、美術印刷

【当日の感触等】　キーワードはある程度見つかったと思ったが、100字にまとめるのが難しく苦労した。時間もないので、こだわりすぎずほどほどで切り上げるしかない。

【ふぞろい流採点結果】　15/20点

第2問（配点20点）　100字

理	由	は	、	前	職	が	広	告	代	理	店	で	、	デ	ザ	イ	ナ	ー	、
ア	ー	テ	ィ	ス	ト	と	の	共	同	プ	ロ	ジ	ェ	ク	ト	に	参	画	し
て	い	た	人	脈	を	持	つ	3	代	目	の	ノ	ウ	ハ	ウ	を	生	か	す
こ	と	で	、	デ	ザ	イ	ン	と	印	刷	コ	ン	テ	ン	ツ	の	デ	ジ	タ
ル	化	へ	の	経	営	資	源	の	集	中	を	円	滑	に	す	る	た	め	。

【メモ・浮かんだキーワード】　広告代理店、人脈、デザインとコンテンツのデジタル化

【当日の感触等】　与件文をそのまま抜き出して、貼り付けたような解答になった。ただ、時間をかけずに答案を埋めることができたのでよしとしよう。

【ふぞろい流採点結果】　8/20点

第3問（配点20点）　95字

利	点	は	、	高	精	度	な	印	刷	技	術	を	強	み	に	関	連	多	角
化	を	す	る	こ	と	で	シ	ナ	ジ	ー	が	発	生	す	る	こ	と	。	欠
点	は	、	競	合	他	社	が	多	く	競	争	の	激	し	い	分	野	に	参
入	す	る	こ	と	で	、	経	営	資	源	が	不	足	し	、	営	業	力	を
伸	ば	す	こ	と	が	で	き	な	く	な	る	こ	と	。					

【メモ・浮かんだキーワード】　関連多角化、シナジー、競合他社、経営資源の枯渇

【当日の感触等】　利点はほぼ一般論。欠点については、営業力を伸ばすことができないという締めは文章的におかしいような……。

【ふぞろい流採点結果】　15/20点

第4問（配点20点）　97字

3	代	目	が	統	括	す	る	デ	ザ	イ	ン	部	門²	を	新	設	し	、	デ
ザ	イ	ン	と	印	刷	コ	ン	テ	ン	ツ	の	デ	ジ	タ	ル	化	を	進	め
る	に	あ	た	っ	て	、	**外**	**部**	**企**	**業**	**と**	**の**	**協**	**力**	関	係	を	強	め
る⁵	こ	と	で	、	外	部	企	業	の	**専**	**門**	**性**²	を	自	社	に	取	り	入
れ	、	デ	ザ	イ	ン	力	を	さ	ら	に	強	み	と	す	る	。			

【メモ・浮かんだキーワード】　サプライチェーン、外部に依存

【当日の感触等】　すでに今の状態でよく直すようなところが見当たらない……。とりあえず、よくなりそうなアイデアをひねり出した感じ。

【ふぞろい流採点結果】　9/20点

第5問（配点20点）　99字

課	題	は	**営**	**業**	**力**	**を**	**向**	**上**³	し	**新**	**規**	**顧**	**客**	**を**	**創**	**出**⁴	す	る	こ
と	に	よ	る	**売**	**上**	**拡**	**大**¹	で	あ	る	。	解	決	策	は	、	営	業	担
当	者	、	**営**	**業**	**部**	**署**	**の**	**新**	**設**³	に	よ	り	営	業	力	を	強	化	す
る	、	3	代	目	の	ノ	ウ	ハ	ウ	を	生	か	し	て	デ	ジ	タ	ル	分
野	を	強	み	と	し	て	**高**	**付**	**加**	**価**	**値**	**化**¹	を	図	る	こ	と	。	

【メモ・浮かんだキーワード】　新規顧客、営業力、3代目のノウハウ

【当日の感触等】　あまり与件文に寄り添えていないかも。しかも、組織・人事的な解答になっていない。でも第4問も残っているし、まずは埋めるしかない。「長期的な課題」に関する検討はまったくできなかった。

【ふぞろい流採点結果】　12/20点

【ふぞろい評価】　59/100点　　【実際の得点】　77/100点

　全体的に多面的に要素が盛り込まれており、ほぼ合格点となりました。ただし、第2問で事業承継の要素を書けていない、第4問で関係性の発展による効果が書けていない等、一部多面性に欠ける解答となりました。

Column

資格勉強中で始めた趣味

　生きるために勉強しているのか、勉強のために生きているのかわからなくなっていたとき、絵の趣味を始めました。とりあえず、イラストの本を買って、ノートとシャーペンをカバンに詰め込んで、黙々と絵を描いていました。人体って意外と論理的につながっているんだなぁと思いながら描いていると、勉強のためのエネルギーが溜まり、よい気分転換になりました。時々行う趣味、おすすめです。

（マコト）

～勉強を諦めそうになった自分を奮い立たせた一言～ ───────────
　一緒に勉強してきた仲間は、今この瞬間も闘っているぞ。いいのか自分。

▶事例Ⅱ（マーケティング・流通） ◀

令和3年度　中小企業の診断及び助言に関する実務の事例Ⅱ
（マーケティング・流通）

　B社は資本金300万円、社長を含む従業者数15名の豆腐の製造販売業者である。B社は清流が流れる地方都市X市に所在する。この清流を水源とする地下水は良質な軟水で、滑らかな豆腐づくりに向く。

　1953年（昭和28年）、現社長の祖父がX市の商店街にB社を創業した。地元産大豆、水にこだわった豆腐は評判となり、品評会でも度々表彰された。なお、X市は室町時代に戦火を避けて京都から移り住んだ人々の影響で、小京都の面影を残している。そのため、京文化への親近感が強く、同地の職人には京都の老舗で修行した者が多い。同地の繁盛店は、B社歴代社長、新しい素材を使った菓子で人気を博す和菓子店の店主、予約が取りにくいと評判の割烹の板前など京都で修行した職人が支えている。

　1981年（昭和56年）、創業者の病をきっかけに、経営は息子の2代目に引き継がれた。その頃、X市でもスーパーマーケットなど量販店の出店が増加し、卸販売も行うようになった。従来の商店街の工場兼店舗が手狭になったため、良質な地下水を採取できる農村部の土地に工場を新設した。パートの雇用も増やし、生産量を拡大した。

　2000年（平成12年）、創業者の孫にあたる現社長が、京都での修行を終えてB社を継承した。その頃、地場資本のスーパーマーケットからプライベート・ブランド（PB）の製造呼びかけがあった。国産大豆を使いながらも、価格を抑え、集客の目玉とするPBであった。地元産大豆にこだわった祖父と父のポリシーに反するが、事業拡大の好機と捉え、コンペ（企画競争型の業者選定会）に参加し、受注に成功した。そしてPB製造のための材料用倉庫と建屋も新築し、パートも増やした。その後、数度のコンペで受注契約を繰り返し、最盛期はB社売上比率の約半分がPBで占められた。しかし、2015年（平成27年）のコンペで大手メーカーに敗れ、契約終了となった。

　PBの失注のタイミングで、X市の大手米穀店Y社からアプローチがあり、協議の結果、農村部の工場の余剰設備をY社へ売却し、整理人員もY社が雇用した。X市は豊富な水を活かした米の生産も盛んで、Y社は同地の米の全国向けECサイトに注力している。Y社社長は以前より在庫用倉庫と炊飯に向く良質な軟水を大量に採取できる井戸を探していた。Y社は建屋を改修し、B社の地下水を購入する形で、Y社サイトのお得意さまに限定販売するペットボトル入り水の製造を開始した。またY社は「X市の魅力を全国に」との思いからX市企業の佃煮、干物などもY社サイトでコラボ企画と称して販売している。近年、グルメ雑誌でY社サイトの新米、佃煮が紹介されたのをきっかけに、全国の食通

事例
Ⅱ

を顧客として獲得し、サイトでの売上が拡大している。

　B社社長はPB関連施設の整理のめどが立った頃、B社の将来について、残った従業員と会議を重ねた。その結果、各地で成功例のある冷蔵販売車を使った豆腐の移動販売の開始を決意した。売上の早期回復のために移動販売はフランチャイズ方式を採用した。先行事例を参考に、フランチャイジーは加盟時に登録料と冷蔵販売車を用意し、以降はB社から商品を仕入れるのみで、その他のフィーは不要とする方式とした。また、フランチャイジーは担当地域での販売に専念し、B社はその他のマーケティング活動、支援活動を担当する。結果、元商店経営者やB社の元社員などがフランチャイジーとして加盟した。

　移動販売の開始と同時に原材料を全て地元産大豆に戻し、品揃えも大幅に見直した。手頃な価格の絹ごし豆腐、木綿豆腐の他、柚子豆腐、銀杏豆腐などの季節の変わり豆腐も月替わりの商品として加えた。新商品のグラム当たり単価はいずれもスーパーマーケットの高価格帯商品よりも高く設定した。

　移動販売は戸別訪問の他に、豆腐の製造販売店がない商店街、遊戯施設、病院などの駐車場でも許可を得て販売している。駐車場での販売は高齢者が知り合いを電話で呼び、井戸端会議のきっかけとなることも多い。移動販売の開始後、顧客数は拡大したものの客単価は伸び悩んでいたが、フランチャイジーの1人がデモンストレーション販売をヒントに始めた販売方法が客単価を引き上げた。自身が抱える在庫をどうせ廃棄するならば、と小分けにし、使い捨て容器に盛り付け、豆腐に合った調味料をかけて試食を勧めながら、商品説明を積極的に行った結果、次第に高単価商品が売れ始めた。フランチャイジーと高齢者顧客とのやり取りは来店前の電話での通話が主体である。インスタント・メッセンジャー（IM）の利用を勧めた時もあったが敬遠されたため、電話がメインになっている。ただし若年層にはIMによるテキストでのやり取りの方が好まれ、自社の受注用サイトを作る計画もあったが、ノウハウもなく、投資に見合った利益が見込めないとの判断により、IMで十分という結論に達した。

　移動販売の開始以降、毎年秋には農村部の工場に顧客リストの中から買い上げ額上位のお得意さまの家族を招いて、日頃のご愛顧への感謝を伝える収穫祭と称するイベントを実施してきた。これは昔ながらの方法で大豆の収穫を体験するイベントである。収穫の喜びを顧客と共有すると共に、B社の顧客は高齢者が多いため、一緒に昔を懐かしむ目的で始めた。しかし、食べ物が多くの人の努力を経て食卓に届くことを孫に教えたいという声が増え、年を追うごとに子連れの参加者が多くなった。収穫体験の後には食事会を開き、B社商品を使った肉豆腐や湯豆腐を振る舞う。ここで参加者が毎年楽しみにしているのは炊きたての新米に、出来たての温かい豆腐を乗せ、鰹節としょうゆ、薬味の葱少々をかけた豆腐丼であった。豆腐丼は祖父の時代からB社でまかないとして食べてきたものである。「豆腐に旅をさせるな」といわれるように出来たての豆腐の風味が最も良く、豆腐と同じ

〜本番力の磨き方〜

　　自信がある事例は制限時間を10分短く解いて。

水で炊き上げた新米との相性も合って毎年好評を得ていた。同市の年齢分布を踏まえると主婦層の顧客が少ないという課題を抱えつつ、移動販売は高齢層への販売を伸ばし続けていた。

　しかしながら、新型コロナウイルス感染症のまん延に伴い、以降、試食を自粛した。また、人的接触を避けるために、駐車場での販売から戸別販売への変更を希望したり、戸別訪問を断ったりする顧客が増えてきた。収穫祭では収穫体験のみを実施し、室内での食事会を中止した。その際に、豆腐丼を惜しむ声が複数顧客より寄せられた。B社社長が全国に多数展開される豆腐ECサイトを調べたところ、多くのサイトで豆乳とにがりをセットにした商品が販売されていることを知り「手作り豆腐セット」を開発し、移動販売を開始した。顧客が豆乳とにがりを混ぜ、蒸し器で仕上げる手間のかかる商品であるが、出来たての豆腐を味わえる。リモートワークの浸透を受け、自宅での食事にこだわりを持つ家庭が増え、お得意さま以外の主婦層にも人気を博している。この商品のヒットもあり、何とかもちこたえてきたものの、移動販売の売上は3割落ち込んだままである。そこで、人的接触を控えたい、自宅を不在にする日にも届けてほしいという高齢層や主婦層の声を踏まえ、生協を参考に冷蔵ボックスを使った置き配の開始も検討している。そして、危機こそ好機と捉え、豆腐やおからを材料とする菓子類による主婦層の獲得や、地元産大豆の魅力を伝える全国向けネット販売といった夢をこの機にかなえたいと考えている。しかし、具体的な打ち手に悩んだB社社長は2021年（令和3年）8月末に中小企業診断士に相談することとした。

第1問（配点20点）

2021年（令和3年）8月末時点のB社の状況を、移動販売の拡大およびネット販売の立ち上げを目的としてSWOT分析によって整理せよ。①～④の解答欄に、それぞれ30字以内で述べること。

第2問（配点25点）

B社社長は社会全体のオンライン化の流れを踏まえ、ネット販売を通じ、地元産大豆の魅力を全国に伝えたいと考えている。そのためには、どの商品を、どのように販売すべきか。ターゲットを明確にした上で、中小企業診断士の立場から100字以内で助言せよ。

第3問（配点30点）

B社のフランチャイズ方式の移動販売において、置き配を導入する場合に、それを利用する高齢者顧客に対して、どのような取り組みを実施すべきか。中小企業診断士の立場から（a）フランチャイザー、（b）フランチャイジーに対して、それぞれ50字以内で助言せよ。

第4問（配点25点）

B社ではX市周辺の主婦層の顧客獲得をめざし、豆腐やおからを材料とする菓子類の新規開発、移動販売を検討している。製品戦略とコミュニケーション戦略について、中小企業診断士の立場から100字以内で助言せよ。

80分間のドキュメント 事例Ⅱ

あっきー 編（勉強方法と解答プロセス：p.150）

1．休み時間の行動と取り組み方針

事例Ⅰはそれなりの解答を書けた気がする！ テンション上がってきた！ まずはとりあえずトイレに行く。1次試験のときよりもトイレを待つ列が短くて安心。トイレから戻ったら、エナジードリンクを一口だけ飲んでパワー充填。飲みすぎて試験中にトイレに行きたくなっても困るしね。チョコパンも1個食べておこう。事例Ⅱは過去問では得意だったので、楽しんでいこう。

2．80分間のドキュメント

【手順0】開始前（～0分）

ファイナルペーパーの確認は早めに切り上げて、周りを見渡しながら非日常感を楽しむ。問題用紙が配られたら、目をつむってリラックス。

【手順1】準備（～1分）

まずは受験番号を記入。第1問はSWOT、もはや定番だね。全体的に解答文字数は多くはなさそう。問題をパラパラめくって業界を確認。豆腐屋さんか……。会社数も年々減っていて厳しい業界ってどこかで聞いたことあるな。よい助言ができるといいな。

【手順2】設問解釈（～10分）

[第1問] 定番のSWOT分析！ 「2021年（令和3年）8月末時点」だから現在の状況だな。「移動販売の拡大およびネット販売の立ち上げを目的として」というのも重要だ。

[第2問] 「どの商品を、どのように販売すべきか」か。STP＋4Pに関連する問題だな。中小企業診断士試験でのいわゆるダナドコ問題。「ネット販売を通じ、地元産大豆の魅力を全国に伝えたい」という社長の思いも重要だぞ。

[第3問] フランチャイズ！ フランチャイズかぁ～。そんなに知識ないけど大丈夫かなぁ。聞かれているのは「どのような取り組みを実施すべきか」か。「高齢者顧客に対して」というのも重要だな。「置き配を導入する場合」とあるから新たな取り組みだな。与件文からヒントを探そう。

[第4問] 「製品戦略とコミュニケーション戦略」についての助言問題か。ターゲットはすでに「主婦層」と明確化されている。「菓子類の新規開発」とあるから、事例Ⅱでよくある地域との連携も入れる感じかな。

【手順3】与件文読解（～25分）

[1、2段落目] 度々表彰された人気の豆腐屋さんなのだな。「地元産大豆」や「こだわりの水」って強みに絶対使うよね。清流や小京都の面影など、X市自体にも高い魅力がありそうだな。「和菓子店」と「割烹」をわざわざ明記しているってことは、これらと地域連

携せよって言っているようなものでしょ。

4段落目　うわ、プライベート・ブランドに行ったのか。大手との価格競争に巻き込まれたら大変そうだけど大丈夫なのかな。設備を拡大した挙句、最終的にはコンペに負けて契約終了か。これ、かなり厳しい状況じゃない？

6〜8段落目　出ましたフランチャイズ。フランチャイザーはマーケティングや支援活動を担当。これは第3問でも使いそうだな。高齢者とは電話で、若者とはIMでやり取りしているのか。受注用サイトのノウハウがないのは弱みだな。ネット販売ではY社と協力しなさいってことだね。

9段落目　顧客関係性を向上させるイベントの話だな。豆腐丼おいしそう。段落の最後で唐突に「主婦層の顧客が少ない」と書いてある。弱みに書こう。

10段落目　新型コロナウイルス感染症（以下、新型コロナウイルス）！　コロナ禍で移動販売の売上が低下したり、収穫祭での食事会がなくなったりしたのは、「顧客関係性の低下」という観点で脅威だな。でも「自宅での食事にこだわりを持つ家庭が増え」とあるからこの点では機会だな。

【手順4】解答作成（〜75分）

第1問　30字は少ないな。与件文から拾ったキーワードを端的に入れていこう。

第2問　「ネット販売を通じ」とあるからY社と協力したほうがよいな。Y社もX市の魅力を全国に伝えたいと思っているし、一緒に地域活性化に取り組めそう。ネット販売だから、商圏は全国に広がるな。ターゲットは全国の食通や自宅での食事にこだわりを持つ家庭かな。ネット販売は差別化した魅力ある商品じゃないと競合との競争に勝つのは厳しいだろう。高級商品をラインナップとして揃え、豆腐丼のレシピも紹介しよう。

第3問（a）　フランチャイザーの役割は与件文にあるとおり「マーケティング活動」と「フランチャイジーの支援活動」だ。これを、置き配&高齢者顧客向けに表現しよう。

第3問（b）　フランチャイジーについては難しいな……。移動販売と同じく、電話での営業活動に専念させるか？　でもそれじゃあ捻りがないような……。置き配という新たな取り組みだし、誤配や盗難、破損などのリスクもあるぞ。まずは、ちゃんとやるべきことをする、サービスレベルの均一化が重要かなぁ。自信ないけど、とりあえず書こう。

第4問　「豆腐やおからを材料とする菓子類の新規開発」とあるから、X市で人気の和菓子店とコラボした製品戦略は外せないよね。コミュニケーション戦略は難しいな。主婦層との関係性を向上させていきたいからニーズを聞いて、製品開発に反映とかかな。

【手順5】解答の見直し・再考（〜80分）

　全体的に一般論寄りの解答になっていて、B社に寄り添えた解答になっていないかもしれない。第4問も「試食会を実施」って書いているけど、コロナ禍だから無理かも……？でも直す時間はない。とりあえず汚い字を書き直して、これで出そう！

3．終了時の手ごたえ・感想

　全体的にありきたりなキーワードの羅列で終わってしまい、B社の事業やコロナ禍の状況に沿った解答ができていなかったかもしれない。思ったより点数をもらえないかもしれないな。いつもは得意な事例だけに残念。

〜2次試験の敗因〜
　　ポエムを書く。

合格者再現答案＊（あっきー 編）━━━━━━━━ 事例Ⅱ

第1問（配点20点）

①S　　　　　　　　28字

| 地 | 元 | 産 | 大 | 豆³ | や | 水 | に | こ | だ | わ | っ | た | 豆 | 腐² | 、 | 表 | 彰 | 実 | 績¹、 |
| お | 得 | 意 | 様 | の | 存 | 在 | 。 | | | | | | | | | | | | |

②W　　　　　　　　25字

| 主 | 婦 | 層 | の | 顧 | 客 | が | 少 | な | い² | 、 | ネ | ッ | ト | 販 | 売 | の | ノ | ウ | ハ |
| ウ | が | な | い³ | 。 | | | | | | | | | | | | | | | |

③O　　　　　　　　29字

| 自 | 宅 | で | の | 食 | に | こ | だ | わ | り | を | 持 | つ | 家 | 庭 | の | 増 | 加³ | 、 | X |
| 市 | や | Y | 社 | と | の | 関 | 係¹ | 。 | | | | | | | | | | | |

④T　　　　　　　　28字

| 新 | 型 | コ | ロ | ナ | ウ | イ | ル | ス | 感 | 染 | 症 | の | ま | ん | 延³ | に | よ | る | 顧 |
| 客 | 関 | 係 | 性 | の | 低 | 下 | 。 | | | | | | | | | | | | |

【メモ・浮かんだキーワード】　ＳＷは自社分析の結果を、ＯＴは市場環境・PEST などを使用

【当日の感触等】　まぁ、こんなもんかな。無難な解答ができたと思う。

【ふぞろい流採点結果】　①5/5点　　②5/5点　　④4/5点　　④3/5点

第2問（配点25点）　　100字

自	宅	で	の	食	事	に	こ	だ	わ	り	を	持	つ⁴	主	婦	層²	や	豆	腐
愛	好	家	を	タ	ー	ゲ	ッ	ト	に	、	Y	社	と	協	力¹	し	、	移	動
販	売	と	異	な	る	高	級	商	品¹	を	、	地	元	産	大	豆	の	魅	力³
や	豆	腐	丼³	レ	シ	ピ	の	紹	介¹	と	共	に	Y	社	サ	イ	ト¹	で	販
売³	し	、	愛	顧	獲	得	と	地	元	ブ	ラ	ン	ド	強	化²	を	図	る	。

【メモ・浮かんだキーワード】　ダナドコ、愛顧獲得、ブランド強化、協業

【当日の感触等】　ちょっと冗長な文章になってしまった……。B社のプロダクトに合った打ち手になっているか怪しい。

【ふぞろい流採点結果】　21/25点

情報収集が不足していた。勝つためにはまず敵を知ることから！

第3問 （配点30点）

（a）　　　49字

高齢者向けの置き配の説明資料の作成や、問い合わせ窓口の設置により、顧客関係性と支援体制を強化する。

【メモ・浮かんだキーワード】　マーケティング活動、支援活動

【当日の感触等】　フランチャイジー支援の施策を中心に書いてみたけど、どうかなぁ。大外しはしていないとは思う。

【ふぞろい流採点結果】　12/15点

（b）　　　50字

置き配の手順や注意点についてフランチャイザーの指示を守り、サービスレベルの均一化と維持・向上を図る。

【メモ・浮かんだキーワード】　？？？

【当日の感触等】　うーん、これは何を書けばよいのだろう。今までどおり電話での営業も必要と思うけど、初めての試みだからリスクもあるよな。まずはサービスレベルの均一化を図ろう。方向性が外れてもおまけで何点かもらえるだろう。最後まで何を書くか悩んだ。

【ふぞろい流採点結果】　0/15点

第4問 （配点25点）　98字

新規顧客を獲得するため、X市で人気の和菓子店とコラボし、和菓子店や移動販売で試食会を実施する。その後、試食会で得られた主婦層からのニーズを活用し新製品の改良・開発を行い、愛顧向上と売上増加を図る。

【メモ・浮かんだキーワード】　ダナドコ、和菓子店とのコラボは必須、愛顧向上、売上増加、協業

【当日の感触等】　第3問（b）が気になって集中できず。それでも無難なキーワードは入れられたかな？　「試食会」の記載はコロナ禍を考えると間違いだったかもしれない。

【ふぞろい流採点結果】　19/25点

【ふぞろい評価】　69/100点　　　【実際の得点】　65/100点

　　第3問（b）はキーワードが盛り込めておらず、点数が伸びなかったものの、そのほかの設問では要求に沿ったキーワードを適切に盛り込んでいることから、バランスよく得点を積み重ねられており、全体で合格点以上を達成できています。

~模試の活用法~
試験形式慣れ。復習しても予備校のクセに引きずられることなく。

事例Ⅱ

みほ 編（勉強方法と解答プロセス：p.152）

1．休み時間の行動と取り組み方針

　休み時間に大切なのは、とにかくコンディションを整えること。お手洗いに行き、水分をとり、フィナンシェを食べる。座ってばかりなので会場内を少し歩いて体をほぐす。目が疲れているから3分くらい目を閉じてじっとする。1次試験のときもそうだったけど、受験生は男の人が多いな。

　休み時間の途中、試験監督から「事例Ⅰで受験番号を間違えている人がいました」とのアナウンス。そういう人はどうなってしまうのだろう。0点になるのだろうか。私も気をつけなければ。

2．80分間のドキュメント

【手順0】開始前（～0分）

　事例Ⅱは、ダナドコ、固定客、継続購買、ブランド、愛顧向上が大事で、解答の最後は売上拡大へとつなげる。事例Ⅰが全然できていないかもしれないけど、ほかで取り返せばよいわけだし、頑張ろう！

【手順1】準備（～1分）

　受験番号は絶対に間違えないように。1文字ずつ確認しながら。

【手順2】設問解釈（～5分）

第1問　SWOT分析ね。これは定番のやつ。練習してきたとおりに、4色のマーカーでそれぞれSWOTを塗り分けながら読もう。

第2問　「どの商品を、どのように販売」「ターゲットを明確にした上で」と、制約を押さえて書かないといけない。

第3問　高齢者顧客に対する置き配といえば、アレかな？　フランチャイザー、フランチャイジーが出てきたか。あまり勉強していないな、わかるかな。

第4問　豆腐やおからを使ったお菓子で主婦層を獲得したい、と。コミュニケーション戦略って、SNSとか口コミとかそういうのかな……。

【手順3】与件文読解（～25分）

1～2段落目　清流に表彰、京都で修行した社長、とSWOTの強みが盛りだくさんじゃない。「新しい素材を使った菓子で人気を博す和菓子店」、第4問で使いそうなもの見つけた。これだから設問文を先に読むことが大事だ。

3～4段落目　スーパーマーケットの進出か、ありがちな話だ。PB、うまくいっていたのに終わってしまったんだ。打ち切られたときのダメージが大きいのがPBの怖いところ。

5段落目　工場も人も減らしてなかなか大変だ。今度はY社が出てきた。カギかっこ付きのワードだ！　カギかっこ付きはポイントになることが多いらしい。赤いペンで丸を付けておこう。

6～8段落目　フランチャイズの話が出てきた。高価格帯の商品が多いのは中小企業に

とってはよいことだな。デモンストレーションの成功体験もよい。なかなか強みの多い企業なのでは？　フランチャイズの問題でこの段落を使いそうだから、「移動販売」と与件文の隣に書いておこう。デジタル系は少し苦戦しているみたい。

⑨段落目　収穫祭！　こういう顧客との関係性を作るイベントは大事。豆腐丼おいしそうだなあ。主婦層の顧客が少ないけど、収穫祭には子連れの参加者が増えているのね。また1つカギかっこ付きの言葉だ。丸を付けよう。

⑩段落目　今年は新型コロナウイルスが出るのか。想定外だった。でもリアルに想像できるな。豆腐丼、よっぽど人気なのね。「手作り豆腐セット」、昔家で作ったことがあるけどおいしかったなあ。ラストに社長の夢が書いてある。「社長が何を目指しているか」が、結局のところ一番大事だって聞いたことがある。これにも丸を付けておこう。

【手順4】解答作成（〜75分）

第1問　強みがありすぎて困ったな。「強みなんてなんぼあってもいいですからね〜」とはいえども（注：『ふぞろい14』の多年度生との脳内会話）。とりあえず書いておいて、最後の見直しでほかの問題で使わなかったものを入れることにしよう。

第2問　制約に沿って考えよう。「豆腐に旅をさせるな」だから、手作り豆腐セットが通販に適している。与件文にある「自宅での食事にこだわりを持つ家庭」も使えそう。

第3問　それぞれ50字は短いな。あえて「高齢者顧客」と設問文で限定されているのだから、見守りサービスを入れよう。

第4問　これは和菓子店との連携に違いない。コミュニケーション戦略は、自社サイトがない以上、移動販売で試作品を配ってニーズ収集かな。デモンストレーション販売が成功体験なのだし。コロナ禍だけど、試作品を家で食べてもらって後日感想を聞くことなら可能なはず。問題はそこまで解答には書ききれないこと。

第1問（2回目）　「月替わりの高価格帯商品」は強みだと思うけど、第2問〜第4問で使えなかった。だから第1問の強みに入れよう。

【手順5】全体見直し（〜80分）

PBのくだりを一切解答に入れなかったけど大丈夫かな。過去問でもそういう問題はあったしきっと大丈夫……。あ、やっぱり第4問に京文化の訴求を入れよう。私の腕時計だと残り時間は1分。消して書いて、間に合うかな、やってみよう（なんとか間に合ったものの、信じられないくらい手が震えてうまく文字が書けなかった）。

3．終了時の手ごたえ・感想

12時をまたぐ試験で豆腐の問題って！　お腹空いたなあ。事例Ⅰに比べれば全体的によく書けたはず。

（すぐ後ろに座っている夫と会話をして）第4問でIM使うの？　思いつかなかったな。あと、顧客リストも持っていたんだね。大事なところを見落としていた。与件文が長いと途中から読み方が雑になるなあ。

〜模試の活用法〜
解けなさを実感し、焦りを持つために受ける。

合格者再現答案＊（みほ 編） ━━━━━━━━━━━━ 事例Ⅱ

第1問（配点20点）

①S　　　　　　　30字

水[2]	と	地	元	産	大	豆	に	こ	だ	わ	っ	た	豆	腐[3]	や	季	節	替	わ
り	の	高	価	格	帯	の	商	品	。										

②W　　　　　　　22字

自	社	の	受	注	用	サ	イ	ト	を	作	る	ノ	ウ	ハ	ウ	が	な	い	こ
と[3]	。																		

③O　　　　　　　26字

置	き	配	の	ニ	ー	ズ[2]	、	豆	腐	丼	を	惜	し	む	声[1]	、	高	齢	層
か	ら	の	支	持	。														

④T　　　　　　　28字

コ	ロ	ナ	禍[3]	に	よ	る	人	的	接	触	を	避	け	る	傾	向[1]	。	主	婦
層	が	少	な	い	こ	と	。												

【メモ・浮かんだキーワード】 地元産大豆、高付加価値、高齢顧客の支持、ネット販売のノ
ウハウなし、置き配、豆腐丼を惜しむ声、コロナ、主婦層
【当日の感触等】 Sに該当するものが多く、どれを書くか迷った。
【ふぞろい流採点結果】 ①5/5点　 ②3/5点　 ③3/5点　 ④4/5点

第2問（配点25点）　　92字

地	元	産	大	豆	を	使	っ	た	豆	腐	と	手	作	り	豆	腐	セ	ッ	ト[4]
を	、	自	宅	で	の	食	事	に	こ	だ	わ	る[4]	主	婦	層[2]	に	販	売	す
る	。	Y	社	サ	イ	ト[1]	に	掲	載[3]	さ	せ	て	も	ら	い	、	こ	だ	わ
り	を	伝	え	、	豆	腐	丼[3]	の	レ	シ	ピ	を	公	開[1]	し	て	米	や	水
と	の	関	連	購	買[2]	を	促	進	す	る	。								

【メモ・浮かんだキーワード】 ダナドコ、レシピ、豆腐丼、関連購買
【当日の感触等】 弱み（自社サイトを作るノウハウがない）の克服と、強み（手作り豆腐セッ
ト）を機会（自宅での食事にこだわる層の増加、豆腐丼を惜しむ声）に投入、の2つの観
点からよく書けていると思う。
【ふぞろい流採点結果】 20/25点

〜私が陥ったスランプ〜
　80分で書けない予備校の模範解答を真似して、読みづらい答案に。

第3問（配点30点）

（a）　　　　　49字

注	文	用	の	チ	ラ	シ	を	制	作	・	配	布	し	て	継	続	購	買	を
促	す	。	注	文	の	電	話	を	B	社	で	も	受	け	て	、	顧	客	の
利	便	性	を	確	保	す	る	。											

【メモ・浮かんだキーワード】　継続販売、利便性

【当日の感触等】　置き配時に注文用紙を回収したら効率的だと思うけど、字数が少なくてそこまでうまく書ききれなかった。

【ふぞろい流採点結果】　9/15点

（b）　　　　　47字

見	守	り	サ	ー	ビ	ス	を	行	う	と	と	も	に	、	商	店	街	の	店
舗	と	連	携	し	て	御	用	聞	き	を	行	い	、	顧	客	ロ	イ	ヤ	ル
テ	ィ	を	高	め	る	。													

【メモ・浮かんだキーワード】　見守りサービス、商店街と連携した御用聞き

【当日の感触等】　高齢者顧客といえば見守りサービス、と安易に考えてしまったが、後日、置き配でどう見守るのだろうと反省した問題。

【ふぞろい流採点結果】　7/15点

第4問（配点25点）　　95字

京	都	で	修	行	し	た	和	菓	子	店	と	連	携	し	て	商	品	を	開
発	す	る	。	割	烹	店	で	販	売	し	て	も	ら	い	、	京	都	と	の
関	連	を	訴	求	す	る	。	移	動	販	売	で	試	作	品	を	配	り	、
顧	客	の	感	想	を	商	品	開	発	に	活	か	す	と	と	も	に	、	フ
ァ	ン	を	獲	得	し	口	コ	ミ	を	誘	発	す	る	。					

【メモ・浮かんだキーワード】　和菓子店とのコラボレーション、京都、試作品、ニーズ収集、口コミ、顧客獲得

【当日の感触等】　割烹店を出すべきか迷った。コロナ禍で試作品はナシかもしれない、部分点がもらえなかったらけっこう痛い、と思いつつ書いてしまった。

【ふぞろい流採点結果】　21/25点

【ふぞろい評価】　72/100点　　　【実際の得点】　62/100点

　第3問（b）では「置き配」に関するキーワードが不足していたために点数が伸びなかったものの、それ以外の設問では多面的なバランスよい解答ができているため、ふぞろい流採点では高得点となっています。

～私が陥ったスランプ～

　スランプというよりは、事例Ⅰ～Ⅲは一定程度点数が確保できるようになったらあまり伸びない印象。

けんけん 編 （勉強方法と解答プロセス：p.154）

1．休み時間の行動と取り組み方針

　終わった事例について今は振り返らない。次は最も苦手の事例Ⅱ様。昨年度受験時も今年の模試でも一番点数が低く苦手意識が本当に強い。去年は本当に書けなくて時間なくて社名間違えて書いたなぁ、など席でボーッとしながらドライフルーツで糖分チャージ。程よい甘みと酸味で気持ちも頭もリフレッシュ！　ドライキウイはイチオシです。チャージ後にファイナルペーパーを読み返し、「ダナドコ」「社長の思い」と繰り返す。

2．80分間のドキュメント

【手順0】開始前（～0分）

　問題用紙が配られ開始を待つまでの数分。この1年を思い出しこの80分が勝負だと気合を入れる。事例Ⅱは苦手だけど与件文は読みやすいし面白いし好きなんだよな、など入れ込みすぎない適度なリラックス状態で開始を待つ。

【手順1】準備（～1分）

　いつもどおり与件文パートを切り離し。解答用紙をチラ見し文字数など傾向が大きく変わっていなさそうで一安心。

【手順2】設問解釈（～5分）

[第1問]　SWOT分析か。定番だけど「2021年（令和3年）8月末時点」とか「移動販売の拡大およびネット販売の立ち上げを目的」として解答しないといけない。注意だな。条件部分をマーク。

[第2問]　ネット販売の戦略か。「ダナドコ」を漏らさないようにすることと、設問には明記されていないけど効果まで書くことを忘れちゃいけないな。

[第3問]　置き配の取り組みについて、なんだかすごく今っぽいけど、あまり独創性を発揮しすぎないように注意だな。フランチャイザーとフランチャイジーは覚えている、よかった。念のために上ザー、下ジーと小さくメモ。

[第4問]　豆腐やおからを材料とするお菓子の開発？　おからクッキーとかのこと？　製品戦略とあるから何かしら考えなくてはいけなさそう。こんなときは与件文にコラボ対象があるはず。

【手順3】与件文読解（～20分）

[2段落目]　B社が老舗の豆腐屋か。高品質路線でうまくいっていたようだな。商圏のX市は京都で修行した人が多いのか。この辺りコラボ候補かな。

[3～4段落目]　環境変化について書かれている。まだ2000年までだから第1問のSWOTとは時期が違う。横に「昔」と書き込み。「祖父と父のポリシーに反するが」の箇所も経営者の思いだから大事。私は経営者の思いに寄り添う診断士です（笑）。

[5段落目]　ここにも「X市の魅力を全国に」とあるな。でもこれはY社の思いだから混同

──〜私が陥ったスランプ〜───────────

　　過去問を1周すると、解答を覚えてしまい、実力が付いてきているのか不安になった。

しないように注意。「Y社が」と近くに書き込んでおく。Y社もコラボ対象候補だな。

6段落目　ここから移動販売が始まるようだ。フランチャイズ方式も説明されている。整理できていたから少し残念。

7段落目　スーパーの高価格帯よりさらに高い価格か。品揃えが少し多そうなんだけど弱みになっていくのかな。

8段落目　デモンストレーション販売が成功しているようだ。成功事例の共有はフランチャイズの強みだよね。自分の仕事と関係もあるからイメージが湧く。一方でサイトのノウハウがないのは明らかな弱みだな。

9段落目　豆腐丼か。おいしい？　それ？　でも好評なのか。お米はさっきのY社とコラボできるよね。これはどこかの設問で盛り込みたい。販売も伸ばし続けているようだし脅威がまだ見当たらない。

10段落目　いきなり「しかしながら」からスタート。逆接は怖いよね。新型コロナウイルス？　与件文に出てきてしまったよ。そういえば昨年あった「影響は考慮する必要はない」っていう注意事項なくなっている。あれ？　もしかして事例Ⅰでもやらかしちゃった？　とプチパニック。必死に気持ちを落ち着かせながら「〜といった夢をこの機にかなえたい」B社社長の思いをマーク。私は取り乱しても経営者の思いに寄り添う診断士です！

【手順4】解答作成（〜78分）

第1問　SWOTはマークしながら読んでいるから丁寧に切り分けるだけ。時制と条件にだけはしっかり注意。文字数が少ないけど2つずつくらいは詰め込みたいな。

第2問　どの商品を、って後半に出てきた手作りセットしかないよね。Y社とコラボして手作り豆腐丼なんて事例Ⅱっぽいんじゃないかな。コラボはここで盛り込んでみよう。

第3問　フライチャイザーはマーケティング支援が役割だから現実ではCMとクーポンとかだな。CMはB社にとって現実味がないから導入案内としておこう。あとは利用者増やニーズ把握を取り組みの効果として盛り込んでおこう。フランチャイジーは電話での直接的なコミュニケーションかな。効果は定番の顧客愛顧を高める、でいいかな。

第4問　お菓子の開発をどうしたらよいのかヒントが見つけられない。普通はコラボ対象が与件文のなかにあるものなのに……。時間もないし製品戦略は素材のよさによる差別化、とかふわっとしたことを書いておこう。少しは点数ください。

【手順5】全体見直し（〜80分）

　相変わらず余裕はないな。全体を一読して雑な文字は少しきれいにしておくくらいしかできない。

3．終了時の手ごたえ・感想

　第4問のお菓子類の新規開発が気になるなぁ。どこかにヒントがあったんだろうか。助言せよ、が多かったから「効果」を忘れずに盛り込んで解答することができた。大事故は起こしていないだろう。

合格者再現答案＊（けんけん 編）　事例Ⅱ

第1問（配点20点）

①S　30字

| 登 | 録 | 後 | フ | ィ | ー | が | 不 | 要 | ② | 地 | 元 | 産 | 大 | 豆 | 豆 | 腐[3] | の | 手 |
| 作 | り | 豆 | 腐 | セ | ッ | ト | が | 人 | 気 | | | | | | | | | |

②W　30字

| ① | 自 | 社 | で | の | サ | イ | ト | 開 | 発 | ノ | ウ | ハ | ウ | が | な | い[3] | ② | 主 | 婦 |
| 層 | の | 顧 | 客 | が | 少 | な | い[2] | こ | と | | | | | | | | | | |

③O　30字

| リ | モ | ー | ト | ワ | ー | ク | の | 浸 | 透[1] | で | 自 | 宅 | で | の | 食 | 事 | に | こ | だ |
| わ | る | 家 | 庭 | が | 増 | え | て | い | る[3] | | | | | | | | | | |

④T　30字

| 感 | 染 | 症 | 防 | 止[3] | の | た | め | 戸 | 別 | 訪 | 問 | の | 断 | り[2] | 、 | 販 | 売 | 促 | 進 |
| イ | ベ | ン | ト | の | 縮 | 小[2] | が | 発 | 生 | | | | | | | | | | |

【メモ・浮かんだキーワード】 2021年8月末時点／移動販売／ネット販売立ち上げ

【当日の感触等】 時制と条件について注意しながら字数一杯まで使えた。複数盛り込めた設問もあるし、ここはこれでOKでしょ。

【ふぞろい流採点結果】 ①3/5点　②5/5点　③4/5点　④5/5点

第2問（配点25点）　100字

自	宅	で	の	食	事	に	こ	だ	わ	る	層[4]	、	主	婦	層[2]	を	タ	ー	ゲ
ッ	ト	に	手	作	り	豆	腐	セ	ッ	ト[4]	を	販	売	す	る	。	水	源	や
原	材	料	へ	の	こ	だ	わ	り	を	訴	求	、	Y	社	と	コ	ラ	ボ	し
新	米	と	手	作	り	豆	腐	セ	ッ	ト[2]	に	よ	る	豆	腐	丼[3]	な	ど	高
付	加	価	値	の	差	別	化	戦	略	に	て	販	売	拡	大	を	狙	う	。

【メモ・浮かんだキーワード】 ダナドコ／ターゲットを明確／Y社の新米

【当日の感触等】 ターゲットをもう少し短く言い換えできれば盛り込める要素を増やせるんだけど、「意識高い系」とかしたら点数入らないだろうし、余った字数は主婦層もターゲットとして保険をかけておこう。

【ふぞろい流採点結果】 15/25点

第3問（配点30点）

（a）　　　　　　　48字

顧	客	リ	ス	ト	か	ら	置	き	配	導	入	案	内	、	利	用	ク	ー	ポ
ン	、	ア	ン	ケ	ー	ト	な	ど	を	配	送	し	利	用	拡	大	、	ニ	ー
ズ	把	握	に	活	か	す	。												

【メモ・浮かんだキーワード】　マーケティング／支援／利用拡大／売上＝客数×単価×頻度
【当日の感触等】　現実で使われているような策をそのまま書いてみた。売上構成の客数を伸ばすことを狙いにしておけば（b）とも収まりがよい気がする。
【ふぞろい流採点結果】　8/15点

（b）　　　　　　　47字

配	送	後	電	話	連	絡	を	行	い	、	商	品	提	案	、	ニ	ー	ズ	把
握	の	機	会	と	す	る	こ	と	で	顧	客	愛	顧	を	高	め	利	用	頻
度	向	上	を	図	る	。													

【メモ・浮かんだキーワード】　直接のコミュニケーション／現場の声
【当日の感触等】　こちらで単価、利用頻度を高める策を書けたから役割分担がよい感じの解答になったと思うけど、どうかな？
【ふぞろい流採点結果】　15/15点

第4問（配点25点）　　95字

製	品	戦	略	は	水	源	の	良	さ	や	原	材	料	の	こ	だ	わ	り	に
よ	る	差	別	化	を	行	う	。	掲	示	板	に	よ	る	双	方	向	コ	ミ
ュ	ニ	ケ	ー	シ	ョ	ン	や	新	製	品	モ	ニ	タ	ー	の	募	集	、	IM
で	の	情	報	発	信	を	行	う	こ	と	で	ニ	ー	ズ	を	把	握	し	製
品	開	発	や	、	顧	客	愛	顧	向	上	を	図	る	。					

【メモ・浮かんだキーワード】　ダナドコ／双方向コミュニケーション
【当日の感触等】　お菓子類の新規開発がうまく書けなかった。その分コミュニケーション戦略に字数を割けたけど、あまり自信がないな。
【ふぞろい流採点結果】　15/25点

【ふぞろい評価】　70/100点　　【実際の得点】　61/100点
　第2問では明確な販売方法の記載がなく、また第4問では製品戦略面で得点となる記述がなく点数が伸びなかったものの、それ以外の設問は設問要求に沿ったキーワードを多く盛り込み、得点を伸ばしたことから、全体では合格点を維持できています。

～私が使っていたおすすめアプリ～
単語帳アプリ：CLQA、メモアプリ：Notion。

さと 編（勉強方法と解答プロセス：p.156）

１．休み時間の行動と取り組み方針

　事例Ⅰできなかったな……。落ち込むけど、切り替えなきゃ。女性用お手洗いが混雑していないのが診断士試験の好きなところ。少しストレッチしてリフレッシュ。席に戻り、試験勉強のお供にしていた高カカオチョコを頬張りながら、事例Ⅱファイナルペーパーを確認。今年はどんな事例企業が出るかな。

２．80分間のドキュメント

【手順０】開始前（〜０分）

　「ダナドコ」「ジオ・デモ・サイコ」の視点忘れずに。Ｂ社のありたい姿、社長の夢・思い、地域の繁栄・地域資源を考えよう。いざ、事例Ⅱ！

【手順１】準備（〜１分）

　まずは受験番号を記入。問題用紙破り、ページと段落振りのルーティーンも完了。今年は４問構成か。100字以内でそれほど文字数は多くない。今年は豆腐の製造販売業者か、過去問には醤油メーカーもあったし、大豆好きの出題者がいるのかな。

【手順２】設問解釈①（〜６分）

第１問　今年もSWOT分析か。「2021年（令和３年）８月末」の時点に要注意だ。

第２問　設問要求は「ネット販売を通じた地元産大豆の魅力の訴求に関する助言」か。よし「ダナドコ」だな。最終的な効果まで書くことを意識しよう。

第３問　（ａ）フランチャイズ方式ね。一般知識が求められてそうだな。

第３問　（ｂ）ザー（大手）からジー（中小）で覚えたフランチャイズ方式。フランチャイジーは個別対応、独自の取り組みについて書くのかな。

第４問　設問要求は「菓子類の新規開発、移動販売における製品戦略とコミュニケーション戦略に関する助言」か。「双方向」「情報発信」「情報収集」とかが重要になりそう。

【手順３】与件文読解（〜20分）

1、2段落目　豆腐づくりに必要な水は重要な地域資源だな。表彰歴があるのは令和２年度事例Ⅰの日本酒メーカーと似ている。和菓子店や割烹料理店は地域の外部資源としてどこかで使うかも。旅館の事例となんだか似ているな。

3段落目　スーパーマーケットは脅威。２代目は工場新設、雇用増、生産量拡大と事業を拡大したのね。

4、5段落目　ここから３代目の現社長登場。PBを始めたけど、売上の約半分も占めるのは弱みにもなりそう。PB失注を契機に事業譲渡を行ったのか。事業承継やM＆Aへのメッセージ性を感じるなあ。Ｙ社ECサイトはネット販売で活用しそう。Ｙ社はＸ市の魅力を全国に伝えている成功企業なのね。

6、7段落目　豆腐の移動販売の開始か、面白い！　フランチャイズ方式を利用するのね。原材料や品揃えの見直し、高価格帯商品の設定等、他社との差別化を行っていること

は重要そう。

⑧段落目　戸別訪問や駐車場での販売が中心と。井戸端会議って過去問にも出ていたな。デモンストレーション販売は成功事例と。自社受注サイトではなく、IMを利用しているのね。IMを使えば人件費削減にもなりそうだな。サイトはY社で補完できそう。

⑨段落目　顧客リスト（＝DB）出てきた。何かに使えそう。収穫祭にはさまざまな世代が参加しているのね。豆腐丼はどこかで使うのかな。「豆腐に旅をさせるな」って一生忘れなさそう。主婦層の顧客獲得がB社の課題ね。

⑩段落目　お、新型コロナウイルス出てきた。去年までとの大きな違いだな。機会、脅威の情報が盛りだくさんだ。主婦層に人気の「手作り豆腐セット」は、9段落の課題解決につながるかも。置き配のニーズもあるのね。そして、「豆腐やおからを材料とする菓子類による主婦層の獲得」と「地元産大豆の魅力を伝える全国向けネット販売」がB社の目指す方向だな。よし設問解釈に戻ろう。

【手順4】設問解釈②・解答メモ作成（〜40分）

第1問　30字だから2要素で十分。移動販売の拡大とネット販売の立ち上げにつながるものを選ばなきゃ。強みはすでに人気の手作り豆腐セット？　弱みはやっぱり自社サイト関連か、機会は在宅勤務関連かな、脅威はなんだろ、収穫祭がなくなったこと？　でもこれって弱みか、うまくまとまらないから次にいこう。

第2問　成功事例で主婦層に手作り豆腐セットが人気となっていたし、自宅での食事にこだわりを持つ家庭が増えているという機会もあって、顧客獲得という課題もあるから、ターゲットは主婦だな。ジオ・デモ・サイコで肉付け。商品はすでにある手作り豆腐セットが無難かな。どのようには設問にあるとおりネット販売だな。自社サイトを持っていないから、Y社の外部資源を活用しよう。効果は地域への言及を忘れずに。

第3問　（a）置き配ということは、これまでの戸別訪問や駐車場販売での交流はできなくなるから、IMを使うことになるよね。フランチャイザーは画一的に本部からマーケティング支援を行うから、情報発信機能が中心になるのかな。

第3問　（b）高齢者はIM利用が苦手だからまずは利用してもらう仕組みづくりが必要なのかな、個別にフランチャイジーからの情報発信もしたいな。個別対応をアピール。

第4問　製品戦略には顧客の声を反映したいから、DBの活用や移動販売時に収集がよいかな。コミュニケーション戦略は過去問でよく見た双方向性のある情報発信について書こう、第3問と内容重複するけどまあいいか。

【手順5】解答作成（〜80分）

　第1問のSWOTに時間を使いすぎて、またしても、終了10分前に第4問が白紙……。手を動かしてなんとか埋めよう、急げ！　見直しできず……。

3．終了時の手ごたえ・感想

　あれ、豆腐丼使っていない、口コミ効果も和菓子店も書けていない。事例Ⅱでも悔いが残る形になってしまった……。また今年もダメなのかな。

〜私が使っていたおすすめアプリ〜

Goodnotes。

合格者再現答案＊（さと 編）　　　　　　　　　事例Ⅱ

第1問（配点20点）

①S　　　　　　　　29字

手	作	り	豆	腐	セ	ッ	ト	が	移	動	販	売	で	、	既	存	顧	客	以
外	の	主	婦	層	に	人	気	。											

②W　　　　　　　　29字

自	社	の	受	注	用	サ	イ	ト	作	成	ノ	ウ	ハ	ウ	が	な	く³	、	投
資	資	金	も	な	い	こ	と	。											

③O　　　　　　　　28字

戸	別	販	売	や	置	き	配	へ	の	変	更	希	望	の	声²	。	リ	モ	ー
ト	ワ	ー	ク	の	浸	透¹	。												

④T　　　　　　　　29字

戸	別	訪	問	の	断	り²	や	収	穫	祭	で	の	食	事	会	中	止²	で	顧
客	と	の	接	点	が	減	少	。											

【メモ・浮かんだキーワード】　移動販売とネット販売に生かせるSWOT

【当日の感触等】　設問でSWOTを限定しているのが難しいな、一般的なB社の特徴よりも具体的に書くのかな。とりあえず書いてみたけど自信ないな。

【ふぞろい流採点結果】　①0/5点　　②3/5点　　③3/5点　　④4/5点

第2問（配点25点）　　96字

全	国	の	自	宅	で	の	食	事	に	拘	り	を	持	つ⁴	主	婦²	向	け	に、
出	来	た	て	の	豆	腐	が	味	わ	え	る	手	作	り	豆	腐	セ	ッ	ト⁴
を	販	売	す	る	。	食	通	顧	客	が	利	用	す	る	Y	社	EC	サ	イ
ト¹	を	利	用³	し	、	地	元	産	大	豆	や	水	の	良	質	さ	を	訴	求³
し	、	地	域	ブ	ラ	ン	ド	及	び	収	益	を	向	上²	。				

【メモ・浮かんだキーワード】　ダナドコ、地域ブランドの浸透、X市の魅力

【当日の感触等】　豆腐丼使わなかったのはまずかったかな、ダナドコは意識して書けたはず！　ターゲットは押さえた気がする。

【ふぞろい流採点結果】　19/25点

第３問（配点30点）

（ａ）　　　　　　　　45字

①	IM	で	収	集	し	た	**顧**	**客**	**要**	**望**	を	**製**	**品**	**開**	**発**[5]	に	**反**	**映**[1]	。
②	IM	を	通	し	て	、	顧	客	好	み	の	レ	シ	ピ	等	の	情	報	を
発	信	す	る	。															

【メモ・浮かんだキーワード】　IM での応答、商品情報提供

【当日の感触等】　IM のことばっかり書いているなあ、フランチャイザー側だから本部の目線ということ？　うーん、わからない……。

【ふぞろい流採点結果】　6/15点

（ｂ）　　　　　　　　50字

①	IM	の	利	用	方	法	を	丁	寧	に	**伝**	**え**[5]	、	高	齢	者	の	IM	利
用	を	促	進	。	②	IM	で	個	別	に	**顧**	**客**	の	**好**	**み**	を	**収**	**集**[5]	し
顧	**客**	**毎**	に	**商**	**品**	を	**提**	**案**[4]	。										

【メモ・浮かんだキーワード】　顧客ごとの対応、IM フォロー

【当日の感触等】　（ａ）と比較して個別対応については強調できた気がする。でも（ａ）と書いていることがほとんど同じになってしまった。

【ふぞろい流採点結果】　10/15点

第４問（配点25点）　　　96字

①	既	存	の	顧	客	DB	や	移	動	販	売	時	に	顧	客	の	**好**	**み**	を
収	**集**[4]	し	、	顧	客	の	反	応	を	反	映	し	た	製	品	を	開	発	、
②	**試**	**食**[2]	で	モ	ニ	タ	リ	ン	グ	も	行	う	、	③	レ	シ	ピ	等	の
情	報	発	信	を	行	い	、	**双**	**方**	**向**	の	コ	ミ	ュ	ニ	ケ	ー	シ	ョ
ン[2]	を	図	り	、	**顧**	**客**	**満**	**足**	を	**向**	**上**[4]	さ	せ	る	。				

【メモ・浮かんだキーワード】　情報の収集と発信、顧客満足度向上、DB の活用

【当日の感触等】　やばい、あと10分しかないのに空欄だ。うーん、製品開発って第３問でも書いたけど、製品戦略だから書かなきゃ。時間がない。

【ふぞろい流採点結果】　12/25点

【ふぞろい評価】　57/100点　　　【実際の得点】　53/100点

　第２問ではキーワードがバランスよく書けています。しかし、第３問でターゲットに対するキーワードを盛り込めず、第４問では顧客との双方向コミュニケーションに関する記述が多く多面的な解答ができていないため、得点が伸びませんでした。

〜受験勉強マル秘エピソード〜
同じカフェに行きすぎてカフェの店員さんに興味を持たれる。

みっちー 編（勉強方法と解答プロセス：p.158）

1．休み時間の行動と取り組み方針

　記憶が新しいうちに、事例Ⅰの再現答案をメモ帳に書きなぐるように文字起こしした。終わった科目への未練を引きずらないための儀式みたいなものだ。これで事例Ⅰのことは安心して忘れられる。

　空いたタイミングを見計らってトイレに行き、試験会場をそぞろ歩きして気分転換。試験開始15分前には席に戻り、ファイナルペーパーに目を通して事例Ⅱの注意事項を確認した。「顧客はジオ・デモ・サイコで設定する」「売上を伸ばすには、客単価を上げるか客数増やすか」「双方向コミュニケーションで顧客満足を高めて、固定客になってもらう」。

2．80分間のドキュメント

【手順0】開始前（～0分）

　伸びをして深呼吸。ファイナルペーパーの内容を思い返して、どのような顧客にどのような価値を提供すべきか考えながら与件文を読むことを改めて意識。事例Ⅱは苦手意識を持っていないので、落ち着いて設問の意図を読み解こう。

【手順1】準備（～1分）

　問題の表紙を切り離して裏面にメモの準備。解答用紙に受験番号を記入し、解答欄のサイズを確認。設問は4つしかないのか。文字数もそこまで多くはなさそうだ。でもその代わり、書く内容を厳選する必要がありそう。さあ次はどんな中小企業だろうか。

【手順2】設問解釈（～5分）

[第1問]　シンプルなSWOT分析だけど、「移動販売の拡大およびネット販売の立ち上げを目的として」という制約つき。しかも文字数が30字しかないから厳選して書かないと。与件文の内容をよく把握したうえで、書く内容を絞り込まないといけないので、あえて最後に解こう。

[第2問]　オンライン化について問われるということは、今年度は新型コロナウイルスの影響も考慮するのか。制約条件は、ネット販売を活用することと、地元産大豆の魅力を全国に伝えること。「ターゲットを明確にして」という制約を忘れないように、もう解答欄の冒頭に「ターゲットは」と書いてしまえ。

[第3問]　置き配か、これも時代だな。あれ、フランチャイザーとフランチャイジー、どっちが本部でどっちが加盟店だっけ？　与件文に書かれているといいな……。加盟店は顧客とのコミュニケーションやニーズの聞き取り、本部はマーケティング活動、商品開発、加盟店への支援、といったところが解答の切り口になりそうだ。

[第4問]　今後の戦略を問う問題は、だいたい難問だと考えてよいと思う。「主婦層」「菓子類」という制約条件に注意して製品戦略を考えよう。双方向コミュニケーションにも触れたほうがよさそうだ。

~モチベーションアップのための名言、格言~

　俺のベストはいつも今なんだよ。

【手順３】与件文読解（〜25分）

1、2段落目　今年度は豆腐屋さんかあ。場所は清流に恵まれた小京都。お、高山市かな？ 地元産の大豆と水は強みとして生かしたい。

3段落目　２代目に引き継ぎ。スーパーマーケットの増加という脅威に注意。

4段落目　プライベート・ブランドを獲得したけど、コンペで敗れて終了。厳しいなあ。

5段落目　今度は米穀店Ｙ社？　なるほど、炊飯に適した水をＢ社から買うのか。Ｙ社のサイトは何か活用できないかな。

6段落目　よかった、フランチャイザーとフランチャイジーの違いが書かれている。

7、8段落目　地元産の強みを生かした高価格帯商品で客単価向上。高齢者顧客とのやり取りは電話でよいとしても、自社サイトがないのは弱みかも。

9段落目　顧客とのコミュニケーションに成功しているみたい。食育に関連づけるのも素敵ですね。豆腐丼も活用したいけど、「旅をさせるな」がネックだな。主婦層の獲得も今後の課題。おや、「販売を伸ばし続けていた」？　不穏な過去形だ。

10段落目　ここで新型コロナウイルスの危機。「手作り豆腐セット」はネット販売と相性がよさそうだから、第２問の解答に活用できそう。置き配は主婦層を獲得したい。

【手順４】解答作成（〜75分）

第1問　強みは地元産と高品質、弱みはネット販売の不足と顧客の年齢層の偏り、機会は自宅での食事で需要があること、脅威は新型コロナウイルス。各30字しかないので、キーワードを厳選したり短く言い換えたりして詰め込もう。

第2問　自宅での食事にこだわる家庭が増えた、という与件文のヒントをもとにダナドコを設定しよう。手作り豆腐セットは販売実績もあるから、あとは魅力の発信方法を考えれば、実現可能な施策になるはず。

第3問　フライチャイジーのほうが具体的な活動をイメージしやすいから、そちらを先に書こう。フランチャイザーの役割は、フランチャイジーの統括と支援、情報集約と商品開発について触れよう。

第4問　９段落目で食育に触れていたのをヒントに、子供に与える菓子や、収穫体験を提案しよう。「顧客関係性の強化」と、効果までしっかり書いておこう。

【手順５】第１問の厳選と全体見直し（〜80分）

　Ｂ社の豆腐は高品質で、人気商品もあるし、顧客との関係も良好。強みが多くて絞れない！　あえて優先順位をつけるなら、地元産原料を使った高品質な豆腐、という点だな。最後に全体をざっと見て、句読点や「てにをは」をチェックしよう。

３．終了時の手ごたえ・感想

　終始ダナドコを意識させられる事例だった。ネット販売と置き配では顧客層も異なってくるはずだ、という点に気づいて解答を書けた点はよかったと思う。むしろ、文字数の少ない第１問が難しかった。あれも書けばよかったんじゃないかと、試験後になっても考えをめぐらせてしまった。

〜モチベーションアップのための名言、格言〜 ───────────────────

努力した者が成功するとは限らない。しかし、成功する者は皆努力している。

合格者再現答案＊（みっちー 編） ──────────── 事例Ⅱ

第1問 （配点20点）

①S　　　　　　　　29字

地	元	産	の	大	豆³	と	水	に	こ	だ	わ	っ	た²	高	品	質	な	豆	腐
で	差	別	化	し	て	い	る	。											

②W　　　　　　　　30字

自	社	受	注	サ	イ	ト	が	無	い³	。	既	存	顧	客	は	高	齢	者	に
偏	り	、	主	婦	が	少	な	い²	。										

③O　　　　　　　　30字

自	宅	の	食	事	に	こ	だ	わ	る	家	庭	が	増	え³	置	き	配	や	ネ
ッ	ト	販	売	の	需	要	増	加²	。										

④T　　　　　　　　28字

感	染	症	が	ま	ん	延³	し	、	試	食	中	止¹	や	訪	問	販	売	の	拒
否²	が	増	え	て	い	る	。												

【メモ・浮かんだキーワード】　SWOT、VRIO、地元産原料、高品質、顧客層、置き配、ネット販売、新型コロナウイルス

【当日の感触等】　とにかく文字数が少ないので、書く内容を厳選するのに苦戦した。

【ふぞろい流採点結果】　①5/5点　　②5/5点　　③5/5点　　④5/5点

第2問 （配点25点）　100字

タ	ー	ゲ	ッ	ト	は	、	自	宅	の	食	事	に	こ	だ	わ	り⁴	高	品	質
で	出	来	立	て	の	豆	腐	を	求	め	る	消	費	者	。	地	元	産	大
豆	と	水	を	使	っ	た²	手	作	り	豆	腐	セ	ッ	ト⁴	を	販	売	し	、
地	元	産	へ	の	こ	だ	わ	り	、	豆	腐	丼³	の	魅	力	、	豆	腐	に
合	う	調	味	料	を	紹	介	し	、	魅	力	を	伝	え³	固	定	客	化¹	。

【メモ・浮かんだキーワード】　ダナドコ、豆腐丼、訴求軸、固定客化

【当日の感触等】　ターゲットを具体的に設定できた。何を売り、どのような点を訴求するかも明確化したけど、「固定客化」は蛇足だったかもしれない。

【ふぞろい流採点結果】　17/25点

第3問 （配点30点）

（a）　50字

受	注	・	配	達	情	報	を	統	括	し	、	高	齢	者	の	多	い	地	域
へ	の	活	動	支	援	、	高	齢	者	の	ニ	ー	ズ	に	合	わ	せ	た	セ
ッ	ト	商	品	開	発	を	行	う	。										

【メモ・浮かんだキーワード】　情報の統括、営業活動支援、商品開発

【当日の感触等】　フランチャイジーから上がってくる情報を統括したうえで、マーケティング戦略を打ち出すというのが大枠かな。

【ふぞろい流採点結果】　6/15点

（b）　50字

電	話	で	高	齢	者	顧	客	と	連	絡	を	と	り	、	配	達	完	了	を
報	告	す	る	。	ま	た	、	高	齢	者	の	要	望	や	調	理	方	法	な
ど	ニ	ー	ズ	を	聞	き	取	る	。										

【メモ・浮かんだキーワード】　高齢者顧客と電話連絡、配達報告、ニーズの聞き取り

【当日の感触等】　実際に顧客に対応する仕事ということで、フランチャイザーよりは役割が連想しやすかった。

【ふぞろい流採点結果】　13/15点

第4問 （配点25点）　99字

製	品	戦	略	は	、	地	元	産	大	豆	と	水	を	使	っ	た	、	安	心
し	て	子	供	に	与	え	ら	れ	る	菓	子	を	提	供	す	る	。	コ	ミ
ュ	ニ	ケ	ー	シ	ョ	ン	戦	略	で	は	、	①	移	動	販	売	時	に	地
元	産	大	豆	を	PR	②	親	子	で	の	原	料	大	豆	収	穫	体	験	等
で	、	顧	客	関	係	性	の	強	化	と	固	定	客	化	を	図	る	。	

【メモ・浮かんだキーワード】　ダナドコ、地元産原料、食育、顧客関係性の強化

【当日の感触等】　与件文で食育に触れていたことから、子供を巻き込んだ製品・PR活動を連想。移動販売時のPR方法を具体的に書けなかったけど大丈夫かな。

【ふぞろい流採点結果】　7/25点

【ふぞろい評価】　63/100点　　　【実際の得点】　53/100点

　第2問で販売方法が明確に書けておらず、また第4問で「子供」という着眼点がふぞろい流とは違っていたために得点が伸びなかったものの、それ以外の設問でキーワードがバランスよく盛り込まれており、カバーできていました。

~受験生に一言エール~

難関資格といえど、「やれば受かる」試験です。諦めず、正しい努力を継続できれば必ず道は開けます。

もっちゃん 編 （勉強方法と解答プロセス：p.160）

1．休み時間の行動と取り組み方針

　休み時間には、買っておいたチョコレートを食べながらファイナルペーパーを読む。「売上＝客単価×客数」「ダナドコ」「ジオ・デモ・サイコ」「4P」などの内容を思い浮かべながら過ごす。

2．80分間のドキュメント

【手順0】開始前（～0分）

　当初は蛍光ペンの色をキーワードごとに使い分けようと思っていたが、事例Ⅰでそこまで余裕はないことを悟ったので、事例Ⅱも1色で挑もう。

【手順1】準備（～1分）

　受験番号を丁寧に書く。白紙破り（失敗）、段落番号を振る。事例Ⅱも10段落。チラッと新型コロナウイルスという文字が見えた。

【手順2】与件文第1段落確認と設問解釈（～20分）

１段落目　1段落目を確認。B社は「豆腐」の製造販売業者。「滑らかな豆腐づくり」とあり、製品の品質が強みになりそう。

第1問　SWOT分析。「2021年8月末時点」とあり時制に注意。目的も「移動販売の拡大」と「ネット販売の立ち上げ」という制約がある。メモの第1問に縦にS、W、O、Tと記載し、その横に該当しそうな段落番号を書いていく。解く順番は最初。

第2問　「ダナドコ」のフレームでいけそう。「どのように」については「ネット販売を通じ」という制約がある。第2問も順番どおりに解こう。

第3問　「移動販売」はフランチャイズ方式だった。「ダナドコ」のうち「誰に」には「高齢者顧客」が、「どのように」には「置き配」という制約がある。第3問のメモにはフランチャイザーとフランチャイジーごとに縦にN、D、Kと書いておく。50字ずつの割に配点が大きく第3問も順番どおりに解こう。

第4問　これも「ダナドコ」。「誰に」は「X市周辺の主婦層」で、「何を」は「菓子類」、「どのように」は「移動販売」。その具体的な内容が問いか。「製品戦略」と「コミュニケーション戦略」はそれぞれ50字ずつ配分する形で、解答用紙の51字目に斜め線。第4問は最後に解く。

【手順3】与件文読解（～45分）

２段落目　「地元産大豆」「水にこだわった」は強み。「和菓子店」「割烹の板前」は協業で使えそう。和菓子店は第4問に関係か。第4問のメモに（2）と記載。

３段落目　「農村部の工場」も強みか。「量販店の出店」は脅威っぽいけど卸販売をすることで対応できたのかな。

４段落目　「2015年」にPBが終わったので、これは第1問との関係では機会ではなく脅威のほうになりそう。

5段落目　X市思いのY社登場。自社サイトがあり、「全国の食通」はターゲットっぽい。「コラボ企画」をやっているくらいだから、協業が出てきそうだ。

6段落目　移動販売の開始。フランチャイジーは販売に専念、フランチャイザーはマーケティング活動と役割分担ができているみたい。

7段落目　品揃えも強みになり得るな。単価も高い。

8段落目　移動販売では「戸別訪問」「駐車場販売」「デモンストレーション販売」といろいろな施策をしている。成功体験は別の施策として転用できそう。第1問にネット販売とあったのに、自社サイトを作れないのは弱みかな。

9段落目　「収穫祭」、イベント来た。大豆の収穫体験や食事会も使えそう。「豆腐丼」って珍しいな。お腹が減ってきた。「主婦層の顧客が少ない」は第4問での課題かな。高齢者の顧客が多いのは、弱みにもなりそう。

10段落目　コロナ禍で戸別訪問ができない、食事会も中止というのは脅威でよさそう。「自宅での食事にこだわりを持つ家庭」はターゲットっぽい記載。ここで「主婦層」「菓子類」が出てきて第4問か。「置き配」は第3問。「全国向けネット販売」は第1問。与件文にボリュームがあって読むだけで結構時間を使ってしまった。

【手順4】解答作成（～79分）

第1問　製品自体の強みは書きたい。高齢者顧客が多いことや、自社サイトが作れないのは弱み。脅威は新型コロナウイルスでよいだろう。機会はぱっと思いつかなかったが、Y社とつながりができたことだろうか。

第2問　（誰に）「手作り豆腐セット」が自宅での食事にこだわりを持つ主婦層に人気だったから、ターゲットは全国の主婦層でよさそう。第4問のターゲットは「X市周辺の」主婦層だから、区分けもできている。（何を）与件文で推されている「豆腐丼」かな。（どのように）B社は自社サイトを作れないから、Y社と協業するしかなさそう。効果は、新規顧客獲得からの売上向上で締めよう。

第3問　（a）置き配自体が新型コロナウイルスという脅威に対応した施策だから、さらに掘り下げるのが難しい……。成功体験を転用させる方向で書こう。

第3問　（b）フランチャイザーとフランチャイジーの切り分けがよくわからない。フランチャイジーは販売に専念だから、より顧客に近づいた施策ということかな。

第4問　菓子類は今までのB社の事業と異なる分野だから、製品開発には協業が必要だろう。コミュニケーション戦略は顧客の声を聞くってことかな。移動販売だから直接感想を聞くこともできる。

【手順5】見直し（～80分）

事例Iに続き見直す時間はほとんどなし。文字が消えていないかだけ確認。

3．終了時の手ごたえ・感想

フランチャイザーとフランチャイジーならではの施策がわからなかったなあ。それに収穫祭や食事会についてほとんど答案で触れていない。白紙がないだけよしとしよう。

合格者再現答案＊（もっちゃん 編）　事例Ⅱ

第1問（配点20点）

①S　　　　　　　　28字

地	元	産	大	豆	に	こ	だ	わ	っ	た	豆	腐³	が	品	揃	え	豊	富	で、
単	価	が	高	い	こ	と	。												

②W　　　　　　　　30字

顧	客	に	高	齢	者	が	多	い	、	自	社	の	受	注	用	サ	イ	ト	を
作	る	ノ	ウ	ハ	ウ	が	な	い³	。										

③O　　　　　　　　28字

X	市	企	業	と	協	力	し	て	ネ	ッ	ト	販	売	を	し	て	い	る	Y
社	と	の	つ	な	が	り¹	。												

④T　　　　　　　　30字

新	型	コ	ロ	ナ	ウ	イ	ル	ス³	に	よ	り	、	食	事	会²	や	戸	別	訪
問	に	支	障²	が	で	た	こ	と	。										

【メモ・浮かんだキーワード】　こだわり、自社サイト、協業、コロナ

【当日の感触等】　「新型コロナウイルス」でかなり字数をとられてしまった。余裕があったら推敲しよう。

【ふぞろい流採点結果】　①3/5点　　②3/5点　　③1/5点　　④5/5点

第2問（配点25点）　　96字

自	宅	で	の	食	事	に	こ	だ	わ	り	を	持	つ⁴	全	国	の	主	婦	層²
を	タ	ー	ゲ	ッ	ト	と	し	、	品	揃	え	豊	富	な	豆	腐	セ	ッ	ト⁴
や	Y	社	の	米	と	コ	ラ	ボ	し	た²	豆	腐	丼³	を	、	Y	社	と	協
業¹	し	Y	社	サ	イ	ト¹	で	販	売³	す	る	。	こ	れ	に	よ	り	、	新
規	顧	客	を	獲	得¹	し	、	売	上	向	上²	を	図	る	。				

【メモ・浮かんだキーワード】　全国の主婦層、Y社とのコラボ、豆腐丼

【当日の感触等】　コラボするって答案としてあんまりふさわしくないかも。

【ふぞろい流採点結果】　23/25点

第3問（配点30点）

（a） 49字

置	き	配	に	チ	ラ	シ²	を	入	れ	月	替	わ	り	商	品	を	紹	介⁶	し
た	り	、	顧	客	に	電	話²	を	し	て	家	族	の	収	穫	祭	参	加	を
提	案	し	、	愛	顧	向	上¹	。											

【メモ・浮かんだキーワード】　チラシ、電話、収穫祭

【当日の感触等】　フランチャイザーとフランチャイジーの切り分けが難しい。チラシはむしろフランチャイジーがやることかもしれない……。

【ふぞろい流採点結果】　9/15点

（b） 50字

商	品	と	共	に	在	庫	と	な	っ	た	豆	腐	を	用	い	た	試	食	品¹
や	、	豆	腐	に	合	う	料	理	の	レ	シ	ピ¹	を	入	れ	て	お	く⁵	こ
と	で	、	関	連	購	買	増	加¹	。										

【メモ・浮かんだキーワード】　在庫、試食

【当日の感触等】　1Mを一切拾ってないけど大丈夫かな。

【ふぞろい流採点結果】　7/15点

第4問（配点25点）　100字

新	し	い	素	材	を	使	っ	た	菓	子	で	人	気	の	和	菓	子	店	と
協	力⁶	し	て	菓	子	類	の	新	規	開	発	に	取	り	組	む	と	と	も
に	、	移	動	販	売	先	の	主	婦	層	か	ら	ア	ン	ケ	ー	ト	を	す
る	こ	と	で	ニ	ー	ズ	を	収	集⁴	し	製	品	開	発	に	生	か	す	こ
と	で	、	顧	客	関	係	性	を	強	化⁴	売	上	を	向	上²	さ	せ	る	。

【メモ・浮かんだキーワード】　和菓子店、協業、ニーズ収集、顧客関係性強化

【当日の感触等】　製品戦略とコミュニケーション戦略をあまり切り分けることができなかった。書いた後に思ったが、和菓子で豆腐は新しい素材といってよさそう。

【ふぞろい流採点結果】　16/25点

【ふぞろい評価】 67/100点　　**【実際の得点】** 56/100点

　第1問では「O：機会」が1つの要素のみで構成されており、得点が伸び悩んだ可能性があります。第3問（b）、第4問でキーワードの不足が見られるものの、第2問ではバランスのよい解答で得点を伸ばすことができています。

▶ **事例Ⅲ（生産・技術）** ◀

令和3年度　中小企業の診断及び助言に関する実務の事例Ⅲ
（生産・技術）

【C社の概要】

　C社は、革製のメンズおよびレディースバッグを製造、販売する中小企業である。資本金は2,500万円、従業員は総務・経理部門5名、製品デザイン部門5名、製造部門40名の合計50名である。

　バッグを製造する他の中小企業同様、C社はバッグメーカーX社の縫製加工の一部を請け負う下請企業として創業した。そして徐々に加工工程の拡大と加工技術の向上を進め、X社が企画・デザインした製品の完成品までの一貫受託生産ができるようになり、X社の商品アイテム数の拡大も加わって生産量も増大した。しかしその後、X社がコストの削減策として東南アジアの企業に生産を委託したことから生産量が減少し、その対策として他のバッグメーカーとの取引を拡大することで生産量を確保してきた。現在バッグメーカー4社から計10アイテムの生産委託を受けており、受注量は多いものの低価格品が主となっている。

　C社では、バッグメーカーとの取引を拡大するとともに、製品デザイン部門を新設し、自社ブランド製品の企画・開発、販売を進めてきた。その自社ブランド製品が旅行雑誌で特集されて、手作り感のある高級仕様が注目された。高価格品であったが生産能力を上回る注文を受けた経験があり、自社ブランド化を推進する契機となった。さらに、その旅行雑誌を見たバッグ小売店数社からC社ブランド製品の引き合いがあり、販売数量は少ないものの小売店との取引も始められた。一方でC社独自のウェブサイトを立ち上げ、インターネットによるオンライン販売も開始し、今では自社ブランド製品販売の中心となっている。現在自社ブランド製品は25アイテム、C社売上高の20％程度ではあるが、収益に貢献している。

【自社ブランド製品と今後の事業戦略】

　C社の自社ブランド製品は、天然素材のなめし革を材料にして、熟練職人が縫製、仕上げ加工する高級品である。その企画・開発コンセプトは、「永く愛着を持って使えるバッグ」であり、そのため自社ブランド製品の修理も行っている。新製品は、インターネットのオンライン販売情報などを活用して企画している。

　C社社長は今後、大都市の百貨店や商業ビルに直営店を開設して、自社ブランド製品の販売を拡大しようと検討している。ただ、製品デザイン部門には新製品の企画・開発経験

が少ないことに不安がある。また、製造部門の対応にも懸念を抱いている。

【生産の現状】

　生産管理担当者は、バッグメーカーの他、小売店およびインターネットからの注文受付や自社ブランド製品の修理受付の窓口でもあり、それらの製造および修理の生産計画の立案、包装・出荷担当への出荷指示なども行っている。生産計画は月1回作成し、月末の生産会議で各工程のリーダーに伝達されるが、計画立案後の受注内容の変動や特急品の割込みによって月内でもその都度変更される。

　生産は、バッグメーカーから受託する受注生産が主であり、1回の受注量は年々小ロット化している。生産管理担当者は、繰り返し受注を見越して、受注量よりも多いロットサイズで生産を計画し、納品量以外は在庫保有している。

　バッグ小売店やインターネットで販売する自社ブランド製品は、生産管理担当者が受注予測を立てて生産計画を作成し、見込生産している。注文ごとに在庫から引き当てるものの、欠品や過剰在庫が生じることがある。

　受注後の製造工程は、裁断、縫製、仕上げ、検品、包装・出荷の5工程である。

　裁断工程では、材料の革をパーツごとに型で抜き取る作業を行っており、C社内の製造工程では一番機械化されている。その他に、材料や付属部品などの資材発注と在庫管理も裁断工程のリーダーが担当する。生産計画に基づき発注業務を行うが、発注から納品までの期間が1カ月を超える資材もあり、資材欠品が生じた場合、生産計画の変更が必要となる。

　C社製造工程では一番多くの熟練職人6名が配置されている縫製工程は、裁断された革を組み立てて成形する作業を行う。通常はバッグメーカーからの受託生産品の縫製作業が中心で、裁断済みパーツの部分縫製とそれを組み合わせて製品形状にする全体縫製との作業に大きく分かれ、全体縫製では部分縫製よりも熟練を要する。自社ブランド製品の生産が計画されると、熟練職人は受託生産品の作業から自社ブランド製品の作業へ移る。自社ブランド製品は、部分縫製から立体的形状を要求される全体縫製のすべてを一人で製品ごとに熟練職人が担当し、そのほとんどの作業は丁寧な手縫い作業（手作業）で行われる。自社ブランド製品の縫製工程を担当した熟練職人は、引き続き仕上げ工程についても作業を行い、製品完成まで担当している。各作業者の作業割り当ては、縫製工程のリーダーが各作業者の熟練度を考慮して決めている。縫製工程は、自社ブランド製品の修理作業も担当しており、C社製造工程中最も負荷が大きく時間を要する工程となっている。

　仕上げ工程は、縫製されたバッグメーカーからの受託生産品の裁断断面の処理、付属金物の取り付けなどを行う製造の最終工程を担当し、縫製工程同様手作業が多く、熟練を要する。

不安になることもある。諦めそうになることもある。それでも頑張り続けた先に合格がある！

　縫製、仕上げ両工程では、熟練職人の高齢化が進み、今後退職が予定されているため、若手職人の養成を行っている。その方法として、細分化した作業分担制で担当作業の習熟を図ろうとしているが、バッグを一人で製品化するために必要な製造全体の技術習熟が進んでいない。

　検品工程では製品の最終検査を行っているが、製品の出来栄えのばらつきが発生した場合、手直し作業も担当する。

　包装・出荷工程は、完成した製品の包装、在庫管理、出荷業務を担当する。

第1問 （配点20点）

　革製バッグ業界におけるC社の（a）強みと（b）弱みを、それぞれ40字以内で述べよ。

第2問 （配点30点）

　バッグメーカーからの受託生産品の製造工程について、効率化を進める上で必要な（a）課題2つを20字以内で挙げ、それぞれの（b）対応策を80字以内で助言せよ。

第3問 （配点20点）

　C社社長は、自社ブランド製品の開発強化を検討している。この計画を実現するための製品企画面と生産面の課題を120字以内で述べよ。

第4問 （配点30点）

　C社社長は、直営店事業を展開する上で、自社ブランド製品を熟練職人の手作りで高級感を出すか、それとも若手職人も含めた分業化と標準化を進めて自社ブランド製品のアイテム数を増やすか、悩んでいる。

　C社の経営資源を有効に活用し、最大の効果を得るためには、どちらを選び、どのように対応するべきか、中小企業診断士として140字以内で助言せよ。

事例
Ⅲ

Column　時間があるうちに家族サービスを！

　中小企業診断士は1年に1回しか受験機会がなく、さらに難関資格です。どうしても長期的な戦いになりますよね。そのなかでも試験直前は特に焦りが生まれ、心に余裕がなくなることもあると思います。そのような繁忙期に家族のサポートをしっかりと受けられるよう、私は試験日の1か月前までにしっかりと家族サービスをしておくことを心がけていました。家族サービスといっても、ちょっとした機会にケーキを買って帰ったり、土日は可能な限り子供と外に遊びに出たり……という小さなことの積み重ねが大事だと思っています。心に余裕のあるうちに家族の信頼残高を増やしつつ、事前に「試験前の1か月間はちょっと時間が取れないかもしれない」と素直に伝えましょう。そうすれば、試験当日まで家族のサポートをしっかりと得ることができると思いますよ！　　　　　（あっきー）

～事例Ⅳのおススメ勉強法～

　過去問をベースにした参考書を1冊繰り返し何回も解く。解法を体内に定着させることが重要。

80分間のドキュメント　事例Ⅲ

あっきー 編（勉強方法と解答プロセス：p.150）

1．昼休みの行動と取り組み方針

得意の事例Ⅱで手ごたえを感じることができず少し悲しくなったが、考えても仕方がないのですぐに頭を切り替える。お昼休みはちょっと長めの1時間。ただ、外出することもなく、ほかの休み時間と同様にトイレに行って、ファイナルペーパーをパラパラめくってリラックスする。お昼ご飯はチョコパン2個。ここでもエナジードリンクを一口飲んで次に備える。

2．80分間のドキュメント

【手順0】開始前（〜0分）

次は、苦手意識の強い事例Ⅲ。余計なことを書いて大外しすることもある難敵だ。焦らずすべての設問に解答して部分点を狙う。過度な期待はしない。

【手順1】準備（〜1分）

受験番号を最初に記入して、与件文を軽く眺める。業界は革製バッグ業界。さて、頑張ろう！　ちなみに、僕は問題用紙を切り取りません。

【手順2】設問解釈（〜10分）

第1問　強みと弱みの記述。「革製バッグ業界における」という記載は重要だぞ。与件文を読みながら対応しよう。

第2問（a）　「効率化を進める上で」の課題か。与件文を読んで見極めるしかないな。「受託生産品の製造工程について」というのも、おそらく重要なポイントだ。

第2問（b）　課題に対する対応策だな。与件文を読みながら（a）と一緒に考えてみよう。シンプルな問いだから何かは書けそうだな！

第3問　自社ブランド製品の開発強化を実現するための、製品企画面と生産面の課題か。2種類書くのを忘れないようにしなきゃ。解答欄の1行目に「製品企画面の課題は」、3行目に「生産面の課題は」と書いておこう。

第4問　選択式の問題だ。中小企業の基本戦略は差別化集中戦略だし、「手作りで高級感」のほうが有力な気がするな。「直営店事業を展開する上で」という記載も要注意。

【手順3】与件文読解（〜25分）

2段落目　一貫受託生産ができるのは強みだろうな。一方で、受注生産品は低価格品が主体になっているのか。これは弱み候補かな。

3段落目　手作り感のある高級仕様の自社ブランド品か。高価格品でも引き合いが増えていそうだし、収益にも貢献しているし、これは強みだな。

4段落目　自社ブランド製品を生み出すには熟練職人が必要なのだな。企画・開発コンセ

プトはブレないようにしよう。第4問にも使えるかな。

5段落目　社長の思いは要チェック。新製品の企画・開発経験が少ないことは弱みだな。

6段落目　生産管理担当者の業務多くない？　生産計画は月1回、そして都度変更。事例Ⅲで定番の指摘ポイントだね。

7、8段落目　受託品は受注生産。受注量よりも多いロットサイズでの生産は指摘ポイントだ。自社ブランド製品は見込生産。受注予測の精度が悪そうだ。

10段落目　裁断工程だけど、資材発注・在庫管理に課題がありそうだ。

11、12段落目　この段落の縫製工程と仕上げ工程がボトルネックかな？　熟練職人の存在が重要だけど、作業割り当てが熟練度に基づいていることは指摘ポイントかな。忙しい縫製工程で修理も担当するのか。作業を分けることはできないのかな。

13段落目　製造全体の技術習熟が進んでいないのは第4問で改善提言が必要かな。

【手順4】解答作成（〜75分）

第1問　強みは熟練職人の高い技術、一貫受託生産が可能なこと、人気の自社ブランドを持つこと。おそらくこれで大丈夫。事例Ⅲの弱みはいろいろ目について悩むんだよなぁ。ビジネス的な観点で、受注製品が低価格なこと、新製品の企画・開発経験の少なさは書こう。生産面ではいろいろあるぞ。部分点狙いで生産管理水準の低さを書くか……。

第2問（a）設問分析のときにはなんとかなりそうな気がしたけど、よくよく考えると何を書けばよいかわからないぞ……。「受託生産品の製造工程について」とあるから、工程について書かなくちゃいけない？　それだと生産計画について書いたらダメなのかな……。うーん、わからん。とりあえず1つは縫製工程の作業者技術の均一化と負担軽減について書こう。2つ目は生産計画の都度変更の改善について書いておこう。

第2問（b）課題さえ書けば、対応策はそれに合ったものを書くだけ。1つ目は若手職人の育成などを書こう。2つ目は受注量が年々小ロット化していることに触れて、生産計画の短サイクル化を書こう。結構時間使っちゃったけど自信ないな。最後に見直しの時間を確保しよう。

第3問　製品企画面では、直営店販売に沿った新製品の企画・開発力の強化。生産面では書くこといっぱいあるなぁ。とりあえずキーワードになりそうなものを並べておこう。

第4問　これは現在までのコンテクストを考えても「高級路線」一択でしょ！　若手へのOJTや、コンセプト維持の重要性について書こう。早く第2問に戻るんだ！

【手順5】第2問再考（〜80分）

第2問　「製造工程について」だから、やっぱり生産計画面での指摘は違う気がする。とはいえ何を書けばよいかわからん。うーん、時間もない。「工程全体の平準化と多能工化」について書いておこう。自信は皆無！

3．終了時の手ごたえ・感想

　第2問は、悩んで時間を浪費した割に全然自信がない。第3問も第4問も時間がないなかでなんとか埋めたレベルだな。与件文で把握した指摘ポイントもうまく使えていない。うーん、50点取れていたらよいほうかな。事例Ⅲは苦手だし、仕方がないね。切り替えていこう。

〜電車の中での2次試験の勉強方法〜
　スマホで診断士受験系のブログを読む。

合格者再現答案＊（あっきー 編） ── 事例Ⅲ

第1問（配点20点）
（a）強み　　　　　　39字

| 熟 | 練 | 職 | 人[2] | の | 高 | い | 縫 | 製 | 技 | 術[2] | 、 | 企 | 画 | か | ら | 完 | 成 | 品 | ま |
| で | の | 一 | 貫 | 受 | 託 | 生 | 産[3] | 、 | 自 | 社 | ブ | ラ | ン | ド[3] | の | 人 | 気 | 。 | |

（b）弱み　　　　　　39字

| 受 | 注 | 製 | 品 | は | 低 | 価 | 格 | 品[3] | が | 多 | い | 、 | 新 | 製 | 品 | の | 企 | 画 | ・ |
| 開 | 発 | 経 | 験 | の | 少 | な | さ[4] | 、 | 生 | 産 | 管 | 理 | 水 | 準 | の | 低 | さ[1] | 。 | |

【メモ・浮かんだキーワード】　技術力、一貫受託生産、ブランド力、低価格、企画・開発力、生産管理。
【当日の感触等】　まあ、無難な記載ができたかな。6割は取れていてほしい。
【ふぞろい流採点結果】　（a）10/10点　　（b）8/10点

第2問（配点30点）
（a）課題　　　　　　20字

| 縫 | 製 | 工 | 程[2] | の | 作 | 業 | 者[1] | 技 | 術 | の | 均 | 一 | 化[1] | と | 負 | 担 | 軽 | 減[1] | 。 |

（b）対応策　　　　　80字

O	J	T	に	よ	る	若	手	職	人[1]	の	育	成[2]	に	よ	り	作	業	者	の
技	術	の	均	一	化	を	図	り	、	熟	練	度	依	存	に	よ	る	熟	練
職	人[1]	へ	の	過	剰	負	担	を	是	正[2]	す	る	。	修	理	作	業[1]	の	専
任	化	に	よ	り	、	縫	製	工	程[1]	の	業	務	負	担	を	軽	減[2]	す	る。

【メモ・浮かんだキーワード】　OJTによる教育、過剰負担の是正、専任化
【当日の感触等】　何を書けばよいのかわからない。とりあえず何か書かなければと焦る。書いてはみたものの、工程の効率化とは論点ズレてるかも。
【ふぞろい流採点結果】　（a）5/5点　　（b）6/10点

（a）課題　　　　　　14字

| 工 | 程 | 全 | 体[2] | の | 平 | 準 | 化[1] | と | 多 | 能 | 工 | 化 | 。 |

（b）対応策　　　　　80字

機	械	化	の	進	ん	で	い	る	裁	断	工	程	や	検	品	工	程	を	含
む	、	全	体	の	ラ	イ	ン	バ	ラ	ン	シ	ン	グ	を	行	う	。	こ	の
際	、	熟	練	技	術	の	不	要	な	作	業	に	つ	い	て	は	、	作	業
員[1]	の	多	能	工	化	を	進	め	、	業	務	の	平	準	化[2]	を	行	う	。

【メモ・浮かんだキーワード】　平準化、多能工化

【当日の感触等】　1つだけでもわからないのに、2つ書かせるなんてひどい。とにかく埋めるも、何度も修正してドツボにはまる。

【ふぞろい流採点結果】　（a）3/5点　　　（b）3/10点

第3問（配点20点）　119字

製	品	企	画	面	の	課	題	は	、	顧	客	の	ニ	ー	ズ	収	集[4]	や	対
応	能	力	を	研	修	等	に	よ	り	強	化[2]	し	、	直	営	店	販	売	に
沿	っ	た	新	製	品	の	企	画	・	開	発	力	の	強	化[4]	。	生	産	面
で	は	、	生	産	計	画	見	直	し	の	短	サ	イ	ク	ル	化[2]	、	原	材
料	等	の	発	注	管	理	等	、	適	切	な	生	産	管	理	等	を	実	施 、
作	業	員	の	技	術	力	向	上[3]	で	競	争	力	強	化	を	図	る	。	

【メモ・浮かんだキーワード】　顧客ニーズ、企画・開発力強化、生産計画、発注管理、生産管理

【当日の感触等】　第2問で時間を使いすぎて、キーワードの羅列で終わる。タイムマネジメントがうまくできていない。過去問をもっとたくさん解いて、試験慣れしておけばよかったと後悔する。

【ふぞろい流採点結果】　15/20点

第4問（配点30点）　140字

熟	練	職	人	の	手	作	り[2]	で	高	級	感[2]	を	出	す	こ	と	を	提	案
す	る	。	対	応	は	、	①	自	社	ブ	ラ	ン	ド	製	品	の	製	造[2]	を
熟	練	と	若	手	の	2	人	体	制	で	行	い	、	O	J	T	に	よ	り
技	術	を	習	得[7]	さ	せ	る	、	②	独	自	の	熟	練	技	術	で	希	少
価	値	を	高	め[7]	、	既	存	コ	ン	セ	プ	ト	を	維	持	し	既	存	顧
客	と	の	関	係	性	を	維	持	・	向	上	さ	せ	、	新	規	顧	客	も
獲	得	し	、	他	社	と	の	差	別	化	と	売	上[3]	向	上[5]	を	図	る	。

【メモ・浮かんだキーワード】　OJT、コンセプトの維持、差別化、売上向上

【当日の感触等】　時間がない！　けど、ここは高級路線一択だ！　既存顧客との関係性も重要だし、C社の強みを生かして競争優位性を維持しなくては。とりあえず、それだけはしっかり書こう！

【ふぞろい流採点結果】　28/30点

【ふぞろい評価】　78/100点　　　【実際の得点】　71/100点

　全体的に重要なキーワードを用いて、設問要求に適切に解答できています。本人の手ごたえとしても苦戦した様子の第2問ですが、生産計画面からの切り口が加わると、より隙のない解答となったかもしれません。そのほかの問題では、多面的な解答ができており、ふぞろい流では高得点となっています。

〜電車の中での2次試験の勉強方法〜
スマホアプリにほぼすべてのデータを集約し、アプリを眺める。

みほ 編（勉強方法と解答プロセス：p.152）

1．昼休みの行動と取り組み方針

　長丁場のこの試験、とにかくコンディションを整えることが大事。お昼ご飯のときは試験のことは忘れて、ゆっくり食べる。そして10分間の睡眠。起きたら会場内を少し長めに散歩し、体をほぐす。渋谷の会場はビルの上のほうで、外に出るのが面倒なのが残念。準備が整ったら、事例Ⅲに向けてノートの最終チェックをする。夫と話したいけど、会場内でおしゃべりをしている人はいなくて目立ってしまうので、小声で少し話すくらいしかできない。

2．80分間のドキュメント

【手順0】開始前（〜0分）

　事例Ⅲは「QCDの改善」が大事。そのためには生産計画のスパンを短くして、教育により多能工化して、ラインバランシングを行うこと。苦手な事例だったけど、その分時間を割いて勉強したから、きっと大丈夫。事例Ⅰの不調を取り戻すためにも、頑張りたい。

【手順1】準備（〜1分）

　毎回のことだけど、受験番号は間違えないように1字1字確認しながら書く。

【手順2】設問解釈（〜5分）

第1問　強みと弱み、オーソドックスな問題でよかった。

第2問　製造工程の効率化だから、生産計画や多能工化、ラインバランシングなどだろう。対応策だから「〜すること」と書くことに気をつけよう。

第3問　製品企画面と生産面ね。生産面は第2問と似ている感じがするけど、違いをはっきりさせて解答しよう。

第4問　どちらを選ぶか、という問題か。つまり「理由、選択、対応、効果」という流れで書くのがよさそうだ。それぞれに対応するものを与件文から探そう。

【手順3】与件文読解（〜25分）

1〜2段落目　下請企業、一貫受託生産、海外に生産委託、と見慣れたキーワードが多い。

3段落目　自社ブランドは中小企業にとって強みだ。ある程度評価も受けているみたいだし。オンライン販売ができるのもよい。「20％」「25アイテム」など数字が出てくるけど、数字は大事だと聞いたことがあるから丸を付けておこう。

4〜5段落目　カギかっこ付きの言葉が出た。大事だから丸。修理ができるというのは差別化のポイント。販売情報の活用もよいし……。強みはたくさん書けそうだ。弱みも出てきたからこれは第1問で使えそう。

6段落目　ここからは生産工程のことだってわかりやすくてよいな。生産管理担当者の仕事が多くないかな？　生産計画は月1回の作成、これは絶対に改善しないと。

7〜10段落目　納品量以外を在庫保有、欠品や過剰在庫、資材欠品など、管理に課題がた

くさんありそうだ。

11～12段落目　熟練職人の仕事がこの会社を支えているとよくわかる。だけど負荷のバランスが悪いから、これも課題だ。

13～15段落目　事例Ⅲでありがちな、職人の高齢化と技術承継だ。これに関連する問題は得点源にしたい。手直し作業も減らしたい。高齢化自体は生産工程から生じている問題ではないから、生産管理や在庫管理、負荷のアンバランスなどさまざまな生産工程の問題があり、その上に全体に共通することとして高齢化がのしかかっているような状況のようだ。

【手順４】解答作成（～70分）

第1問　自社ブランド、一貫受託、熟練職人、オンライン販売、修理など強みが多くてどうまとめるか。とりあえず書いておいて、最後に見直そう。弱みのうち、生産工程に関する部分は第2問以降で使いそうだから、ここは会社全体の弱みとして低価格であることや企画・開発経験が少ないことを挙げておこう。

第2問　課題は2つではないように思える。どうまとめようか、書き出してみよう。生産計画を日次で作成することは在庫の適正化につながるわけだから、これで1つにできるかな。あと、ラインバランシングによる短納期化で1つ。技術伝承は第3問にしよう。

第3問　製品企画面は、販売システム情報を活用して顧客ニーズを反映すること。生産面は、若手への技術の伝承。どちらもよく勉強してきたテーマだ。

第4問　与件文中に「永く愛着を持って使えるバッグ」がコンセプトと書いてあるのだから、高級感を出す方向だろう。それにすでに25アイテムもあるのだから、これ以上増やすと生産工程がさらに混乱しそうだ。どのように対応すべきか、というのが何を聞かれているのかピンと来ないけど、直営店なのだからニーズ収集と人的販売かな。生産面のことに触れるべき問題なのか、多少不安。しかし、生産面の課題は第2問、第3問で書いてしまった。

第1問（2回目）　改めて考えてみると、熟練職人がいることがこの会社の強みの根源だと思うからこれは外せないな。あとは、ほかの問題で使わなかった一貫受託生産を強みに書いておこう。

【手順５】解答見直し（～80分）

「漏れなく、ダブりなく」を実践できているのではないか。ゆっくり見直そう。

３．終了時の手ごたえ・感想

事例Ⅲのポイントを押さえてうまく書けたのではないだろうか。事例Ⅰが終わったときは焦っていたけど、少し落ち着いた。

（すぐ後ろに座っている夫と会話をして）なんと、夫は第4問で若手による標準化を選択したらしい。論理的に書けていればどちらを選択してもよいのではないかと夫は言っているが、そうだと信じたい。

~時短・効果的な勉強方法~
一度解いた過去問の設問だけを見て解答を書いてみる。文章構成力がつきます。

合格者再現答案＊（みほ 編）　事例Ⅲ

第1問 （配点20点）

（a）強み　　　　　　　35字

熟	練	職	人²	に	よ	る	高	級	感²	の	あ	る	商	品	。	一	貫	受	託
生	産³	が	で	き	、	修	理	も	で	き	る	こ	と	。					

（b）弱み　　　　　　　36字

受	託	生	産	が	低	価	格³	な	こ	と	。	企	画	・	開	発	力	が	な
い	こ	と⁴	。	若	手	が	育	っ	て	い	な	い	こ	と³	。				

【メモ・浮かんだキーワード】 熟練職人、一貫受託生産、修理、ブランド、オンライン販売、技術伝承

【当日の感触等】 強みが多すぎてチョイスに困る！

【ふぞろい流採点結果】 （a）7/10点　　（b）10/10点

第2問 （配点30点）

（a）課題　　　　　　　20字

生	産	計	画²	を	日	次	で	作	成	し	在	庫²	と	資	材¹	を	適	正	化²

（b）対応策　　　　　　73字

生	産	管	理	担	当	者	の	業	務	を	減	ら	し	て	生	産	管	理	に
専	任	す	る	。	日	次²	で	生	産	計	画²	を	作	成	し	、	デ	ー	タ
化	し	て	各	工	程	の	担	当	者	と	共	有	し	て	随	時	更	新	し、
資	材	と	在	庫	の	適	正	化²	を	図	る	。							

【メモ・浮かんだキーワード】 日次、専任、データ化、共有、効果

【当日の感触等】 生産計画を短くするのは間違いない。課題の部分と対応策が一部かぶってしまうなあ。

【ふぞろい流採点結果】 （a）5/5点　　（b）6/10点

（a）課題　　　　　　　19字

製	造	工	程²	の	負	荷	を	減	ら	し	納	期	を	短	縮	す	る	。	

（b）対応策　　　　　　75字

修	理¹	は	別	工	程	と	す	る	。	手	作	り	感	の	失	わ	れ	な	い
範	囲	で	機	械	化	を	行	う	。	社	員	教	育²	に	よ	る	多	能	工
化	で	相	互	支	援	体	制	を	築	き	、	工	程	の	負	荷	の	バ	ラ
ツ	キ	を	な	く	し²	、	納	期	を	短	縮¹	す	る	。					

【メモ・浮かんだキーワード】　ラインバランシング、機械化、多能工化

【当日の感触等】　機械化したら手作り感が失われるので散々迷ったあげく、「手作り感の失われない範囲で」という苦し紛れの一言を挿入。

【ふぞろい流採点結果】　（a）3/5点　　（b）6/10点

第3問（配点20点）　　117字

製	品	企	画	面	の	課	題	は	、	**企**	**画**	**・**	**開**	**発**	**力**	**を**	**向**	**上**⁴	さ
せ	る	こ	と	。	**販**	**売**	**シ**	**ス**	**テ**	**ム**¹	や	小	売	店	の	情	報	か	ら
顧	**客**	**ニ**	**ー**	**ズ**	**を**	**収**	**集**⁴	し	て	活	用	す	る	。	生	産	面	の	課
題	は	**若**	**手**	**を**	**育**	**成**¹	し	**技**	**術**	**を**	**伝**	**承**³	す	る	こ	と	。	熟	練
職	人	に	よ	る	O	J	T	や	**マ**	**ニ**	**ュ**	**ア**	**ル**	**化**²	、	研	修	を	行
い	、	技	術	の	習	得	を	評	価	し	て	育	成	す	る	。			

【メモ・浮かんだキーワード】　顧客ニーズ、OJT、マニュアル化

【当日の感触等】　第3問とかぶらない内容にできたのがよかった。

【ふぞろい流採点結果】　15/20点

第4問（配点30点）　　127字

高	**級**	**感**²	の	あ	る	バ	ッ	グ	に	対	し	て	顧	客	か	ら	の	評	価
が	あ	る	た	め	、	高	級	感	を	出	す	。	ま	た	、	ア	イ	テ	ム
数	が	増	え	る	と	経	営	資	源	が	分	散	す	る	。	直	営	店	で、
顧	客	に	直	接	ブ	ラ	ン	ド	を	訴	求	し	、	顧	客	ニ	ー	ズ	を
収	集	し	て	新	製	品	開	発	に	活	か	す	。	修	理	を	積	極	的
に	受	け	付	け	て	顧	客	満	足	度	を	向	上	さ	せ	、	**売**	**上**³	向
上⁵	に	つ	な	げ	る	。													

【メモ・浮かんだキーワード】　理由を書く、アイテム数が多い、修理、売上向上

【当日の感触等】　選択に対する理由がしっかり書けているのでよいのではないか。修理を詰め込んだのは少し無理やり感があるが、強みとして解答のどこかで使いたかった。

【ふぞろい流採点結果】　10/30点

【ふぞろい評価】　62/100点　　　【実際の得点】　75/100点

　第4問では、「どのように対応するべき」かを助言する際、活用する経営資源への言及が不十分となってしまいました。解答見直しの時間も確保できていたため、見直した第1問での得点アップにもつながっています。全体として多面的な解答ができており、ふぞろい流では合格水準となっています。

けんけん 編（勉強方法と解答プロセス：p.154）

1．昼休みの行動と取り組み方針

　午前中の苦手事例Ⅰ、Ⅱをそれほど大きな失敗もなくこなせてホッと一息。お昼はおにぎりとデザートでサッと済ませた。2次試験も半分終えたので、リフレッシュのため一度外に出て体の中の空気の入れ替え。軽く体を伸ばして席に戻る。ファイナルペーパーを見直した後は眠気が来ないように音楽を聴いたり、動画を見たりして開始を待つ。

2．80分間のドキュメント

【手順0】開始前（～0分）

　午後からの2つの事例は割と得意。昨年度も今年の模試でも結果がよかったので自信をもって臨めそう。さぁここからは巻き返しタイムだ、午後も頑張ろう！

【手順1】準備（～1分）

　まずは与件文だけ取り外し。解答用紙を眺めるとここも大きな変化はなし。

【手順2】設問解釈（～5分）

第1問　定番のSWOTからだ。40字だから2～3個要素入れていきたいな。

第2問　課題と対応策を2つずつか。ここも割とオーソドックスな与件文から拾ってくるパターンっぽいな。「受託生産品の製造工程について」と「効率化を進める」という条件だけ外さないように注意しよう。配点は大きめだし油断できない。

第3問　ここも「自社ブランド製品の開発強化」が条件だ。第2問はバッグメーカーからの受託だったし、生産工程がいろいろあるのかな。

第4問　問題文が長い。条件を見落とさないよう丁寧に。基本は高級路線等での差別化だよね。まあ、あまり決めつけすぎないように与件文を読み始めよう。

【手順3】与件文読解（～20分）

1段落目　部門ごとの人数構成は業務負荷の偏りとかでよく問われるからチェック。全部で3部門、営業部門がないな。メモしておこう。

2～3段落目　SWOT要素が詰まっている。読みながら下線を引いて色分けしておく。

4段落目　コンセプトは大事。修理まで行っているようだ。過去問では修理までフォローすることが逆効果だった事例があったけど、ここはどうだろうか。

5段落目　百貨店などへ展開していきたい社長のビジョン、これはどこかに必ず関連してくる。診断士は社長の思いに寄り添わなければ。

6段落目　ここから生産状況、課題がはっきり表れてくるから見落とさないように注意。生産管理担当が受注もしているのか。これは負荷が大きそう。

7段落目　ロットサイズ大きくて在庫がたまっていそうだな。

10段落目　リーダーがいろいろやっているようだ。欠品の発生は負荷集中も理由では？

11段落目　出た、熟練工と作業割り当て。定番だよね。過去問繰り返したからどうしていくべきかは頭に浮かぶ。全体としては業務負荷を考慮して整理と標準化がキーになりそうかな。SLP とか関係なさそうだし得意なパターンだ。

【手順４】解答作成（〜80分）

第1問　まずは「バッグ業界における」強みか。旅行雑誌掲載からの注目はいいとして、一貫生産は生産工程だしどうだろう。できない会社と比べると有利だし強みでよいよね。弱みはいろいろありそう。与件文に書かれているものをうまく３つ盛り込めた。

第2問　効率を悪くしている要因、と考えると整理しやすそう。ロットサイズとか欠品とかでき栄えのばらつきとか２つにまとめられない。生産管理面と熟練度面で分けると仕組みと人とで多面的な解答ってやつになるんじゃない。課題が決まれば対策は簡単だ。適正化、標準化、など必殺の頻出フレーズで解答作成。

第3問　開発は経験が少ないことが不安だからノウハウ蓄積かな。ん？　どうやって蓄積していけばよいんだろう。思いつかないからとりあえず提携と教育と書いておこう。生産面は若手がしっかりしないといけないよね。第2問の受託生産との違いがうまく反映できていないのが気になるが、どちらも同じような問題抱えているよね。これでよいんだよね？

第4問　基本は高級路線だよね。直前に受けた模試ではこの選択を誤ると０点になっていたけどそんなことはないよね。ちょっと迷ってきた。逆のアイテム数を増やすことにするとどうなるだろう。開発経験が少ないし、受託と同じように薄利の低価格になっていくんじゃないだろうか。社長は百貨店に出店したいんだし高級路線、こっちに決めた。ヤバい、ヤバい、時間がギリギリだ。生かせる強みを書いて、改善すべき点を書いて……。もうホントに時間がない。思いつくまま書いていこう。営業部がないから営業の強化と社長のビジョンである百貨店への出店を書いて、あとはお決まりの高付加価値、差別化提案。ギリギリだけどなんとか埋めることはできた。

３．終了時の手ごたえ・感想

うーん、どうにもこうにも……。微妙な手ごたえだな。やっちゃったかな。得意じゃなかったっけ、事例Ⅲ。第4問の配点30点かぁ。もう少しじっくり考えて書きたかったな。事例Ⅲは得点稼ぎたいところだったけど、感触的にはなんとか６割超えただろうか。

〜平日の勉強方法〜
夜寝る前に１問解いて、翌朝出勤時にその事例企業について再度あれこれ考えてみる。

合格者再現答案＊（けんけん 編）　　　　　　事例Ⅲ

第１問（配点20点）

（a）強み　　　　　40字

①	工	程	拡	大	と	技	術	を	向	上	さ	せ	た	一	貫	生	産[3]	②	雑
誌	特	集	さ	れ	高	級	仕	様[2]	の	自	社	ブ	ラ	ン	ド[3]	の	人	気	。

（b）弱み　　　　　38字

①	受	注	は	低	価	格[3]	が	主	②	新	製	品	の	開	発	経	験	不	足[4]
③	在	庫	管	理[2]	や	高	齢	化[2]	な	ど	製	造	部	の	懸	念	。		

【メモ・浮かんだキーワード】　一貫生産／旅行雑誌で特集／低価格が主／新製品の開発経験不足

【当日の感触等】　事例Ⅲらしい第１問だな。与件文のなかから複数要素を端的にまとめられた気がする。ここは大外ししていることはきっとないだろう。

【ふぞろい流採点結果】　（a）8/10点　　（b）10/10点

第２問（配点30点）

（a）課題　　　　　20字

常	時	在	庫[2]	や	資	材[1]	欠	品	の	発	生	等	生	産	管	理	の	弱	さ

（b）対応策　　　　69字

ロ	ッ	ト	サ	イ	ズ	の	見	直	し	を	行	い	適	正	化	す	る	、	リ
ー	ダ	ー	に	集	中	す	る	業	務	を	見	直	し	資	材	管	理	の	専
任	者	を	据	え	る	な	ど	で	コ	ス	ト	の	削	減[1]	と	リ	ー	ド	タ
イ	ム	の	短	縮	を	図	る	。											

【メモ・浮かんだキーワード】　適正化／リードタイム

【当日の感触等】　「生産管理の弱さ」として在庫や欠品などをひとまとめにしてみたけどどうだろう。もう１つ課題を挙げる必要があるし、これだとうまく切り分けできそうなんだけど。

【ふぞろい流採点結果】　（a）3/5点　　（b）2/10点

（a）課題　　　　　20字

熟	練	度	任	せ	で	、	熟	練	職	人[1]	に	集	中	す	る	業	務	負	荷

（b）対応策　　　　54字

標	準	化[2]	、	機	械	化	の	検	討	に	よ	り	業	務	の	単	純	化	を
進	め	た	上	で	若	手[1]	の	習	熟	を	図	り	多	能	工	化	す	る	こ
と	で	リ	ー	ド	タ	イ	ム	を	短	縮[1]	す	る	。						

【メモ・浮かんだキーワード】 多能工化／機械化

【当日の感触等】 もう1つ挙げるとしたら裁縫工程の技術面だろう。機械化は手作り感のある高級仕様という強みを失ってしまうかな。でも負荷が大きく時間を要するとも書いてあるから検討くらいはすべきだよね。字数に余裕があるし入れてしまおう。

【ふぞろい流採点結果】 （a）1/5点 （b）4/10点

第3問 （配点20点）　96字

製	品	企	画	面	は	新	製	品	開	発	の	経	験	が	不	足	し	て	い
る	た	め	**提**	**携**	**や**	**教**	**育**	**で**	**ノ**	**ウ**	**ハ**	**ウ**	**蓄**	**積**²	**し**	開	発	力	の
強	**化**⁴	を	す	る	こ	と	。	生	産	面	で	は	**標**	**準**	**化**²	、	機	械	化
に	よ	り	**若**	**手**	**職**	**人**	**の**	**技**	**術**	**不**	**足**	**を**	**解**	**消**¹	す	る	こ	と	、
高	齢	職	人	の	**技**	**術**	**承**	**継**³	が	課	題	で	あ	る	。				

【メモ・浮かんだキーワード】 経験不足解消／若手の技術不足

【当日の感触等】 課題が第2問とほぼ同じ内容になってしまった。そうか、受託生産品と自社ブランドでは工程が違うのか。でも技術不足はどちらの工程でも発生しているようだし、時間があれば検討し直すことにして次にいこう。

【ふぞろい流採点結果】 12/20点

第4問 （配点30点）　127字

手	作	り	で	の	**高**	**級**	**感**²	を	出	し	て	い	く	。	**加**	**工**	**工**	**程**³	の
拡	大	と	加	工	技	術	を	進	め	一	貫	生	産	が	可	能	な	強	み
を	訴	求	し	、	**若**	**手**	**の**	**技**	**術**³	**向**	**上**⁴	に	よ	り	製	品	の	出	来
栄	え	の	ば	ら	つ	き	を	抑	え	効	率	化	を	図	る	。	営	業	力
を	強	化	し	大	都	市	の	百	貨	店	や	商	業	ビ	ル	へ	直	営	店
を	開	設	し	高	付	加	価	値	の	差	別	化	提	案	に	て	**売**	**り**	**上**
げ	**拡**	**大**⁵	を	図	る	。													

【メモ・浮かんだキーワード】 高級感／差別化／C社長のビジョン

【当日の感触等】 迷ったけど高級路線を選んでの差別化は中小企業にとっては基本だよね。アイテム数増やすのは大手資本に敵わないし、若手の習熟度を向上させる場合もアイテム数が少ないほうが効率よいはず。「資源を有効に活用し、最大の効果」という設問要件には適切だと思う。

【ふぞろい流採点結果】 20/30点

【ふぞろい評価】 60/100点　　【実際の得点】 65/100点

　第2問で課題としての指摘ができず、得点が伸びませんでした。そのほかの設問でキーワードをバランスよく拾うことで全体として合格水準に到達しています。解答骨子の基本が定まっていたことで、時間がないなかの第4問の解答もよくまとまったことと思われます。

~平日の勉強方法~
仕事のお昼休みにテキストを読んで、寝る前に復習する。寝る直前に覚えたことは定着しやすいらしい。

さと 編（勉強方法と解答プロセス：p.156）

1．昼休みの行動と取り組み方針

　午前中の試験が終わりあっという間にお昼の時間。いつも試験のお昼用に買っているサラダパスタを食べる。模試ではお腹いっぱいになり眠くなったので半分程度残して、ファイナルペーパーの確認へ。事例Ⅲは具体的な改善提案に知識が必要になるため、ひととおりキーワードを確認。今年から使い始めたタブレットのおかげで振り返りが本当に簡単だ。データベースでの一元管理を実践できたことをしみじみ感じる。お手洗いに行き、気持ちをリフレッシュ。さあ午後も頑張ろう。

2．80分間のドキュメント

【手順0】開始前（～0分）

　QCD改善、生産管理（生産計画・生産統制）を丁寧に考えること。C社のありたい姿、社長の思いを考えよう。生産面だけでなく、営業面や組織面についても忘れずに。いざ、事例Ⅲ！

【手順1】準備（～1分）

　受験番号の記入、問題用紙裁断、ページ数と段落振りのルーティーンは滞りなく完了。今年は革製バッグの製造会社か。

【手順2】設問解釈①（～6分）

[第1問]　強みと弱みの情報整理。それぞれ40字、与件文からヒントを探そう。

[第2問]　設問要求は「受託生産品の製造工程の効率化のための課題と対応策に関する助言」か。2つの課題と対応策を書くのね。効率化ってことはIT化？　DRINKの視点かな。あとで考えよう。

[第3問]　設問要求は「自社ブランド製品の開発強化計画のための製品企画面と生産面の課題」か。それぞれ60字程度でまとめよう。自社ブランド製品拡大はC社の目指す方向性なのかな。生産面は生産計画と生産統制から探そう。

[第4問]　設問要求は「経営資源を有効活用し、最大の効果を得るための戦略」か。中小企業の独自性から考えると、高級路線かな。与件文を見てから考えよう。

【手順3】与件文読解（～19分）

[1、2段落目]　下請企業としての創業か。高い技術力や一貫受託生産は事例Ⅲ企業でよくある強みだな。下請企業としての依存体質は弱みか、現在は他企業との取引もあるのね。ただ低価格品が多いのは弱みだな。

[3段落目]　自社ブランド製品の展開もすでにあるのか、小売店との取引やオンライン販売は今後もっと拡大していく方向かな。

[4段落目]　自社ブランドは高級品であり、修理も行い、顧客との長い関係性が築ける商品のようだ。

5 段落目　直営店の開設と自社ブランド製品の販売拡大が社長の思いね。これは解答時に盛り込まなきゃ。ただ企画開発のノウハウがないことは弱み。生産面にも課題があると。

6 段落目　生産管理担当者の業務が多いな。負荷になっている？　生産計画は変更が多いのに月1回作成ということは、計画策定の頻度が不十分かも。課題候補1つ目。

7 段落目　受託生産（メーカー向け）は小ロット化が進んでいるが、受注量よりも多いロット生産で在庫が増えている。課題候補2つ目。

8 段落目　自社ブランドの見込生産は欠品や過剰在庫が発生していると。課題候補3つ目。受注生産と見込生産が併存していることに注意。

9、10段落目　受注後の製造工程について。まず裁断工程は機械化が進んでいると。資材の発注と在庫管理が十分に機能していないようだ。課題候補4つ目。

11段落目　縫製工程は情報量が多いな。自社ブランド製品は縫製から仕上げまで1人の熟練職人が担当しているのか。修理工程も担っているとなると、熟練職人6名の負荷は相当だな。課題候補5つ目。

12〜15段落目　縫製、仕上げ工程は若手職人の養成を行っているのに、製造全体の技術習熟は進んでいないのか。課題候補6つ目。検品工程では品質にばらつきがあり、手直しも行っていると。課題候補7つ目。なんだか課題がいっぱいあるけど、とりあえず設問解釈に戻ろう。

【手順4】設問解釈②・解答メモ作成（〜40分）

第1問　強みは高い技術力、一貫受託生産、手作り感のある高級仕様、熟練職人の技術力辺りか。弱みは受託生産で企画・開発力が乏しいこと辺りか。

第2問　課題2つに絞るのが難しい。受託生産の話だから、第6段落、第7段落の課題かな。自社ブランド製品の生産面の課題は第3問に回すとして、縫製工程の話は第3問で書こう。よし、1つ目は生産計画の見直し、2つ目は在庫削減にしよう。

第3問　製品企画面は企画・開発経験が乏しいから、既存事業や外部資源を活用する方向性になるかな。BtoCだから、消費者の意見収集と製品反映の話を入れたいけど、事例Ⅱっぽいな。生産面は、縫製と仕上げ工程の課題中心にまとめよう。熟練技術者の負荷低減の方向性で、マニュアル化や標準化、研修とかがキーワードかな。

第4問　自社ブランド製品の高級化路線を選ぶとして、高付加価値化を図る方法を考えよう。強みや資源を活用するということは、すでにある修理やオンライン販売サービスなどが利用できそう。

【手順5】解答作成・解答見直し（〜80分）

　自信がないながらもなんとかすべて書き切った。第4問は事例Ⅲなのに、事例Ⅱっぽい解答になってしまったな。

3．終了時の手ごたえ・感想

　第2問が鬼門か、課題を外していたら30点がすべてなくなるのか……。事例Ⅲは得意なほうだと思っていたが、なかなか厳しいなあ。切り替えて最後の戦いに備えよう。

〜勉強時間を作るコツ〜
お弁当持参でお昼休みに勉強時間確保。

事例Ⅲ

合格者再現答案＊（さと 編）　━━━━━━━━━━　事例Ⅲ

第１問（配点20点）

（a）強み　　　　　　　40字

加	工	工	程	の	拡	大	と	加	工	技	術	の	向	上²	で	完	成	品	ま
で	の	一	貫	受	託	生	産³	が	可	能	。	熟	練	技	術	者²	を	保	有。

（b）弱み　　　　　　　33字

受	託	生	産	で	自	社	内	に	開	発	や	、	営	業	ノ	ウ	ハ	ウ	が
な	く⁴	、	営	業	体	制	が	な	い	こ	と	。							

【メモ・浮かんだキーワード】 技術力、一貫受託生産、企画・開発力、営業体制

【当日の感触等】 事例Ⅲでよく出てくる一貫生産体制は入れたけど、弱みが事例Ⅱっぽくなってしまった。

【ふぞろい流採点結果】（a）7/10点　　（b）4/10点

第２問（配点30点）

（a）課題　　　　　　　19字

生	産	計	画²	の	短	サ	イ	ク	ル	化	・	柔	軟	な	見	直	し²	。	

（b）対応策　　　　　　80字

①	生	産	計	画²	を	週	次²	で	作	成	し	、	受	注	内	容	の	変	動
や	特	急	品	の	割	込	み	を	反	映	さ	せ	た	計	画	を	柔	軟	に
策	定	、	②	裁	断	工	程	の	リ	ー	ダ	ー	が	行	う	資	材	発	注
や	在	庫	状	況	も	計	画	に	反	映	し	、	資	材	欠	品	削	減¹	。

【メモ・浮かんだキーワード】 生産計画の見直し、在庫削減

【当日の感触等】 ２つの切り分けが難しすぎる……。途中まで自社ブランド品の課題を書いていて、書き直しもあり、焦り始める。

【ふぞろい流採点結果】（a）4/5点　　（b）5/10点

（a）課題　　　　　　　20字

受	注	量	や	在	庫²	状	況	を	考	慮	し	た	ロ	ッ	ト	量	適	正	化²

（b）対応策　　　　　　77字

①	受	注	状	況	を	取	引	先	と	リ	ア	ル	タ	イ	ム	で	共	有	し
②	受	注	量	に	応	じ	た	ロ	ッ	ト	サ	イ	ズ²	を	柔	軟	に	変	更²
③	生	産	統	制¹	で	生	産	リ	ー	ド	タ	イ	ム	を	短	縮¹	し	、	納
期	遵	守	し	つ	つ	、	過	剰	在	庫	を	削	減	す	る	。			

【メモ・浮かんだキーワード】　ロットサイズ、在庫削減、IT 化、DRINK

【当日の感触等】　与件文に忠実になろう、在庫削減はどちらの対応策にも書いてしまったけ
ど、どちらかで点数もらえるはず。次の問題に移らなきゃ（焦り）。

【ふぞろい流採点結果】　（a）4/5点　　　（b）6/10点

第3問（配点20点）　115字

製	品	企	画	面	は	下	請	親	会	社	の	Ｘ	社	と	の	共	同	開	発²
や	小	売	店	、	オ	ン	ラ	イ	ン	販	売¹	で	顧	客	意	見	を	収	集⁴
し	、	製	品	に	反	映	す	る	こ	と	で	開	発	力	を	強	化⁴	す	る
生	産	面	は	熟	練	技	術	者	に	よ	る	技	術	研	修	や	技	術	の
マ	ニ	ュ	ア	ル	化²	で	全	工	程	を	担	当	で	き	る	人	材	を	育
成³	し	、	技	術	者	の	負	荷	を	削	減²	す	る	。					

【メモ・浮かんだキーワード】　協業、ノウハウ蓄積、顧客との接点、標準化、人材育成、負
荷低減

【当日の感触等】　熟練職人に負荷が集中している事例は予備校の問題で解いたことがあるの
を思い出す。見込生産の課題についても書きたかったが文字数が足りず無念……。

【ふぞろい流採点結果】　17/20点

第4問（配点30点）　135字

熟	練	職	人	の	手	作	り²	で	高	級	感²	の	あ	る	自	社	ブ	ラ	ン
ド²	を	販	売	す	べ	き	。	①	営	業	専	門	部	署	を	設	置	し	、
直	営	店	で	丁	寧	な	接	客	で	顧	客	意	見	を	収	集	し	製	品
に	反	映	、	②	高	い	加	工³	技	術³	や	修	理	サ	ー	ビ	ス	を	訴
求	し	、	高	付	加	価	値	化	を	図	り	、	③	オ	ン	ラ	イ	ン	販
売	も	活	用	し	、	顧	客	と	の	長	い	関	係	性	を	構	築	し	、
高	付	加	価	値	化	、	高	収	益	化³	を	図	る	。					

【メモ・浮かんだキーワード】　直営店、オンライン販売、高付加価値化、強みの活用、高収
益化

【当日の感触等】　C社社長は自社ブランド製品の販売を拡大したいみたいだし、中小企業は
差別化集中が定石だからここは高級化路線だな。ただ時間がない……。高付加価値化を
とりあえず押し出しておこう！

【ふぞろい流採点結果】　15/30点

【ふぞろい評価】　62/100点　　　【実際の得点】　64/100点

ほとんどの問題で、重要なキーワードを解答に入れることができています。唯一第4問が、
本人の手ごたえにもあるとおり、生産・技術から離れた要素の多い解答となってしまいまし
た。

~勉強時間を作るコツ~
仕事の昼休み時間に、100字訓練。

事例Ⅲ

みっちー 編（勉強方法と解答プロセス：p.158）

1．昼休みの行動と取り組み方針

事例Ⅱの再現答案を高速で書き上げてから昼食。朝のうちに用意しておいたおにぎりを食べ、前日にホテルの向かいのベトナム食材店で買ったチアシードドリンクを飲んだ。

昼食の事前準備は大切だ。昨年度の2次試験では、昼休みに最寄りのコンビニに入ったところ、すでに多くの受験生によって食品という食品が買い尽くされており、世紀末かと思ったものだ。

事例Ⅲは睡魔に襲われて実力を発揮できない受験生が毎年いるらしいので、試験中に眠くならないよう昼休み中に仮眠をとり、軽く散歩をして脳を覚醒させた。事例Ⅰのもやもやがまだ抜けないが、事例Ⅲで取り返そう。

2．80分間のドキュメント

【手順0】開始前（～0分）

さて、いよいよ後半戦。直前に思い出すのは、「製造工程のボトルネックを特定」「標準化・マニュアル作成・教育」「生産計画のこまめな見直し」「受注・納期・設計・在庫・余力に関する情報の一元管理」などの頻出事項。これらは必ず問われるものだと思って、ファイナルペーパーにも書いておいた。

【手順1】準備（～1分）

素早く問題の表紙を切り離し、解答用紙の文字数を確認。解答欄のサイズからして、第1問はSWOT分析の結果を端的に述べるものだな。例年と大差なさそうだ。

【手順2】設問解釈（～5分）

第1問　昨年度と同じく、強みと弱み。40字しか書けないので、丁寧にSWOT分析して、より重要な要素を盛り込むようにしよう。制約条件の「革製バッグ業界における」は下線を引いて目立たせておこう。

第2問　受託生産を効率化するうえで必要な課題とくれば、QCD関係かなあ。昨年度は納期に関する課題が特に多かったけど、果たして今年はどうだろう。課題を20字でまとめるのも案外難しそうなので油断禁物。

第3問　自社ブランドに関する設問。製品企画面の課題とは、なんだか事例Ⅱみたいな設問だなあ。ダナドコを意識しよう。文字数も120字と多めだし、なんとなく難問の予感がする。後回しにすることも考えておこうか。

第4問　職人の手作りか、標準化するか。2つの案から一方を選んで助言する問題か。第1問の解答との整合性を意識して、C社の経営資源や強みが生かせるように判断しよう。

【手順3】与件文読解（～25分）

1〜2段落目　C社は革製バッグメーカー。製造工程が複雑そうだな。X社の下請けだったけど、X社が生産を海外に移してしまった。これは大きな脅威だ。

[3～5段落目]　ここで自社ブランドが出てくるのか。高級仕様を生かしたいな。オンライン販売に対応しているのは強みだろう。開発経験が少ないのは弱み。第3問の切り口になるかもしれない。

[6段落目]　ここから生産の現状説明。工程をメモしながら読もう。生産計画の急な変更があるのか。計画を月1で決めているけど、更新頻度を上げるのが有効かもしれない。

[7～8段落目]　受注生産は小ロット化が求められている一方で、在庫が増えている。自社ブランド品も、欠品や過剰在庫があるのか。受注予測の精度向上とロットサイズの最適化が必要そうだなあ。

[9～13段落目]　ここから工程の詳しい説明。資材欠品による計画変更は、受注予測の精度を上げて対策できないかな。全体縫製工程の負荷が高いのか。熟練職人の高齢化が進んで若手の養成が進んでいなかったら、最悪生産を維持できなくなるのでは。

[14～15段落目]　検品工程、包装・出荷工程は特に問題なさそう。

【手順4】解答作成（～65分）

[第1問]　強みは、熟練職人の技術を生かした高級品。これは真っ先に挙げておきたい。一貫生産体制が整っていること、自社ブランドがあることも重要だな。弱みは、高付加価値の源泉ともいえる熟練職人が高齢化しており、若手の育成が追い付いていないこと。自社ブランドがあるとはいえ、開発経験が少ないことも弱みかな。

[第2問]　課題を2つ、それぞれ20字で端的に書かないと。課題の1つ目は、縫製工程の負荷軽減かな。対策として、熟練職人の負担が減るような施策を挙げよう。課題の2つ目は、在庫と生産計画の最適化。対策として、受注予測の精度向上、ロットサイズの見直し、情報の一元管理辺りを挙げよう。

[第3問]　ブランドイメージの一貫性はとても大切な気がする。「永く愛着を持って使えるバッグ」というコンセプトを生かした企画が必要だろうな。生産面では、ただでさえ負荷の大きい縫製工程がさらに混乱しないようにしないと。

[第4問]　よし、熟練職人の手作りで高級感を出すほうを選択しよう。そのほうが、C社の培ってきたブランドイメージを生かせそうだ。必要な対応は、直営店でブランドコンセプトを顧客に伝えることと、高齢化した熟練職人の後継を育てること。

【手順5】見直し（～80分）

けっこう時間に余裕があった。第1問の解答を見直して、より無駄のない文章にしよう。やっぱり少ない文字数に収めるのは難しい。ほかの設問の解答も、誤字脱字をチェックしておこう。

3．終了時の手ごたえ・感想

ファイナルペーパーに書いておいた「作業の標準化」「生産計画のこまめな見直し」の切り口が的中し、落ち着いて解答できた。全体的に当たり障りのない解答だが、大失敗もしていないと思う。多少は点を稼げていてほしいな。

～ちょっと変わった勉強法～

学んだ知識を寝る前のひとときに妻に話す。（よしよし、うなずいてるな、ん、寝てる？）

合格者再現答案＊（みっちー 編） ──────── 事例Ⅲ

第 1 問 （配点20点）
（a）強み　　　　　39字

熟	練	し	た	職	人²	の	技	術²	と	一	貫	生	産	体	制³	を	持	ち	、
高	級	仕	様²	の	自	社	ブ	ラ	ン	ド³	バ	ッ	グ	で	差	別	化	。	

（b）弱み　　　　　40字

自	社	製	品	の	企	画	・	立	案	経	験	が	少	な	い⁴	。	熟	練	職
人	が	高	齢	化²	し	、	若	手	の	習	熟	が	進	ん	で	い	な	い³	。

【メモ・浮かんだキーワード】 SWOT 分析、熟練職人、一貫生産体制、高級仕様、自社ブランド、差別化、高齢化、若手の育成

【当日の感触等】 C 社の強みと弱みは与件文に明示されていたが、40字でまとめるのに苦労した。

【ふぞろい流採点結果】 （a）10/10点　　（b）9/10点

第 2 問 （配点30点）
（a）課題　　　　　20字

熟¹	練	を	要	す	縫	製	・	仕	上	げ	工	程²	の	負	荷	が	大	き	い。

（b）対応策　　　　　80字

①	縫	製	・	仕	上	げ	作	業¹	を	標	準	化	し	て	マ	ニ	ュ	ア	ル²
を	整	備	し	、	O	J	T²	を	実	施	し	て	若	手¹	の	熟	練	度	を
高	め	る	。	②	部	分	縫	製	、	自	社	品	の	修	理	は	熟	練	以
外	が	担	当	し	、	熟	練	者	は	全	体	縫	製	に	専	念	す	る	。

【メモ・浮かんだキーワード】 工程の負荷、標準化、マニュアル作成、OJT

【当日の感触等】 熟練職人の作業が多くて大変そうだなぁ、という率直な印象に従った。

【ふぞろい流採点結果】 （a）3/5点　　（b）4/10点

（a）課題　　　　　20字

小	ロ	ッ	ト²	対	応	の	た	め	の	在	庫	と	計	画	の	最	適	化²	。

（b）対応策　　　　　80字

①	生	産	計	画²	の	見	直	し	頻	度	を	上	げ	、	受	注	予	測¹	の
精	度	を	あ	げ	る	こ	と	で	資	材	欠	品	を	予	防	す	る	。	②
ロ	ッ	ト	サ	イ	ズ²	を	最	適	化²	し	て	在	庫	過	剰	を	防	ぐ	。
③	受	注	情	報	、	在	庫	情	報	を	一	元	管	理	し	生	産	統	制¹

【メモ・浮かんだキーワード】　生産計画、ロットサイズ、在庫
【当日の感触等】　ファイナルペーパーに書いた「生産計画のこまめな見直し」が生かせた。
【ふぞろい流採点結果】　（a）4/5点　　（b）8/10点

第3問（配点20点）　119字

企	画	面	で	は	「	永	く	愛	着	を	持	っ	て	使	え	る	バ	ッ	グ」
の	ブ	ラ	ン	ド	コ	ン	セ	プ	ト	を	一	貫	さ	せ	、	高	級	感	あ
る	イ	メ	ー	ジ	を	保	つ	デ	ザ	イ	ン	企	画	力	の	強	化⁴	が	課
題	。	生	産	面	で	は	、	自	社	ブ	ラ	ン	ド	の	増	加	で	縫	製
や	修	理	が	複	雑	化	し	現	場	が	混	乱	し	な	い	よ	う	、	若
手	職	人¹	の	熟	練	度	向	上³	と	作	業	標	準	化²	が	課	題	。	

【メモ・浮かんだキーワード】　ブランドコンセプト、若手の育成、作業標準化
【当日の感触等】　「作業標準化」を書いたのが果たして妥当だったのか、自信がなくなって
　　きた。高級感を訴求するなら、作業標準化は必ずしも必要ではないのでは。
【ふぞろい流採点結果】　10/20点

第4問（配点30点）　139字

熟	練	職	人	の	手	作	り²	で	高	級	感²	を	出	す	べ	き	。	高	級
仕	様	で	高	価	格	の	C	社	ブ	ラ	ン	ド	の	イ	メ	ー	ジ	や	、
天	然	素	材	か	ら	職	人	が	一	貫	生	産³	し	修	理	も	す	る	技
術	的	強	み³	が	生	か	せ	る	た	め	。	対	応	策	は	①	直	営	店
ブ	ラ	ン	ド	で	高	級	感	と	手	作	り	感	を	訴	求	し	差	別	化 。
②	若	手	職	人	の	熟	練	度	を	上	げ³	、	一	人	で	バ	ッ	グ	を
作	る	職	人	を	養	成	し	、	品	質	と	稼	働	率	を	保	つ	。	

【メモ・浮かんだキーワード】　高級感、VRIO、差別化、一人生産方式
【当日の感触等】　生産面だけではなく直営店での対応にも触れたことで、より多面的な視点
　　で解答できたと思う。製品企画面の対応にも言及すればよかったかも。
【ふぞろい流採点結果】　13/30点

【ふぞろい評価】　61/100点　　【実際の得点】　62/100点
　　第1問、第2問で高い得点率となり合格水準に達しています。第4問で対応策を助言する
際、設問要求でもある「C社の経営資源を有効に活用」する点の言及が不足していたかもし
れません。

〜勉強場所〜
娘の勉強机。自宅に自分のデスクがないので。

事例Ⅲ

もっちゃん 編 （勉強方法と解答プロセス：p.160）

1．昼休みの行動と取り組み方針

　昼休みは、試験会場を出て近くのハンバーガー店へ。お店で食べながらファイナルペーパーを読む。「4M」「DRINK」「生産計画と生産統制」などの内容を思い浮かべながら過ごす。事例Ⅲは製造工程のイメージが湧かないから好きになれないんだよなあ。

2．80分間のドキュメント

【手順0】開始前（～0分）

　事例Ⅲは与件文に課題が書かれていることも多い。与件文をよく読んで取り組もう。

【手順1】準備（～1分）

　受験番号を丁寧に書く。白紙破りはまた失敗（練習しておけばよかった）。段落番号を振る。事例Ⅲは15段落だが、文章量は少なそう。

【手順2】与件文第1段落確認と設問解釈（～20分）

[1段落目]　1段落目を確認。革製のバッグの製造販売、「総務・経理部門」5名、「製品デザイン部門」5名、「製造部門」40名にチェック。

[第1問]　SWOT分析。「革製バッグ業界における」も念のためチェック。最初に解く。

[第2問]　「受託生産品の製造工程」にチェック。また、「効率化を進める上で」という制約もある。課題が2つとそれぞれの対応策とで分量は多そう。順番どおりに解くかはあとの問題との兼ね合いで決めよう。

[第3問]　「自社ブランド製品の開発強化」とは、受託生産から自社ブランドに羽ばたこうとしているということか。「製品企画面」と「生産面」の課題なので、答案用紙の61字目に斜め線。分量的に第1問の次に解こうかな。

[第4問]　「高級感」と「分業化・標準化してアイテム数を増やす」の選択かあ。「C社の経営資源を有効に活用し」とあるので、経営資源との関係で破綻していなければ選択自体で大きく左右されることはないと思うが、診断士試験的には「高級感」でいったほうがよさそうな気がする。第3問の次は第2問を解いて、第4問は最後に解こう。

【手順3】与件文読解（～40分）

[2段落目]　C社はもともと縫製加工の一部の下請企業だった。そこから「加工工程の拡大」「加工技術の向上」「一貫受託生産」とあり、これは強みとなりそう。技術力と一貫生産体制はC社定番の強みだからチェック。逆に「低価格品が主」なのは弱みかな。

[3段落目]　自社ブランド製品も頑張っている。「手作り感のある高級仕様が注目」は強みだし、第4問の関係でもチェック。「生産能力を上回る注文」は機会ロスしているから生産能力が弱み。B社と違いC社には自社サイトがあるみたいでこれも強みかな。

[4段落目]　「熟練職人」は強みなのでチェック。

[5段落目]　直営店が出てきたので第4問のメモに（5）と記載。製品デザイン部門は新設

で、企画・開発経験が少ないのは弱みだし、第3問の課題だろう。「製造部門の対応にも懸念」とあり、3段落目の生産能力の弱みと共通している。

6、7段落目　6、7段落目は受託生産品の話なので、括っておく。生産管理担当者に何でもやらせているな。生産計画立案が「月1回」なのは、立案頻度を増やす方向になりそう。計画立案後に都度変更だと大変だろう。小ロット化に対応できず、在庫を増やしているのも問題だな。

8段落目　自社ブランド製品の話。ここにも生産管理担当者が出てくる。欠品や過剰在庫ははっきりと課題があることを示している。第3問の課題はここもかな。

9、10段落目　発注先変更の余地があるかな。

11段落目　全体縫製は1人で熟練職人が担当し、仕上げ工程も行う。縫製工程は負荷が大きく時間を要するとあり、ボトルネックになっているのでここを改善する必要がありそう。熟練職人の技術に頼っているわけだから、標準化→マニュアル化→教育の流れでいけるか。

12〜15段落目　「熟練職人の高齢化」「若手職人の養成」「技術習熟が進んでいない」とあるから、標準化→マニュアル化→教育が改善策の1つということでよさそう。

【手順4】解答作成（〜79分）

第1問　強みは、定番の技術力、一貫生産体制でいけそう。自社サイトも入れたいが40字には入らなさそう。弱みは、受託製品は低価格品であること、自社ブランド製品は企画・開発経験が少ないこと、生産管理に問題があること。受託生産品と自社ブランド製品の区分けは明確にしておいたほうがわかりやすそうだな。

第3問　「課題」を聞かれたら問題点（ネガティブ）ではなく、目標（ポジティブ）くらいの意味の場合もあるし今回もそうだろう。製品企画面ははっきりと企画経験がないとあったから、これを補う方法を。生産面は8段落目から考えていけばよいかな。

第2問　受託生産品の課題は6、7段落目と9〜15段落目から抜き出す。具体的な課題はいくつか出ているが、同じ抽象度で2つに設定するのが難しい。「生産管理」と「生産性改善」の切り口でいくか。対応策は課題を解決できる施策をできるだけ盛り込む形で。

第4問　高級仕様で注目されたし、熟練職人がいるのだから高級感を選択したほうがよいだろう。高付加価値化させて、C社のブランド価値を上げるという流れで書いていこう。時間がないので、部分点狙いのためにもまずは結論だけ書き、1文も短く区切って書いていこう。

【手順5】解答作成・解答見直し（〜80分）

文字が消えていないかの確認で終了。

3．終了時の手ごたえ・感想

事例Ⅲは、与件文を読んでいるときにたくさんキーワードは思いつくものの、解答をまとめるのに苦労することが多い。白紙がなかったことは最低限クリア。解答順を事前に考えておく効果が出ている気がするぞ。

〜勉強が楽しかった瞬間〜
勉強はいつでも楽しいよ。

合格者再現答案＊（もっちゃん 編）　　　　　　　　事例Ⅲ

第1問（配点20点）

（a）強み　　　　　　　40字

熟	練	職	人²	に	よ	る	高	い	加	工	技	術²	と	一	貫	受	託	生	産
体	制³	で	高	級	仕	様²	の	バ	ッ	グ	を	製	作	で	き	る	こ	と	。

（b）弱み　　　　　　　39字

受	託	製	品	は	低	価	格	品³	で	あ	る	こ	と	、	自	社	ブ	ラ	ン
ド	製	品	で	は	開	発	力	、	生	産	能	力	が	低	い⁴	こ	と	。	

【メモ・浮かんだキーワード】　加工技術、一貫受託生産、高級仕様、低価格品、開発力、生産能力

【当日の感触等】　自社サイトのことを入れる余裕はなかった。

【ふぞろい流採点結果】（a）9/10点　　　（b）7/10点

第2問（配点30点）

（a）課題　　　　　　　19字

小	ロ	ッ	ト	化	に	対	応	し	在	庫²	を	適	正	化²	さ	せ	る	。

（b）対応策　　　　　　80字

①	月	1	回	の	生	産	計	画²	立	案	を	頻	回²	で	行	い	、	②	計
画	を	各	工	程	に	リ	ア	ル	タ	イ	ム	に	情	報	共	有	し	計	画
変	更	を	防	止	す	る	。	③	資	材	調	達	先	の	変	更	を	検	討
し	、	資	材¹	発	注	か	ら	納	品	ま	で	の	期	間	を	短	く¹	す	る。

【メモ・浮かんだキーワード】　小ロット化、生産計画、情報一元化、資材調達

【当日の感触等】　生産管理担当者の負担軽減を入れられなかった。

【ふぞろい流採点結果】（a）4/5点　　　（b）6/10点

（a）課題　　　　　　　20字

職	人¹	を	多	能	工	化	し	、	良	品	率	、	歩	留	ま	り	向	上	。

（b）対応策　　　　　　76字

負	荷	が	大	き	い	縫	製	工	程¹	の	作	業	の	標	準	化	、	マ	ニ
ュ	ア	ル	化²	を	進	め	、	若	手	職	人¹	に	研	修	、	O	J	T	に
よ	る	教	育²	を	行	う	こ	と	で	、	多	能	工	化	さ	せ	、	作	業
時	間	軽	減	、	手	直	し	作	業	減	少²	を	図	る	。				

【メモ・浮かんだキーワード】　多能工化、良品率、標準化、マニュアル化

【当日の感触等】　書いてるうちに混乱してしまった。対応策の半分くらい課題をそのまま書いているような感じになってしまった。

【ふぞろい流採点結果】　（a）1/5点　　（b）6/10点

第3問（配点20点）　120字

製	品	企	画	面	の	課	題	は	、	企	画	開	発	経	験	の	少	な	さ
を	補	う	た	め	、	自	社	サ	イ	ト	の	販	売	情	報	や	小	売	店
と	の	連	携	を	活	用	し	開	発	力	を	強	化	す	る	事	。	生	産
面	の	課	題	は	、	欠	品	や	過	剰	在	庫	を	防	ぐ	た	め	、	販
売	情	報	か	ら	受	注	予	測	精	度	を	上	げ	、	職	人	教	育	で
工	程	全	体	の	生	産	リ	ー	ド	タ	イ	ム	を	削	減	す	る	事	。

【メモ・浮かんだキーワード】　自社サイト、販売情報、教育

【当日の感触等】　主語に文字数を割きすぎて内容がぺらぺらになっているし、販売情報からどうやって開発力を向上させるのかよくわからず書いている。でも第3問に時間を使いすぎるわけにもいかない。

【ふぞろい流採点結果】　11/20点

第4問（配点30点）　129字

熟	練	職	人	の	手	作	り	で	高	級	感	を	出	す	べ	き	で	あ	る。
C	社	の	経	営	資	源	で	あ	る	熟	練	職	人	、	自	社	の	販	売
サ	イ	ト	、	小	売	店	と	の	ネ	ッ	ト	ワ	ー	ク	を	活	用	す	る。
高	い	技	術	力	に	よ	り	手	作	り	感	の	あ	る	高	級	仕	様	の
自	社	ブ	ラ	ン	ド	製	品	を	高	付	加	価	値	化	さ	せ	、	開	発
力	を	高	め	て	ブ	ラ	ン	ド	価	値	を	向	上	さ	せ	る	こ	と	で、
売	上	の	拡	大	を	図	る	。											

【メモ・浮かんだキーワード】　熟練職人、自社サイト、小売店とのネットワーク、高付加価値化

【当日の感触等】　今までの設問の内容をまとめて、与件文をそのまま書いているだけのような形になってしまった……。

【ふぞろい流採点結果】　17/30点

【ふぞろい評価】　61/100点　　【実際の得点】　55/100点

　本人の手ごたえにもあるように、設問解釈から与件文読解までの準備が奏功し、解答作成にかけた時間がうまく得点につながっています。大きな失点もなく、キーワードが各設問においてしっかり押さえられていることから、ふぞろい流で合格水準となっています。

～勉強が楽しかった瞬間～ ━━━━━━━━━━━━━━━━━━━━━━━
ふぞろいの合格答案に近づいたとき。

▶事例Ⅳ（財務・会計）◀

令和３年度　中小企業の診断及び助言に関する実務の事例Ⅳ
（財務・会計）

　Ｄ社は地方都市に本社を置き、食品スーパーマーケット事業を中核として展開する企業である。Ｄ社の資本金は4,500万円、従業員数1,200名（パート、アルバイト含む）で、本社のある地方都市を中心に15店舗のチェーン展開を行っている。Ｄ社は創業90年以上の歴史の中で、常に地元産の商品にこだわり、地元密着をセールスポイントとして経営を行ってきた。またこうした経営スタイルによって、Ｄ社は本社を置く地方都市の住民を中心に一定数の固定客を取り込み、経営状況も安定していた。ところが2000年代に入ってからは地元住民の高齢化や人口減少に加え、コンビニエンスストアの増加、郊外型ショッピングセンターの進出のほか、大手資本と提携した同業他社による低価格・大量販売の影響によって顧客獲得競争に苦戦を強いられ、徐々に収益性も圧迫されてきている。

　こうした中でＤ社は、レジ待ち時間の解消による顧客サービスの向上と業務効率化による人件費削減のため、さらには昨今の新型コロナウイルス感染症の影響による非接触型レジに対する要望の高まりから、代金支払いのみを顧客が行うセミセルフレジについて、2022年度期首にフルセルフレジへ更新することを検討している。しかし、セミセルフレジの耐用年数が残っていることもあり、更新のタイミングについて慎重に判断したいと考えている。なお、Ｄ社は現在、全店舗合計で150台のレジを保有しており、その内訳は有人レジが30台、セミセルフレジが100台、フルセルフレジが20台である。

　さらにＤ社は、地元への地域貢献と自社ブランドによる商品開発を兼ねた新事業に着手している。この事業はＤ社が本社を置く自治体との共同事業として、廃校となった旧小学校の校舎をリノベーションして魚種Ｘの陸上養殖を行うものである。Ｄ社では、この新規事業の収益性について検討を重ねている。

　また、Ｄ社は現在、主な事業であるスーパーマーケット事業のほか、外食事業、ネット通販事業、移動販売事業という３つの事業を行っている。これらの事業は、主な事業との親和性やシナジー効果などを勘案して展開されてきたものであるが、移動販売事業は期待された成果が出せず現状として不採算事業となっている。当該事業は、Ｄ社が事業活動を行っている地方都市において高齢化が進行していることから、自身で買い物に出かけることができない高齢者に対する小型トラックによる移動販売を行うものである。販売される商品は日常生活に必要な食品および日用品で、トラックのキャパシティから品目を絞っており、また販売用のトラックはすべてＤ社が保有する車両である。さらに、移動販売事業は高齢化が進んでいるエリアを担当する店舗の従業員が運転および販売業務を担っている。こうした状況から、Ｄ社では当該事業への対処も重要な経営課題となっている。

　Ｄ社と同業他社の2020年度の財務諸表は以下のとおりである。

貸借対照表
（2021年 2 月28日現在）

（単位：万円）

	D 社	同業他社		D 社	同業他社
〈資産の部〉			〈負債の部〉		
流動資産	221,600	424,720	流動負債	172,500	258,210
現金預金	46,900	43,250	仕入債務	86,300	108,450
売掛金	61,600	34,080	短期借入金	10,000	0
有価証券	4,400	0	その他の流動負債	76,200	149,760
商品	64,200	112,120	固定負債	376,700	109,990
その他の流動資産	44,500	235,270	長期借入金	353,500	0
固定資産	463,600	1,002,950	その他の固定負債	23,200	109,990
有形固定資産	363,200	646,770	負債合計	549,200	368,200
無形固定資産	17,700	8,780	〈純資産の部〉		
投資その他の資産	82,700	347,400	資本金	4,500	74,150
			利益剰余金	131,000	625,100
			その他の純資産	500	360,220
			純資産合計	136,000	1,059,470
資産合計	685,200	1,427,670	負債・純資産合計	685,200	1,427,670

損益計算書
自2020年 3 月 1 日
至2021年 2 月28日

（単位：万円）

	D 社	同業他社
売上高	1,655,500	2,358,740
売上原価	1,195,600	1,751,140
売上総利益	459,900	607,600
販売費及び一般管理費	454,600	560,100
営業利益	5,300	47,500
営業外収益	4,900	1,610
営業外費用	2,000	1,420
経常利益	8,200	47,690
特別損失	1,700	7,820
税引前当期純利益	6,500	39,870
法人税等	1,900	11,960
当期純利益	4,600	27,910

事例 Ⅳ

~効果的な過去問の使い方~
本試験と同じＢ５サイズ、ページ割のものを使って解く（本試験に慣れるため）。

第 1 問 （配点30点）

（設問 1 ）

　D社と同業他社の財務諸表を用いて経営分析を行い、同業他社と比較してD社が優れていると考えられる財務指標とD社の課題を示すと考えられる財務指標を 2 つずつ取り上げ、それぞれについて、名称を（a）欄に、その値を（b）欄に記入せよ。なお、優れていると考えられる指標を①、②の欄に、課題を示すと考えられる指標を③、④の欄に記入し、（b）欄の値については、小数点第 3 位を四捨五入し、単位をカッコ内に明記すること。

（設問 2 ）

　D社の財務的特徴と課題について、同業他社と比較しながら財務指標から読み取れる点を80字以内で述べよ。

第 2 問 （配点30点）

　D社はこれまで、各店舗のレジを法定耐用年数に従って 5 年ごとに更新してきたが、現在保有しているセミセルフレジ100台を2022年度期首にフルセルフレジへと取り替えることを検討している。またD社は、この検討において取替投資を行わないという結論に至った場合には、現在使用しているセミセルフレジと取得原価および耐用期間が等しいセミセルフレジへ2023年度期首に更新する予定である。

　現在使用中のセミセルフレジは、2018年度期首に 1 台につき100万円で購入し有人レジから更新したもので、定額法で減価償却（耐用年数 5 年、残存価額 0 円）されており、2022年度期首に取り替える場合には耐用年数を 1 年残すことになる。一方、更新を検討しているフルセルフレジは付随費用込みで 1 台当たり210万円の価格であるが、耐用期間が 6 年と既存レジの耐用年数より 1 年長く使用できる。D社はフルセルフレジに更新した場合、減価償却においては法定耐用年数にかかわらず耐用期間に合わせて耐用年数 6 年、残存価額 0 円の定額法で処理する予定である。また、レジ更新に際して現在保有しているセミセルフレジは 1 台当たり 8 万円で下取りされ、フルセルフレジの代価から差し引かれることになっている。

　D社ではフルセルフレジへと更新することにより、D社全体で人件費が毎年2,500万円削減されると見込んでいる。なお、D社の全社的利益（課税所得）は今後も黒字であることが予測されており、利益に対する税率は30％である。

（設問 1 ）

　D社が2023年度期首でのセミセルフレジの更新ではなく、2022年度期首にフルセルフレジへと取替投資を行った場合の、初期投資額を除いた2022年度中のキャッシュフローを計

算し、（a）欄に答えよ（単位：円）。なお、（b）欄には計算過程を示すこと。ただし、レジの取替は2022年度期首に全店舗一斉更新を予定している。また、初期投資額は期首に支出し、それ以外のキャッシュフローは年度末に一括して生じるものとする。

（設問2）

　当該取替投資案の採否を現在価値法に従って判定せよ。計算過程も示して、計算結果とともに判定結果を答えよ。なお、割引率は6％であり、以下の現価係数を使用して計算すること。

	1年	2年	3年	4年	5年	6年
現価係数	0.943	0.890	0.840	0.792	0.747	0.705

（設問3）

　当該取替投資案を検討する中で、D社の主要顧客が高齢化していることやレジが有人であることのメリットなどが話題となり、フルセルフレジの普及を待って更新を行うべきとの意見があがった。今回購入予定のフルセルフレジを1年延期した場合の影響について調べたところ、使用期間が1年短くなってしまうものの基本的な性能に大きな陳腐化はなく、人件費の削減も同等の2,500万円が見込まれることが分かった。また、フルセルフレジの導入を遅らせることについて業者と交渉を行った結果、更新を1年遅らせた場合には現在保有するセミセルフレジの下取り価格が0円となるものの、フルセルフレジを値引きしてくれることになった。

　取替投資を1年延期し2023年度期首に更新する場合、フルセルフレジが1台当たりいくら（付随費用込み）で購入できれば1年延期しない場合より有利になるか計算し、（a）欄に答えよ（単位：円）。なお、（b）欄には計算過程を示すこと。ただし、更新されるフルセルフレジは耐用年数5年、残存価額0円、定額法で減価償却する予定である。また、最終的な解答では小数点以下を切り捨てすること。

第3問（配点20点）

　D社は現在、新規事業として検討している魚種Xの養殖事業について短期の利益計画を策定している。

　当該事業では、自治体からの補助金が活用されるため、事業を実施することによるD社の費用は、水槽等の設備や水道光熱費、人件費のほか、稚魚の購入および餌代、薬剤などに限定される。D社は当面スタートアップ期間として最大年間養殖量が50,000kgである水槽を設置することを計画しており、当該水槽で魚種Xを50,000kg生産した場合の総

経費は3,000万円である。また、この総経費に占める変動費の割合は60％、固定費の割合は40％と見積もられている。Ｄ社がわが国における魚種Ｘの販売実績を調査したところ、1kg当たり平均1,200円で販売されていることが分かった。

（設問1）

　Ｄ社は、当該事業をスタートするに当たり、年間1,500万円の利益を達成したいと考えている。この目標利益を達成するための年間販売数量を求めよ（単位：kg）。なお、魚種Ｘの1kg当たり販売単価は1,200円とし、小数点以下を切り上げて解答すること。

（設問2）

　Ｄ社は最適な養殖量を検討するため、Ｄ社の顧客層に対して魚種Ｘの購買行動に関するマーケティングリサーチを行った。その結果、魚種Ｘの味については好評を得たものの魚種Ｘがわが国においてあまりなじみのないことから、それが必ずしも購買行動につながらないことが分かった。そこでＤ社は魚種Ｘの販売に当たり、Ｄ社の商圏においては販売数量に応じた適切な価格設定が重要であると判断し、下表のように目標販売数量に応じた魚種Ｘの1kg当たり販売単価を設定することにした。

　この販売計画のもとで、年間1,500万円の利益を達成するための年間販売数量を計算し、（a）欄に答えよ（単位：kg）。また、（b）欄には計算過程を示すこと。なお、最終的な解答では小数点以下を切り上げすること。

表　魚種Ｘの販売計画

目標販売数量	販売単価
0kg～20,000kg以下	販売数量すべてを1kg当たり1,400円で販売
20,000kg超～30,000kg以下	販売数量すべてを1kg当たり1,240円で販売
30,000kg超～40,000kg以下	販売数量すべてを1kg当たり1,060円で販売
40,000kg超～50,000kg以下	販売数量すべてを1kg当たり860円で販売

注）たとえば目標販売数量が25,000kgである場合、25,000kgすべてが1kg当たり1,240円で販売される。

第4問（配点20点）

　D社は現在不採算事業となっている移動販売事業への対処として、当該事業を廃止しネット通販事業に一本化することを検討している。

（設問1）

　移動販売事業をネット通販事業に一本化することによる短期的なメリットについて、財務指標をあげながら40字以内で述べよ。

（設問2）

　D社の経営者は移動販売事業を継続することが必ずしも企業価値を低下させるとは考えていない。その理由を推測して40字以内で述べよ。

事例Ⅳ

Column

中小企業診断士試験は、できないを楽しめるチャンス

　今更言うまでもありませんが、中小企業診断士試験は難しい試験です。毎年たくさんの人が挑戦し、たくさんの人が失敗しています。

　大人の私たちは、普段「失敗できない」生活を送っているのではないでしょうか？　会社で、家庭で、「ほかの人にもできることをちゃんとやる」ことばかりを求められていると思います。中小企業診断士試験は、普段の生活ではできない「自分の努力でできないことをできるようにしていく、完璧にできなくても当たり前」なものです。ぜひ、日常生活でのプレッシャーやストレスを忘れて、できなかった、わからなかった問題が解けるようになっていく過程を楽しんでもらえたら幸いです。

（しゅうと）

〜効果的なノートの作り方〜

　可能な範囲で参考書や過去問をデータ化し、タブレット端末に取り込み、コピペでオリジナルノートを作成。

80分間のドキュメント　事例Ⅳ

あっきー 編（勉強方法と解答プロセス：p.150）

1．休み時間の行動と取り組み方針

　事例Ⅲが想像以上に自信のない出来だったため、事例Ⅳで挽回しないと落ちるなーと考える。ここまでの経過を考えると、少なくとも70点は欲しいところ。事例Ⅳはファイナルペーパーも特に用意していなかったため、トイレに行った後はボーッとして過ごす。試験開始前にチョコパン1個を食べ、エナジードリンクを一口飲む。

2．80分間のドキュメント

【手順0】開始前（～0分）

　事例Ⅳは好き。計算しているときが一番落ち着く。うまくいけば高得点も狙えるかもしれない。楽しんでいこう！

【手順1】準備（～1分）

　まずは受験番号を記入。今までやったこともないのに、最終ページを切り取る（結局使わない）。

【手順2】問題確認（～5分）

第1問　いつもの財務指標分析。だけど4つか！　珍しいな。あとでじっくり考えよう。
第2問　取替投資か。NPV計算は好きだから楽しんで解けそうだな。問題文長いな……。
第3問　変動費・固定費が出てくるからおそらくCVPだろう。これも問題文長くない？
第4問　記述が2つ。あとで読もう。

【手順3】与件文・財務諸表読解および経営分析（～15分）

与件文　まずは与件文をしっかり読もう。財務指標の選択は与件文との整合性が大事だ。地元産商品は付加価値が高く「売上高総利益率」は高くなりそう。でも、同業他社との競争で収益性が圧迫とあるから、「売上高営業利益率」は悪くなっていそうだな。事業展開は親和性やシナジー効果などを勘案しているのか。この事業間シナジーは重要なポイントだぞ。地元産食品はどの事業にも共通して使えそうだし、「棚卸資産回転率」にはプラスに働きそうだ。あとは、移動販売事業が不採算事業になっているのは気になるな。小型トラックを所有しているし、「有形固定資産回転率」は悪いかもしれないな。

財務諸表、第1問　与件文の仮説を検証！　「売上高総利益率」と「棚卸資産回転率」は優れている指標として問題なさそうだ。「売上高営業利益率」も想定どおり課題だな。「有形固定資産回転率」は予想と反して財務諸表上は優れていた。あとは安全性面だけど、負債が多いな。利益が出ていないのは収益性でも触れるし、「負債比率」を課題として書いておこう。「当座比率」は同業他社と比べてかなりよさそうだけど、現金が毎日入ってく

るようなビジネスだから重要度は低いかも。

【手順4】第2問、第3問、第4問の順に計算および答案作成（～75分）

第2問 （設問1）（～30分）　問題文が長いよ……。聞かれていることはシンプルだけど、問題の読み取りに時間がかかる。取替投資なので、2022年にセミセルフレジを使い続けた際の機会費用はちゃんと計算しなきゃな。フルとセミの減価償却費を考慮して、セミの除却損も入れる。まあ、問題ないかな。

第2問 （設問2）（～50分）　機会費用の計算と、投資の発生時期を正しく捉えることが大事。問題なく解けるだろうと思い計算を続けるが、そもそも（設問1）の計算結果が違うことに途中で気づく。電卓の打ち間違いがあったらしい。（設問1）の書き直しとともに、ここから電卓計算＋暗算での検算という暴挙に出る。この問題だけは絶対に落とせないという謎のプライドにより、時間を大幅にロスする。

第2問 （設問3）　（設問2）であまりにも時間を浪費しすぎたため、泣く泣く飛ばす。あとで戻ってきて解くこととする。

第3問 （設問1）（～60分）　第3問も問題文が長い！　問題文上では固定費が40%という記載でいやらしい。固定費は1,200万円、変動費360円/kgだね。ささっと解こう。

第3問 （設問2）（～70分）　これは地道にそれぞれの場合で計算するしかないな。早く第2問に戻りたいのに……。答えは38,572kgか。40,000kg超えると目標利益に達しなくなるってどういうことよ……。値段設定甘いんじゃないの？？

第4問 （設問1）（～72分）　やばい、時間がない。トラックを売却したら、有形固定資産回転率はよくなるな。あとは、不採算事業からの撤退で業務効率が向上すれば売上高営業利益率はよくなるだろう。よし、効率性向上と収益性改善だ！

第4問 （設問2）（～75分）　移動販売事業って社会的価値はありそうなんだよな。でも、ここは定性的な表現での記載は避けたほうがよいかも。定量的に検証可能な仮説を立てないと。事業構成を考えると「シナジー効果」は重要だ。移動販売先での顧客ニーズの抽出や宣伝効果などでも、他事業の業績向上に寄与している可能性がある。あとは細かいコスト構造は出ていないけれど、商品も他事業と共有して消費できるだろうし、販売も店舗の従業員が行っている。トラックがあるとはいえ、変動費や個別固定費は抑えられているはずだ。貢献利益についても言及しておいたほうがよいな！

【手順5】第2問の見直し（～80分）

　第2問に戻ってきたけど、もう時間がない……。一度計算ミスしているだけに（設問1）も（設問2）も怖くなってきたな。もう一度計算確認しよう。（設問3）は、急いで考え方だけは書いておこう。あとは時間いっぱい計算して悪あがきだ！

3．終了時の手ごたえ・感想

　得意の事例Ⅳで挽回したかったが、電卓操作ミス等により時間をロスし、納得のいく内容ではなかった。第3問（設問2（a））が空欄になっていたことに解答回収時に気づいて悲しくなる。が、過ぎたことは仕方ないと早々に気持ちを切り替え帰路につく。

~事例の効果的な復習方法~

　模範解答を参照した後、自分の文章で模範解答を書く。ただの写経より効果は抜群。

合格者再現答案＊（あっきー 編） ━━━━━ 事例Ⅳ

第1問（配点30点）
（設問1）

	（a）	（b）
①	売上高総利益率[2]	27.78（％）[2]
②	棚卸資産回転率[2]	25.79（回）[2]
③	売上高営業利益率[2]	0.32（％）[2]
④	負債比率[2]	403.82（％）[2]

（設問2） 　　　　　77字

地	元	産	の	商	品	へ	の	こ	だ	わ	り[3]	で	粗	利	率	は	高	い[1]	が、
顧	客	獲	得	競	争	の	苦	戦[2]	で	販	管	費	の	改	善[3]	が	課	題	。
シ	ナ	ジ	ー	の	高	い	事	業	展	開	で	効	率	性	が	高	い[1]	が、	
長	期	安	定	性	が	低	く[1]	負	債	の	削	減[4]	が	課	題	。			

【メモ・浮かんだキーワード】 収益性・効率性・安全性、シナジー

【当日の感触等】 収益性を2つ書いちゃったけど間違いではないだろう。

【ふぞろい流採点結果】（設問1）16/16点　　（設問2）14/14点

第2問（配点30点）
（設問1）

（a）	25,600,000円[4]
（b）	人件費削減額：2,500万円 フルセルフレジの減価償却費：210×100÷6＝3,500万円 セミセルフレジの減価償却費：100×100÷5＝2,000万円 セミセルフレジ除却損：（2,000−800）×0.3＝360万円 初期投資額を除く2022年度中のCF 　＝（2,500−3,500＋2,000）×0.7＋3,500−2,000＋360＝**2,560万円**[6]

（設問2）

2023年〜2027年の人件費削減：1,750万円、減価償却費の節税効果：450万円
投資額…フル：21,000万円（2022期首）、セミ（未実施）：10,000万円（2023期首）
セミセルフレジの下取り価格：800万円（2022期首）
NPV＝−21,000＋800＋（2,560＋10,000）×0.943[3]
　　　＋（1,750＋450）×（0.890＋0.840＋0.792＋0.747＋0.705[3]）＝386.88万円
NPVが386.88万円のプラス[5]**であり、取替投資をすべき**[2]**。**

（設問3）

（a）	
（b）	フルセルフレジ1台の価格を X 万円とする。取得価額＝100 X、**減価償却費＝20 X**[5] NPVが386.88万円を超える最大の X を求める。 NPV＝$(10{,}000-100X)\times 0.943^5+(1{,}750+6X-600)\times 3.947 > 386.88$

【メモ・浮かんだキーワード】　NPV、除却損、取替投資、機会費用

【当日の感触等】　「ここは得点源」と息巻くが、（設問2）の解答中に（設問1）で致命的な
計算ミスをしていることを発見、時間を大幅にロス。最後に回した（設問3）は最後の最
後まで悪あがき！

【ふぞろい流採点結果】　（設問1）10/10点　　（設問2）10/10点　　（設問3）5/10点

第3問（配点20点）

（設問1）

32,143kg[10]

（設問2）

（a）	
（b）	**年間1,500万円の利益**[1]を達成する年間販売量を X とする。 ・0kg ～ 20,000kg以下の時：X＝25,961.5（不適） ・20,000kg超～ 30,000kg以下の時：X＝30,681.8（不適） ・30,000kg超～ 40,000kg以下の時：X＝38,571.4（適） ・40,000kg超～ 50,000kg以下の時：X＝54,000（不適） 以上より、年間1,500万円の利益を達成する**年間販売量は38,572kg**[4]である。

【メモ・浮かんだキーワード】　CVP分析、場合分け

【当日の感触等】　（a）は不注意で空欄（答案回収時に気づく）。計算は問題ないはず！

【ふぞろい流採点結果】　（設問1）10/10点　　（設問2）4/10点

第4問（配点20点）

（設問1）　　　　　　37字

| ① | 販 | 売 | 用 | ト | ラ | ッ | ク | の | 売 | 却[3] | に | よ | り | 効 | 率 | 性 | 向 | 上[1] | 、 |
| ② | 不 | 採 | 算 | 事 | 業 | の | 廃 | 止 | で | 収 | 益 | 性 | が | 改 | 善[3] | 。 | | | |

（設問2）　　　　　　40字

| ① | シ | ナ | ジ | ー | 効 | 果[2] | で | 他 | 事 | 業 | の | 売 | 上 | 増 | 加[2] | に | 寄 | 与 | ② |
| 貢 | 献 | 利 | 益 | が | 正 | で | 営 | 業 | 利 | 益 | 増 | に | 寄 | 与 | す | る | た | め | 。 |

【メモ・浮かんだキーワード】　効率性、収益性、事業間のシナジー効果、貢献利益

【当日の感触等】　いろいろ書けるので難しい。部分点は欲しい！

【ふぞろい流採点結果】　（設問1）7/10点　　（設問2）4/10点

【ふぞろい評価】　80/100点　　　【実際の得点】　94/100点

　　第1問での丁寧な経営分析と、第2問、第3問の計算問題をほぼ完璧に解答したことで、
合格ラインを大きく上回っています。限られた学習時間のなかで事例Ⅳの対策を徹底したこ
とが功を奏し、超高得点を取得するためのお手本のような答案となっています。

~事例の効果的な復習方法~

　2次試験に使えるキーワードを集約し、繰り返し確認し暗記した。

みほ 編（勉強方法と解答プロセス：p.152）

1．休み時間の行動と取り組み方針

　やっと事例Ⅳにたどり着いた。長い試験だとわかってはいたけど、想像以上にきつかった。知り合いの中小企業診断士に、「ヘトヘトになったときに一番頭を使う計算問題がくるんだからきついよね」と言われていたが、本当にそのとおり。チョコレートと大福を食べて糖分補給。気休めにしかならないかもしれないけど、ストレッチで体をほぐして、少しでもよい状態で事例Ⅳに臨もう。

2．80分間のドキュメント

【手順0】開始前（〜0分）

　NPV は、減価償却費と除却損、税金を考慮して……（もはや呪文のように繰り返す）。電卓の打ち間違いだけはしないようにしよう。

【手順1】準備（〜1分）

　受験番号を間違えないように1字1字確認しながら書く。

【手順2】設問解釈（〜5分）

第1問　いつもどおり、と思いきや、財務諸表を4つ……？

第2問　来ました NPV。たくさん練習したからきっと解けるはず！　設問文はこの段階では読み飛ばす。

第3問　損益分岐点、これは得意だから点を稼ぎたい。時間をかけよう。

第4問　事例Ⅳの記述問題。ここも絶対落とせないところ。

全体　構成は例年どおりだな。第1問と第4問は確実に点を取って、第3問もできれば正解できるようにしよう。時間配分として、第2問は後回しだな。

【手順3】与件文読解（〜10分）

1段落目　少子高齢化、人口減少、低価格競争と、よくある事例だ。固定客と地元産の商品へのこだわりはポイントになりそう。

2段落目　人件費が高いことが課題のようだ。第2問のセルフレジはこの段落を使うみたい。余白に「セルフレジ」とメモ。

3段落目　地域貢献、廃校の利用、自治体との共同事業、この辺りは特色があってよいな。

4段落目　不採算事業があるのか。確かにコストはかかってそうだけど、高齢化するなかでは大事な事業のように思える。

【手順4】第2問以外の答案作成（〜65分）

第1問　とりあえず売上高総利益率を計算、高い。次に売上高営業利益率と売上高経常利益率、低いな。これを優れている指標と課題を示す指標に分けるか？　課題を示す指標の定番、負債比率を計算、これは課題を示す指標として使おう。では効率性は？　有形固定

資産回転率が高いな。じゃあ、優れている指標を売上高総利益率と有形固定資産回転率にしようかな。でもそれだと（設問2）が書きにくい。おや、商品回転率も高い！　よし、優れている指標はどちらも効率性の指標にして、課題を示す指標で収益性と安全性を書こう。あれ、いつのまにかすごい時間が経っている（10分以上）。第1問からこれは大変だ。急いで、でも間違えないように書こう。電卓はゆっくり画面を確認しながら打つ。

第3問　固定費が割合で書かれているけど、ここは冷静に金額に直そう。（ひととおり計算して）あれ、変な金額になる……。そうか、この経費は売上高当たりではなく、1kg当たりで考えるべきなのか、おもしろい問題だな。単位に混乱するから落ち着いて取り組もう。うん、きれいに計算できた。多分これは大丈夫。

第4問　実は合格のために一番大事なのはこの問題。文字数が少なくてまとめるのが大変。短いなかでも理由と結果をきちん書こう。

【手順5】第2問の答案作成（〜75分）

　さて、苦手な取替投資。なんだか混乱する設問文だな。キャッシュフローを求めるのだから、人件費、減価償却費、税金、除却損を考慮するということだよね？　あれ、計算結果が変な数字になる。（計算し直して）やはりだめだ。でもいくら考えてもここで正解は導けそうにないから、部分点稼ぎに作戦を変更しよう。『ふぞろい』で、計算過程に部分点が入っているだろうと書いてあったし、きっと大丈夫だよね。考えていることが採点者に伝わるように、読みやすく、流れを意識して丁寧に書こう。

【手順6】第2問以外の見直し（〜80分）

　第2問ができなかった分、ほかの問題は絶対に落とせない。もう一度電卓を叩いて計算結果を見直そう。端数処理や単位も間違えていないか、念入りに確認する。

3．終了時の手ごたえ・感想

　取替投資の勉強にかなりの時間を費やしたのに、全然できなくて悲しい。数字が苦手ということを改めて痛感。部分点をどのくらいもらえるのか、祈るのみ。

　（後ろの席に座っている夫と会話をして）取替投資ができないのはみんな一緒だよね。損益分岐点の結果が2人で一致したのはすごく心強い。第4問で、「地域貢献でブランド価値向上」とか全然思い浮かばなかったな。事例Ⅳだからといって、財務的なことばかり考えすぎてしまったな。

　事例Ⅰと事例Ⅳが足切りになるかもしれないなあ。模範解答もないし、よくわからないけど。受験勉強の時間もあまりなかったし、落ちても仕方ないか。それにしても、発表まで2か月も待たされるのは辛い……。と、少し落ち込みながらも、勉強から解放されたことはうれしい。夜は近所のレストランで軽く飲んで、お疲れさま会だ！

合格者再現答案＊（みほ 編） ──────────── 事例Ⅳ

第1問（配点30点）
（設問1）

	（a）	（b）
①	商品回転率^2	25.79（回）^{2}
②	有形固定資産回転率^2	4.56（回）^{2}
③	売上高営業利益率^2	0.32（％）^{2}
④	負債比率^2	403.82（％）^{2}

（設問2）　　　　　64字

固	定	客	が	い	る^3	こ	と	か	ら	資	産	の	効	率	性	は	高	い^1	が、
人	件	費	が	高	い^3	こ	と	や	不	採	算	事	業	が	あ	る^2	こ	と	か
ら	収	益	性	は	低	い^1	。	ま	た	、	借	入	金	が	多	く^4	安	全	性
は	低	い^1	。																

【メモ・浮かんだキーワード】　収益性・効率性・安全性
【当日の感触等】　4つ問われるとは思わなくて予想外に時間がかかった。
【ふぞろい流採点結果】（設問1）16/16点　　（設問2）14/14点

第2問（配点30点）
（設問1）

（a）	21,355,000円
（b）	減価償却費　新210万円÷6年＝35万円　旧100万円÷5年＝20万円 　　　　　　35万円－20万円＝15万円 **人件費削減2,500万円^3**＋15万円＝2,515万円　2,515万円×（1－30％）＝1,760.5万円 8万円×100台＝800万円　20万円×100台＝2,000万円 **処分損2,000万円－800万円＝1,200万円^2** 1,760.5万円＋減価償却費の増加15万円＋1,200万円×30％＝2,135.5万円　21,355,000円

（設問2）

取り替えるべきでない 210万円×150台＝31,500万円　31,500万円－8万円×100台＝30,700万円 2～5年目　2,515万円×0.7＋15万円＝1,775.5万円　1,775.5万円×**（0.890＋0.840＋ 0.792＋0.747＋0.705^3）**＝70,558,370円　21,355,000円×0.943＝20,137,765円 （70,558,370円＋20,137,765円）＝90,696,135円　90,696,135円－307,000,000円＝ －216,303,865円

（設問3）

（a）	906,931円
（b）	フルセルフレジ1台X円とする。 （X－90,696,135円）÷100＞0 X＞906,931.65　906,931円

【メモ・浮かんだキーワード】　NPV、除却損、減価償却費、タックスシールド、割引

【当日の感触等】　部分点に期待して、とにかく埋めよう。（設問3）の答えがあり得ないことになっているけど。210万円のレジを90万円に値切るわけがない……。

【ふぞろい流採点結果】（設問1）5/10点　　（設問2）3/10点　　（設問3）0/10点

第3問（配点20点）

（設問1）

32,143kg[10]

（設問2）

（a）	38,572kg[6]
（b）	1kg当たり変動費360円[1]　数量をXとする X×1,400－360X－1,200万円＝1,500万円　X＝25,961.5…　∴ちがう X×1,240－360X－1,200万円＝1,500万円　X＝30,681.8…　∴ちがう X×1,060－360X－1,200万円＝1,500万円　X＝38,571.4…＝38,572[4] X×860－360X－1,200万円＝1,500万円　X＝54,000　∴ちがう

【メモ・浮かんだキーワード】　損益分岐点、売上高を単価と数量に分ける

【当日の感触等】　きれいに計算結果が出たので、多分合っている。

【ふぞろい流採点結果】（設問1）10/10点　　（設問2）10/10点

第4問（配点20点）

（設問1）　　　　　　　　40字

人	件	費	削	減[4]	で	売	上	高	営	業	利	益	率	向	上[4]	。	ト	ラ	ッ
ク	の	売	却	代	金	で	借	入	金	返	済	し	負	債	比	率	低	下	。

（設問2）　　　　　　　　37字

地	域	の	高	齢	化[4]	が	進	む	な	か	、	継	続	購	買	や	固	定	客
の	獲	得[1]	で	収	益	性	向	上[2]	が	見	込	め	る	か	ら	。			

【メモ・浮かんだキーワード】　人件費削減、トラック売却、高齢化

【当日の感触等】　トラックの売却でキャッシュが入るのか、よくわからないけど、解答が人件費だけというのも少ない気がするから書いておこう。

【ふぞろい流採点結果】（設問1）8/10点　　（設問2）7/10点

【ふぞろい評価】73/100点　　【実際の得点】74/100点

　　出題傾向に変化のあった第1問で想定以上の時間を要しましたが、第2問を後回し、かつ部分点狙いとし、捻出した時間をほかの解答の見直しに充てるなど適切なタイムマネジメントにより、全体的に満遍なく得点し、余裕をもって合格ラインを超えました。

〜試験勉強中の息抜きの方法〜
他の勉強。英語、宅建など。

事例Ⅳ

けんけん 編（勉強方法と解答プロセス：p.154）

1．休み時間の行動と取り組み方針

　そろそろ疲れも感じる。とりあえず席を立って体を伸ばす。糖分補給用のドライフルーツを食べきり頭を切り替え。得意の事例Ⅳだけはアドバンテージにしなくてはいけない。

2．80分間のドキュメント

【手順0】開始前（〜0分）

　自分ができない問題はほかの人もできないさ、と盛大に開き直り一番大事なのはミスしないこと、解ける問題は解き切ること、と事例Ⅳモードに頭の切り替え完了！　あとは無心で消しゴムの汚れを落として開始に備える。

【手順1】準備（〜1分）

　計算しやすいように問題用紙から設問ページを外す。問題数も例年どおりだな。

【手順2】財務指標分析（〜5分）

財務諸表　まずは財務諸表ページを開き財務諸表分析。計算には特に与件文の情報は必要ないので、惑わされたり、読み直しのロスを防ぐためにも、先にやってしまうことにしている。同業他社と比較して優れているものに〇、劣っているものに×をつけて判定しておく。それを踏まえて与件文で関連しそうな部分を探していく。

【手順3】与件文確認（〜10分）

与件文　先の指標分析をもとに財務諸表分析に関連しそうなところのみチェックしていく。まず2000年代からは競争激化で収益が圧迫とある。それと主な事業のほかに、3つの事業を展開していること、そのなかに不採算事業を抱えているくらいか。事例Ⅳの与件文はあとの設問に関わってくることはほとんどなく、読み込みは必要ないと思っているのでこのくらいでよいや。後半の計算に十分時間を使いたい。

【手順4】設問解答（〜60分）

第1問　（〜25分）（設問1）解答用紙をチラ見したときから気になっていたけど、解答要求が指標4つなんだよな。3つの切り口でしか指標分析しないからどこかの切り口が重複する。うーん、同業との差が顕著なものから解答として採用していくことにしよう。まず気になるのは負債比率と営業利益率が特に劣後していること。よいところを挙げるのが難しいが全体的に優位な効率性から1つ選ぼう。あとは優れているものをもう1つ選ぶのか……。安全性のなかで唯一当座比率だけは優位にあるのが目についた。これにしよう。

（設問2）選んだ指標を踏まえて読み取り。短期の安全性は確保されているが、長期の安全性という観点は不安、というのは話が通るよね。あとは競争激化が与件文にあったからこれと絡めて利益率の低さを書いておこう。予定より考え込んでしまったけどなんとか埋めた。思ったより手こずってしまったのがあとに響かなければよいけど。

第2問　（〜35分）問題文が長いから先に設問を読んでしまおう。

（設問1）取替投資の比較か。解答できると有利になりそうだけど、取替投資は漏れなく比較しきることが難しい。少し考えてはみたが、時間が取られそう。うん、飛ばそう。

（設問2、3）これは（設問1）ができないと手が付けられない。後回し！

第3問　（〜50分）損益分岐点分析だ、ここは取らなきゃいけない。ちょっと時間使ってしまっても解答まで作りきろう。

（設問1）えーと固定比率40％、でいいのか？　なんか単位がおかしいような。1kg当たりの販売価格に合わせて1kg当たりの変動費を出して、変動費率算出、が正しそう。これは大丈夫じゃないかな。よしよし。

（設問2）（設問1）の解答からいくと30,000kg超は必要かな。とりあえずそこからやってみると、販売量条件に当てはまった。各販売量での可否を検証しきるには解答欄が狭すぎるので30,000kg以上の場合、で書き始めてしまおう。ここも大丈夫そうかな。

第4問　（〜60分）これは文章解答なのでできるだけ早めに作って第2問に戻りたい。

（設問1）短期的、財務指標を挙げることは条件なので忘れてはいけない。不採算事業を縮小一本化は単純に収益性とか安全性の観点かな。トラックなどの固定資産が整理されるのでこの辺りを書いておこう。

（設問2）さっきの設問は財務指標を挙げながら、だったので財務指標に反映されにくい部分を書いたらよいかな。社会貢献でよいイメージがある企業は消費者から選ばれやすいよね。その辺りを書いておこう。

【手順5】とばした第2問と格闘（〜75分）

第2問　考える時間が残ったけど完答は難しそう。できる限りの部分点を狙っていこう。

（設問1）減価償却、下取価格、残存価額、逸失損益などを思いつく限り図示してざっくり計算する。部分点を期待してこの辺りを計算過程欄に記述。計算してみるとなんとなくそれなりの数字になったので書いておく。合っていることは正直期待しない。

（設問2）部分点を期待しながら途中式を記載し計算していく。ここも正答できることは微塵も期待しない。

（設問3）同様にここも複雑なので早々に正答は諦める。部分点に期待しながらとりあえず埋める。第2問に関しては少しでも部分点がもらえれば儲けものだ。

【手順6】全体見直し（〜80分）

単位の誤り、第1問で解答した指標の計算をし直してタイムアップ。

3．終了時の手ごたえ・感想

　うーん、完璧ではないけど事例Ⅳもやれるだけはやれたと思う。致命的な計算ミスとかがなければ予定どおり得点を稼げていると思う。疲れ切ったけど今回は帰って今日中に再現答案を作ろう、と決心して帰路につく。

~おススメ疲労回復法~
お風呂にゆっくり浸かって、そのあとストレッチ。

合格者再現答案＊（けんけん 編）――――――――――――― 事例Ⅳ

第1問（配点30点）
（設問1）

	（a）	（b）
①	当座比率[1]	65.45（％）[1]
②	売上高固定資産回転率	3.57（回）
③	負債比率[2]	403.82（％）[2]
④	売上高営業利益率[2]	0.32（％）[2]

（設問2）　　　　74字

当	座	比	率	が	高	く	短	期	的	な	資	金	繰	り	は	安	定	し	て
お	り	、	固	定	資	産	の	効	率	性	も	高	い[1]	。	一	方	で	長	期
借	入	金	を	中	心	に	負	債	比	率	が	悪	く[4]	安	全	性	が	低	く[1]
競	争	激	化[2]	に	よ	り	収	益	性	も	低	い[1]	。						

【メモ・浮かんだキーワード】　安全性／収益性／効率性／生産性
【当日の感触等】　指標4つ、というのが想定外で、気づいたら時間が予定より経ってしまっていた。
【ふぞろい流採点結果】（設問1）10/16点　　（設問2）10/14点

第2問（配点30点）
（設問1）

（a）	22,975,000円
（b）	人件費の削減　2,500万円[3] セミセルフレジの売却損　1,200万円[2] 減価償却の増加　625万円 2,500×0.7＋（1,200＋625）×0.3＝2,297.5

（設問2）

2023年以降売却損が失われるためキャッシュフローは1,937.5
2,297.5×0.943＋1,937.5（0.890＋0.840＋0.792＋0.747＋0.705）＝9,866.1675
1年後の取り替えが不要となるので
10,000×0.943＝9,430[3]
9,866.1675＋9,430－（210－8）×100＝－903.8325
ＮＰＶがマイナスのため取り替え投資は行わない。

（設問3）

（a）	1,803,345円以下
（b）	1,937.5（0.890＋0.840＋0.792＋0.747＋0.705）＋9,430－Ｘ＞－903.8325 Ｘ＜18,033.4575

【メモ・浮かんだキーワード】 機会損益の考慮

【当日の感触等】 難しい。時間が倍ほどあるなら真剣に解きにいけそうだけど実力不足。部分点が入るように努力する方向で。

【ふぞろい流採点結果】 （設問1）5/10点 （設問2）3/10点 （設問3）0/10点

第3問 （配点20点）

（設問1）

32,143kg[10]

（設問2）

（a）	38,572kg[6]
（b）	30,000超の場合 **限界利益700円**[1] 700Ｘ＞（1,200＋1,500）万円 Ｘ＞38,571.42[4]

【メモ・浮かんだキーワード】 特になし

【当日の感触等】 ここは完答してアドバンテージにしたいところだけどどうだろう。合っていてください、お願いします。

【ふぞろい流採点結果】 （設問1）10/10点 （設問2）10/10点

第4問 （配点20点）

（設問1） 22字

固	定	資	産	比	率	が	改	善	し	財	務	の	安	全	性	が	向	上	す
る	。																		

（設問2） 37字

高	齢	者[4]	の	利	便	性	確	保[3]	な	ど	社	会	貢	献[3]	を	果	た	し	て
お	り	間	接	的	に	収	益[2]	に	つ	な	が	っ	て	い	る	。			

【メモ・浮かんだキーワード】 収益貢献

【当日の感触等】 （設問1）でもう少し字数を使えそうだけど思いつかない。

【ふぞろい流採点結果】 （設問1）0/10点 （設問2）9/10点

【ふぞろい評価】 57/100点　　【実際の得点】 74/100点

　第2問は早々に見切りをつけ、力を発揮できそうな第3問に時間をかけるという戦略が功を奏し、第3問では見事満点を取れています。第4問の（設問1）で収益性や効率性のほうに言及できていたらもう少し得点が伸びていたと考えられます。

~モチベーションアップの方法~
試験後後悔している自分を思い浮かべる。

さと 編（勉強方法と解答プロセス：p.156）

1．休み時間の行動と取り組み方針

　さすがに疲れが出てきた。チョコレートで糖分補給をしよう。いよいよ事例Ⅳだ。毎日向き合ってきたけど、本当に計算ミスが恐ろしい。

　事例Ⅳ用のマーカーペンと電卓を机上に準備。電卓は以前の模試で小数点セレクターが動いてしまっていたトラウマがあるので、要注意。ファイナルペーパーで、CVPやNPVの総復習。今まで間違えた計算ミスをざっと眺める。これだけ勉強したのだから大丈夫、と自分に言い聞かせる。

2．80分間のドキュメント

【手順0】開始前（～0分）

　難しいNPVは後回しにすること、必ず財務指標とCVPで点を取ること、文章問題は必ず何か書くこと、計算過程は何かしら書くこと、空欄はなしにすること、最後まで諦めないこと。いざ、事例Ⅳ！

【手順1】準備（～1分）

　受験番号の記入、問題用紙裁断。事例Ⅳは計算用紙が必要だから、丁寧に……あ、やばい、破れた……若干焦ったが、リカバリー。今年はスーパーマーケットか。

【手順2】問題確認（～2分）

第1問　優れている点と課題を2つずつ。4つという形は珍しいけど、いつもどおり、収益性・効率性・安全性で考えていこう。

第2問　問題文長いな。NPVか。これは後回しだな。

第3問　第3問がCVPで例年どおりかな。第2問よりこっちを優先。

第4問　文章問題は2つと。第1問のあとに解いてしまおう。

【手順3】与件文・財務諸表読解および経営分析（～20分）

与件文　財務諸表は読まずに、まず与件文の分析。15店舗も運営しているなんてすごいなあ。強みは、地元産商品のこだわり、地元密着セールス、固定客を有すること辺り。脅威が、地元住民の高齢化、人口減少、同業他社による低価格・大量販売辺りで、収益性の低さが弱みになりそう。レジの入れ替えや新事業の話も確認。移動販売事業は不採算ということで弱みか。販売用トラックは自社保有ということは、資産回転率が悪いのかな。シナジーはどこかで使いそうなキーワードかな。

　よし、財務諸表の確認へ。収益性は悪いって与件文には書いてあったけど、粗利は高いな。でも、売上高営業利益率と売上高経常利益率は低いな。借入金が多いし、利息負担も考えて、ここは経常利益が課題か。効率性だと、商品の回転率が高いな。安全性は、収益性が悪くて内部留保が進んでいないし、長期借入金も多いから、過去問でもよく見た自己

資本比率だな。４つの指標を選ぶって今まであんまり見たことないけど、時間をかけられないから、収益性が被るけど、優れている点と課題のどちらにも書いておこう。

【手順４】第４問、第３問、第２問の順に計算および答案作成（〜75分）

第４問　（〜30分）（設問１）移動販売事業は、自社保有の車両があるからそれを処分するのかな。そして有形固定資産（車両）は長期借入金で調達しているから、繰上償還するのかな。財務指標は有形固定資産回転率と負債比率にしよう。

（設問２）企業価値と聞くと、直前のファイナルペーパーで見た財務レバレッジの話が思い浮かぶな。あとは、やっぱりシナジー効果についても書いておこう。

第３問　（〜40分）（設問１）さあ、CVP だ。設問文の重要な記載にマークしながら読み込んでいく。50,000kg 生産し販売できた場合、売上は6,000万円、変動費が1,800万円、固定費が1,200万円になるから、変動費率は30％ということか。よし、落ち着いて計算しよう。小数点以下を切り上げるのに注意。

第３問　（〜60分）（設問２）販売数量に応じて販売単価が変わるのだから、それぞれのレンジで数量を求めていこう。販売単価が変わると変動費率は変化するが、変動費自体は変わらないから1,800万円のままか。ミスしないように丁寧に計算式を書こう。小数点以下、切り上げに注意。

第２問　（〜70分）（設問１・２）あと20分しかないのに、第２問が真っ白だ……できることをやろう。諦めないぞ。フルセルフレジかセミセルフレジへの交換か。下取りもあるから、売却収入もあるのか、除去損も考えなきゃいけないのか、これは難しい。とりあえず、わかることだけ書いておこう。空欄回避で何かしらの数字を書いておく。

第２問　（〜78分）（設問３）問題読み込む時間も残っていないが、何かしら書いておこう。フルセルフレジの費用をＸと置いて計算式だけ書いておこう。

【手順５】受験番号と単位の確認（〜80分）

受験番号の確認、単位の確認を行う。小数点以下、切り上げもＯＫ。ああ、時間足りなかった……。

３．終了時の手ごたえ・感想

CVP で点が来れば、なんとかなるかな。NPV は最後まで克服できなかったな……。これで終わりか。すっきりするかと思ったら、もやもやが残る終わりになってしまった。とはいえ、１日お疲れ様でした。４事例ともできたという手ごたえはないけど、最後まで諦めずにやり遂げられてよかった。カフェに寄って再現答案を作って帰ろう。

〜モチベーションアップの方法〜
目標とする人の Blog や Vlog をチェックする。

事例Ⅳ

合格者再現答案＊（さと 編）　事例Ⅳ

第 1 問 （配点30点）
（設問 1 ）

	（ a ）	（ b ）
①	売上高総利益率[2]	27.78（％）[2]
②	商品回転率[2]	25.79（回）[2]
③	自己資本比率[2]	19.85（％）[2]
④	売上高経常利益率[1]	0.50（％）[1]

（設問 2 ）　　　　　　　　80字

地	元	産	商	品	の	取	り	扱	い[3]	、	地	元	密	着	の	営	業[3]	に	よ
り	粗	利	段	階	の	収	益	性	高	く[1]	、	商	品[1]	の	効	率	性	が	高
い[1]	。	人	件	費	等	の	販	管	費	の	嵩	み[3]	や	利	息	負	担[1]	で	収
益	性	が	低	い[1]	。	借	入	負	担	重	く[4]	、	安	全	性	が	低	い[1]	。

【メモ・浮かんだキーワード】　収益性・効率性・安全性
【当日の感触等】　収益性 2 つが合っているのかは自信ないが、大筋は書けた気がする。
【ふぞろい流採点結果】（設問 1 ）14/16点　　　（設問 2 ）14/14点

第 2 問 （配点30点）
（設問 1 ）

（ a ）	再現不可
（ b ）	1 年目ＣＦ×0.943＋ 2 年目ＣＦ×0.890＋ 3 年目ＣＦ×0.840＋ 4 年目ＣＦ×0.792＋ 5 年目ＣＦ×0.747＋ 6 年目ＣＦ×0.705－設備投資額－運転資本増加額

（設問 2 ）

現在価値はプラス[3]となるため、**当該取替投資案を採用**[2]する。

（設問3）

（a）	再現不可
（b）	フルセルフレジ１台をX円で購入すると置く。

【メモ・浮かんだキーワード】　NPV、除去損、売却益

【当日の感触等】　ほぼ点数もらえていないと思う。空欄にしなかったことは頑張った。

【ふぞろい流採点結果】（設問１）0/10点　　（設問２）5/10点　　（設問３）0/10点

第３問（配点20点）

（設問１）

32,143kg[10]

（設問２）

（a）	38,572kg[6]
（b）	年間販売数量をXと置く。売上高－変動費＝2,700万円となるXを求める。 ①1,400X（1－18/70）＝2,700万円　　②1,240X（1－18/62）＝2,700万円 ③1,060X（1－18/53）＝2,700万円　　④860X（1－18/43）＝2,700万円 ①X＝25,961.53　　②X＝30,681.8　　③X＝38,571.4…　　④X＝54,000 目標販売数量の範囲に収まるのは③であるため、**38,572kg**[4]

【メモ・浮かんだキーワード】　CVP、変動費、固定費

【当日の感触等】　見直し時間が取れず、答えが合っているか非常に不安。計算式で部分点をもらえていることを祈るばかり。

【ふぞろい流採点結果】（設問１）10/10点　　（設問２）10/10点

第４問（配点20点）

（設問１）　　　　　　40字

配	送	用	車	両	を	売	却[3]	し	、	借	入	金	の	返	済	に	充	て	る
た	め	有	形	固	定	資	産	回	転	率[2]	と	負	債	比	率	が	改	善	。

（設問２）　　　　　　40字

既	存	事	業	と	の	相	乗	効	果[2]	が	期	待	で	き	、	負	債	保	有
に	よ	る	財	務	レ	バ	レ	ッ	ジ	で	企	業	価	値	が	高	ま	る	。

【メモ・浮かんだキーワード】　有形固定資産、借入返済、ROE、WACC

【当日の感触等】　企業価値とは？　財務的な視点で書いてしまったが、これでよかったのかな。

【ふぞろい流採点結果】（設問１）5/10点　　（設問２）2/10点

【ふぞろい評価】　60/100点　　　**【実際の得点】**　71/100点

　第２問は再現不可が２か所あり答案再現度がやや低く、本番ではさらに加点機会を得ていた可能性があります。第１問と第３問で得点を積み上げなど、過去問演習で培った問題への目利きと優先順位付けにより、余裕をもって合格点に達しています。

～それでもモチベーションが上がらないときの過ごし方～
寝る。

みっちー編（勉強方法と解答プロセス：p.158）

1．休み時間の行動と取り組み方針

　事例Ⅳの闇は深い。体力と精神力を消耗した受験生に圧倒的計算量が襲いかかり、事例Ⅲで多少挽回できたかもという淡い希望を打ち砕く。疲労が蓄積しているうえに緊張感が張り詰めるため、普段では考えられないようなミスを犯すかもしれない。

　事例Ⅲへの未練を断つため早々に再現答案を書き上げて、少し歩いて気分転換。試験開始15分前には席に戻り、試験の流れをシミュレーションした。電卓が正常に動くこと、シャープペンシルの芯が十分にあることを確認。

2．80分間のドキュメント

【手順0】開始前（〜0分）

　試験の合否はこの一戦にかかっている。試験が始まったらまず経営指標を算出して第1問を素早く解こう。それだけで、気持ちに余裕が生まれて落ち着いて解答できる。

【手順1】準備（〜1分）

　表紙を切り離し、財務諸表のページを素早く開く。初動で財務指標をひととおり計算するという、何度も練習した戦術を淡々と実行するのみ。考えるより先に電卓に手が伸びる。

【手順2】財務指標の計算（〜5分）

財務諸表　与件文には目もくれず、収益性、効率性、安全性に関する経営指標を計算して表紙の裏面に列挙していく。ここまでがウォーミングアップだ。

【手順3】問題確認（〜8分）

第1問　経営指標を4つ？　収益性、効率性、安全性から1つずつだと思っていたから意表を突かれたな。

第2問　セルフレジの更新ということはNPVだ。NPVは難易度が高いので、後回しにして部分点を狙おう。

第3問　廃校でお魚養殖。これはCVPっぽいが、何やら不穏な表があるぞ。場合分けが必要になりそうだな。これはおそらく今年度の合否の分かれ目だから、丁寧に解こう。

第4問　40字の記述が2問。経営指標に触れる必要があるから、第1問の内容を踏まえて書くべきだろうな。

【手順4】与件文・財務諸表読解および経営分析（〜15分）

与件文　財務指標と照らし合わせながら読もう。地元産の商品で固定客を得ている強みを端的に表すのは「棚卸資産回転率」か。優れている指標をあと1つ挙げないと。候補は「売上高原価率」か「有形固定資産回転率」だ。固定客を獲得できている強みと相性がよいのは「有形固定資産回転率」かな。課題を示す指標は、売上に苦戦しているのでまず「売上高営業利益率」。「自己資本比率」が低いのは、利益をあまり出せていないことも影響して

いそう。これらの説明を文章にまとめて、第1問は完了。

【手順5】第4問、第3問、第2問の順に計算および答案作成（〜75分）

第4問　（〜20分）あまり悩みすぎず素直に書こう。経営指標を見ると、売上高販売費一般管理費率が同業他社より高いぞ。このなかにはトラックの維持費も含まれるだろうから、トラックを手放せば売上高営業利益率が改善するだろうな。移動販売事業の赤字が企業価値の低下につながるとは限らない理由は、高齢化でニーズがあるからかな。トラックを別の事業に流用して利益に貢献させる余地もありそう。

第3問　（設問1）（〜30分）まずこの長い設問文を丁寧に理解しよう。特に固定費と変動費を正確に把握しないと。なるほど、固定費は1,200万円、変動費は魚の生産量に比例して増加するということだな。これで（設問1）は解けるぞ。

第3問　（設問2）（〜50分）表によると、目標販売数量の範囲に応じて販売単価が変わるのか。地道だけど、それぞれの範囲において、目標販売数量の最大値まで完売した場合の利益をすべて計算しよう。……よし、利益が1,500万円になるのは、目標販売数量「30,000kg超〜40,000kg以下」の範囲だ。あとは（設問1）と同じ。端数切り上げと単位に気をつけよう。

第2問　（設問1）（〜65分）まだ時間はある。部分点狙いと割り切っていたが、真剣にやってみよう。耐用年数が残った状態での更新だから、除却損が発生するはずだ。除却損がある場合のCFの計算は『事例Ⅳの全知識＆全ノウハウ』で反復練習したぞ。法人税を見落とさないように注意して、税引後純利益の増加額を計算すれば解ける。

第2問　（設問2）（〜70分）計算は多いけど内容はシンプル。2年目から6年目のCFは同額になりそうだ。これに現価係数を掛けて、NPVを算出。細かい計算ミスがあるかもしれないが……マイナスであることは間違いなさそうだ。

第2問　（設問3）（〜75分）部分点を取ろう。まずセミセルフレジの除却損は発生するはず。フルセルフレジの価格をＸとして、減価償却費についても書いておこう。空欄は残したくないので、解答欄（a）には勘で数字を記入。

【手順6】計算と単位の確認（〜80分）

第1問で解答した経営指標を再度計算し、値が正しいことを確認。第1問と第3問は数値の単位を間違える恐れがあるので、解答欄を1つずつ指差しして単位を目視し、声に出さずに「ヨシ！」と唱えた。

3．終了時の手ごたえ・感想

計算ミスへの不安こそあったが手ごたえを感じ、落ち着いた心持ちで帰路についた。帰りに立ち寄ったコンビニにフルセルフレジが設置されていて謎の頭痛に襲われたものの、無事ホテルに帰り着き、その日のうちに再現答案を書き上げて安眠。

〜それでもモチベーションが上がらないときの過ごし方〜
とりあえず、事例Ⅳの財務諸表分析で手を動かしはじめる。

合格者再現答案＊（みっちー 編）　　　　　　　　　　事例Ⅳ

第1問（配点30点）
（設問1）

	（a）	（b）
①	棚卸資産回転率[2]	25.79（回）[2]
②	有形固定資産回転率[2]	4.56（回）[2]
③	売上高営業利益率[2]	0.32（％）[2]
④	自己資本比率[2]	19.85（％）[2]

（設問2）　　　　　76字

地	元	密	着[3]	で	固	定	客	を	獲	得[3]	し	、	在	庫[1]	効	率	性	が	良
い	。	競	争	激	化[2]	と	高	齢	化	、	人	口	減	少	で	売	り	上	げ
が	苦	戦	し	た	こ	と	で	収	益	性	が	悪	化[1]	し	、	借	入	金	へ
の	依	存	が	増	し	て[4]	安	全	性	が	低	下	し	た	。				

【メモ・浮かんだキーワード】　収益性・効率性・安全性、3C

【当日の感触等】　経営指標を4つ問われたことが意外だった。有形固定資産回転率は苦し紛れに挙げたが、与件文の内容には沿っているはず。

【ふぞろい流採点結果】（設問1）16/16点　　　（設問2）14/14点

第2問（配点30点）
（設問1）

（a）	31,600,000円
（b）	人件費削減によるキャッシュフロー増加　2,500万円[3] セミセルフレジの除却損　（8−100÷5）×100＝1,200万円[2] フルセルフレジの減価償却費　210÷6×100＝3,500万円 よって税引前純利益の増加量＝2,500−1,200−3,500＝−2,200万円 税引後純利益の増加量＝−2,200×0.7＝−1,540万円 キャッシュフロー＝−1,540＋1,200＋3,500＝3,160万円

（設問2）

初期投資210×100＝21,000万円　　1年目キャッシュフロー＝3,160万円
2年目〜6年目のキャッシュフロー＝（2,500−3,500）×0.7＋3,500＝2,800万円
ＮＰＶ＝−21,000＋3,160×0.943＋2,800×（0.890＋0.840＋0.792＋0.747＋0.705[3]）＝−6,892.92万円
ＮＰＶがマイナスとなるため、本案件に投資すべきでない。

（設問3）

（a）	18,500,000円
（b）	フルセルフレジ1台X円とする。 フルセルフレジの減価償却費　X÷5万円 セミセルフレジの除却損　1,200万円

【メモ・浮かんだキーワード】　NPV、除却損、減価償却費、法人税

【当日の感触等】　除却損や減価償却費の扱いが正しかったのか不安になった。

【ふぞろい流採点結果】（設問1）5/10点　　（設問2）3/10点　　（設問3）0/10点

第3問（配点20点）

（設問1）

32,143kg[10]

（設問2）

（a）	38,572kg[6]
（b）	30,000kg完売すると利益1,440万円　40,000kg完売すると利益1,600万円 よって目標販売量は30,000〜40,000kgであり、これをX（kg）とする。 利益＝売上高－変動費－固定費 　　　＝（1,060[1]X÷10,000）－（1,800X÷50,000[1]）－1,200（万円）[1] 利益を1,500万円[1]とするには、X≒38,571.4　端数切り上げて　38,572kg[4]

【メモ・浮かんだキーワード】　損益分岐点、場合分け、固変分解

【当日の感触等】　固変分解が一筋縄ではいかない問題だった。解答の単位を「円」と書いていないか、試験終了後に突然不安になった。

【ふぞろい流採点結果】（設問1）10/10点　　（設問2）10/10点

第4問（配点20点）

（設問1）　　　　　　　40字

配	送	用	ト	ラ	ッ	ク	が	不	要	に	な	る	こ	と	で	固	定	費	が
減	り[4]	、	固	定	比	率	と	売	上	高	営	業	利	益	率[4]	が	改	善	。

（設問2）　　　　　　　39字

地	元	の	高	齢	化[4]	で	一	定	の	需	要	が	見	込	め	る[3]	上	、	配
送	用	ト	ラ	ッ	ク	を	別	事	業	に	流	用	で	き	る	た	め	。	

【メモ・浮かんだキーワード】　販売費一般管理費、固定費、高齢化

【当日の感触等】　トラックの固定費と高齢化に着目したけど、ほかに切り口はなかったか。部分点がどれだけ入るかな。

【ふぞろい流採点結果】（設問1）8/10点　　（設問2）7/10点

【ふぞろい評価】　73/100点　　【実際の得点】　67/100点

　問題確認において全体を俯瞰し、解ける問題から確実に解いていく戦略が奏功しました。戦略どおりに落ち着いて対応することで、合格に必要な得点を確実に積み上げることができています。第2問の部分点狙いや最後の見直しは確実に合格をつかむ理想的な戦略です。

~勉強を諦めそうになった自分を奮い立たせた一言~

憧れの先輩の「コンサルの女性っていいよね」という何気ない会話。

事例Ⅳ

もっちゃん 編（勉強方法と解答プロセス：p.160）

１．休み時間の行動と取り組み方針

　事例Ⅳは一番時間をかけて取り組んできた科目。３ページのファイナルペーパーを見返す。毎日見返してきたので、計算手法は大丈夫。現場では冷静に、割り切って、わからない問題は捨てて、解ける問題に時間を配分するようにしよう。

２．80分間のドキュメント

【手順０】開始前（〜０分）

　青い蛍光ペンでマークすると与件文の文字が見えにくいことに今更気づいたので、事例Ⅳでは黄色の蛍光ペンでマークしよう。

【手順１】準備（〜１分）

　受験番号を丁寧に書く。事例Ⅳでも段落番号は振っておく。

【手順２】与件文読解（〜５分）

１段落目　まず与件文をざっと見て、経営分析のもとになるキーワードを拾う。「一定数の固定客」「経営状況も安定」とあり収益性はよいのかも、と思ったら「収益性も圧迫」とある。

２段落目　「人件費削減」とあるから営業利益率の問題になりそう。近所のスーパーもフルセルフレジになっていたなあ。レジは設備だから有形固定資産回転率の話になるかも。

３段落目　「魚種Ⅹの陸上養殖」はこのあとの問題の話かな。

４、５段落目　３つの事業の話が出てきたから貢献利益の問題になるか。事例Ⅱに続き移動販売事業の話に。移動販売事業は不採算だから廃止するかどうか、という問題だろうか。高齢者に日用品を販売しているということで、地域密着を掲げるＤ社ならでは。「販売用のトラック」の記載も有形固定資産回転率の話。「店舗の従業員が運転および販売業務を担っている」というのは営業利益率の話になるかも。与件文を読んだ限りで経営分析の指標になりそうなのは、収益性が売上高総利益率、売上高営業利益率、効率性が有形固定資産回転率といったところか。安全性は財務諸表を見ないとなんとも言えないな。

【手順３】第１問の解答作成（〜20分）

第１問　まず経営分析を解いてリズムを作る。経営指標が４つかあ。収益性、効率性、安全性のなかのどれかから指標を２つ出さないといけないぞ。収益性を計算すると、営業利益率ではっきりＤ社が悪いので、与件文からもまずここは確定。逆に総利益率はＤ社のほうがよい。固定客がいることの関係で挙げてもおかしくはない指標。２つ目の候補になるかも。次に効率性を計算すると、有形固定資産回転率がよいんかい！　与件文の流れ的には悪い指標だと思ったのだが。ほかの指標は与件文との関連性がわからないし、とりあえず有形固定資産回転率も確定しよう。安全性は財務諸表上自己資本比率が低いから自己資

本比率で割り切ろう。あとは悩んでも仕方ないから指標がよかった総利益率でいこう。

【手順４】第２問以降の問題確認（～23分）

第２問　NPV問題。見るからに難しそうなので最後に後回し。

第３問　CVP分析。第２問を捨てる以上、避けるわけにはいかない。次は第３問を解く。

第４問　短い記述なので、第３問のあとに時間をかけずに取り組もう。

【手順５】残りの解答作成（～79分）

第３問　（～40分）

（設問１）固定費は1,200万円、変動費は１kg当たり360円で確定。年間販売数量をAと置くと、「1,200円×A－360円×A－1,200万円＝1,500万円」となればよい。「小数点以下を切り上げ」に注意。

（設問２）これは目標販売数量ごとにゴリゴリ計算したほうが早そう。部分点狙いで計算過程は細かく書こう。

第４問　（～50分）

（設問１）ネット通販事業に一本化するということは運転、販売をする従業員を転用できるし、トラックも処分できるから短期的なメリットはある。

（設問２）高齢者に優しい企業ということで、地元密着につながる、という方向で書こう。

第２問　（～79分）

（設問１）時間は残っているが、欲は出さず半分くらい解ければ十分と考えよう。取替投資ってよくわからなくなるんだよなあ。とりあえず（設問１）は慎重に挑もう。

（設問２）2022年度のCFは2,560万円、2023年から2027年度は2,200万円でよい。セミセルフレジの更新の場合は2022年度に10,000万円払うけどそれがなくなるから単純に2022年度に10,000万円のキャッシュがプラスになったっていう考えでよいのかな。

（設問３）売上をB、フル１台をAと置いて書き始めたらめちゃくちゃ面倒くさいことになったけど、消したら間違いなく白紙になるし、このまま書き続けるしかない。

【手順６】計算と単位の確認（～80分）

文字が消えていないかの確認のみ。全事例を通じて見直しの時間はなかった。

３．終了時の手ごたえ・感想

第１問、第３問、第４問はそれなりにできているだろうし、第２問が０点ということはないだろう。事例Ⅳは大丈夫かな。

事例Ⅳ

～勉強を諦めそうになった自分を奮い立たせた一言～
３年目受験するか悩んでいたときに、セミナーにお誘いいただいて、受験を決意できました。

合格者再現答案＊（もっちゃん 編） ―――――――― 事例Ⅳ

第1問（配点30点）
（設問1）

	（a）	（b）
①	売上高総利益率[2]	27.78（％）[2]
②	有形固定資産回転率[2]	4.56（回）[2]
③	売上高営業利益率[2]	0.32（％）[2]
④	自己資本比率[2]	19.85（％）[2]

（設問2）　　　　　80字

地	元	密	着[3]	を	掲	げ	て	一	定	の	固	定	客	が	お	り[3]	売	上	は
あ	る	も	の	の	人	件	費	が	か	か	り[3]	収	益	性	は	低	い[1]	。	セ
ミ	セ	ル	フ	レ	ジ	、	ト	ラ	ッ	ク	の	活	用[1]	で	効	率	性	は	高
い[1]	が	、	借	入	金	の	負	担	が	大	き	く[4]	安	全	性	は	低	い[1]	。

【メモ・浮かんだキーワード】　地元密着、固定客、人件費、移動販売事業
【当日の感触等】　収益性2つ目の指標が売上高総利益率でよいか最後まで悩んだ。
【ふぞろい流採点結果】（設問1）16/16点　　（設問2）14/14点

第2問（配点30点）
（設問1）

（a）	25,600,000円[4]
（b）	セミの減価償却費は2,000万円／年　フルの減価償却費は3,500万円／年 （売上をA、取替投資しない場合）営業ＣＦ＝（A－2,000万円）×0.7＋2,000万円 （取替投資する場合）営業ＣＦ＝（A＋2,500万円－3,500万円）×0.7＋3,500万円 ∴取替投資をした場合、営業ＣＦは2,200万円増加 除却損：（2,000万円－800万円）×0.3＝360万円　∴ＣＦ＝2,200＋360＝**2,560万円**[6]

（設問2）

ＮＰＶが正[3]のため**取替投資する**[2]。
2022年のＣＦは2,560万円、2023年〜2027年の各ＣＦは2,200万円
2022年度期首の投資額は21,000万円－800万円＝20,200万円
セミの更新の場合には2023年度期首に10,000万円の投資
ＮＰＶ＝－20,200万円＋10,000万円×0.943[3]＋2,560万円×0.943[3]＋2,200万円×3.974[3]
　　　＝386.88万円[5]

（設問 3 ）

（ a ）	193万4,605円
（ b ）	フル 1 台を A 円とする。**減価償却費は20A ／年**[5] （売上を B 、取替投資しない場合）C F＝（B－2,000万円）×0.7＋2,000万円 （取替投資する場合）C F＝（B＋2,500万円**－20A**）×0.7＋20A 取替投資をした場合 C F の差は、6A＋1,150万円 N P V＝－100A＋10,000万円＋（6A＋1,150万円）×4.212 ＝－74.728A＋14,843.8万円　∴A≦1,934,605.50262…　　　A＝193万4,605円

【メモ・浮かんだキーワード】　減価償却費、除却損

【当日の感触等】　途中～万円で計算してるのを忘れて193円と出てしまい、焦る。

【ふぞろい流採点結果】　（設問 1 ）10/10点　　　（設問 2 ）10/10点　　　（設問 3 ）5/10点

第 3 問（配点20点）

（設問 1 ）

32,143kg[10]

（設問 2 ）

（ a ）	38,572kg[6]
（ b ）	年間販売数量を A とする。**固定費は1,200万円**[1]。**変動費は360円／ 1 kg**[1]。 （目標販売数量が O ～ 20,000kg以下の場合）1,040×20,000－1,200＝880万円 （20,000kg超～ 30,000kg以下の場合）880×30,000－1,200＝1,440万円 （30,000kg超～ 40,000kg以下の場合）700×40,000－1,200＝1,600万円 （40,000kg超～ 50,000kg以下の場合）500×50,000－1200＝1,300万円 ∴**販売単価は1,060円**[1]。1,060円× A －360円× A －1,200万円＝1,500万円となる 場合の A は、 A≒38,571.428　　　∴A＝**38,572**[4]

【メモ・浮かんだキーワード】　目標利益

【当日の感触等】　第 3 問は大丈夫そう。意外と時間がかからずよかった。

【ふぞろい流採点結果】　（設問 1 ）10/10点　　　（設問 2 ）10/10点

第 4 問（配点20点）

（設問 1 ）　　　　　　　　40字

運	転	業	務	の	従	業	員[4]	と	ト	ラ	ッ	ク	が	不	要[3]	と	な	り	有
形	固	定	資	産	回	転	率[2]	と	売	上	高	営	業	利	益	率[4]	改	善	。

（設問 2 ）　　　　　　　　40字

高	齢	化[4]	の	進	む	地	元	に	貢	献[3]	す	る	姿	勢	を	示	し	、	D
社	の	ブ	ラ	ン	ド	価	値[3]	、	固	定	客[1]	を	維	持	で	き	る	た	め。

【メモ・浮かんだキーワード】　有形固定資産回転率、売上高営業利益率、ブランド、地元密着

【当日の感触等】　40字におさめるのに苦労したが、全く点を取れていないということはない
　　だろう。

【ふぞろい流採点結果】　（設問 1 ）10/10点　　　（設問 2 ）10/10点

【ふぞろい評価】　95/100点　　　【実際の得点】　69/100点

　与件文からのキーワード抽出や D 社の財務分析に冷静かつ適切に対応し、計算問題・記述問題ともにほぼ完璧に解答、正答率の低かった第 2 問（設問 3 ）でも計算過程で着実に部分点を積み上げ、高得点で合格しています。

第3節 君に決めた！ふぞろい流タイプ分析＆ふぞメン図鑑

　中小企業診断士試験に向けて、勉強方法は人それぞれ、まさに「ふぞろい」です。そのようななかで、自分と性格や得意・不得意が似ている人の話はより参考になるのでは……？　という仮説のもと、受験生の方が再現答案チーム6名の誰に似ているのか、分析できるチャートを作りました。次ページ以降では、各メンバーを掘り下げた情報と、同じタイプの人へのメッセージも掲載しています。試験勉強の息抜きに、ぜひ遊んでみてください！！

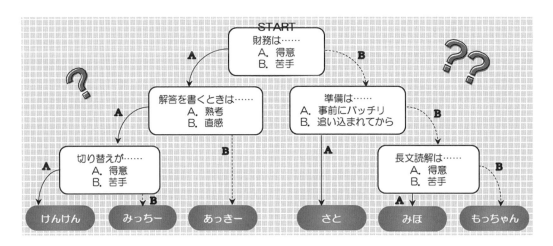

```
                        START
                      財務は……
                       A. 得意
                       B. 苦手
           A                              B
    解答を書くときは……          準備は……
      A. 熟考                  A. 事前にバッチリ
      B. 直感                  B. 追い込まれてから
   A                B       A              B
切り替えが……                         長文読解は……
  A. 得意                             A. 得意
  B. 苦手                             B. 苦手
 A        B                        A        B

けんけん  みっちー  あっきー    さと    みほ   もっちゃん
```

【ふぞメン図鑑について】

　次ページからのふぞメン図鑑の見方をご紹介します。

① 私の必殺技

　勉強中および解答作成にあたっての心構えやテクニック、まさに「これが自分の必殺技だあ！！」というものを紹介しています。人によって攻略法が違うことがよくわかります。

② レーダーチャート

　2つのグラフがありますが、内側の薄いグラフが「試験勉強を始めた頃」、外側の濃いグラフが「受験直前」のデータです。メンバーの成長が見られるとともに、受験直前だって誰も完璧ではないという点も興味深いです。

③ 似ているタイプの人へのメッセージ

　同じタイプの人にだからこそ伝えたい、応援メッセージです。

けんけんに似ているあなたは……

自信過剰、鋼のメンタルタイプ

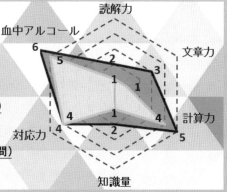

【私の必殺技】
- ■自分を見つめる！模試受験（全事例）
- ■困ったら定型文で埋める（事例Ⅱ）
- ■体力全快！ドライフルーツ（休憩時間）
- ■酒飲んで寝る！（最終奥義）

【似ているタイプの人へのメッセージ】
　数字に強く、慎重に文章構成も組み立てられ、さらには少々のミスも引きずることなく気持ちの切り替えが可能、自分でそう言ってしまうあなた、完璧です。でも、もしかして謎の自信に溢れてはいませんか？
　一度模試を受けて自分の位置を確認してみることがよいかもしれません。また、溢れる自信は本番の焦りと表裏一体です。書けるはず、と文章推敲を重ねすぎて時間切れ、白紙では点数は入りません。そうならないために緊急時は何を書くか用意しておくと落ち着きが違ってくるでしょう。最後に、細かな準備がなくても実力が発揮できるあなたが備えるべきはファイナルペーパーよりも休憩時間の快適さです。適度な糖分と酸味を与えるドライフルーツがおすすめです。
　勉強後は自分へのご褒美も忘れず準備を重ねれば合格間違いなし！

みっちーに似ているあなたは……

論理的な文章にこだわりタイプ

【私の必殺技】
- ■初手：設問読解（事例Ⅰ～Ⅲ）
- ■工程図を描く（事例Ⅲ）
- ■NPVを切らせてCVPを断つ（事例Ⅳ）
- ■歩きながら考える（勉強中）

【似ているタイプの人へのメッセージ】
　論理的な文章で答えることを大事にする反面、考えすぎて素早い処理や気持ちの切り替えが少々苦手。そんな方には「初動のマニュアル化」と「戦術的後回し」が有効かもしれません。
　「初動のマニュアル化」とは、「設問文から読む」「まず工程図を描く（事例Ⅲ）」など、試験の最初にやることをあらかじめルール化してしまうこと。これだけで初動での処理スピードが上がります。「戦術的後回し」とは、高難度の問題は潔く後回しにして部分点を狙うこと。私は事例ⅣでNPVを後回しとし、CVPにより多く時間を割きました。
　文章力の土台ができていれば、論述式の解答を恐れることなどありません。用語や数字の定義を正確に押さえて、情報処理のスピードを上げることで、合格に大きく近づくでしょう！

あっきーに似ているあなたは……
定量得意＆仮説思考タイプ

【私の必殺技】
■試験を楽しむ心（全事例）
■キーワードで部分点狙い（全事例）
■直感で深読みを避ける（事例Ⅰ～Ⅲ）
■定量的推論と仮説思考（事例Ⅳ）

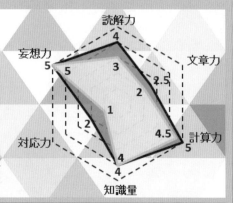

【似ているタイプの人へのメッセージ】
　事例Ⅳの計算は得意だが、記述問題は基本苦手。あふれる妄想力（よく言えば仮説構築力）で深読みしすぎて大外し。そんな方は、「直感を生かす」答案作成を試してみるとよいかも！　ただし、直感を生かすといっても、直感で「ある程度の確からしさ」を得られるだけの知識や、2次試験のお作法的な対策は身につけておかなくてはなりません。たとえば、『ふぞろい』に出てくるキーワード、各予備校の模範解答の読み込み、各種解答のロジック分析をしておくことが有効だと思います。〇〇ときたら△△！　など、問題文に対して直感的に答えられるように練習しましょう。なお、練習ではしっかり手を動かしてアウトプットすることが重要です。私自身、得意の事例Ⅳに運よく救われましたが、過去問演習などのアウトプットが少なかったため、本番では文章構築やタイムマネジメントなどに苦労しました。

さとに似ているあなたは……
不安な気持ちを事前準備で払拭！
用意周到タイプ

【私の必殺技】
■社長の思いに寄り添う姿勢（全事例）
■戦略・組織のフレームワーク活用（事例Ⅰ）
■課題に対する解決策ストック（事例Ⅲ）
■経営指標とＣＶＰで点数確保（事例Ⅳ）

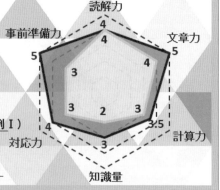

【似ているタイプの人へのメッセージ】
　受験経験があるゆえにストレート受験生に比べ経験値では有利だが、1次試験からのやり直しのリスクや、時間とコストをかけて再チャレンジする気持ちを維持し続けられるかなどさまざまな不安を抱えている……。そんなあなたは、試験当日のあらゆるリスクを事前に想定し、解決策を考えておきましょう！
　模試を受けてみて、事前に失敗を経験しておくこともよいでしょう。机が狭くペンが落ちる、隣の受験生の貧乏ゆすりがひどく事例読解に集中できない、問題用紙がうまく破れない、事例Ⅰの失敗をその後の事例まで引きずるなど。年に一度の試験かつ当日のコンディションに結果が大きく左右されるのが診断士2次試験です。長い時間をかけて勉強をしてきた成果を発揮するのは、当日の平常心です。ありのままの自分で合格をつかみ取ってください！

みほに似ているあなたは……

読み書きに自信ありタイプ

【私の必殺技】

■『ふぞろい』キャラと脳内会話（全事例）

■目指せSWOTマスター（全事例）

■計算過程で部分点稼ぎ（事例Ⅳ）

■20時就寝でやる気全回復（勉強中）

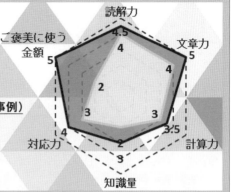

【似ているタイプの人へのメッセージ】

　文章を読むことや書くことには自信のあるあなた……中小企業診断士試験には落とし穴があります！

　落とし穴その1：与件文をなんとなくわかった気になって読んでしまい、大事なワードを見落とす。

　落とし穴その2：どう書いたら伝わるか考えすぎて時間が足りなくなる。

　その1への対策は、与件文を読むときは時折顔をあげて深呼吸すること。要は、「読むことに乗ってきたら危ない」ということです。その2への対策は、与件文に出てくるワードをそのまま使うこと。個人的な考察では、与件文のなかにはそれまでの長く書いてある内容を一言にまとめるようなワードが潜んでいることがあります！　このようなワードをうまく使うことがおすすめです。頑張ってください！

もっちゃんに似ているあなたは……

こつこつマイペースタイプ

【私の必殺技】

■試験開始後即フレーム転写（全事例）

■解答骨子じっくり作成（全事例）

■シビアに解答順序決め（全事例）

■試験用文房具へのこだわり（勉強中）

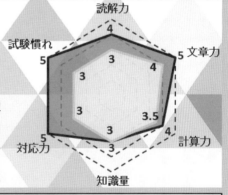

【似ているタイプの人へのメッセージ】

　2次試験に不合格になり、自分は中小企業診断士試験に向いていないのではないかと悩んでいる。そんなあなたは、試験中のタイムマネジメントを見直してみるとよいかもしれません。私は、合格年度の試験では設問解釈・解答骨子作り・筆記にかける時間をあらかじめ決めていました（それまでは何も考えず与件文と設問を順に読み、第1問から順番に解いていました）。解答骨子を作ることで、各設問の難易度がわかりますので、難しい問題を後回しにしてより点の取りやすい解答行動をとることができます。解答時間が不足しがちの方は試してみてください。なお、私は文房具にこだわっていました。こだわりの文房具を使うとモチベーションも上がりますし、2次試験に特化した文房具を使うことで努力をせずに数点は稼げるかもしれません（笑）。文房具の内容についてはこのあとの井戸端会議をご覧ください。

〜私のストレス解消法〜

ゴルフの練習。

第4節　合格ゲットだぜ！ふぞメンたちの2次試験対策井戸端会議

みっちー ：それぞれの事例について、苦手な人はどういうところが苦手だったのか、それをどうやって克服したのか、逆に得意な人はどういう勉強をしたのか、話していこう。

【事例Ⅰについて】

みっちー ：事例Ⅰは結構もやっとした聞き方の設問が多いんで、どうせみんなできないだろうと開き直って気軽に肩の力を抜いて解けたんだよなあ。「自分だけできなかったらどうしよう」みたいな緊張感がない分、苦手意識は持たずに済んだ。

あっきー ：事例Ⅰは毎回よくわからないんだけど、いつもそれなりには点数取れてたんだよね。

さと ：すごい。それなりにっていうのはどういうプロセス？

あっきー ：なんだろう、基本的には「採用、配置、評価、報酬、育成、退職」のHRMシステムのフレームワークは頭には入っていたと思う。

みほ ：結構初歩的なことかもしれないけど、**問われているレイヤーをちゃんと意識するようにしてる**。レイヤーって最初に聞いたときはよくわからなかったんだけど、それがピンときた瞬間に事例Ⅰがわかってきた感じがする。

みっちー ：僕はレイヤーのなかでも一番上の経営理念を一番重視して、それと一貫性があるかどうかを意識してた。企業経営に限らず、部活動とかボランティアとかでも、元々のビジョンと違う活動をしだしたら、人がついてきてくれなくなったりするし。**やっぱり大元の社長のビジョンを最優先で汲み取らなきゃいけない**と思ってる。

さと ：何を書くかが不明瞭だから、私は事例Ⅰが苦手だったのかな。レイヤーで設問解釈が自分でできたらなんとなく方向性が見えるのかもしれないね。

みほ ：事例Ⅰでは「幸の日も毛深い猫」が鉄板のフレームワークだなと思ってたんだけど、令和3年度は全然使えなくてすごく残念だった。

みっちー ：僕は3代目を部門統括に任せた理由のところで使ったな。人材育成っていう切り口から1つ書いたし、配置の話でもあるし。

けんけん ：直前期、それ忘れないように毎朝書いてたもん。「さ」が採用、「ち」が賃金……って。事例Ⅰはわかんないから、もうここの中からしか解答要素を選ばないって決めつけてた。

さと ：そのほかは組織活性化とかシナジーとか好きだよね。

〜私のストレス解消法〜
　ガジェットや専門書を買うこと。

みほ　　：公平・公正な評価で納得性を高め、モチベーション向上みたいなのとか。

けんけん：**割とフレームワークって役に立ってるね。**

さと　　：多分あっきーみたいな天才肌の人は頭のなかでやっちゃうのかな。私はフレームワークを意識するために、本番でも問題用紙に書いてチェックしてた。

あっきー：経営大学院に通っていたときに、もっと長いケーススタディで実際に使うっていうのをたくさんやってたから、直感的に記載していたとはいえ最低限のフレームワークは活用できていたのかもしれないね。

みっちー：あっきーはストレート合格だし、経営大学院で学んだ下地があったから飲み込みが早かったのかもしれないしね。

あっきー：うん、下地があったのは結構大きいと思う。

みほ　　：**下地が人によって違うから勉強方法が異なる**のも診断士試験の特徴かもね。

【事例Ⅱについて】

りんりん：最初に解いたときに一番いけそうと思ったのが事例Ⅱ。でも採点してみたらとんでもないことになって、そこからトラウマの始まりというか。独自ワールドに行っちゃいがち。令和3年度も和菓子屋さん見落としたんだよね。3回ぐらい読み返してコラボ先ないじゃんって思って、独自ワールドで考えたことを書いた。事例Ⅲだったらこの幅で書かなきゃいけないっていうのがある程度わかるんだけど、事例Ⅱはどこから考えなきゃいけないのか整理がつかなくて、苦手意識があるな。

みほ　　：身近なマーケティングだからか与件文を離れて発想しやすいんだよね。だから、この施策だと弱みを克服できてないよねとか、脅威に対応できてないよねとか、想像力が働きすぎたときに立ち止まって考えたらよいのかな。

さと　　：私も事例Ⅱはあまり得意じゃなくて、和菓子店をスルーしてしまった人間です。でもちゃんと「和菓子店」ってメモを取っているんだよね。チェックしているのにできなかったことを今振り返って思うのだけど、事例Ⅱは**当日の80分間で、与件文を読み取って整理すること**が一番求められている気がする。マーケティングの考え方は使うけど、知識自体はそれほど使わないというか。材料はすでに事例のなかにあって、それを読み取るのが得意な人は安定するのかな。当日のコンディションにもすごく左右される事例だなって個人的には思ってる。

けんけん：うん、与件文をしっかり読むことが一番必要な気がする。効果まで解答に書くためには**与件文にないことを書かなきゃいけないかなと思っていたけど、そのヒントも与件文に載っているのが事例Ⅱ**なのかもしれないな。

さと　　：そう。事例Ⅲは解決策が与件文に書いてない。でも事例Ⅱは効果まで与件文に載っているのかもね。**社長の思いに寄り添うことと、地域のことを考える**

　　　　　　　<u>こと</u>はよく意識していたよ。それをちゃんと頭に入れて与件文を読めば、効果や目指すべき姿は明確に書かれている気がする。

みっちー　：トレンド的に商店街のほかの小売店とか、島や地方都市の活性化につなげなさいという出題者の意図が感じられる問題が多いよ。

さと　　　：みんな使っていたフレーズとかフレームワークはある？

みっちー　：ジオ・デモ・サイコ。これを意識するだけでも、まず顧客層をすごく具体的に絞り込めるから、大事故は防げる。ジオ・デモ・サイコを明確にして、それにアプローチできそうな提携先を与件文から拾ってくれば、点も稼げると思うな。

もっちゃん：**過去に成功した施策は今の課題に使える**みたいな、転用がよく出るのかなと個人的には思ってて。令和3年度の問題も、過去成功したことは置き配に生かしていこう！　みたいな。

さと　　　：井戸端会議とかも多いよね。令和3年度だったら、コロナ禍だと使えなかったけど試食をフランチャイジーでも広げるみたいな、そういうイメージだよね。

あっきー　：令和3年度の事例Ⅱは環境変化が激しすぎてさ、難しかったよね。コロナ禍で人が会うことができないって致命的な環境変化で。できないだろうなあと思いながら第4問で試食会って書いちゃったんだけど。

さと　　　：これから施策を考えるときは、コロナ禍っていう状況、外部環境を考えなきゃいけないっていうなかなか大変な時代になるんだね。

みほ　　　：私は効果を考えるときに、マーケティングなんだから、売上増か固定客化か顧客獲得につながるって決めつけていて、どの問題に対しても関係性強化により愛顧向上して顧客獲得とか、同じものを使ってた。

あっきー　：**「愛顧向上」**っていう表現は中小企業診断士試験の勉強で初めて知って、「顧客ロイヤルティの向上」より文字数削減できるから愛用してた。

みっちー　：結局本質的には「客数×客単価」を上げなさい、というところに持っていくわけだから、効果の書き方は自然と限られてくるのかな。

みほ　　　：効果を限ると施策を考えるほうに時間を使えてよいのかもしれない。

けんけん　：僕も困ったら「高付加価値の差別化戦略」って書く。

さと　　　：私は**「双方向の交流」**が好きでよく使う。出題者の先生が好きみたいで、本に書いてあって。『小が大を超えるマーケティングの法則』（岩崎邦彦、日本経済新聞出版社、2012年）っていう本で、結構有名かも。

みっちー　：僕も『スモールビジネス・マーケティング』（岩崎邦彦、中央経済社、2004年）を読んだよ。「双方向」がたくさん出てくるんで、トレンドなんだなって。

みほ　　　：本を読んで勉強するのもいいね！

～本番力の磨き方～

　80分に慣れること、他の試験や模試で試験会場の雰囲気に慣れること。

【事例Ⅲについて】

みっちー　：僕は、本業が製造業なんだけど、事例Ⅲに苦手意識を持っていたんだよね。令和2年度に受験したときに、やたら納期管理の切り口ばかり問われて、5つの設問ごとにどういうふうに切り分けたらいいのか悩んでしまったんだよね。

けんけん　：このフレーズはこっちでも使いたいし、こっちでも使えちゃうんじゃないのってことだね。

みっちー　：うん。令和3年度だと、標準化とか、熟練職人から若手職人への技能の承継とか、設問ごとに別々の切り口で書いたほうがいいのかなって。

けんけん　：そういうときは迷わず両方書いてた。標準化とかってどこでも使えるから。1年目は1つの要素は1つの設問にしか使わないように悩みながらやってたけど、『ふぞろい10年データブック』をやって、1つの要素があっちでもこっちでも加点になってるって気がついて。高得点にはならないかもしれないけど、それぞれの設問で2点、3点入ってるなという感じがしたから、開き直って両方書くっていうスタイルだった。

さと　　　：私もけんけんと同じで全部重複して書いていた。標準化とOJTとか。事例Ⅲは問題点が与件文にたくさん散りばめられていて、その解決策を自分で生み出すというよりは、<u>運営管理のテキストに載っている解決策を覚えて、パズルみたいに当てはめる</u>スタイルかな。

あっきー　：僕もみっちーと同じく製造業なんだけど、事例Ⅲがものすごく苦手で……。なんでかなって考えると、深く考えすぎちゃうからだと思うんだよね。納期を短縮しようとすると、トレードオフで品質が悪化するリスクが高まるとか余計なことを書いて、30点台とか。

みっちー　：<u>なまじ現場を知っているがゆえに、考えすぎちゃう</u>ことってありそう。工程のココとココを入れ替えてはどうかっていわれても、いやそんな簡単に入れ替えられるわけないよね、と思う。

あっきー　：<u>与件文だけを素直に捉えて、あまり深掘りしすぎない</u>っていうのを意識しないと。<u>これは試験だと割り切る。</u>

みほ　　　：私は逆に、いまだに事例Ⅲはうまくイメージできなくて、そういう意味では苦手なんだけど、点数は意外と取れる。わからない分、とにかくQCD改善すればよいんだろう、と決まったものを書く感じにしてたよ。

けんけん　：僕はDRINKを見たときに「これだ」と思って必須のフレームワークになった。

もっちゃん：僕も事例Ⅲが苦手だけど、生産現場をイメージできないっていうのが一番の原因かも。でも課題を聞かれて解決策を答えるときに、すごく当たり前の解決策をそのまま書いても大丈夫、たとえば都度計画変更が起こるんだったら、計画を細かく何回も作ろうみたいな、深く考えずに答えればよいんだっ

マインドマップに書き出して、自分の行動を決めてしまう。完全に行動をコントロールする。

ていうのをほかの受験対策本で見て、あんまり現場を知らなくても大丈夫な
のかなとか思った覚えがありますね。

さと　　　：あまり考えすぎないことが大事なのかもしれないね。

【事例Ⅳについて】

みほ　　　：事例Ⅳのなかで NPV が苦手なんだけど、どうしたらできるようになる？

あっきー　：僕はもちろん経営大学院で習ってたっていうのもあるんだけど、**学んだ知識
を実務で活用してみると身につくと思う**。たとえば、新しいプロジェクトを
やってみようかなって考えたときに、それでどれだけの利益が得られそう
かっていうのを自分で考えて、プロジェクトの予測財務諸表みたいなの作っ
てみる。もちろん、カニバリとかシナジーとかで既存の事業に影響が出るの
であれば、それも考慮してね。割引率は仮置きしてもいいから、それで
NPV を実際に計算してみて、これはやる価値あるなとか考えてみたり、収
益のロジックから打ち手の優先順位を考えてみたりとか。

みっちー　：習うより慣れよってことか。それはあるかも。計算とか反復練習して、考え
るより先に指が電卓叩くみたいなところがあったから。

みほ　　　：本番では、書きながら考えるとか、図を描いてみるとか、それともそういう
のもなく頭のなかで考えてるの？

あっきー　：基本、頭で計算式は立てちゃうかなあ。解答用紙に計算過程を書く欄があれ
ば、いきなりそこに式を書き始めてる。計算はある程度速いほうだとは思う
けど、字を書くのがとても遅いので、そうしないと時間内に書き終わらな
いっていうのもあるけど。

けんけん　：すごいね。でも合格点を取るってだけだったら、第 1 問と第 4 問が大事だよ
ね。NPV ってオマケみたいなさ。解けてる人何人いるのかな？

みっちー　：部分点と割り切ってる人のほうが多いんじゃないかな。

もっちゃん：みっちーは最初に経営指標を全部計算してから設問文を読んでたけど、そう
いうスタイルの人珍しくないかな？

みっちー　：珍しいかな。効率的にやろうと思ったら、先に与件文読んで必要なものだけ
計算してっていうものなんだろうけど。勉強してるときに面倒くさくなっ
て、試しに 1 回全部バーッて計算してみたら、そう大して労力変わらなかっ
たんだよ。じゃあ指のウォーミングアップも兼ねて最初に全部計算してしま
え、となった。収益性と効率性、あと安全性のなかではとりあえず自己資本
比率だけ計算しておけば、なんとなく全体像が見えてくるんで。この辺の数
字が弱いんだろうなっていう当たりをつけて与件文を読んでく。

けんけん　：僕もとりあえず始まったら経営指標15個全部計算しちゃう。文読んじゃうと、
ここ悪そうだなっていう、印象というか先入観が入っちゃう気がして。

あっきー　：僕は与件文のほうが大事かなって思ってて。**与件文で良さそう、悪そうっていうのを当たりをつけてから計算する**。安全性は与件文に書いてないから財務諸表からピックアップしてるけど、収益性と効率性は、与件文で推測できるところしか計算していない。

さと　　　：与件文読んでから計算したら、そのあとの記述も書きやすくなるしね。

みっちー　：そういえば、**迷ったらとりあえず自己資本比率**っていう風潮があるよ。売上の低迷とか、借入れの増加とか、結局自己資本比率に跳ね返ってくるから、自己資本比率または負債比率を挙げとけば大外しはしない。

みほ　　　：私は事例Ⅳが苦手だから、**計算過程で部分点を稼ぐために丁寧に書くことを常に意識してた**。細かく書いて、少しでもわかっていることをアピール。

みっちー　：計算過程は命乞いのつもりで書けと。

みほ　　　：そういうこと！　ところで反復練習って言ってたけど、過去問や参考書のほかに数を増やす方法ってある？　同じの何度もやると覚えちゃって。

みっち　　：僕は上場企業のIR情報ページにアクセスして、財務諸表をダウンロードして見てる。実物を見て、こんな感じなんだなっていう感覚をつかんだ。

けんけん　：それこそNPVみたいのも出てるしね。

みほ　　　：そういう増やし方もあるんだね！

【番外編①：ふぞろい活用法】

けんけん　：みんな、過去問を初めて解いたときって、ふぞろい流採点で何点だった？

あっきー　：事例Ⅰが54点。事例Ⅱが62点。いけると思ったら、事例Ⅲが32点。事例Ⅳは点数控えてなかったけどある程度取れてたと思う。

さと　　　：私は最初50点とかだな。

みっちー　：僕も正確に記録はしてないけど、50点前後で推移してた。

けんけん　：『ふぞろい』の活用方法としては、**見落としたキーワードがどれだけあるかを確認して、一番配点が高いワードを見落としていたらメモ**してた。

さと　　　：私も過去問3回転くらいしながら書き方を覚えていったかな、落としたワードとか、使えなかったフレームワークとか。

みほ　　　：私は『ふぞろい』で**キーワードの数の感覚をつかんでた**かも。合格＋A答案は多くて、不合格答案は少なかったから。合格答案に数を近づけていくイメージを持ちつつ、いかにシンプルに書くかを追求していた。

みっちー　：わかる。解答欄の文字数がこのくらいなら切り口はこのくらいだろう、みたいな。100字あるから3つ、4つ書けるかなとか、そういう当たりがつけられるようになった。そうすると120字とか150字とか出されてもそんなに驚かなくなる。

さと　　　：『ふぞろい』だと結構推してると思うんだけど、**多面的に「①〜、②〜、③**

〜本番力の磨き方〜

　　過去問を80分で解く。時計は試験本番の時刻に合わせてから始める。

　　　　　　　　〜」って書くようにしてた。必ずどこかで点はもらえるし、わかりやすい
　　　　　　　　なって思ってる。

けんけん　　：多分、受験1年目と2年目で解答の書き方で一番変わったのはそこだと思う。
　　　　　　　　1年目は文章を書いていたんだけど、いっぱい要素を盛り込もうとすると文
　　　　　　　　章の書き方が難しくて。でも2年目はとりあえずわかんないから要素をいっ
　　　　　　　　ぱい書くっていう方針で、「①〜、②〜、③〜」って感じにしたかな。

みっちー　　：1個の切り口で全部書いちゃうと、その切り口が駄目だったときに全部失う
　　　　　　　　けれど、複数の切り口に分散させておけば、1つ駄目でも残りがカバーして
　　　　　　　　くれるっていう。考え方が株式投資。

【番外編②：模試は必要？】

さと　　　　：私模試だけはめちゃめちゃ受けた。あんなに受けなくてよかったのに。いろ
　　　　　　　　んな予備校の考え方の違いを知ることができておもしろかった。

みっちー　　：試験会場を模した会場で実際に試験と同じサイズの問題冊子と解答用紙を
　　　　　　　　使って同じ時間で解くっていう行為に意味があると思ってるんで、僕の場合
　　　　　　　　だと、名古屋が遠すぎて自宅受験になっちゃうから意味ないかなと思っ
　　　　　　　　ちゃった（※みっちーは岐阜県在住）。

みほ　　　　：模試の会場の雰囲気って当日と似てるの？

さと　　　　：うん、似てるね。ちゃんと勉強してる人が受けに来てるし、結果残そうみた
　　　　　　　　いな雰囲気もあったね。きっちり文房具並べて、強そうなオーラを放ってる
　　　　　　　　おじさんがいっぱいいた。**緊張しいの人や空気に流されやすい人が、空気に
　　　　　　　　慣れておくのはすごくいいかなと思う**。正直、予備校が作った模試でどれだ
　　　　　　　　け点数が取れてても落ちるものは落ちるから、成績自体に大きな意味はない
　　　　　　　　と思う。実際1年目のとき、直前の模試でA評価取ったけど落ちてるし、逆
　　　　　　　　に今年はB評価しか取れなかったのに受かったよ。

けんけん　　：僕は最初の年って何が苦手なのかわからなかったんだけど、**模試の結果でど
　　　　　　　　の事例が苦手なのか得意なのかわかった**。それを把握するのに、受けてよ
　　　　　　　　かったなって感じはする。どこの勉強に時間をかけないとまずいかなってい
　　　　　　　　うのがわかったりしたから。

【番外編③：タブレット学習のススメ】

さと　　　　：1年目はノートだったけど、参考書類も含めてものすごいかさばったんだよ
　　　　　　　　ね。カフェで勉強するのが好きだったから毎回勉強道具を持っていくのがす
　　　　　　　　ごく億劫だった。社長にデータの一元管理やリアルタイム共有などを提案す
　　　　　　　　るなら自分もやってみなきゃなって思ってタブレットを使い始めたのが去年
　　　　　　　　の6月ぐらいから。タブレットさえあれば、あの参考書持ってくればよかっ

～本番力の磨き方～
　本番と同じスケジュールで過去問4事例を解く。

た……というがっかりがなくなるからよかったよ。

みほ　　　：具体的にはどうやって使うの？

さと　　　：『ふぞろい』も『30日完成』とかもすべてデータ化して、2画面にして問題を解いていた。スクショがすぐにできるから、解いた事例の一部分だけ切り取って、できなかった箇所を補記して、自分流のノートを作っていたよ。ノートを作るっていうのは紙でも同じかもしれないけど、**タブレットは書類の切り貼りがとても簡単だから、紙よりも作りやすいんじゃないかな**。試験直前の確認も簡単にできたのがよかった。ノートや参考書の確認で、**検索機能を使える**のも便利。SNSにタブレットの使い方をあげてる人もたくさんいて、それらを見るとイメージしやすいよ。

みっちー　：アカウント連携しとけば、複数の端末から見られるよね。

さと　　　：そうだね。それと、解いた問題を友だちに送って添削してもらっていた。あと、紙の答案用紙だとコピーが大変だけど、タブレットならボタン1つですぐにコピーできるし、**印刷の手間が省ける**のがすごくよかった。

みほ　　　：普段タブレットで勉強してても本番は紙だよね。

さと　　　：うん、紙対策として、最後の1か月は、解答は手で書く練習をしてたよ。

【番外編④：文房具へのこだわり】

みほ　　　：私のこだわりはシャーペンの芯をBにしてること。**力を入れなくても濃く書けるから手が疲れない**。

もっちゃん：わかる。芯が濃いと字がきれいに見えるし、消しゴムで消しやすくなる。だから芯は0.3mmの2Bにしてた。あと、細長い形の消しゴムがあって、これがおすすめ。**中小企業診断士試験って解答欄めちゃくちゃ小さくない？**細かいとこ消そうとしたら上とか下のマスの字も消しちゃったみたいな。細いと角を使って消せるからすごくよかった。

みっちー　：僕はシャーペンと同じ要領で先端から消しゴムが出てくるというものを使っている。1文字消すのには便利だけど、それ以外の用途では使えないから、普通の消しゴムも持ち歩くという。

もっちゃん：マーカーだとノック式をおすすめします。キャップのあるタイプだと、しまわないと汚れちゃうし、使うたびにキャップを付けるのも面倒くさいし。

みっちー　：僕はマーカーを使ってなくて、3色ボールペンだけ。青が強みと機会、赤が弱みと脅威ってふうに与件文を読みながらSWOT分析していた。

さと　　　：机上に出すものが3色ボールペンぐらいだとシンプルでいいね。

みっちー　：ただでさえ問題冊子と解答用紙を置くスペースがあるんで、あんまり細々したものが多いと机から落ちたりとか、どこに何を入れたかすぐに思い出せなかったりっていうトラブルの元になるかも。令和2年度の2次試験の机が思

いのほか小さかったんだよね。それで**細々したものをたくさん持っていくよりも厳選しよう**という反省があって、令和3年度は最小限のものだけ持っていったよ。

けんけん　：マーカーはみんな何色ぐらい使ってたんだろう？

みっちー　：青が強み、赤が弱み。緑はどっちともいえないけれども重要な箇所。

あっきー　：赤と青がみっちーと逆だけど、僕も同じ。事例Ⅱだと社長の思いとか大事なのはオレンジのマーカー。

もっちゃん：事例Ⅰ～Ⅲまで青いマーカーで塗ってたんだけど、字が見えにくいことに気がついて事例Ⅳは黄色にしたんだ。使い分けると時間がかかるかなと思って一色。

さと　　　：私は多くて、問題ごとに分けてるから5色使ってたよ。ところでみんな問題用紙を切るための定規は持っていってた？

みっちー　：僕は持っていかずに、手で切ったよ。クリップの部分つまんでピンポイントにちぎるのを2か所でやって、ページごと取り外した。

あっきー　：僕は基本は紙を切らないんだけど、念のために紙を切りやすいことを売りにしてる定規を持っていった。カッティングガイドみたいなのがついてて、確かに切りやすかったよ。

さと　　　：私はセロハンテープも持ち込んでた。机が小さいから受験票が落ちるっていうのをどこかで聞いて。受験票固定のためだけにちっちゃいセロハンテープを買った。安心感はあったよ。

みほ　　　：当日には問題を解くことに集中したいから、持ち物に工夫をすることも大切だね！

Column

目を覚まさせてくれた家族の一言

　私は2次試験を3回受けて、3度目の正直で合格しました。1回目、2回目に不合格だったとき、「ああ、次の試験まで約1年か～、長いなあ」なんて軽く考えていました。

　そのようななか、令和3年度も1次試験が終わる頃から勉強を開始した際、妻から「今年ダメだったらもう止めるつもりでやりなさい」と言われました。驚いた私に妻は続けて「いつまでも受からない試験勉強をしているのは遊んでいるのと同じだよ」と言いました。私は今まで、なんとなく「結果が不合格でも勉強したことは無駄にならない」とか「勉強すること自体に意義がある」といって試験の合否という厳しい現実から逃げていたのだと思います。もちろん勉強することに意義があることは間違いではないと思いますが、他人に迷惑をかけてまで威張ることではありません。こうして、家族の言葉で目が覚めた私は、令和3年度の試験には以前より強い覚悟を持って挑むことになり、これが功を奏して合格できたのだと思っています。（ただし、試験後は出来に半分絶望して、来年は土下座してもう1回受けさせてもらおう～などと思っていたのでした。）　　　　　　　（もっちゃん）

~2次試験の敗因~

　タイムマネジメントを意識していなかった。解答戦略を練れていなかった。

2次試験受験戦略
〜ゼネラリスト？　スペシャリスト？　あなたの戦略はどっち？〜

　人によって得意な科目、苦手な科目が分かれる2次試験。苦手科目を克服し、オールA を狙うゼネラリスト戦略？　それとも得意科目を伸ばし苦手科目をカバーするスペシャリ スト戦略？　令和3年度2次試験において、ふぞろい15メンバーがどちらの戦略を選択し たのか、アンケートを実施しました。また、得点開示請求の結果と照会し、戦略と一致し たのかどうか検証しました。メンバー各々に受験戦略を振り返ってもらい、所感や改善提 案に資するコメントを集めました。2次試験の受験戦略を考える際のご参考になれば幸い です。

【2次試験の勉強開始直後の状況】

　まずはふぞろい15メンバーの2次試験勉強開始直後の点数分布と、感想を一部ご紹介し ます。

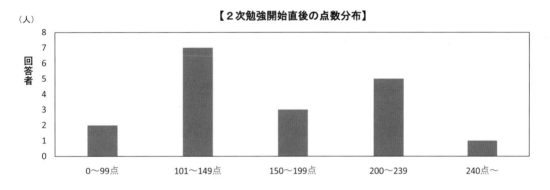

※予備校の模試や演習、『ふぞろい』を利用しての自己採点結果

> **2次試験勉強開始直後の感想**
> ・事例Ⅰ、Ⅱ、Ⅲはそもそも何を書けば点になるのかよくわからない。
> ・与件文が長すぎる。80分では終わらない。倍の時間は必要では？
> ・事例Ⅳはとにかく足切りだけは避けないと。毎日勉強しなくては。
> ・事例Ⅳはまったくできず、事例Ⅲも何を書いてよいかまったくわからない。
> ・どう解いたらよいのかわからない。与件文の要約しかできない。
> ・1次試験の知識をどう活用するのかわからない。「効果」を書くとか知らない。
> ・とりあえず紙に書く練習しなきゃ。書き写しだ、書き写し！

　特に感想として多かったのが、事例Ⅳに対するもので、手も足も出ない、足切り回避を狙う、といった感想が多かったです。事例Ⅰ、Ⅱ、Ⅲについては、苦手事例をほぼ白紙で解答を提出した、何を書いたらよいのか検討もつかない、という感想もありました。

　1名だけ最初から240点以上の点数を取れていた人もいたようですが、合格者のほとんどの人が2次試験の勉強開始直後は200点以下の点数からスタートしていたことがわかりました。これから勉強を開始する、もしくは開始直後の受験生で不安を感じている方には、少し安心していただけたのではないでしょうか。

　それでは次に、2次試験の合格に向けて、どのような戦略を立てていったのか紹介していきます。

【戦略の方向性】

　以下のグラフは、本節のメインテーマでもある、ゼネラリスト戦略かスペシャリスト戦略か、また得点開示請求の結果をふまえて戦略どおりの結果を獲得できたかどうかの結果を示しています。

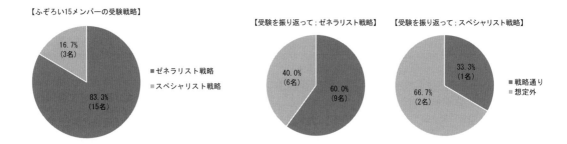

　ふぞろい15メンバー18名のうち、ゼネラリスト戦略を選択したメンバーは15名（83.3%）と多かったのに対し、スペシャリスト戦略を選択したメンバーはわずか3名（16.7%）でした。ゼネラリスト戦略を選択した理由としては「足切りを回避したかったため」、スペシャリスト戦略を選択した理由としては「苦手科目を克服できないと考えたため」という回答が最多でした。

　次に、得点開示請求を行い、実際の得点が戦略どおりであったのか、はたまた想定外のものであったのかアンケートを実施しました。その結果、ゼネラリスト戦略を選択したメンバーの過半数が「戦略通り」と回答していたのに対し、スペシャリスト戦略を選択したメンバーのうち「戦略通り」と回答した者はわずか1名（33.3%）という結果でした。スペシャリスト戦略を選択したものの、戦略どおりにいかなかった理由として、「得意科目が振るわず、むしろ苦手科目で救われた」という回答がありました。このように、得意科目で思いのほか点数が伸びなかった、ある程度の点数でよしとしていた科目で思いのほか点数が取れていたといったケースがいくつかありました。以下、得点開示請求を受けたメンバーの所感をご紹介します。

～受験生時代によくやったこと～
　朝活、出勤前に勉強することを習慣化していた。

【ゼネラリスト戦略を選択したメンバーの所感】
- ・結果的には戦略通りだったが、実際にはがむしゃらだった。とにかく60点を超えようと各事例がむしゃらにやっていたら運よくオールAに！
- ・事例Ⅳは見事に克服できた。やっぱり、方向性の正しい努力は裏切らない。
- ・大きく失点した事例はなく、計画どおりゼネラリストな得点になったぞ。
- ・事例Ⅲが極端に苦手で、対策にかなり時間がかかった。苦手を完全に克服することはできなかったが、ほかの事例にもよい影響があった。シナジー効果を実感！

【スペシャリスト戦略を選択したメンバーの所感】
- ・得意な事例Ⅰ〜Ⅲで高得点！　苦手だった事例Ⅳをカバーし戦略通りの結果に！
- ・事例Ⅳで合格点を取るためには時間がかかりそうだったので、事例Ⅳの勉強はある程度でやめて、その分事例Ⅰ〜Ⅲに時間を費やしたのが功を奏した。
- ・得点源にするはずだった事例Ⅱの点数は振るわなかったが、意外にも苦手な事例Ⅰで挽回できた！　令和3年度の事例Ⅱは、特に60点周辺に得点が集中する傾向にあり、超高得点が狙いにくかったように思う。スペシャリスト戦略といえども、苦手科目を完全に捨てなくて本当によかった。

　いかがでしょうか。ご自身の戦略の方向性の参考にしていただけますと幸いです。
　次に、ふぞろい15メンバーが本番までにどれだけ得点が伸びたのかご紹介します。

【2次試験勉強開始直後〜本番までの得点の伸びについて】
　以下のグラフは、事例ごとの合計の得点の伸びを示しています。

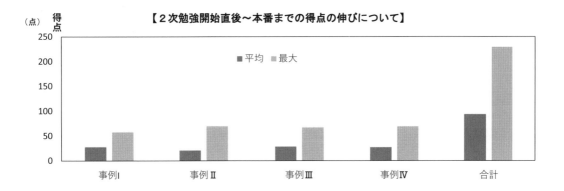

（点）得点
【2次勉強開始直後〜本番までの得点の伸びについて】
■平均　■最大

　各事例平均25点前後、合計で約100点は伸びているようです。最も伸ばした人では2次試験の勉強開始直後は0点に近い状態だったものを、200点以上伸ばして合格された方もいました。このことからも、2次試験は決して選ばれた方のみが合格を手にすることができる試験ではなく、着実に学習を継続すれば、誰にでも合格の可能性があるということが

〜合格発表の朝の気持ち〜
　「落ちてない」状態でいられるのも今日までか……。

わかるのではないでしょうか。

【最後に】

　いかがでしたでしょうか。結論として、どちらの受験戦略をおすすめするわけではありませんが、ゼネラリスト戦略を選択したメンバーのなかで、「スペシャリスト戦略を選択していたら足切りで落ちていた」という意見もありました。もしかしたら、過度なスペシャリスト戦略を選択することはリスクが高い、といえるかもしれません。2次試験勉強開始直後に全然できない科目があったとしても、すぐに捨ててしまうのはもったいないです。苦手科目こそ伸びしろがあるとポジティブに捉え、しっかり対策を練ってみるとよいと考えます。一方で、苦手科目を完全に克服するのには時間を要します。ご自身の現状や環境をふまえて最適な受験戦略を選択してみてくださいね。

【受験生の皆さんへ伝えたいこと】

　最後に、受験戦略のお話とは少々趣旨がずれますが、ふぞろい15メンバーより受験生の皆さんへのアドバイスをお伝えします。どちらの戦略を採用されても参考になると思いますので、よろしければご覧いただけますと幸いです。

> **受験生の皆さんへ伝えたいこと**
> ・事例Ⅳは難問（今回であればNPV）が隠れている可能性が高いので、解答の優先順位付けを最初に行う練習と残りの問題を確実に得点する練習を推奨します。
> ・2次試験はいかに自分に合う解答プロセスを見つけ実践できるかだと思います。さまざまな予備校や参考書、ネット上の解答プロセスのなかで、自分に合う、好きな解答方法を見つけてやり込んでください。
> ・独学や地方に住んでいる方は特に、オンラインや勉強会で自分の答案を披露し、ほかの方からのアドバイスをもらうことをおすすめします。自分の足りないポイントに気づけますし、モチベーションの維持にもなります。仲間を見つけて頑張りましょう。
> ・長時間の書き写しは、思考停止してただ文字を書き写す作業になりがちなので注意が必要です。
> ・80分の時間の使い方、対応手順をとことん具体的にする。本番は緊張して普段やらないミスを連発するので、頭で考えたことはとにかくメモに落とし込む。そのために自分なりのやり方を明確にして、ファイナルペーパーにまとめることをおすすめします。

あとがき

親愛なる『ふぞろいな再現答案7』の読者の皆さま

　このたびは本書をご購入いただき、ありがとうございます。皆さまの受験勉強の参考になったでしょうか。この本は、答案分析編と合わせて『ふぞろいな合格答案』のエピソード15とエピソード16のエッセンスを別途編集したものです。この『ふぞろいな合格答案』シリーズは、われわれプロジェクトメンバーだけでなく、多くの受験生および診断士受験生を応援している方々のご協力を頂き、世に出すことができました。この場をお借りして、読者の皆さま、ご協力いただいた多くの方々に厚く御礼申し上げます。

　さて一般社団法人中小企業診断協会のホームページには「中小企業診断士は、中小企業の経営課題に対応するための診断・助言を行う専門家」と記載があります。つまりは中小企業のお悩み解決がその仕事です。資格取得に向けて身につけた知識や取得後に学んだこと、そして自分自身の経験や事例をもとに、専門家として中小企業の経営者に向き合うこととなります。

　経営者に向き合い伴走していくなかで、会社のビジョン実現に向けて、経営者自身に動いてもらわないといけないシーンが必ずあります。その際にわれわれ専門家としては、いかに積極的に、前向きに経営者に動いてもらうかも重要で、そのためには正論を伝えるだけではなく、伝え方も大切な要素になってきます。動く目的や必要性を「○○すべき、しなければならない」と「べき論」で説明し、義務感で経営者の背中を押しても、なかなか行動に移らないということがよくあります。

　ではどのようにすればよいのか。その手がかりは皆さんの職場における、日常のコミュニケーションの中にあります。上司からはどのような表現、伝え方で指示を受けましたか？また皆さんはどんなところに注意して部下へ指示を出していますか？　反面教師も含め、そこにはコミュニケーションのポイントが多く含まれています。中小企業支援の現場では、知識や専門性もさることながら、このコミュニケーション力が不可欠です。中小企業診断士の受験勉強を進めながら、日常業務の中から合格後の活躍のヒントを探す、このように考えることで、よりモチベーション高く受験勉強やお仕事に臨んでいただければ幸いです。

　本書をお手に取った皆さまの夢の実現の一助になればと、この『ふぞろいな再現答案7』は製作されました。本書もまだまだ発展途上な部分もあるかと思います。皆さまの温かい叱咤激励や、ご意見・ご要望を頂戴できれば幸甚です。

　最後になりましたが、中小企業診断士試験に臨む皆さまがいつもどおりの力を発揮し、見事合格されますことを当プロジェクトメンバー一同祈念しております。

ふぞろいな合格答案プロジェクトメンバーを代表して

仲光　和之

【編集・執筆】

仲光　和之　　　玉川　信　　　　中島　正浩　　　髙橋　賢人　　　一条　真
柏原　雄太　　　おみそ

◆ふぞろいな合格答案エピソード15
沖　忠彦　　　　飯田　裕貴　　　小峰　智之　　　宮本　咲子　　　宮下　聡一郎
山本　桂史　　　石垣　健司　　　志田　遼太郎　　赤坂　優太　　　関　聡恵
山本　勇介　　　中島　正浩　　　谷口　美保　　　篠田　章秀　　　浦野　歩
髙橋　賢人　　　高橋　健也　　　梅田　さゆり　　安田　昭仁　　　三井　崇史
一条　真　　　　籾井　裕次　　　小林　正樹

◆ふぞろいな合格答案エピソード16
野中　聡志　　　岩村　隼人　　　いのっち　　　　柏原　雄太　　　おみそ
勝又　明彦　　　梶原　勇気　　　小山　俊一　　　亀井　周斗　　　けーた
伊丹　千里　　　今泉　卓真　　　樋口　光夏　　　池田　一樹　　　中村　宇雄
耳川　直諒　　　中村　泰規　　　松本　江利奈　　神竹　穂香　　　たくろう
立木　淳之介　　梶原　駿　　　　尾関　将徳　　　樋口　友則

2024 年 5 月 10 日　第 1 刷発行

ふぞろいな再現答案7【2022〜2023年版】

ⓒ編著者　ふぞろいな合格答案プロジェクトチーム

発行者　脇坂康弘

〒113-0033　東京都文京区本郷 2-29-1
TEL. 03 (3813) 3966
FAX. 03 (3818) 2774
URL　https://www.doyukan.co.jp

発行所　株式会社同友館

乱丁・落丁はお取替えいたします。　　　　　　　三美印刷
ISBN 978-4-496-05704-5　　　　　　　　　Printed in Japan